Ehren- und Persönlichkeitsschutz
im australischen Common Law

Europäische Hochschulschriften
Publications Universitaires Européennes
European University Studies

Reihe II
Rechtswissenschaft

Série II Series II
Droit
Law

Bd./Vol. 3195

PETER LANG
Frankfurt am Main · Berlin · Bern · Bruxelles · New York · Oxford · Wien

Gregory Dening Taylor

Ehren- und Persönlichkeitsschutz im australischen Common Law

Ein Vergleich mit dem deutschen Recht

PETER LANG
Europäischer Verlag der Wissenschaften

Die Deutsche Bibliothek - CIP-Einheitsaufnahme

Taylor, Gregory Dening:

Ehren- und Persönlichkeitsschutz im australischen Common Law : ein Vergleich mit dem deutschen Recht / Gregory Dening Taylor. - Frankfurt am Main ; Berlin ; Bern ; Bruxelles ; New York ; Oxford ; Wien : Lang, 2001
(Europäische Hochschulschriften : Reihe 2, Rechtswissenschaft ; Bd. 3195)
Zugl.: Marburg, Univ., Diss., 2001
ISBN 3-631-38215-4

D 4
ISSN 0531-7312
ISBN 3-631-38215-4

www.peterlang.de

Ehren- und Persönlichkeitsschutz im australischen Common Law: Ein Vergleich mit dem deutschen Recht

Inaugural-Dissertation
zur
Erlangung der juristischen Doktorwürde

dem

Fachbereich Rechtswissenschaften
der Philipps-Universität zu Marburg

vorgelegt von

Gregory Dening Taylor

Dozent aus Adelaide, Australien

Marburg
2001

Druck von Peter Lang GmbH in Frankfurt am Main

Als Dissertation von dem Fachbereich Rechtswissenschaften

angenommen am: **8. Januar 2001**

Berichterstatter: ***Professor Dr. Gounalakis***
Mitberichterstatter: ***Professor Dr. Leßmann***

Tag der mündlichen Prüfung: **31. Januar 2001**

INHALTSVERZEICHNIS

LITERATURVERZEICHNIS

Aberdeen, J.M., "Media 'Walk-Ins': Privacy Invasion or Public Interest?" [1986] Aust Current Law 36.057

Adair, D., "Free Speech and Defamation of Public Persons: The Expanding Doctrine of *New York Times* v. *Sullivan*" (1967) 52 Cornell LQ 419

Allen, A., "The Power of Private Facts" (1991) 41 Case Western LR 757

Allfeld (ohne Vornamen), "Recht am eigenen Bilde" DJZ 1920, 702

Amelung, Kurt/Tyrell, Christoph, „Zur Behandlung des Rechts am eigenen Bild in der neueren strafrechtlichen Rechtsprechung" NJW 1980, 1560

Amen, S.P., "Tort Recovery for Invasion of Privacy: L.B. 394 (Neb. Rev. Stat. §§ 20-201 to -211, 25-804.01 (Supp. 1979))" (1980) 59 Nebraska LR 808

Angus, Ian, Anmerkung zu *Theophanous* v. *Herald & Weekly Times* (1994) 182 CLR 104, (1994) 26 Gazette of Law & Journalism 12

Anonym, "A New Phase of the Right to Privacy" (1896) 10 Harv LR 179

Anonym, "An Actionable Right of Privacy? *Roberson* v. *Rochester Folding Box Co.*" (1902) 12 Yale LJ 35

Anonym, "Defamation, Privacy and the First Amendment" [1976] Duke LJ 1016

Anonym, "Development of the Law of Privacy" (1894) 8 Harv LR 280

Anonym, "Equity — Injunction Restraining Breach of Right to Privacy" (1893) 7 Harv LR 185

Anonym, "Equity — The Right of Privacy" (1901) 1 Columbia LR 491

Anonym, "Invasion of Privacy" (1961) 35 ALJ 61

Anonym, "Is This Libel? — More about Privacy" (1894) 7 Harv LR 492

Anonym, "Libel Actions Brought by Public Officials" (1942) 51 Yale LJ 693

Anonym, "Libel and Privileged Occasions" (1878) 42 JP 291

Anonym, Mitteilung: 42. Deutscher Juristentag, NJW 1957, 1509

Anonym, Mitteilung: 45. Deutscher Juristentag in Karlsruhe, NJW 1964, 2098

Anonym, "Passing Off — Professional Reputation — Whether Common Field of Activity Necessary" (1961) 34 ALJ 308

Anonym, "Privacy after *Griswold*: Constitutional or Natural Law Right?" (1966) 60 NWULR 813

Anonym, "Publication of Photograph as an Advertisement" (1902) 2 Columbia LR 486

Anonym, "Right of Privacy" (1902) 50 U Pennsylvania LR 114

Anonym, "Right of Privacy: Surgeon Photographing Patient — Operating Upon Patient in Presence of Medical Students" (1896) 30 American LR 582

Anonym, "The Law of Libel as Applied to Publications on Subjects of Public Interest" (1870) 50 LT 131

Anonym, "The Press and the Law of Libel" (1886) 81 LT 308

Anonym, "The Right to Privacy" (1891) 3 Green Bag 524

Anonym, "The Right to Privacy" (1891) 5 Harv LR 148

Anonym, "The Right to Privacy" (1893) 7 Harv LR 182

Anonym, "The Right to Privacy" (1898) 12 Harv LR 207

Anonym, "The Right to Privacy" (1901) 15 Harv LR 227

Anonym, "The Right to Privacy — The Schuyler Injunction" (1895) 9 Harv LR 354

Anonym, "The South Australian *Privacy Bill* 1974" (1974) 48 ALJ 457

Anonym, "Torts — Right to Privacy" (1900) 13 Harv LR 415

Anonym, „Über das literarische Eigentum an Briefen" GA 9 (1861), 533

Applegarth, Peter, Anmerkung zu *Theophanous* v. *Herald & Weekly Times* (1994) 182 CLR 104, (1994) 26 Gazette of Law & Journalism 11

Applegarth, Peter, "What is a Mass Communication?" (1997) 44 Gazette of Law & Journalism 6

Archard, David, "Privacy, the Public Interest and a Prurient Public", in: Kieran, Matthew (Hrsg.), *Media Ethics* (Routledge, London 1998)

Armstrong, Alexander, "Injunction — Rights of Privacy — Enforcement in Equity" (1902) 50 U Pennsylvania LR 669

Arndt, Adolf, „Umwelt und Recht" NJW 1964, 23

Arndt, Adolf, „Umwelt und Recht" NJW 1964, 1310

Arndt, Adolf, „Umwelt und Recht" NJW 1967, 1845

Aroney, Nicholas, "A Seductive Plausibility: Freedom of Speech in the Constitution" (1995) 18 U Qld LJ 249

Aroney, Nicholas, *Freedom of Speech in the Constitution* (Centre for Independent Studies, St Leonards 1998)

Aroney, Nicholas, "The Gestative Propensity of Constitutional Implications" (1997) 13:1 Policy 26

Aroney, Nicholas, "The Structure of Constitutional Revolutions: Are the *Lange*, *Levy* and *Kruger* Cases a Return to Normal Science?" (1998) 21 UNSWLJ 645

Atkinson, Max, "Law-Making Judges" (1981) 7 U Tas LR 33

Attorney-General's Department (Australien), *A Privacy Scheme for the Public Sector: Release of Key Provisions* (Canberra, 1999; abrufbar unter: http://www.law.gov.au/privacy)

Attorney-General's Department (Australien), *The Government's Proposed Legislation for the Protection of Privacy in the Private Sector* (Canberra, 1999; abrufbar unter: http://www.law.gov.au/privacy)

Bailey, P., *Human Rights: Australia in an International Context* (Butterworths, Sydney 1990)

Bailey, Peter, "'Righting' the Constitution without a Bill of Rights" (1995) 23 Fed LR 1

Baker, J.H., *An Introduction to English Legal History* (3. Auflage, Butterworths, London 1990)

Bar, Christian von, „Schmerzensgeld und gesellschaftliche Stellung des Opfers bei Verletzungen des allgemeinen Persönlichkeitsrechts" NJW 1980, 1724

Barendt, Eric, "Free Speech in Australia: A Comparative Perspective" (1994) 16 Syd LR 149

Barendt, Eric, "Libel and Freedom of Speech in English Law" [1993] PL 449

Barendt, Eric, "Privacy and the Press", in: Drewry, Gavin/Blake, Charles, *Law and the Spirit of Enquiry: Essays in Honour of Sir* Louis Blom-Cooper *Q.C.* (Kluwer, London 1999)

Barendt, Eric u.a., *Libel and the Media: The Chilling Effect* (Clarendon, Oxford 1997)

Barron, J., "Warren and Brandeis, 'The Right to Privacy' (1890) 4 Harv LR 193: Demystifying a Landmark Citation" (1979) 13 Suffolk ULR 875

Barron, J.A., "Access to the Press — A New First Amendment Right" (1967) 80 Harv LR 1641

Barry, John Vincent, "An End to Privacy" (1960) 2 Melb ULR 443

Bartlett, Peter, "Strong Signal on Freedom of Speech" (1994) 29:11 Aust Lawyer 22

Bartlett, Peter, "What the High Court Said" (1997) 44 Gazette of Law & Journalism 2

Bartlett, Peter/Edwards, James, "Reasonable Free Speech" (1997) 32:8 Aust Lawyer 12

Barwick, (Sir) Garfield, "Parliamentary Democracy in Australia" (1995) 25 UWALR 21

Bast, C., "Publication of the Name of a Sexual Assault Victim: The Collision of Privacy and Freedom of the Press" (1995) 31 Crim Law Bull 379

Baston-Vogt, Marion, *Der sachliche Schutzbereich des zivilrechtlichen allgemeinen Persönlichkeitsrechts* (Mohr Siebeck, Tübingen 1997)

Bateman, T., "Who is 'Public Figure' for Purposes of Defamation Action" (1991) 19 ALR (5th) 1

Bates, Graham, Anmerkung zu *Theophanous* v. *Herald & Weekly Times* (1994) 182 CLR 104, (1994) 26 Gazette of Law & Journalism 13

Baxter, J., "Privacy in Context: Principles Lost or Found?" (1977) 8 Camb LR 7

Beaney, W., "The Constitutional Right to Privacy in the Supreme Court" [1962] Sup Ct Rev 212

Bedingfield, David, "Privacy or Publicity? The Enduring Confusion Surrounding the American Tort of Invasion of Privacy" (1992) 55 MLR 111

Bell, Dean u.a., "Implying Guarantees of Freedom into the Constitution: *Nationwide News* and *Australian Capital Television*" (1994) 16 Syd LR 288

Belsey, Andrew, "Privacy, Publicity and Politics", in: ders./Chadwick, Ruth (Hrsg.), *Ethical Issues in Journalism and the Media* (Routledge, London 1992)

Benda, Ernst, „Eine Gegendarstellung zur saarländischen Pressefreiheit" NJW 1994, 2266

Bendix, Ludwig, Anmerkung zu LG Berlin I, JW 1925, 83, JW 1925, 83

Bergmann, Susanne, "Publicity Rights in the United States and in Germany" (1999) 19 Loy LA Ent LJ 479

Bettermann, Karl August, „Publikationsfreiheit für erschlichene Informationen?: Kritische Bemerkungen zum *Wallraff*-Urteil des BGH" NJW 1981, 1065

Bingham of Cornhill (Lord), "Should There Be a Law to Protect Rights of Personal Privacy?" [1996] EHRLR 450

Black, C., "The Supreme Court: 1966 Term" (1967) 81 Harv LR 69

Blackshield, A.R., "The Implied Freedom of Communication", in: Lindell, Geoffrey (Hrsg.), *Future Directions in Australian Constitutional Law* (Federation Press, Annandale 1994)

Bloustein, E., "Privacy as an Aspect of Human Dignity: An Answer to Dean *Prosser*" (1964) 39 NYULR 962

Bloustein, E., "Privacy, Tort Law and the Constitution: Is *Warren* and *Brandeis*' Tort Petty and Unconstitutional As Well?" (1968) 46 Texas LR 611

Bollinger, L.C., "The End of *New York Times* v. *Sullivan*: Reflections on *Masson* v. *New Yorker Magazine*" [1991] Supreme Court Rev 1

Bork, R.H., "Neutral Principles and Some First Amendment Problems" (1971) 47 Indiana LR 1

Bötticher, Eduard, „Die Einschränkung des Ersatzes immateriellen Schadens und der Genugtuungsanspruch wegen Persönlichkeitsminderung" MDR 1963, 353

Bötticher, Eduard, „Zur Ausrichtung der Sanktion nach dem Schutzzweck der verletzten Privatrechtsnorm" AcP 158 (1960), 385

Bowman, David, "Dead Precedents" (1999) 277 24 Hours 24

Boyle, Alan, "Freedom of Expression as a Public Interest in English Law" [1982] PL 574

Brammsen, J., Anmerkung zu BayObLG, JR 1992, 76 und OLG Frankfurt, JR 1992, 79, JR 1992, 82

Brandner, Hans Erich, „Das allgemeine Persönlichkeitsrecht in der Entwicklung der Rechtsprechung" JZ 1983, 689

Brauneck, Anja, „Das allgemeine Persönlichkeitsrecht im Konflikt mit dem verfassungsrechtlichen Freiheitsanspruch der Satire" ZUM 2000, 137

Brazier M.R. (Hrsg.), *Clerk and Lindsell on Torts* (17. Auflage, Sweet & Maxwell, London 1995)

Brittan, Leon, "The Right of Privacy in England and the United States" (1963) 37 Tulane LR 235

Bronitt, Simon/Williams, George, "Political Freedom as an Outlaw: Republican Theory and Political Protest" (1996) 18 Adel LR 289

Brown, R.E., *The Law of Defamation in Canada* (Carswell, Toronto 1987)

Bülow, Freiherr von (ohne Vornamen), „Über den Schutz der Ehre und das Recht freier Meinungsäußerung“ Gerichtssaal 46 (1892), 261

Bundesgerichtshof, Jahresbericht 1966, NJW 1967, 816

Burke, Bruce/Svilans, Paul, Anmerkung zu *Theophanous* v. *Herald & Weekly Times* (1994) 182 CLR 104, (1994) 26 Gazette of Law & Journalism 12

Burns, Peter, "Privacy and the Common Law: A Tangled Skein Unravelling?", in: Gibson, Dale (Hrsg.), *Aspects of Privacy Law: Essays in Honour of John Sharp* (Butterworths, Toronto 1980)

Burrows, J.F., "Media Law" [1994] NZLR 280

Burrows, J.F., "Media Law" [1996] NZLR 342

Burrows, J.F., "Media Law" [1998] NZLR 229

Bußmann, Kurt, Anmerkung zu BGHZ 35, 363, GRUR 1962, 107

Bußmann, Kurt, Anmerkung zu BGH, GRUR 1969, 301, GRUR 1969, 303

Bußmann, Kurt, „Der Anspruch auf Ersatz des immateriellen Schadens bei Verletzung des Persönlichkeitsrechts“ Ufita 37 (1962), 1

Bußmann, Kurt, „Persönlichkeitsrecht und Berichterstattung in Presse, Film und Funk“ JR 1955, 202

Bußmann, Kurt, *Reichen die geltenden gesetzlichen Bestimmungen insbesondere im Hinblick auf die modernen Nachrichtenmittel aus, um das Privatleben gegen Indiskretionen zu schützen? : Gutachten für den 42. DJT* (J.C.B. Mohr, Tübingen 1957)

Butler, Des, "Constitutional Protection for Defamatory Communications Concerning Government and Political Matters" (1997) 18 Qld Lawyer 39

Buxton, (Sir) Richard "The *Human Rights Act* and Private Law" (2000) 116 LQR 48

Byers, (Sir) Maurice, "The Law-making Role of the High Court" (1994) 11 Aust Bar Rev 187

Caemmerer, Ernst von, „Der privatrechtliche Persönlichkeitsschutz nach deutschem Recht“, in: Esser, Josef/Thieme, Hans (Hrsg.), *Festschrift für Fritz von Hippel* (J.C.B. Mohr, Tübingen 1967)

Caemmerer, Ernst von, „Verwirklichung und Fortbildung des Rechts durch den Bundesgerichtshof“, in: *Gesammelten Schriften* (Hrsg. Leser, Hans), Band III (J.C.B. Mohr, Tübingen 1983)

Calcutt, David, *Review of Press Self-Regulation* (Cm 2135 (1993))

Calcutt Committee, *Report of the Committee on Privacy and Related Matters* (Cm 1102 (1990))

Campbell, T.D., "Democracy, Human Rights and Positive Law" (1994) 16 Syd LR 195

Canaris, Claus-Wilhelm, *Grundrechte und Privatrecht* (Walter de Gruyter, Berlin 1999)

Canaris, Claus-Wilhelm, „Grundrechte und Privatrecht“ AcP 184 (1984), 201

Cappelletti, Mauro, "The Law-making Power of the Judge and its Limits: A Comparative Analysis" (1981) 8 Monash LR 15

Carney, Gerard, "Freedom of Political Discussion — A New Restriction on State Power" (1995) 6 PLR 147

Carney, Gerard, "The Implied Freedom of Political Discussion — Its Impact on State Constitutions" (1995) 23 Fed LR 180

Caß, D.Z., "Through the Looking Glass: The High Court and the Right to Speech" (1993) 4 PLR 229

Cassimatis, Anthony, "The Law of Defamation in Queensland — The Defence of Fair Comment and the Constitutional Public Officer Defence" (1996) 16 Qld Lawyer 159

Cassimatis, Anthony, "*Theophanous* — A Review of Recent Defamation Decisions" (1997) 5 Torts LJ 102

Chemerinsky, Erwin, "In Defence of Truth" (1991) 41 Case Western LR 745

Chesterman, Michael, "Clarity and Loose Ends" (1997) 44 Gazette of Law & Journalism 5

Chesterman, Michael, "'Free Speech and the Law': A Commentary" (1995) 13 Aust Bar Rev 218

Chesterman, Michael, "Privileges and Freedoms for Defamatory Political Speech" (1997) 19 Adel LR 155

Chesterman, Michael, "The Common Law Rules in Defamation — O.K.?" (1998) 6 Tort LR 9

Chesterman, Michael, "The Money or the Truth: Defamation Reform in Australia and the U.S.A." (1995) 18 UNSWLJ 300

Choate, W.R., "Libel and Slander — Statements of Fact and Opinion — Qualified Privilege" (1941) 19 Texas LR 353

Christie, Jan, "The Public Figure Plaintiff v. The Non-Media Defendant in Defamation Law: Balancing the Respective Interests" (1983) 68 Iowa LR 517

Clark, T., "Epilogue: When Privacy Rights Encounter First Amendment Freedoms" (1991) 41 Case Western LR 921

Coing, Helmut, Anmerkung zu BGHZ 13, 334, JZ 1954, 700

Coing, Helmut, „Das Grundrecht der Menschenwürde, der strafrechtliche Schutz der Menschlichkeit und das Persönlichkeitsrecht des bürgerlichen Rechts" SJZ 1947, 642

Coing, Helmut, „Die Entwicklung der Persönlichkeitsrechte im 19. Jahrhundert", in: Kaufmann, Arthur/Mestmäcker, Ernst-Joachim/Zacher, Hans (Hrsg.), *Festschrift für Werner Maihofer zum 70. Geburtstag* (Vittorio Klostermann, Frankfurt am Main 1988)

Coing, Helmut, „Zur Entwicklung des zivilrechtlichen Persönlichkeitsschutzes" JZ 1958, 558

Coing, Helmut u.a. (Hrsg.), *J. von Staudingers Kommentar zum Bürgerlichen Gesetzbuch mit Einführungsgesetz und Nebengesetzen* (13. Auflage, Sellier-de Gruyter, Berlin 1995-1998)

Coleman, Richard, Anmerkung zu *Theophanous* v. *Herald & Weekly Times* (1994) 182 CLR 104, (1994) 26 Gazette of Law & Journalism 14

Coleman, Richard, "Tortured Inquisition" (1997) 44 Gazette of Law & Journalism 10

Cooper, Martin, "Impersonation and Wrongful Use of Name and Likeness" (1986) 6 Communications Law Bulletin 16

Coper, Michael, "The High Court and Free Speech: Visions of Democracy or Delusions of Grandeur?" (1994) 16 Syd LR 184

Corones, S.G., "Basking in Reflected Glory: Recent Character Merchandising Cases" (1990) 18 ABLR 5

Cowen, (Sir) Zelman, *The Private Man* (Australian Broadcasting Commission, Sydney 1972)

Craig, John/Nolte, Nico, "Privacy and Free Speech in Germany and Canada: Lessons for an English Privacy Tort" [1998] EHRLR 162

Cram, Ian, "Beyond Calcutt: The Legal and Extra-Legal Protection of Privacy Interests in England and Wales", in: Kieran, Matthew (Hrsg.), *Media Ethics* (Routledge, London 1998)

Craven, Gregory, "Beyond the Constitution: The High Court's Democratic Deficit" (1997) 13:3 Policy 7

Croß, (Sir) Rupert/Harris, J.W., *Precedent in English Law* (4. Auflage, Clarendon, Oxford 1991)

Cutler, Robert/Dick, Katrina, "Defending the Discussion of Government and Political Matters" (1997) 1 TeleMedia 57

Danziger, Charles, "The Right of Reply in the United States and Europe" (1986) 19 NY J Int Law & Pol 171

Dasch, Norbert, *Die Einwilligung zum Eingriff in das Recht am eigenen Bild* (C.H. Beck, München 1990)

Davis, Frederick, "What Do We Mean by 'Right to Privacy'?" (1959) 4 South Dakota LR 1

Dawson, (Sir) Daryl, "Do Judges Make Law? Too Much?" (1996) 3 TJR 1

Deamer, Adrian, "Don't Jump for Joy: *Theophanous* v. *Herald and Weekly Times*" (1994) 26 Gazette of Law & Journalism 3

Decken, Georg von der, „Meinungsäußerungsfreiheit und Recht der persönlichen Ehre“ NJW 1983, 1400

Degenhart, Christoph, „Das allgemeine Persönlichkeitsrecht, Art. 2 I i.V.m. Art. 1 I GG“ NJW 1992, 361

Detmold, M.J., “The New Constitutional Law” (1994) 16 Syd LR 228

Deutsch, Erwin, Anmerkung zu BGHZ 73, 120, JZ 1979, 352

Deutsch, Erwin, „Das Persönlichkeitsrecht des Patienten“ AcP 192 (1992), 161

Devlin (Lord), “Judges and Lawmakers” (1976) 39 MLR 1

Diederichsen, Uwe, *Die Flucht des Gesetzgebers aus der politischen Verantwortung im Zivilrecht* (C.F. Müller, Karlsruhe 1974)

Diplock, (Lord) Kenneth, “The Courts as Legislators”, in: Harvey, B. (Hrsg.), *The Lawyer and Justice: A Collection of Addresses by Judges and Jurists to the Holdsworth Club of the University of Birmingham* (Sweet & Maxwell, London 1978)

Donaghue, Stephen, “The Clamour of Silent Constitutional Principles” (1996) 24 Fed LR 133

Donaldson, R., “False Light Invasion of Privacy — Neutral or Laudatory Depiction of Subject” (1988) 59 ALR (4th) 502

Doody, M.R., “Freedom of the Press, the Canadian Charter of Rights and Freedoms, and a New Category of Qualified Privilege” (1983) 61 Can Bar Rev 124

Dougherty, F., “Defamation: Application of *New York Times* and Related Standards to Non-Media Defendants” (1983) 38 ALR (4th) 1114

Douglas, N.F., “Freedom of Expression under the Australian Constitution” (1993) 16:2 UNSWLJ 315

Doyle, John, “Do Judges Make Policy? Should They?” (1998) 57:1 Aust J Public Admin 89

Doyle, John, “Implications of Judicial Law-Making”, in: Saunders, Cheryl (Hrsg.), *Courts of Final Jurisdiction: The* Mason *Court in Australia* (Federation Press, Annandale 1996)

Duncan, Ross, "Negotiating Media Contracts", in: *Proceedings of the Sport and the Law Workshop 16-18 June 1989, Launceston Federal Country Club Casino, Launceston, Tasmania* (National Sport Information Centre, 1989)

Dunstan, Don, *Felicia: The Political Memoirs of Don Dunstan* (MacMillan, South Melbourne 1981)

Dworkin, Gerald, "Privacy and the Press" (1961) 24 MLR 185

Dworkin, Gerald, "The Common Law Protection of Privacy" (1967) 2 U Tas LR 418

Dworkin, Gerald, "The Younger Committee Report on Privacy" (1973) 36 MLR 399

Eaton, J.D., "The American Law of Defamation: Through *Gertz* v. *Robert Welch* and Beyond: An Analytical Primer" (1975) 61 Virginia LR 1349

Eberle, E., "Public Discourse in Contemporary Germany" (1997) 47 Case Western LR 797

Edgeworth, Brendan/Newcity, Michael, "Politicians, Defamation Law and the 'Public Figure' Defence" (1992) 10 Law in Context 39

Ehlers, Wolfram, *Der Geldersatz für immaterielle Schäden bei deliktischer Verletzung des allgemeinen Persönlichkeitsrechts* (J. Schweitzer, Berlin 1977)

Ehmann, Horst, „Zur Struktur des Allgemeinen Persönlichkeitsrechts" JuS 1997, 193

Elder, David, "Freedom of Expression and the Law of Defamation: The American Approach to Problems Raised by the *Lingens* Case" (1986) 35 ICLQ 891

Eldredge, L.H., *The Law of Defamation* (Bobbs-Merrill, Indianapolis 1978)

Ellger, Reinhard, „Europäische Menschenrechtskonvention und deutsches Privatrecht: Die Einwirkung von Artt. 8 und 10 EMRK auf die deutsche Rechtsordnung" RabelsZ 63 (1999), 625

Emerson, T., "The Right of Privacy and Freedom of the Press" (1979) 14 Harv CR-CL LR 329

Epstein, R.A., "Was *New York Times* v. *Sullivan* Wrong?" (1986) 53 U Chicago LR 782

Erdsiek, Gerhard, „Der Regierungsentwurf zum Persönlichkeits- und Ehrenschutzgesetz" Ufita 29 (1959), 1

Erdsiek, Gerhard, „Unvollkommenheiten des zivilrechtlichen Ehrenschutzes" NJW 1966, 1385

Ernst-Moll, Jürgen, „Das Recht am eigenen Bildnis — vor und vor allem nach dem Tode" GRUR 1996, 558

Eschenlohr, Harald, Anmerkung zu BGHZ 66, 182, NJW 1976, 1202

Evans, Richard, "The Right of Privacy" [1968] Justice 37

Evatt, Clive, Anmerkung zu *Theophanous* v. *Herald & Weekly Times* (1994) 182 CLR 104, (1994) 26 Gazette of Law & Journalism 13

Evatt, Clive, "Back to Earth" (1997) 44 Gazette of Law & Journalism 10

Ewing, K.D., "New Constitutional Constraints in Australia" [1993] PL 256

Faulks Committee, *Report of the Committee on Defamation* (Cmnd. 5909 (1975))

Felcher, P./Rubin, E., "Privacy, Publicity and the Portrayal of Real People by the Media" (1979) 88 Yale LJ 1577

Fenwick, Helen/Phillipson, Gavin, "Confidence and Privacy: A Re-examination" [1996] CLJ 447

Fiß, O., "Free Speech and Social Structure" (1986) 71 Iowa LR 1405

Flahvin, Anne, "Can Legislation Prohibiting Hate Speech be Justified in Light of Free Speech Principles?" (1995) 18 UNSWLJ 327

Foerste, Ulrich, „Schmerzensgeldbemessung bei brutalem Verbrechen" NJW 1999, 2951

Forkel, Hans, Anmerkung zu BGHZ 131, 332, JZ 1997, 43

Forkel, Hans, „Das Bundesverfassungsgericht, das Zitieren und die Meinungsfreiheit" JZ 1994, 637

Foster, N., *German Law and Legal System* (Blackstone, London 1993)

Franklin, M., "A Constitutional Problem in Privacy Protection: Legal Inhibitions on Reporting of Fact" (1963) 16 Stanford LR 107

Franklin, M., "Suing Media for Libel: A Litigation Study" [1981] Am Bar Found Res J 795

Franklin, M., "The Origins and Constitutionality of Limitations on Truth as a Defence in Tort Law" (1964) 16 Stanford LR 789

Fraser, Andrew, "False Hopes: Implied Rights and Popular Sovereignty in the Australian Constitution" (1994) 16 Syd LR 213

Fraser, Hugh, "The Privileges of the Press in Relation to the Law of Libel" (1891) 7 LQR 158

Frazer, Tim, "Appropriation of Personality — A New Tort?" (1983) 99 LQR 281

Frazer, Tim, "Publicity, Privacy and Personality" [1983] EIPR 139

Fried, Charles, "Privacy" (1968) 77 Yale LJ 475

Fromm, Friedrich Karl, Anmerkung zu OLG Frankfurt, NJW 1966, 254, NJW 1966, 254

Fromm, Friedrich Karl, „Schadensersatz für Persönlichkeitsrechtsverletzungen" NJW 1965, 1201

Fuhrman, Hans, „Die Wahrnehmung berechtigter Interessen durch die Presse — BGHSt 18, 182" JuS 1970, 70

Galligan, Brian, "Parliamentary Responsible Government and the Protection of Rights" (1993) 4 PLR 100

Gamillscheg, Franz, „Die Grundrechte im Arbeitsrecht" AcP 164 (1964), 385

Gamm, Otto-Friedrich Freiherr von, „Persönlichkeitsschutz und Massenmedien: Neuere Entwicklungen der Rechtsprechung" NJW 1979, 513

Gamm, Otto-Friedrich Freiherr von, „Zur praktischen Anwendung des allgemeinen Persönlichkeitsrechts" NJW 1955, 1826

Gardiner, John, "Another Step Towards a Right of Privacy?" (1995) 145 NLJ 225

Gareis, Karl, „Das Recht am eigenen Bilde" DJZ 1902, 412

Gareis, Karl, „Das Recht am menschlichen Körper", in: Juristische Fakultät zu Königsberg (Hrsg.), *Festschrift für Johann Theodor Schirmer* (Hartung, Königsberg 1900)

Geal, Alexandra, "Freedom of Speech and the Tort of Defamation" (1994) 2 Tort LR 11

George, Patrick, "Suspect Reasoning" (1997) 44 Gazette of Law & Journalism 8

Gerlach, Jürgen von, „Der Schutz der Privatsphäre von Personen des öffentlichen Lebens in rechtsvergleichender Sicht" JZ 1998, 741

Gibson, D., "Common Law Protection of Privacy — What to do until the Legislators Arrive", in: Klar, Lewis (Hrsg.), *Studies in Canadian Tort Law* (Butterworths, Toronto 1977)

Giegerich, Thomas, „Schutz der Persönlichkeit und Medienfreiheit nach Artt. 8, 10 EMRK im Vergleich mit dem Grundgesetz" RabelsZ 63 (1999), 471

Gierke, Otto (von), *Deutsches Privatrecht* (Duncker & Humblot, Leipzig 1895-1917)

Giesen, Dieter, Anmerkung zu BGH, NJW 1971, 698, NJW 1971, 801

Gilles, S., "All Truths are Equal, but Are Some Truths More Equal Than Others?" (1991) 41 Case Western LR 725

Gillooly, Michael, *The Law of Defamation in Australia and New Zealand* (Federation Press, Sydney 1998)

Gilson, Robert/Leopold, Madelyn, "Restoring the 'Central Meaning of the First Amendment': Absolute Immunity for Political Libel" (1985) 90 Dickinson LR 559

Glass, Arthur, "Freedom of Speech and the Constitution: *Australian Capital Television* and the Application of Constitutional Rights" (1995) 17 Syd LR 29

Goldsworthy, Jeffrey, "The High Court, Implied Rights and Constitutional Change" (1995) 39:3 Quadrant 46

Goldsworthy, Jeffrey, "The Philosophical Foundations of Parliamentary Sovereignty", in: ders./Campbell, T. (Hrsg.), *Judicial Power, Democracy and Legal Positivism* (Ashgate, Aldershot 2000)

Goodhart, A.L., "Precedent in English and Continental Law" (1934) 50 LQR 40

Goodman, A., "The Law of Defamation and Freedom of Speech" (1960) 13 Current Leg Probs 135

Gordon, H., "Right of Property in Name, Likeness, Personality and History" (1960) 55 NWULR 553

Gornig, Gilbert, „Die Schrankentrias des Art. 5 II GG" JuS 1988, 274

Gottschalk, Eckart, „Hat das Sechste Strafrechtsreformgesetz Auswirkungen auf das Schmerzensgeldniveau?" NJW 1999, 3764

Gottwald, Stefan, *Das allgemeine Persönlichkeitsrecht: ein zeitgeschichtliches Erklärungsmodell* (Nomos, Berlin 1996)

Gounalakis, Georgios, „Freiräume und Grenzen politischer Karikatur und Satire" NJW 1995, 809

Gounalakis, Georgios, „Persönlichkeitsschutz und Geldersatz" AfP 1998, 10

Gounalakis, Georgios, *Privacy and the Media: A Comparative Perspective* (C.H. Beck, München 2000)

Gounalakis, Georgios, „„Soldaten sind Mörder"" NJW 1996, 481

Gounalakis, Georgios/Glowalla, Rainer, „Reformbestrebungen zum Persönlichkeitsschutz in England" AfP 1997, 771, AfP 1997, 870

Gounalakis, Georgios/Rösler, Hannes, *Ehre, Meinung und Chancengleichheit im Kommunikationsprozeß: eine vergleichende Untersuchung zum englischen und deutschen Recht der Ehre* (Nomos, Baden Baden 1998)

Grasnick, Walter, Anmerkung zu BVerfG (Kammer), NJW 1994, 2943, JR 1995, 162

Green, Leon, "Relational Interests" (1935) 30 Illinois LR 314

Green, Leon, "The Right of Privacy" (1932) 27 Illinois LR 237

Greenleaf, Graham, "Information Technology and the Law" (1995) 69 ALJ 90

Grimm, Dieter, „Die Meinungsfreiheit in der Rechtsprechung des Bundesverfassungsgerichts" NJW 1995, 1697

Grimm, Dieter, „Persönlichkeitsschutz im Verfassungsrecht", in: Karlsruher Forum 1996, *Schutz der Persönlichkeit* (Verlag Versicherungswirtschaft, Karlsruhe 1997)

Grimm, Dieter, „„Wir machen das Meinungsklima nicht': Antworten auf die Kritik an der Ehrenschutz-Rechtsprechung des BVerfG" ZRP 1994, 276

Grodin, J., "The Right of Publicity: A Doctrinal Innovation" (1953) 62 Yale LJ 1123

Groß, Hyman, "The Concept of Privacy" (1967) 42 NYULR 34

Groß, Rolf, *Presserecht* (3. Auflage, C.F. Müller, Heidelberg 1999)

Groves, Bill, "A Constrained Defence" (1997) 44 Gazette of Law & Journalism 3

Gurry, Francis, "*G.* v. *Day*" (1983) 14 MULR 325

Gutteridge, H.C., "The Comparative Law of the Right to Privacy" (1931) 47 LQR 203

Hadley, Herbert Spencer, "The Right to Privacy" (1894) 3 Northwestern LR 1

Hager, Johannes, „Der Schutz der Ehre im Zivilrecht" AcP 196 (1996), 168

Hahn, Bernhard, „Das Recht am eigenen Bild — anders betrachtet" NJW 1997, 1348

Hall, J., "Preserving Liberty of the Press by the Defence of Privilege in Libel Actions" (1938) 26 Cal LR 226

Hand, A., "Schuyler against Curtis and the Right to Privacy" (1897) 45 American Law Register & Review (O.S.) 745

Handley, R.P., "Trespass to Land as a Remedy for Unlawful Intrusion on Privacy" (1988) 62 ALJ 216

Hartlieb, Horst von, *Handbuch des Film-, Fernseh- und Videorechts* (3. Auflage, C.H. Beck, München 1991)

Hartmann, G., „Der Civilgesetzentwurf, das Aequitätsprinzip und die Richterstellung“ AcP 37 (1888), 309

Hartmann, Peter, „Persönlichkeitsrecht und Schmerzensgeld“ NJW 1962, 12

Hartmann, Peter, „Persönlichkeitsrecht und Schmerzensgeld“ NJW 1964, 793

Harvey, Cameron, “The Medium is the Message” (1996) 1 Media & Arts LR 182

Haßmann, P., “Invasion of Privacy by Use of a Picture of Plaintiff's Property for Advertising Purposes” (1978) 87 ALR (3rd) 1279

Hattam, Grant, Anmerkung zu *Theophanous* v. *Herald & Weekly Times* (1994) 182 CLR 104, (1994) 26 Gazette of Law & Journalism 14

Hattam, Grant, “Pressure on Sources” (1997) 44 Gazette of Law & Journalism 9

Hay, Peter, “From Rule-Orientation to ‘Approach’ in German Conflicts Law: The Effect of the 1986 and 1999 Codifications” (1999) 47 Am Jo Comp Law 633

Heinemann, Gustav, „Die Rechtsordnung des politischen Kampfes“ NJW 1962, 889

Heins, Dörte, „Der Richter als Ersatzgesetzgeber“ ZRP 1995, 149

Heldrich, Andreas, „Persönlichkeitsschutz und Pressefreiheit“, in: Heldrich, Andreas/Schlechtriem, Peter/Schmidt, Eike (Hrsg.), *Festschrift für Helmut Heinrichs* (C.H. Beck, München 1998)

Helle, Ernst, Anmerkung zu BGHZ 39, 124, NJW 1963, 1402

Helle, Ernst, „Der zivilrechtliche Schutz der Persönlichkeit und der Ehre gegen Presseangriffe“ DRiZ 1963, 334

Helle, Ernst, „Die Rechtswidrigkeit der ehrenrührigen Behauptung“ NJW 1961, 1896

Helle, Ernst, „Über die Grenzen des negatorischen Ehrenschutzes“ NJW 1958, 1524

Helle, Jürgen, Anmerkung zu BGH, NJW 1994, 124, JZ 1994, 416

Helle, Jürgen, „Bemerkungen zum Recht am eigenen Bild als Unterfall des allgemeinen Persönlichkeitsrechts“ AfP 1986, 25

Henskens, A.A., "Defamation and Investigative Journalism in New South Wales: The Evolution of Statutory Qualified Privilege" (1990) 6 Aust Bar Rev 267

Herdegen, Gerhard, „„Soldaten sind Mörder““ NJW 1994, 2933

Hesse, Albrecht, *Rundfunkrecht: Die Organisation des Rundfunks in der Bundesrepublik Deutschland* (2. Auflage, Franz Vahlen, München 1999)

Hill, Alfred, "Defamation and Privacy under the First Amendment" (1976) 76 Columbia LR 1205

Hoffmann, Wolfgang, „Beweislast und Rechtfertigung bei ehrverletzenden Behauptungen im politischen Bereich“ NJW 1966, 1200

Hofstadter, S.H., *The Development of the Right of Privacy in New York* (Grosby Press, New York 1954)

Holdsworth, W.S., "Defamation in the Sixteenth and Seventeenth Centuries" (1924) 40 LQR 302, (1924) 40 LQR 397, (1925) 41 LQR 13

von Holstein (ohne Vornamen), Anmerkung zu LG Nürnberg-Fürth, MDR 1953, 310, MDR 1953, 310

Horrigan, Bryan, "Is the High Court Crossing the Rubicon? — A Framework for Balanced Debate" (1995) 6 PLR 284

Hubmann, Heinrich, Anmerkung zu BGHZ 35, 363, JZ 1962, 121

Hubmann, Heinrich, *Das Persönlichkeitsrecht* (2. Auflage, Böhlar, Köln 1967)

Hubmann, Heinrich, „Der zivilrechtliche Schutz der Persönlichkeit gegen Indiskretion“ JZ 1957, 521

Hubmann, Heinrich/Reinhardt, Rudolf, „Das Problem des allgemeinen Persönlichkeitsrechts“ AcP 153 (1954), 548

Hudson, A.H., "Consumer Protection, Trespass and Injunctions" (1988) 104 LQR 18

Hughes, T.E.F., "Defaming Public Figures: A Paper Presented at the Twenty-Third Australian Legal Convention" (1985) 59 ALJ 482

Hurst, John/White, S., *Ethics and the Australian News Media* (Macmillan, South Melbourne 1994)

Huscroft, Grant, "David Lange and the Law of Defamation" [1997] NZLJ 112

Inglis, K.S., *The Stuart Case* (Melbourne University Press, Melbourne 1961)

Jackson, D.F., "The Law-making Role of the High Court" (1994) 11 Aust Bar Rev 197

Jacob, Joseph/Jacob, Robin, "Protection of Privacy" (1969) 119 New LJ 157

Jaffe, L., *English and American Judges as Lawmakers* (Clarendon, Oxford 1969)

Jarass, Hans, „Das allgemeine Persönlichkeitsrecht im Grundgesetz“ NJW 1989, 857

Jescheck, Hans-Heinrich/Ruß, Wolfgang/Willms, Günther, *Strafgesetzbuch: Leipziger Kommentar* (12. Auflage, de Gruyter, Berlin 1989)

Johnson, Elizabeth, "Criminal Defamation: Poisonous Words and Punishment" [April 2000] Law Institute Journal (Victoria) 66

Jones, T.H., "Legislative Discretion and Freedom of Political Communication" (1995) 6 PLR 103

Kacedan, B., "The Right of Privacy" (1932) 12 Boston ULR 353, (1932) 12 Boston ULR 600

Kalven, Harry, "Privacy in Tort Law — Were *Warren* and *Brandeis* Wrong?" (1966) 31 Law & Contemp Probs 326

Kalven, Harry, "The *New York Times Case*: A Note on 'The Central Meaning of the First Amendment'" [1964] Sup Ct Rev 191

Katz, John, "Sex, Lies, Videotapes and Telephone Conversations: The Common Law of Privacy from a New Zealand Perspective" [1995] EIPR 6

Kaufman, H., "Libel 1980-1985: Promises and Realities" (1985) 90 Dickinson LR 545

Kaufmann, Ekkehard, „Dogmatische und rechtspolitische Grundlagen des § 253 BGB" AcP 162 (1963), 421

Keeton, W.P. u.a., *Prosser and Keeton on The Law of Torts* (5. Auflage, West, St Paul 1984)

Kellett, E., "Proof of Injury to Reputation as Prerequisite to Recovery of Damages in Defamation Action — Post-*Gertz* Cases" (1982) 36 ALR (4th) 807

Kennett, Geoffrey, "Individual Rights, the High Court and the Constitution" (1994) 19 MULR 581

Kentridge, Sydney, "Freedom of Speech: Is it the Primary Right?" (1996) 45 ICLQ 253

Kern, Bernd-Rüdiger, „Die Genugtuungsfunktion des Schmerzensgeldes" AcP 191 (1991), 247

Keyßner (ohne Vornamen), „Das Recht am eigenen Bilde" DJZ 1898, 486

Kiesel, Manfred, „Die Liquidierung des Ehrenschutzes durch das BVerfG" NVwZ 1992, 1129

Kilbrandon (Lord), "The Law of Privacy in Scotland" (1971) 2 Camb LR 35

Kimbrough, R.T., "Right of Privacy" (1940) 138 ALR 22

Kimbrough, R.T., "Right of Privacy" (1944) 168 ALR 446

Kirby, Michael, "In Praise of Common Law Renewal: A Commentary on *P.S. Atiyah*'s 'Justice and Predictability in the Common Law'" (1992) 15 UNSWLJ 462

Kirby, Michael, "International Dimensions of Cyberspace Law: Protection of Privacy and Human Rights in the Digital Age" (1999) 30:2 Library Automated Systems Information Exchange 12

Kirby, Michael, "Judicial Activism" (Bar Association of India Lecture, New Delhi 06. Januar 1997, unveröffentlicht)

Kirk, Jeremy, "Constitutional Implications from Representative Democracy" (1995) 23 Fed LR 37

Klee, Karl, „Das Recht auf Wahrheit als Grundprinzip des § 193 StGB", in: Hegler, August (Hrsg.), *Festgabe für Richard von Frank zum 70. Geburtstag* (J.C.B. Mohr, Tübingen 1930)

Koebel, Ulrich, Anmerkung zu BGHZ 30, 7, JZ 1960, 573

Koebel, Ulrich, Anmerkung zu BGH, JZ 1965, 411, JZ 1965, 413

Koebel, Ulrich, „Der Entwurf eines Gesetzes zur Neuordnung des zivilrechtlichen Persönlichkeits- und Ehrenschutzes" JZ 1959, 513

Koebel, Ulrich, „Wahrnehmung berechtigter Interessen durch die Tagespresse" NJW 1950, 673

Kohler, J., „Das Ideale im Recht" ArchBürgR 5 (1891), 161

Kohler, J., „Das Individualrecht als Namenrecht" ArchBürgR 5 (1891), 77

Kohler, J., „Das Recht an Briefen" ArchBürgR 7 (1891), 94

Kohler, J., „Ehre und Beleidigung" GA 47 (1900), 1

Kohler, J., „Zum Autorrecht und Individualrecht" GRUR 1900, 196

Kohlhaas, Max, „Reformbedürftigkeit der Gerichtsberichterstattung?" NJW 1963, 477

Kommers, D.P., "The Jurisprudence of Free Speech in the United States and the Federal Republic of Germany" (1980) 53 Southern Cal LR 657

Koomen, Kaaren, "Under Surveillance: Fergie, Photographers and Infringements on Freedom" (1993) 17 U Qld LJ 234

Körner, Marita, „Zur Aufgabe des Haftungsrechts — Bedeutungsgewinn präventativer und punitiver Elemente" NJW 2000, 241

Krey, Volker, „Gesetzestreue und Strafrecht: Schranken richterlicher Rechtsfortbildung" ZStW 101 (1989), 838

Krey, Volker, „Zur Problematik richterlicher Rechtsfortbildung“ JZ 1978, 361

Kriele, Martin, „Ehrenschutz und Meinungsfreiheit“ NJW 1994, 1897

Krüger-Nieland, Gerda, „Das Urheberpersönlichkeitsrecht, eine besondere Erscheinungsform des allgemeinen Persönlichkeitsrechts?“, in: von Caemmerer, Ernst u.a. (Hrsg.), *Festschrift für Fritz Hauß* (VVW, Karlsruhe 1978)

Kube, Hanno, „Ehrenschutz im Verfassungsrecht des Frühkonstitutionalismus und im Grundgesetz“ AöR 125 (2000), 341

Kübler, Friedrich, „Ehrenschutz, Selbstbestimmung und Demokratie“ NJW 1999, 1281

Kübler, Friedrich, „Öffentlichkeit als Tribunal? — Zum Konflikt zwischen Medienfreiheit und Ehrenschutz“ JZ 1984, 541

Kuner (ohne Vornamen), Anmerkung zu OLG Karlsruhe, BB 1962, 1392, BB 1962, 1393

Ladeur, Karl-Heinz, Anmerkung zu OLG Bremen, AfP 1994, 145, AfP 1994, 147

Ladeur, Karl-Heinz, „Meinungsfreiheit, Ehrenschutz und die Veränderung der Öffentlichkeit in der Massendemokratie — Anmerkung zu neueren Entscheidungen des Bundesverfassungsgerichts“ AfP 1993, 531

Ladeur, Karl-Heinz, „Schutz von Prominenz als Eigentum: Zur Kritik der Caroline-Rechtsprechung des Bundesverfassungsgerichts“ ZUM 2000, 879

Lambert, John, “Executive Authority to Tap Telephones” (1980) 43 MLR 59

Lampe, Ernst-Joachim, „Der Straftäter als ‚Person der Zeitgeschichte‘“ NJW 1973, 217

Lane, P.H., “Neutral Principles on the High Court” (1981) 55 ALJ 737

Larenz, Karl, Anmerkung zu BGHZ 26, 349, NJW 1958, 827

Larenz, Karl, „Das ‚allgemeine Persönlichkeitsrecht‘ im Recht der unerlaubten Handlungen“ NJW 1955, 521

Larenz, Karl, „Richterliche Rechtsfortbildung als methodisches Problem“ NJW 1965, 1

Larenz, Karl/Canaris, Claus-Wilhelm, *Methodenlehre der Rechtswissenschaft* (3. Auflage, Springer, Berlin 1995)

Larremore, Wilbur, “The Law of Privacy” (1912) 12 Columbia LR 693

Laster, Daniel, “Breaches of Confidence and of Privacy by Misuse of Personal Information” (1989) 7 Otago LR 31

Law Reform Commission (Australia), *Privacy* (Australian Government Publishing Service, Canberra 1983)

Law Reform Commission (Australia), *Unfair Publication: Defamation and Privacy* (Australian Government Publishing Service, Canberra 1979)

Law Reform Commission (New South Wales), *Report on Defamation* (Sydney, L.R.C. (N.S.W.) Nr. 11, 20. April 1971)

Law Reform Commission (New South Wales), *Defamation* (Sydney, L.R.C. (N.S.W.) Nr. 75, September 1995)

Law Reform Committee (South Australia), *Interim Report of the Law Reform Committee of South Australia to the Attorney-General Regarding the Law of Privacy* (Government Printer, Adelaide 1973)

Lebel, P., “Rights-Talk and Torts-Talk: A Commentary on the Road Not Taken in the Intellectual History of Tort Law” (1991) 41 Case Western LR 811

Lee, H.P., “The Australian High Court and Implied Fundamental Guarantees” [1993] PL 606

Leebron, D., “The *Right to Privacy*'s Place in the Intellectual History of Tort Law” (1991) 41 Case Western LR 769

Leigh, Ian, “Horizontal Rights, the *Human Rights Act* and Privacy: Lessons from the Commonwealth?” (1999) 48 ICLQ 57

Leinveber (ohne Vornamen), „Grundfragen des zivilrechtlichen Persönlichkeits- und Ehrenschutzes“ GRUR 1960, 17

Leovy, T.M., “Torts — The Right of Privacy” (1939) 13 Southern Cal LR 81

Lester, Anthony (Lester of Herne Hill, Lord Anthony), "English Judges as Law Makers" [1993] PL 269

Lester of Herne Hill, (Lord) Anthony, "Defaming Politicians and Public Officials" [1995] PL 1

Lester of Herne Hill, (Lord) Anthony/Pannick, David, "The Impact of the *Human Rights Act* on Private Law: the Knight's Move" (2000) 116 LQR 380

Lester, Tim/Florence, Katie, "Qualified Privilege for the Mass Media: *Stephens* v. *West Australian Newspapers*" (1994) 26 Gazette of Law & Journalism 8

Leuze, Dieter, *Die Entwicklung des Persönlichkeitsrechts im 19. Jahrhundert, zugleich ein Beitrag zum Verhältnis allgemeines Persönlichkeitsrecht-Rechtsfähigkeit* (Ernst & Werner Gieseking, Bielefeld 1962)

Leuze, Dieter, „Schmerzensgeld für seelische Unlustgefühle" VersR 1961, 779

Leval, P.N., "Strangers on a Train" (1993) 91 Michigan LR 1138

Leval, P.N., "The No-Money, No-Fault Libel Suit: Keeping *Sullivan* in its Proper Place" (1988) 101 Harv LR 1287

Lewald, Walter, „Staatsrechtslehrertagung 1963", NJW 1964, 25

Lewis, Anthony, *Make No Law: The* Sullivan Case *and the First Amendment* (Random House, New York 1991)

Lewis, Anthony, "*New York Times* v. *Sullivan* Considered: Time to Return to 'The Central Meaning of the First Amendment'" (1983) 83 Columbia LR 603

Ligertwood, Andrew, *Australian Evidence* (2. Auflage, Butterworths, Sydney 1993)

Lindell, Geoffrey, "'Judge & Co.': Judicial Law-making and the *Mason* Court" (1998) 5 Agenda 83

Lindell, Geoffrey, "*Theophanous* and *Stephens* Revisited" (1997) 20 UNSWLJ 195

Lindgren, K.E., "Comment by *K.E. Lindgren* Q.C. which introduced a Seminar on 'The Law-making Role of the High Court'" (1994) 11 Aust Bar Rev 185

Lisle, Rufus, "The Right of Privacy (A Contra View)" (1931) 19 Kentucky LJ 137

Lloyd, Dennis, "Reform of the Law of Libel" (1952) 5 Current Leg Probs 168

Lloyd, Dennis, "The Recognition of New Rights" (1961) 14 Current Leg Probs 39

Löffler, Martin, „Der Bundesgerichtshof wechselt die Begründung für den immateriellen Schadensersatz bei Persönlichkeitsverletzung" AfP 1962, 209

Löffler, Martin, „Die Grenzen richterlicher Rechtsfindung beim immateriellen Schadensersatz" NJW 1962, 225

Löffler, Martin, „Persönlichkeitsschutz und Meinungsfreiheit" NJW 1959, 1

Löffler, Martin u.a., *Presserecht: Kommentar zu den Landespressegesetzen der Bundesrepublik Deutschland mit einem Besonderen Teil und Textanhang* (4. Auflage, C.H. Beck, München 1997)

Loon, Ng-Loy Wee, "Emergence of a Right to Privacy from within the Law of Confidence?: *Hellewell* v. *Chief Constable of Derbyshire*" [1996] EIPR 307

Loveland, Ian, "Reforming Libel Law: The Public Law Dimension" (1997) 46 ICLQ 561

Loveland, Ian, "*Sullivan* v. *New York Times* Goes Down Under" [1996] PL 126

Loveland, Ian, "The Constitutionalisation of Political Libels in English Common Law?" [1998] PL 633

Lücke, H.K., "The Common Law: Judicial Impartiality and Judge-Made Law" (1982) 98 LQR 29

Lücke, H.K., "The Common Law as Arbitral Law: A Defence of Judicial Law-Making" (1983) 8 Adel LR 229

Ludington, J.P., "Constitutional Aspects of Libel and Slander — Supreme Court Cases" (1971) 28 L Ed (2nd) 885

Mackeprang, Rudolf, *Ehrenschutz im Verfassungsstaat, zugleich ein Beitrag zu den Grenzen der Freiheiten des Art. 5 Abs. 1 GG* (Duncker & Humblot, Berlin 1990)

Mager, Ute, „Meinungsfreiheit und Ehrenschutz von Soldaten" Jura 1996, 405

Magnusson, R., "Privacy, Surveillance and Interception in Australia's Changing Telecommunications Environment" (1999) 27 Fed LR 33

Magnusson, Roger, "Recovery for Mental Distress in Tort, with Special Reference to Harmful Words and Statements" (1994) 2 Torts LJ 126

Maher, L.W., "Defamation, Free Speech and Local Government Politics" (1995) 3 Torts LJ 116

Mainzer, Robert, *Die ästimatorische Injurienklage in ihrer geschichtlichen Entwicklung* (von Strecker & Schröder, Stuttgart 1908)

Malmström, Åke (Hrsg.), *Right of Privacy and Rights of the Personality: A Comparative Survey* (P.A. Norstedt & Söners Förlag, Stockholm 1967)

Marcuse, Elly, „Die Wahrnehmung berechtigter Interessen nach geltendem Recht unter Berücksichtigung der Rechtsprechung und nach dem Entwurf eines neuen Strafgesetzbuches" JW 1925, 1474

Markesinis, Basil, *A Comparative Introduction to the German Law of Torts* (3. Auflage, Clarendon Press, Oxford 1994)

Markesinis, Basil, "Our Patchy Law of Privacy — Time to Do Something About it" (1990) 53 MLR 802

Markesinis, Basil, "Privacy, Freedom of Expression and the Horizontal Effect of the *Human Rights Bill*: Lessons from Germany" (1999) 115 LQR 47

Markesinis, Basil, "Subtle Ways of Legal Borrowing: Some Comparative Reflections on the Report of the Calcutt Committee 'On Privacy and Related Matters'", in: Pfister, Bernhard/Will, Michael (Hrsg.), *Festschrift für Werner Lorenz* (J.C.B. Mohr, Tübingen 1991)

Markesinis, Basil, "The Calcutt Report Must Not Be Forgotten" (1992) 55 MLR 118

Markesinis, Basil, "The Right to be Let Alone versus Freedom of Speech" [1986] PL 67

Markesinis, Basil (Hrsg.), *Protecting Privacy: The Clifford Chance Lectures, Volume 4* (Oxford University Press, Oxford 1999)

Marshall, S., "Public Bodies, Private Selves" (1988) 5 Journal of Applied Philosophy 147

Mason, (Sir) Anthony, "The Judge as Law-maker" (1996) 3 JCULR 1

Mathieson, D.L., "Torts — Libel — 'Passing Off' of Actor's Voice — Appropriation of Another's Personality Without Consent — An Equitable Right of Privacy?" (1961) 39 Can Bar Rev 409

Maunz, Theodor/Dürig, Günter (Hrsg.), *Kommentar zum Grundgesetz* (München, Loseblattsammlung, 35. Ergänzungslieferung, Stand: Februar 1999)

Maunz, Theodor/Zippelius, Reinhold, *Deutsches Staatsrecht* (29. Auflage, C.H. Beck, München 1994)

McConnachie, Alastair, "New Privacy Legislation for New South Wales" (1999) 37:2 Law Society Journal 58

McDonald, Leighton, "The Denizens of Democracy: The High Court and the 'Free Speech' Cases" (1994) 5 PLR 160

McHugh, Michael, "The Judicial Method" (1999) 73 ALJ 37

McHugh, Michael, "The Law-Making Function of the Judicial Process" (1988) 62 ALJ 15, (1988) 62 ALJ 116

McLelland, M.H., "New Horizons in 'Passing-Off'" (1961) 3 Syd LR 525

McPherson, B.H., "Dear Attorney-General: The Issues of Judicial Appointments and Education" (1999) 21:7 Bulletin of the Law Society of South Australia 8

McQuoid-Mason, David Jan, *The Law of Privacy in South Africa* (Juta & Co., Kapstadt 1978)

Medicus, Dieter, *Schuldrecht II: Besonderer Teil* (9. Auflage, C.H. Beck, München 1999)

Mertens, Hans-Joachim u.a., *Bürgerliches Gesetzbuch: Kommentar („Soergel")* (12. Auflage, W. Kohlhammer, Stuttgart 1990-1998)

Meurer, Dieter, "Die ausgenutzte Persönlichkeit — eine Frage der Ehre", in: Werner, Olaf u.a. (Hrsg.), *Festschrift für Hans G. Leser* (Mohr Siebeck, Tübingen 1998)

Meyer, Philip, *Ethical Journalism: A Guide for Students, Practitioners and Consumers* (Longman, Lonmdon 1987)

Michael, James, "*Malone* and Police Use of Metering Information" (1984) 134 New LJ 646

Miller, Ben, "*Thompson* v. *Australian Capital Television* (unreported, High Court, 11 December 1996)" (1997) 2 Media & Arts LR 46

Miller, James, "The End of Freedom, Method in *Theophanous*" (1996) 1:2 Newc LR 39

Milmo, P./Rogers, W.V.H. (Hrsg.), *Gatley on Libel and Slander* (9. Auflage, Sweet & Maxwell, London 1998)

Mitchell, Paul, "Malice in Defamation" (1998) 114 LQR 639

Mitchell, Paul, "Malice in Qualified Privilege" [1999] PL 328

Moen, D., "'Lifestyles of the Rich and Famous' — Personality Rights — A Canadian Perspective" (1995) 6 AIPJ 30

Moreland, Roy, "The Right of Privacy To-Day" (1931) 19 Kentucky LJ 101

Morris, E.B., "Doctrine of Privilege or Fair Comment as Applicable to Misstatements of Fact in Publication (or Oral Communication) Relating to Public Officer or Candidate for Office" (1937) 110 ALR 412

Mugdan, Benno (Hrsg.), *Die gesamten Materialien zum Bürgerlichen Gesetzbuch für das Deutsche Reich* (Scientia, Berlin 1979)

Mullaly, Jennifer, "*Lange* v. *A.B.C.*: Defamation Re-appraised" (1997) 134 Communications Update 16

Mullaly, Jennifer, "Privacy: Are the Media a Special Case?" (1997) 16 Communication Law Bulletin 10

Mullany, N.J., "'Governing Reputation' and Local Government Corporations" (1995) 111 LQR 206

Mullender, Richard, "Privacy, Paedophilia and the *European Convention on Human Rights*: A Deontological Approach" [1998] PL 384

Müller, Georg, „Bemerkungen über das Urheberpersönlichkeitsrecht" Ufita 2 (1929), 367

Münzel, Karl, „Schmerzensgeld für seelische Unlustgefühle" NJW 1960, 2025

Murphy, J./Rueter, Robert, Stare Decisis *in Commonwealth Appellate Courts* (Butterworths, Toronto 1981)

Naismith, S.H., "Photographs, Privacy and Freedom of Expression" [1996] EHRLR 150

National Heritage, Secretary of State for, *Privacy and Media Intrusion* (Cm 2918 (1995))

Neill, Brian, "The Protection of Privacy" (1962) 25 MLR 393

Neumann-Duesberg, Horst, Anmerkung zu BGHZ 24, 72, NJW 1957, 1276

Neumann-Duesberg, Horst, „Bildberichterstattung über absolute und relative Personen der Zeitgeschichte" JZ 1960,114

Neumann-Duesberg, Horst , „Ehrenrecht und Presserecht" NJW 1960, 749

Neumann-Duesberg, Horst, „Grenzen öffentlicher Kritik durch politische Parteien und Presse" DRZ 1949, 106

Neumann-Duesberg, Horst, „Keine Wahrnehmung berechtigter Interessen durch die Presse bei Mißbrauch der Pressefreiheit" JR 1957, 85

Newcity, Michael, "The Sociology of Defamation in Australia and the United States" (1991) 26 Texas Int LJ 1

Nicholas, Henric, Anmerkung zu *Theophanous* v. *Herald & Weekly Times* (1994) 182 CLR 104, (1994) 26 Gazette of Law & Journalism 10

Nicholas, Henric, "Regrets of the Deadline" (1997) 44 Gazette of Law & Journalism 7

Nimmer, M.B., "The Right of Publicity" (1954) 19 Law & Contemp Probs 203

Nimmer, M.B., "The Right to Speak from *Times* to *Time*: First Amendment Theory Applied to Libel and Misapplied to Privacy" (1968) 56 Cal LR 935

Nipperdey, Hans, „Das allgemeine Persönlichkeitsrecht" Ufita 30 (1960), 1

Nizer, Louis, "The Right of Privacy: A Half-Century's Developments" (1941) 39 Michigan LR 526

Noel, D., "Defamation of Public Officers and Candidates" (1949) 49 Columbia LR 875

Nolte, Georg, „Falwell v. Strauß: Die rechtlichen Grenzen politischer Satire in den U.S.A. und der Bundesrepublik" EuGRZ 1988, 253

Nolte, Georg, „‚Soldaten sind Mörder' — europäisch betrachtet" AfP 1996, 313

Norman, Leanne/Eisenberg, Julie/Friedgut, Mark, Anmerkung zu *Theophanous* v. *Herald & Weekly Times* (1994) 182 CLR 104, (1994) 26 Gazette of Law & Journalism 10

Nörr, Dieter, „Zum Ersatz des immateriellen Schadens nach geltendem Recht" AcP 158 (1959), 1

O'Brien, Denis, "The Right of Privacy" (1902) 2 Columbia LR 437

O'Brien, Mark, Anmerkung zu *Theophanous* v. *Herald & Weekly Times* (1994) 182 CLR 104, (1994) 26 Gazette of Law & Journalism 13

O'Callaghan, D., "The United States Experience of Unfettered Speech and Unfair Trials: A Case Against an Australian Bill of Rights" (1998) 72 ALJ 957

Odgers, W.B., *A Digest of the Law of Libel and Slander and of Actions on the Case for Words Causing Damage, with the Evidence, Procedure, Practice, and Precedents of Pleadings, both in Civil and Criminal Cases* (5. Auflage, Stevens & Sons, London 1911)

O'Donahoo, Peter/Batt, David, "Conduct Protected" (1997) 44 Gazette of Law & Journalism 11

Ohly, Ansgar, „Der Schutz der Persönlichkeit im englischen Recht: Heutiger Stand und Entwicklungstendenzen nach dem *Human Rights Act* 1998" RabelsZ 65 (2001), 39

Olen, Jeffrey, *Ethics in Journalism* (Prentice Hall, Englewood Cliffs, 1988)

O'Malley, Pat, "Accomplishing Law: Structure and Negotiation in Legislative Process" (1980) 7 Brit J Law & Soc 22

O'Malley, Pat, "'The Invisible Censor': Civil Law and the State Delegation of Press Control, 1890-1952" (1982) 4 Media, Culture and Society 323

O'Meara, S.A., "*Theophanous* and *Stephens*: The Constitutional Freedom of Communication and Defamation Law" (1995) 3 Torts LJ 105

O'Neil, R., "Privacy and Press Freedom: Paparazzi and Other Intruders" [1999] 2 U Illinois LR 703

Osiander, Daniela, *Das Recht am eigenen Bild im allgemeinen Persönlichkeitsrecht: Aspekte für Medienschaffende* (Peter Lang, Frankfurt am Main 1993)

Ossenbühl, Fritz, „Medien zwischen Macht und Recht" JZ 1995, 633

Osterrieth, Albert, „Bemerkungen zum Entwurf eines Gesetzes, betreffend das Urheberrecht an Werken der Photographie" GRUR 1902, 343

Pannam, C.L., "Unauthorised Use of Names or Photographs in Advertisements" (1966) 40 ALJ 4

Parent, W.A., "Privacy, Morality and the Law", in: E. Cohen (Hrsg.), *Philosophical Issues in Journalism* (Oxford University Press, New York 1992)

Pärn, Franziskus, „Tatsachenmitteilung und Tatsachenbehauptung" NJW 1979, 2544

Paterson, Moira, "Privacy Protection in Australia: The Need for a Effective Private Sector Regime" (1998) 26 Fed LR 371

Patmore, Glenn, "Making Sense of Representative Democracy and the Implied Freedom of Political Communication in the High Court of Australia: Three Possible Models" (1998) 7 Griffith LR 97

Paton, G.W., Anmerkung zu *Victoria Park Racing & Recreation Grounds* v. *Taylor* (1937) 58 CLR 479, (1938) 54 LQR 319

Paton, G.W., "Broadcasting and Privacy" (1938) 16 Can Bar Rev 425

Pelckmann, Horst, „Der Stil im politischen Meinungskampf: Betrachtungen zu neuen Entscheidungen des U.S. Supreme Court" AfP 1972, 206

Pember, D., *Privacy and the Press* (University of Washington Press, Seattle 1972)

Pember, D./Teeter, D., "Privacy and the Press since *Time* v. *Hill*" (1974) 50 Wash LR 57

Peters, Butz, „Die publizistische Sorgfalt" NJW 1997, 1334

Phillips, Jeremy/Coleman, Allison, "Passing Off and the 'Common Field of Activity'" (1985) 101 LQR 242

Phillipson, Gavin/Fenwick, Helen, "Breach of Confidence as a Privacy Remedy in the *Human Rights Act* Era" (2000) 63 MLR 660

Ping-fat, Sze, "Political Comment in Hong Kong" [1997] NZLJ 119

Piotrowicz, R., "Private Lives and Private Nuisance in English Law: *Khorasandjian* v. *Bush*" (1993) 1 Torts LJ 207

Pittrof, Sabine, *Grundrechtsschutz durch Verfassungswandel: Die Kommunikationsfreiheit in Australien — Eine rechtsvergleichende Betrachtung*, Diss. jur. Heidelberg, 2000

Polden, Mark, Anmerkung zu *Theophanous* v. *Herald & Weekly Times* (1994) 182 CLR 104, (1994) 26 Gazette of Law & Journalism 14

Poll, Günter, „Die Entwicklung des ‚Rechts am eigenen Bild': Eine kritische Bestandsaufnahme der BGH- und OLG-Rechtsprechung" ZUM 1998, 454

Pollock, Frederick, *The Expansion of the Common Law* (Stevens & Sons, London 1904)

Potter, Richard, "High Court Sidestep" (1997) 44 Gazette of Law & Journalism 8

Power, Helen, "The *Crime and Disorder Act* 1998: (1) Sex Offenders, Privacy and the Media" [1999] Crim LR 3

Pratt, W., "The *Warren* and *Brandeis* Argument for a Right to Privacy" [1975] PL 161

Prescott, Peter, "*Kaye* v. *Robertson* — A Reply" (1991) 54 MLR 451

Prinz, Matthias, „Der Schutz der Persönlichkeitsrechte vor Verletzungen durch die Medien" NJW 1995, 817

Prinz, Matthias, „Geldentschädigung bei Persönlichkeitsrechtsverletzungen durch Medien" NJW 1996, 953

Prosser, W.L., „Das Recht auf die Privatsphäre in Amerika" RabelsZ 21 (1956), 401

Prosser, W.L., "Privacy" (1960) 48 Cal LR 383

Quint, P., "Free Speech and Private Law in German Constitutional Theory" (1989) 48 Maryland LR 247

Quint, P., "The Comparative Law of Flag Desecration: The United States and the Federal Republic of Germany" (1992) 15 HICLR 613

Rachels, James, "Why Privacy is Important" (1975) 4 Philosophy & Public Affairs 323

Rares, Steven, "Free Speech and the Law" (1995) 13 Aust Bar Rev 209

Redeker, Konrad, „Individualisierung" NJW 1993, 1835

Redeker, Konrad, „Legitimation und Grenzen richterlicher Rechtsetzung" NJW 1972, 409

Redmond-Cooper, Ruth, "The Press and the Law of Privacy" (1985) 34 ICLQ 769

Rehbinder, Manfred, Buchbesprechung, NJW 1969, 1616

Rehbinder, Manfred, „Öffentliche Aufgabe der Presse: Was ist das?" NJW 1963, 1387

Reid (Lord), "The Judge as Law Maker" (1972) 12 JSPTL (N.S.) 22

Reidy, Paul, Anmerkung zu *Theophanous* v. *Herald & Weekly Times* (1994) 182 CLR 104, (1994) 26 Gazette of Law & Journalism 15

Reinhardt, Rudolf, *Das Persönlichkeitsrecht in der geltenden Rechtsordnung* (J. Bensheimer, Mannheim 1931)

Richardson, Megan, "Breach of Confidence, Surreptitiously or Accidentally Obtained Information and Privacy: Theory versus Law" (1994) 19 MULR 673

Richardson, Megan, "Constitutional Freedom of Political Speech in Defamation Law: Some Insights from a Utilitarian-Economic Perspective" (1996) 4 Torts LJ 242

Ricker, Reinhart, „Rechte und Pflichten der Medien unter Berücksichtigung des Rechtsschutzes des einzelnen" NJW 1990, 2097

Ridder, Helmut, Anmerkung zu BVerfGE 12, 113, JZ 1961, 537

Riesman, David, "Democracy and Defamation: Control of Group Libel" (1942) 42 Columbia LR 727

Riesman, David, "Democracy and Defamation: Fair Game and Fair Comment I" (1942) 42 Columbia LR 1085

Riesman, David, "Democracy and Defamation: Fair Game and Fair Comment II" (1942) 42 Columbia LR 1282

Rogers, W.V.H., *Winfield and Jolowicz on Tort* (15. Auflage, Sweet & Maxwell, London 1998)

Rosenberg, G./Williams, J., "Do Not Go Gently into That Good Right: The First Amendment in the High Court of Australia" [1997] Sup Ct Rev 439

Rosengarten, Joachim, „Der Präventionsgedanke im deutschen Zivilrecht: Höheres Schmerzensgeld, aber keine Anerkennung und Vollstreckung U.S.-amerikanischer punitive damages?" NJW 1996, 1935

Rötelmann, Wilhelm, Anmerkung zu BGHZ 35, 363, NJW 1962, 736

Rötelman, Wilhelm, Buchbesprechung, AcP 163 (1963), 89

Rötelman, Wilhelm, „Nichtvermögensschaden und Persönlichkeitsrechte nach schweizerischem Recht" AcP 160 (1961), 366

Rötelmann, Wilhelm, „Schmerzensgeld" NJW 1964, 1458

Roth-Stielow, Klaus, „Die Ausgleichsfunktion des Art. 19 Abs. 2 GG zwischen Pressefreiheit und Ehrenschutz" NJW 1963, 1860

Rudolphi, Hans-Joachim/Horn, Eckhard/Günther, Hans-Ludwig (Hrsg.), *Systematischer Kommentar zum Strafgesetzbuch* (Neuwied, Loseblattsammlung, 48. Ergänzungslieferung, Stand: August 1999)

Sack, R., "Protection of Opinion Under the First Amendment: Reflections on *Alfred Hill*, 'Defamation and Privacy Under the First Amendment'" (2000) 100 Columbia LR 294

Säcker, Franz-Jürgen, „Zur demokratischen Legitimation des Richter- und Gewohnheitsrechts" ZRP 1971, 145

Säcker, Franz-Jürgen u.a. (Hrsg.), *Münchener Kommentar zum Bürgerlichen Gesetzbuch* (3. Auflage, C.H. Beck, München 1993)

Sackville, Ronald, "Continuity and Judicial Creativity — Some Observations" (1997) 20 UNSWLJ 145

Sadurski, Wojciech, "Foreword" (1994) 16 Syd LR 145

Samuels, Alec, "Privacy: Statutorily Definable?" (1996) 17 Statute LR 115

Sanford, B., *Libel and Privacy* (2. Auflage, Prentice Hall, Englewood Cliffs 1991)

Savigny, Friedrich Carl von, *System des heutigen Römischen Rechts* (Veit, Berlin 1840)

Scanlon, Thomas, "Thomson on Privacy" (1975) 4 Philosophy & Public Affairs 315

Schaffstein, Friedrich, „Der Irrtum bei Wahrnehmung berechtigter Interessen" NJW 1951, 691

Schauer, Frederick, "Social Foundations of the Law of Defamation: A Comparative Analysis" (1980) 1 J Med Law & Practice 3

Schauer, Frederick, "Fear, Risk and the First Amendment: Unravelling the 'Chilling Effect'" (1978) 58 Boston ULR 685

Schauer, Frederick, "Reflections on the Value of Truth" (1991) 41 Case Western LR 699

Schauer, Frederick, "Uncoupling Free Speech" (1992) 92 Columbia LR 1321

Scheuner, Ulrich, „Pressefreiheit" VVDStRL 22 (1965), 1

Scheyhing, Robert, „Zur Geschichte des Persönlichkeitsrechts im 19. Jahrhundert" AcP 158 (1960), 503

Schiffres, I.J., "Invasion of Privacy by Publication Dealing with One Other than Plaintiff" (1968) 18 ALR (3rd) 873

Schiffres, I.J., "Invasion of Privacy by Use of Plaintiff's Name or Likeness for Non-Advertising Purposes" (1967) 30 ALR (3rd) 203

Schiffres, I.J., "Invasion of Privacy by Use of Plaintiff's Name or Likeness in Advertising" (1966) 23 ALR (3rd) 865

Schlechtriem, Peter, Anmerkung zu BGHZ 128, 1, JZ 1995, 362

Schlechtriem, Peter, „Inhalt und systematischer Standort des allgemeinen Persönlichkeitsrechts" DRiZ 1975, 65

Schmidt, Walter, „Der verfassungsgerichtliche Grundrechtsschutz im öffentlichen Meinungskampf" NJW 1980, 2066

Schmidt-Leichner (ohne Vornamen), Anmerkung zu BVerfGE 12, 113, NJW 1961, 819

Schmitt Glaeser, Walter, „Die Meinungsfreiheit in der Rechtsprechung des Bundesverfassungsgerichts" AöR 97 (1972), 276

Schmitt Glaeser, Walter, „Die Meinungsfreiheit in der Rechtsprechung des Bundesverfassungsgerichts" AöR 113 (1988), 52

Schmitt Glaeser, Walter, „Meinungsfreiheit und Ehrenschutz" JZ 1983, 95

Schneider, Franz, Anmerkung zu BGH, NJW 1963, 665, NJW 1963, 665

Schneider, Hans-Peter, *Richterrecht, Gesetzesrecht und Verfassungsrecht: Bemerkungen zum Beruf der Rechtsprechung im demokratischen Gemeinwesen* (Vittorio Klostermann, Frankfurt a.M. 1969)

Schönfeld, Walther, „Der Traum des positiven Rechts" AcP 135 (1932), 1

Schopler, E., "Constitutional Aspects of Libel or Slander of Public Officials" (1964) 95 ALR (2nd) 1450

Schopler, E., "Supreme Court's Views as to the Federal Legal Aspects of the Right of Privacy" (1975) 43 L Ed (2nd) 871

Schultz, Günther, „Blick in die Zeit" MDR 1962, 956

Schulz, Wolfgang/Jürgens, Uwe, „Das Recht am eigenen Bild — eine fallorientierte Einführung in Struktur und aktuelle Probleme des Bildnisschutzes" JuS 1999, 664, JuS 1999, 770

Schwenk, Edmund, „Umfang und Wirkung von Meinungs- und Pressefreiheit" NJW 1962, 1321

Schwerdtner, Peter, *Das Persönlichkeitsrecht in der deutschen Zivilrechtsordnung: offene Probleme einer juristischen Entdeckung* (J. Schweitzer, Berlin 1977)

Schwerdtner, Peter, „Der zivilrechtliche Persönlichkeitsschutz" JuS 1978, 289

Schwerdtner, Peter, „Persönlichkeitsschutz im Zivilrecht", in: Karlsruher Forum, *Schutz der Persönlichkeit* (Verlag Versicherungswirtschaft, Karlsruhe 1997)

Schwinge, Erich, „Ehrenschutz im politischen Bereich" MDR 1973, 801

Seibert, Claus, „Zur Wahrnehmung berechtigter Interessen" MDR 1951, 709

Seifert, Feodor, „Postmortaler Schutz des Persönlichkeitsrechts und Schadenersatz — zugleich ein Streifzug durch die Geschichte des allgemeinen Persönlichkeitsrechts" NJW 1999, 1889

Seipp, D., "English Judicial Recognition of a Right to Privacy" (1983) 3 Oxf J Leg Stud 325

Seitz, Walter, „Alles starrt auf Monica — Outing alla americaine und Personenmerchandising" NJW 1999, 1940

Seitz, Walter, „Prinz und die Prinzessin — Wandlungen des Deliktsrechts durch Zwangskommerzialisierung der Persönlichkeit" NJW 1996, 2848

Seitz, Walter, „Promischutz oder Pressefreiheit, oder: Die Presse als unkontrollierte Gewalt“ NJW 1999, 3216

Sendler, Horst, Buchbesprechung, NJW 1994, 1938

Sendler, Horst, „Kann man Liberalität übertreiben?“ ZRP 1994, 343

Sendler, Horst, „Liberalität oder Libertinage?“ NJW 1993, 2157

Seyfarth, Georg, „Der Einfluß des Verfassungsrechts auf zivilrechtliche Ehrschutzklagen“ NJW 1999, 1287

Shapo, M., "Media Injuries to Personality: An Essay on Legal Regulation of Public Communication" (1968) 46 Texas LR 650

Sharland, Andrew/Loveland, Ian, "The *Defamation Act* 1996 and Political Libels" [1997] PL 113

Shipley, W.E., "Right of Privacy" (1949) 14 ALR (2nd) 750

Siebert, Wolfgang, „Zur allgemeinen Problematik des Persönlichkeitsrechts“ NJW 1958, 1369

Siegert, Karl, „Die außergerichtlichen Tonbandaufnahmen und ihre Verwertung im Zivilprozeß“ NJW 1957, 689

Simpson, Shane, "The Price of Fame Revisited" (1989) 63 ALJ 281

Singh, Rabinder, "Privacy and the Media after the *Human Rights Act*" [1998] EHRLR 712

Skala, S.M., "Is There a Legal Right to Privacy?" (1977) 10 UQLJ 127

Smallbone, D.A., "Recent Suggestions of an Implied 'Bill of Rights' in the Constitution, Considered as Part of a General Trend in Constitutional Interpretation" (1993) 21 Fed LR 254

Smoschewer, Fritz, „Das Persönlichkeitsrecht im allgemeinen und im Urheberrecht“ Ufita 3 (1930), 119

Soehring, Jörg, „Die Entwicklung des Presse- und Äußerungsrechts 1994-1996“ NJW 1997, 360

Soehrung, Jörg, „Die neuere Rechtsprechung zum Presserecht“ NJW 1994, 16

Soehring, Jörg, „Ehrenschutz und Meinungsfreiheit“ NJW 1994, 2926

Soehring, Jörg, *Presserecht: Recherche, Berichterstattung, Ansprüche im Recht der Presse und des Rundfunks* (2. Auflage, Schäffer-Poeschel, Stuttgart 1995)

Soehring, Jörg/Seelmann-Eggebert, Sebastian, „Die Entwicklung des Presse- und Äußerungsrechts 1997 bis 1999“ NJW 2000, 2466

Söllner, Alfred, „Der Richter als Ersatzgesetzgeber“ ZG 1995, 1

St Michael Hylton, B./Goldson, Peter, “The New Tort of Appropriation of Personality: Protecting Bob Marley's Face” [1996] CLJ 56

Stadler, Astrid, „Persönlichkeitsrecht contra Medienfreiheit: Zivilrechtliche Aspekte der Kontroverse in den U.S.A.“ JZ 1989, 1084

Stallard, Hayley, “The Right of Publicity in the United Kingdom” (1998) 18 Loyola LA Ent LJ 565

Ständige Deputation des Deutschen Juristentages, *Verhandlungen des 42. DJT Düsseldorf 1957* (J.C.B. Mohr, Tübingen 1959)

Ständige Deputation des Deutschen Juristentages, *Verhandlungen des 45. DJT Karlsruhe 1964* (J.C.B. Mohr, Tübingen 1965)

Ständige Deputation des Deutschen Juristentages, *Verhandlungen des 58. DJT München 1990* (C.H. Beck, München 1990)

Starck, Christian, „Verfassungsgerichtsbarkeit und Strafgerichte“ JZ 1996, 1033

Stark, Ralf, „Die Rechtsprechung des BVerfG zum Spannungsverhältnis von Meinungsfreiheit und Ehrenschutz“ JuS 1995, 689

Stark, Ralf, *Ehrenschutz in Deutschland* (Duncker & Humblot, Berlin 1996)

Starke, J.G., “Landmark decision of the United States Supreme Court on Defamation of Public Figures” (1988) 62 ALJ 491

Starke, J.G., “The Problem of Large Damages Awards in Defamation Cases” (1990) 64 ALJ 311

Steel, Alex, "A Non-Material Form of Copyright: the Strange History of Lecturers' Copyright" (1998) 4 Aust J Leg Hist 185

Steffen, Erich, „Persönlichkeitsschutz und Pressefreiheit sind keine Gegensätze: Ein Schmerzensgeld sollte den Medien weh tun"' ZRP 1994, 196

Steffen, Erich, „Schmerzensgeld bei Persönlichkeitsverletzung durch Medien: Ein Plädoyer gegen formelhafte Berechnungsmethoden bei der Geldentschädigung" NJW 1997, 10

Stein, Erwin, „Die verfassungsrechtlichen Grenzen der Rechtsfortbildung durch die Rechtsprechung" NJW 1964, 1745

Stern, Nat, "Private Concerns of Private Plaintiffs: Revisiting a Problematic Defamation Category" (2000) 65 Missouri LR 597

Stiefel, Ernst/Stürner, Rolf, „Die Vollstreckbarkeit U.S.-amerikanischer Schadensersatzurteile exzessiver Höhe" VersR 1987, 829

Stoll, H., *Empfiehlt sich eine Neuregelung der Verpflichtung zum Geldersatz für immateriellen Schaden? : Gutachten für den 45. DJT* (C.H. Beck, München 1964)

Stone, Adrienne, "Freedom of Political Communication, the Constitution and the Common Law" (1998) 26 Fed LR 219

Stone, Adrienne, "*Lange*, *Levy* and the Direction of the Freedom of Political Communication under the Australian Constitution" (1998) 21 UNSWLJ 117

Stone, Adrienne, "The Limits of Constitutional Text and Structure: Standards of Review and the Freedom of Political Communication" (1999) 23 MULR 668

Storey, Haddon, "Aspects of the Rule of Law and the Right of Privacy" [1975] Justice 1

Storey, Haddon, "Infringement of Privacy and its Remedies" (1973) 47 ALJ 498

Street, (Sir) Laurence, "Judicial Law-making — Some Reflections" (1982) 9 Syd LR 535

Strossen, Nadine, "A Defence of the Aspirations — But Not the Achievements — of the U.S. Rules Limiting Defamation Actions by Public Officials or Public Figures" (1986) 15 MULR 419

Stürner, Rolf, „Die verlorene Ehre des Bundesbürgers — Bessere Spielregeln für die öffentliche Meinungsbildung?" JZ 1994, 865

Stürner, Rolf, *Empfiehlt es sich, die Rechte und Pflichten der Medien präziser zu regeln und dabei den Rechtsschutz des einzelnen zu verbessern? : Gutachten A für den 58. DJT* (C.H. Beck, München 1990)

Swanton, Jane, "Protection of Privacy" (1974) 48 ALJ 91

Swanton, Jane, "Towards a Definition of Privacy" [1975] Justice 13

Swarthout, A.M., "Eavesdropping as Violating Right of Privacy" (1964) 11 ALR (3rd) 1296

T., L.S., "Doctrine of Privilege or Fair Comment as Applicable to Misstatements of Fact in Publication (or Oral Communication) Relating to Public Officer or Candidate for Office" (1944) 150 ALR 358

Taylor, Gregory, *Zur Zulässigkeit rückwirkender Strafgesetzgebung nach deutschem und australischem Verfassungsrecht* (Magisterarbeit, Philipps-Universität Marburg, 06. Mai 1998)

Taylor, G.D.S., "Privacy and the Public" (1971) 34 MLR 288

Tettinger, Peter, „Der Schutz der persönlichen Ehre im freien Meinungskampf" JZ 1983, 317

Tettinger, Peter, *Die Ehre — ein ungeschütztes Verfassungsgut?* (Otto Schmidt, Köln 1995)

Thompson, G., "The Right of Privacy as Recognised and Protected at Law and in Equity" (1898) 47 Central LJ 148

Thompson, Geoff, "High Court Spreads Wings of Qualified Privilege" (1994) 26 Gazette of Law & Journalism 2

Thomson, J.A., "Slouching Towards Tenterfield: The Constitutionalisation of Tort Law in Australia" [1995] Tort LR 81

Thomson, Judith Jarvis, "The Right to Privacy" (1975) 4 Philosophy & Public Affairs 295

Tilbury, Michael, "Uniformity, the Constitution and Australian Defamation Law at the Turn of the Century", in: Mullany, N.J./Linden, A.M. (Hrsg.), *Torts Tomorrow: A Tribute to John Fleming* (Law Book, North Ryde 1998)

Tobin, John, "The United States Public Figure Test — Should it be Introduced into Australia?" (1994) 17:2 UNSWLJ 383

Tobin, Rosemary, "Defamation of Politicians, Public Bodies and Officials: Should *Derbyshire* and *Theophanous* apply in New Zealand?" [1995] NZLR 90

Tobin, T.K., Anmerkung zu *Theophanous* v. *Herald & Weekly Times* (1994) 182 CLR 104, (1994) 26 Gazette of Law & Journalism 10

Tobin, T.K., "Developments in Defamation: A Comment on the New South Wales Law Reform Commission's Report" (1996) 4 Tort LR 155

Todd, E.C.E., "The *Defamation Act* 1952" (1953) 16 MLR 198

Todd, Robert, Anmerkung zu *Theophanous* v. *Herald & Weekly Times* (1994) 182 CLR 104, (1994) 26 Gazette of Law & Journalism 11

Todd, S.M.D. (Hrsg.), *The Law of Torts in New Zealand* (Law Book, Auckland 1991)

Treece, J., "Commercial Exploitation of Names, Likenesses, and Personal Histories" (1973) 51 Texas LR 637

Trindade, F.A., "'Political Discussion' and the Law of Defamation" (1995) 111 LQR 199

Trindade, F.A., "Defamation in the Course of Political Discussion — The New Common Law Defence" (1998) 114 LQR 1

Tröndle, Herbert, *Strafgesetzbuch und Nebengesetze* (48. Auflage, C.H. Beck, München 1997)

Tucker, David, "Representation-Reinforcing Review: Arguments about Political Advertising in Australia and the United States" (1994) 16 Syd LR 274

Tucker, Greg, "Privacy Protection and the High Court" (1993) 67 Law Inst J 69

Turner, J.W.C., *Russell on Crime* (12. Auflage, Stevens & Sons, London 1964)

Twomey, Anne, "Dead Ducks and Endangered Political Communication — *Levy* v. *Victoria* and *Lange* v. *Australian Broadcasting Corporation*" (1997) 19 Syd LR 76

Twomey, Anne, "*Theophanous* v. *Herald & Weekly Times*; *Stephens* v. *West Australian Newspapers*" (1994) 19 MULR 1104

Uglow, Steve, "Covert Surveillance and the *European Convention on Human Rights*" [1999] Crim LR 287

Uhlitz, Otto, „Gewerbschädigende Werturteile" NJW 1966, 2097

Uhlitz, Otto, „Politischer Kampf und Ehrenschutz" NJW 1967, 129

Ulmer (ohne Vornamen), Anmerkung zu BGHZ 39, 124, GRUR 1963, 493

Veeder, Van Vechten, "Freedom of Public Discussion" (1910) 23 Harv LR 413

Veeder, Van Vechten, "The History and Theory of the Law of Defamation" (1903) 3 Columbia LR 546

Veilleux, D., "Who is 'Public Official' for Purposes of Defamation Action" (1994) 44 ALR (5th) 193

W., C., "Defining a Public Controversy in the Constitutional Law of Defamation" (1983) 69 Virginia LR 931

Wacks, Raymond, "Breach of Confidence and the Protection of Privacy" (1977) 127 New LJ 328

Wacks, Raymond, *Privacy and Press Freedom* (Blackstone Press, London 1995)

Wacks, Raymond, "The Poverty of Privacy" (1980) 96 LQR 73

Wade, J., "Defamation and the Right of Privacy" (1962) 15 Vanderbilt LR 1093

Wakeham (Lord), "Privacy and the Press" (1998) 10:1 Sydney Papers 31

Walker, D., *Oxford Companion to Law* (Clarendon, Oxford 1980)

Walker, Bret, "Has *Lange* really Settled the Common Law?" (1997) 8 PLR 216

Walker, J., "A Poisen in Ye Commonwealthe: Seditious Libel in Hanoverian London" (1996) 25 Anglo-American LR 341

Walker, Kris, "It's a Miracle! High Court Unanimity on Free Speech" (1997) Alt LJ 179

Walker, Sally, "*Lange* v. *A.B.C.*: The High Court rethinks the 'Constitutionalisation' of Defamation Law" (1998) 6 Torts LJ 9

Walker, Sally, "Proving Belief" (1997) 44 Gazette of Law & Journalism 12

Walker, Sally, "Regulating the Media: Reputation, Truth and Privacy" (1994) 19 MULR 729

Walker, Sally, "The Impact of the High Court's Free Speech Cases on Defamation Law" (1995) 17 Syd LR 43

Warren, S.D./Brandeis, L.D., "The Right to Privacy" (1890) 4 Harv LR 193

Waterford, Jack, Anmerkung zu *Theophanous* v. *Herald & Weekly Times* (1994) 182 CLR 104, (1994) 26 Gazette of Law & Journalism 10

Watterson, Ray, Anmerkung zu *Theophanous* v. *Herald & Weekly Times* (1994) 182 CLR 104, (1994) 26 Gazette of Law & Journalism 16

Watterson, Ray, "What is Defamatory Today?" (1993) 67 ALJ 811

Weber, Alfred, „Das Recht der freien Meinungsäußerung im Lichte von §§ 192, 193 RStGB" JW 1927, 2671

Weir, J.A., "Local Authority v. Critical Ratepayer — A Suit in Defamation" [1972] CLJ 238

Weitnauer (ohne Vornamen), „Grenzen des Persönlichkeitsschutzes" NJW 1964, 107

Weitnauer, H., „Ehrenrecht und Presserecht: Eine Entgegnung" NJW 1960, 1142

Weitnauer, H., „Persönlichkeitsschutz und Meinungsfreiheit" NJW 1959, 313

Wenzel, Karl Egbert, *Das Recht der Wort- und Bildberichterstattung: Handbuch des Äußerungsrechts* (4. Auflage, Otto Schmidt, Köln 1994)

Werhahn, J., „Persönlichkeitsrecht und Zeitgeschichte: Ein Beitrag zur Lehre vom Recht am eigenen Bild" Ufita 37 (1962), 22

Werner, Alfred, Anmerkung zu BGHZ 30, 7, JR 1959, 382

Westen, Klaus (Hrsg.), *Das neue Zivilrecht der DDR nach dem Zivilgesetzbuch von 1975* (Nomos, Baden Baden 1977)

Westin, A., *Privacy and Freedom* (Bodley Head, London 1967)

Wiegandt, Manfred, „Die Zulässigkeit von Pornographie als Maßstab der Freiheit oder die nackte Halbwahrheit?" NJW 1997, 1352

Wieruszowski, A., „Der heutige Stand der Lehre vom Persönlichkeitsrecht" DRiZ 1927, 225

Wigmore, J., "The Right Against False Attribution of Belief or Utterance" (1916) 4:8 Kentucky LJ 3

Williams, George, "*Engineers* is Dead, Long Live the Engineers!" (1995) 17 Syd LR 62

Williams, George, *Human Rights Under the Australian Constitution* (Oxford University Press, Melbourne 1999)

Williams, George, "Sounding the Core of Representative Democracy: Implied Freedoms and Electoral Reform" (1996) 20 MULR 848

Williams, Glanville, *Learning the Law* (11. Auflage, Stevens, London 1982)

Williams, Kevin, "Defaming Politicians: The Not-So-Common Law" (2000) 63 MLR 748

Williams, Kevin, "Reforming Defamation Law in the United Kingdom" [1997] Tort LR 206

Winfield, P.H., "Privacy" (1931) 47 LQR 23

Wilson, William, "Privacy, Confidence and Press Freedom: A Study in Judicial Activism" (1990) 53 MLR 43

Wright, J., "Defamation, Privacy and the Public's Right to Know: A National Problem and a New Approach" (1968) 46 Texas LR 630

Yang, T.L., "Privacy: A Comparative Study of English and American Law" (1966) 15 ICLQ 175

Yeo, Stanley, "Judicial Law-making and Community Standards" (1999) 8 JJA 203

Youm, Kyu Ho, "The Interaction Between American and Foreign Libel Law: U.S. Courts Refuse to Enforce English Libel Judgments" (2000) 49 ICLQ 131

Young, P.W., "Judges make Law — So What!" (1997) 71 ALJ 351

Young, P.W., "Names" (1999) 73 ALJ 536

Younger Committee, *Report of the Committee on Privacy* (Cmnd. 5102 (1972))

Zhu, Guobin, "The Right to Privacy: An Emerging Right in Chinese Law" (1997) 18 Statute LR 208

Zimmerman, Diane, "False Light Invasion of Privacy: The Light that Failed" (1989) 64 NYULR 364

Zimmerman, Diane, "Musings on a Famous Law Review Article: The Shadow of a Substance" (1991) 41 Case Western LR 823

Zimmerman, Diane, "Requiem for a Heavyweight: A Farewell to *Warren* and *Brandeis*'s Privacy Tort" (1983) 68 Cornell LR 291

Zines, Leslie, "A Judicially Created Bill of Rights?" (1994) 16 Syd LR 166

Zines, Leslie, *The High Court and the Constitution* (4. Auflage, Butterworths, North Ryde 1997)

Zippelius, Reinhold, „Zum Problem der Rechtsfortbildung" NJW 1964, 1981

Zuck, Rüdiger, Anmerkung zu BVerfGE 93, 266, JZ 1996, 364

VORWORT

Die diesem Buch zugrundeliegende Arbeit wurde im Wintersemester 2000/2001 von dem Fachbereich Rechtswissenschaften der Philipps-Universität Marburg als Dissertation angenommen.

An erster Stelle gilt mein Dank dem Betreuer dieser Arbeit, Herrn Prof. Dr *Georgios Gounalakis*, der die ersten Anregungen für diesen Vergleich am Ende eines fachlich wertvollen und angenehmen Magisterstudiengangs in Marburg in den Jahren 1997 und 1998 gegeben hat. Es ist mir immer eine Freude, ihn und seinen Vorgänger, Herrn Prof. Dr Dres *h.c. Hans Leser*, in Marburg zu besuchen und von ihnen auf eine so freundliche und großzügige Weise empfangen zu werden. Mein Dank gilt auch Herrn Prof. Dr *Herbert Leßmann*, der das zweite Gutachten sehr zügig erstellt hat.

Ich möchte auch Herrn Magister Rüdiger Hitz, Herrn *Andreas Schloenhardt* und Frau Rechtsanwältin Dr *Sabine Pittrof*, LL.B. (Univ. N.S.W.) danken, die die schwierige und undankbare Aufgabe der sprachlichen Überprüfung der vorliegenden Arbeit übernommen und die grammatischen und sprachlichen Fehler, die einem Nichtdeutschen unterlaufen sind, beseitigt haben. Dabei haben sie auch einige hilfreiche Anregungen und Vorschläge geäußert.

Für seine großzügige Unterstützung eines Forschungsaufenthaltes in Deutschland gilt mein Dank dem Deutschen Akademischen Austauschdienst.

In einer rechtsvergleichenden Arbeit wie dieser werden Abkürzungen mehrerer Rechtsordnungen verwendet. In bezug auf die Abkürzungen aus dem angelsächsischen Rechtskreis wird auf folgende allgemeine Nachschlagewerke hingewiesen: Prince, Mary, *Bieber's Dictionary of Legal Citations* (5. Auflage, William Hein, Buffalo 1997); Raistrich, Donald, *Index to Legal Citations and Abbreviations* (2. Auflage, Bowler Saur, London 1993); Rutherford, Leslie/Bone, Sheila, *Osborn's Concise Law Dictionary* (8. Auflage, Sweet & Maxwell, London 1993), S. 355-388.

Die Bezeichnungen der australischen Gerichte sind in einigen Fällen denen der deutschen angepaßt worden. Bei allen Unterschieden zwischen den Systemen ist es doch wegen des dreiteiligen Aufbaus des höheren Gerichtswesens in Australien möglich, Landgerichte („Supreme Court") und Oberlandesgerichte (je nach Bundesland „Full Court of the Supreme Court" oder „Court of Appeal") auszumachen. Bei der dritten und höchsten Stufe des australischen Gerichtssystems, dem High Court, sind die Unterschiede zum entsprechenden Gericht im deutschen System erheblich größer, wie aus der Arbeit ersichtlich wird; für dieses Gericht wird also der englische Name beibehalten.

Richter aus dem angelsächsischen Rechtskreis werden wie üblich mit Nachnamen, dem ein auf ihren Rang hinweisender Buchstabe folgt, zitiert (wobei die Mitglieder des englischen House of Lords wie üblich den Titel „Lord" vor dem Nachnamen und in der Regel keine weiteren Buchstaben erhalten). Klammern in Fundstellen werden bei englischsprachigen Zeitschriften usw. nach der üblichen Praxis im angelsächsischen Rechtskreis entweder als eckig oder rund geschrieben; maßgeblich ist, ob die Bände der fraglichen Publikation unabhängig vom Jahr der Erscheinung durchgehend numeriert werden.

Deutsche Gesetzgebung, Rechtsprechung und Schrifttum konnten bis zum 31. Januar 2001 berücksichtigt werden. In bezug auf Entwicklungen und Veröffentlichungen in angelsächsischen Ländern war der 1. April 2001 der Schlußtag.

GREG TAYLOR

Adelaide, zu Ostern des Jahres 2001

A. EINLEITUNG

Die Anlässe für diese Studie sind vielfältig.

Zum einen geben bereits die Rechtsprechungsänderungen der letzten zehn Jahre in Australien in bezug auf das Diffamierungsrecht und die Meinungsfreiheit schon genügend Anlaß zur wissenschaftlichen Untersuchung. Eine vergleichende Analyse mit Rechtssystemen, die wie das deutsche und das U.S.-amerikanische System auf eine längere Erfahrung mit verfassungsrechtlichen Prinzipien, die die Meinungsfreiheit gewährleisten, zurückblicken können, dürfte für die australische Rechtswissenschaft besonders lohnend sein.

Zum anderen fällt auf, daß bisher in Australien — im Gegensatz zu Deutschland und den U.S.A. — kein Recht auf eine Privatsphäre entwickelt worden ist. Es muß möglich sein, eine Erklärung für den Mangel an neuen Entwicklungen in Australien auf diesem Rechtsgebiet zu finden, da gerade dieses Gebiet eng mit der Meinungsfreiheit zusammenhängt, ja sogar als ihre Kehrseite betrachtet werden könnte. Oft berufen sich die Medien auf die Meinungs- und Informationsfreiheit, die betroffenen Bürger dagegen auf das Recht auf Privatsphäre.[1]

Ferner hat man in Australien — wie auch gelegentlich in Deutschland[2] — in den 90er Jahren sehr viel über die Zulässigkeit und die Grenzen der richterlichen Rechtsfortbildung diskutiert.[3] Im 20. Jahrhundert wurden die Thesen, daß der Judikative auch eine Rolle bei der Rechtsfindung und -fortbildung zukommt und daß die Richter keine „Gesetzesautomaten" sind, sondern vielmehr auch Recht schöpfen, sogar schöpfen müssen, indem sie das Recht anwenden,[4] allgemein akzeptiert.[5] Man sucht dennoch immer noch nicht nur

---

[1] Für Beispiele der Spannungen zwischen Pressefreiheit im öffentlich-politischen Bereich und dem Schutz des Privatlebens, siehe etwa BVerfGE 35, 202; *Pavesich* v. *New England Life Insurance Co.* (1905) 50 SE 68, 72, 79f; *Pearson* v. *Dodd* (1969) 410 F (2nd) 701; *Dietemann* v. *Time* (1971) 449 F (2nd) 245; Amen, (1980) 59 Nebraska LR 808, 821-825; Archard, "Privacy, the Public Interest and a Prurient Public", S. 86-94; Belsey, "Privacy, Publicity and Politics", S. 84-91; Malmström (Hrsg.), *Right of Privacy and Rights of the Personality*, S. 17; Zimmerman, (1983) 68 Cornell LR 291, 293f; vgl. auch Giegerich, RabelsZ 63, 471, 473-476; Hager, AcP 196, 168, 172-178.

[2] Siehe z.B. Gamillscheg, AcP 164, 385, 388f; Heins, ZRP 1995, 149; Krey, ZStW 101, 838; Krey, JZ 1978, 361; Larenz, NJW 1965, 1; Redeker, NJW 1972, 409; Schneider, *Richterrecht*, S. 10; Söllner, ZG 1995, 1; Stein, NJW 1964, 1745; Zippelius, NJW 1964, 1981.

[3] Sackville, (1997) 20 UNSWLJ 145, 145f, 151.

[4] Larenz, NJW 1965, 1, 1.

nach einer überzeugenden Legitimation für diese Tätigkeit im demokratischen Staatswesen, sondern auch nach differenzierten Analysen der Grenzen der richterlichen Rechtsfortbildung.[6] Schon aus dem oben Dargestellten ergibt sich, daß die verwandten Rechtsgebiete Meinungsfreiheit/Diffamierungsrecht und Persönlichkeitsschutz ein gutes Beispiel richterlicher Rechtsfortbildung liefern.

In dieser Arbeit werden Beispielsfälle der richterlichen Rechtsfortbildung sowie der unterlassenen oder mißlungenen richterlichen Rechtsfortbildung untersucht. Es wird jedoch nicht der Versuch unternommen, von vornherein und *a priori* die richterliche Tätigkeit zu beschreiben und zu begrenzen. Vielmehr werden anhand der Erfahrung und *a posteriori* die Bedingungen untersucht, unter denen richterliche Rechtsfortbildung auf den Gebieten Meinungsfreiheit und Persönlichkeitsschutz erfolgen und Bestand haben kann.

Hierbei ist von großem Interesse, daß in den 90er Jahren im australischen Diffamierungsrecht zwei Rechtsprechungsänderungen erfolgt sind, während in Deutschland das Richterrecht in bezug auf den Schutz des Privatlebens nicht ohne Kontroversen über die Zulässigkeit der Rechtsfortbildung durch die Richter entwickelt wurde. In den frühen Jahren der Bundesrepublik und auch schon während der Weimarer Zeit fand außerdem eine Debatte darüber statt, in welchem Maße sich die Medien auf die „Wahrnehmung berechtigter Interessen" nach § 193 StGB berufen konnten, wenn den Medien eine Verletzung des Diffamierungsrechts vorgeworfen wurde. Diese Debatte führte schließlich zu einer Rechtsprechungsänderung zugunsten der Medien. Aus diesen Erfahrungen läßt sich viel über die Umstände, unter denen eine neu verkündete richterrechtliche Doktrin Bestand haben wird, schließen.

---

[5] Vgl. zuletzt die Entscheidung des englischen House of Lords in *Kleinwort Benson* v. *Lincoln C.C.* [1999] 2 AC 349, 358f, 377-379, 393f, 410f, in der auch das deutsche Recht kurz erörtert wird, sowie unten, Fußnote 1404. Den *locus classicus* im angelsächsischen Rechtskreis stellen die Bemerkungen von Reid, (1972) 12 JSPTL (N.S.) 22, 22, dar; vgl. dazu Sackville, (1997) 20 UNSWLJ 145, 150. Für ein ähnliches Bekenntnis aus der Feder eines englischen Richters vgl. Diplock, "The Courts as Legislators", S. 266-271. Für Zitatensammlungen aus der Feder eines australischen Richters zu diesem Problem, siehe McHugh, (1988) 62 ALJ 15, 15-24; McHugh, (1999) 73 ALJ 37, 39f. (Der damalige *McHugh* J.A. vom OLG New South Wales wurde 1989 Richter am australischen High Court; dazu auch Mason, (1996) 3 JCULR 1.) Für weitere Verweise auf Artikel von australischen Richtern zu dieser Frage, vgl. Yeo, (1999) 8 JJA 203, 203 Fußnote 1.

[6] *Woolwich Building Society* v. *Inland Revenue Commissioner* [1993] AC 70, 173f; *Torrens Aloha* v. *Citibank* (1997) 72 FCR 581, 582; Doyle, "Implications", S. 95; Kirby, *Judicial Activism*, S. 8; Kirby, (1992) 15 UNSWLJ 462, 482; Lindell, (1998) 5 Agenda 83, 93. Für Versuche einer Grenzziehung vgl. z.B. Cappelletti, (1981) 8 Monash LR 15; Devlin, (1976) 39 MLR 1; Lücke, (1983) 8 Adel LR 229.

Natürlich darf man in einer vergleichenden Arbeit die Unterschiede zwischen dem aus dem römischen Recht stammenden deutschen System des Privatrechts und dem anglo-australischen System, in dem eine Rezeption des römischen Rechts nie stattgefunden hat, nicht außer acht lassen.[7] In Australien gibt es beispielsweise kein allgemeines Bürgerliches Gesetzbuch, das den Anspruch auf eine allgemeine und verbindliche Festsetzung der Grundsätze des Privatrechts erhebt, sondern das überlieferte, durch Gesetze lediglich ergänzte Common Law.[8] Das australische Common Law war ursprünglich mit dem Common Law Englands identisch, weicht aber jetzt von ihm in mancher Hinsicht ab — nicht jedoch in der grundsätzlichen Methode der Rechtsfortbildung durch Präjudizien.

Auf verfassungsrechtlichem Niveau sind die Unterschiede zwischen den zwei Ländern geringer. Deutschland und Australien sind beides Demokratien westlicher Prägung. Auf verfassungsrechtlichem Gebiet, und ganz besonders im Staatsorganisationsrecht, haben sie folglich vieles gemeinsam: zum Beispiel, ein gewähltes Parlament, unabhängige Richter, eine geschriebene, bundesstaatliche Verfassung. Wenn man von den besonderen wiedervereinigungsbedingten Problemen Deutschlands — die für die hier behandelten Gebiete nicht relevant sind — absieht, weisen außerdem auf allgemeiner Ebene die Probleme der beiden Gesellschaften (Arbeitslosigkeit, Intoleranz gegenüber gewissen Schichten der Gesellschaft, die Einführung neuer Technologien) kaum Unterschiede auf.[9] Auch die Medien in den beiden Ländern weisen viele Ähnlichkeiten auf (in beiden gibt es beispielsweise seriöse Zeitungen und Boulevardblätter, öffentlich-rechtliche und private Fernsehkanäle).

Für die Zwecke dieser Arbeit ist von besonderer Bedeutung, daß in beiden Ländern die Presse- und Meinungsfreiheit und der Persönlichkeitsschutz zwar unterschiedliche bzw. keine Grundlagen im positiven Recht haben, aber im Prinzip einen vergleichsweise hohen Stellenwert in der politischen Kultur und der Gesellschaft beider Länder genießen. Die Argumente für und gegen die Einführung etwa eines Rechts auf die Achtung der Privatsphäre in Australien und Deutschland durch den Gesetzgeber wären zweifellos weitgehend identisch.

---

[7] Auch wenn in seinen Ursprüngen das anglo-australische Diffamierungsrecht mit dem römischen Recht Gemeinsamkeiten aufweist: Veeder, (1903) 3 Columbia LR 546, 547, 563-566, 569.

[8] Für eine Zusammenfassung der Unterschiede zwischen den beiden Rechtsordnungen in dieser Hinsicht siehe Eberle, (1997) 47 Case Western LR 797, 840, 847f.

[9] Vgl. Kommers, (1980) 53 Southern Cal LR 657, 657-659.

Diese Arbeit befaßt sich mit der Notwendigkeit der Einführung bzw. Nichteinführung neuer Prinzipien durch die Gerichte. Hier spielen die Unterschiede zwischen dem Erbe des australischen und dem des deutschen Rechtssystems selbstverständlich eine wichtige Rolle: erst sie ermöglichen den Vergleich. Sonst gäbe es ja nichts zu vergleichen. Wichtig ist aber, daß dieser Vergleich vor einem Hintergrund stattfindet, der Vergleiche zuläßt.

Aus ähnlichen Gründen vergleichen australische Gerichte immer häufiger ihre Analysen und Schlußfolgerungen mit denen anderer nationaler sowie internationaler Gerichte. Gerade auf dem hier behandelten Gebiet geschieht dies gelegentlich.[10] Dennoch kann man den Verdacht nicht als unbegründet betrachten, daß dieses Verfahren oft etwas oberflächlich und schlagwortartig ist und wenig Verständnis für das unterschiedliche privatrechtliche Erbe der so verglichenen Systeme aufweist. Insbesondere vernachlässigt man die Frage nach der Begründung der Einführung einer neuen Doktrin oder Regel durch Richterrecht. Nach dem Prinzip der Gewaltenteilung obliegt es grundsätzlich dem Gesetzgeber, neue Rechtsprinzipien einzuführen.[11]

Überdies hat man das australische Recht auf diesem Gebiet mit dem deutschen bisher selten verglichen, was zweifellos an der sprichwörtlichen „Sprachfaulheit" der Angelsachsen liegt, deren Sprache sich zur herrschenden Weltsprache erhoben hat.[12]

Den wohl bedeutendsten Unterschied zwischen dem australischen und dem deutschen Verfassungsrecht stellt der fast vollständige Mangel an verfassungsrechtlich verankerten Grundrechten in der australischen Verfassung dar. Das bedeutet nicht, daß die Grundrechte im australischen Verfassungsrecht nicht beachtet werden.[13] Einerseits hat man in einigen Bereichen verfassungsimmanente Grundsätze — die sogenannten „impliziten Grundrechte" — entdeckt, die die Grundrechte des australischen Bürgers schützen.[14] Andererseits schützt das Parlament die Grundrechte, wie auch in Großbritannien bis zum Inkrafttreten

---

[10] Miller, (1996) 1:2 Newc LR 39, 51f.

[11] Dawson, (1996) 3 TJR 1, 1-6; Doyle, "Implications", S. 93f; Lindell, (1998) 5 Agenda 83, 94; Sackville, (1997) 20 UNSWLJ 145, 160-162.

[12] Eine der sehr seltenen Ausnahmen: Barendt, (1994) 16 Syd LR 149, 157-160, 165. Zur Unanwendbarkeit des Verhältnismäßigkeitsprinzips nach deutschem Muster im australischen Verfassungsrecht siehe *Leask* v. *Commonwealth* (1996) 187 CLR 579, 594f, 600f, 615f.

[13] Campbell, (1994) 16 Syd LR 195, 212.

[14] Eingehend dazu aus deutscher Perspektive Pittrof, *Grundrechtsschutz*.

des *Human Rights Act* 1998 am 02. Oktober 2000,[15] ohne daß das Verfassungsrecht dies ausdrücklich verordnet. Die Grundrechte sind Gewohnheitsrecht[16] und gelten dort, wo das Parlament durch geschriebene Gesetze sie nicht beseitigt hat.[17] In dieser Hinsicht unterscheidet sich Australien von fast allen anderen westlichen Demokratien,[18] obwohl die Vorteile der australischen Position, vor allem die Beschränkung der Rolle der Judikative zugunsten der demokratisch gewählten Legislative, auch aus U.S.-amerikanischer Perspektive sichtbar sind.[19]

Diese Arbeit beschäftigt sich mit einem jener Bereiche, in denen der australische High Court in den 90er Jahren implizite Grundrechte in der Verfassung entdeckt hat sowie mit deren genauem Inhalt und präziser Auswirkung auf die hier behandelte Rechtsgebiete. Der australische High Court übt zugleich die entsprechenden Befugnisse der obersten deutschen Bundesgerichte und des Bundesverfassungsgerichts aus und kann deswegen sowohl in verfassungsrechtlichen Verfahren als auch in Zivilsachen (und in allen anderen Arten von Rechtsstreiten) entscheiden. Er kann gegebenenfalls auch entscheiden, daß die Bestimmungen der Verfassung eine Änderung des Zivilrechts erfordern.

In Teil B wird das überlieferte englische Recht dargestellt und unter Berücksichtigung des U.S.-amerikanischen Rechts die australischen Rechtsprechungsänderungen der 90er Jahre vorgestellt. Diese Änderungen fanden auf dem Gebiet der Meinungs- und Pressefreiheit bzw. des Diffamierungsrechts statt. Sie werden anschließend mit Änderungen im deutschen Recht bezüglich der „Wahrnehmung berechtigter Interessen" nach § 193 StGB verglichen. Diese Änderungen zugunsten der Medien fanden kurz nach der Gründung der

---

[15] *Human Rights Act 1998 (Commencement No. 2) Order* 2000 (S.I. 2000 Nr. 1857 (C. 47)). Zur Lage in Schottland vgl. *Scotland Act* 1998 § 57 (2) und die Definition von "Convention rights" in § 126.

[16] *Levy* v. *Victoria* (1997) 189 CLR 579, 607; Aroney, *Freedom of Speech*, S. 55-57, 161-164; Aroney, (1995) 18 U Qld LJ 249, 261f; Aroney, (1997) 13:1 Policy 26, 28; Boyle, [1982] PL 574, 611; Craven, (1997) 13:3 Policy 7, 8; Galligan, (1993) 4 PLR 100, 101-108; Goldsworthy, (1995) 39:3 Quadrant 46, 48f; Gounalakis, *Privacy and the Media*, S. 8; Kennett, (1994) 19 MULR 581, 582; Kirk, (1995) 23 Fed LR 37, 68f; Patmore, (1998) 7 Griffith LR 96, 98; Sadurski, (1994) 16 Syd LR 145, 145; Taylor, *Zur Zulässigkeit*, S. 7-9; Zines, (1994) 16 Syd LR 166, 166.

[17] *Duncan* v. *Jones* [1936] 1 KB 218, 222; Barendt, (1994) 16 Syd LR 149, 149f; Boyle, [1982] PL 574, 574; Bronitt/Williams, (1996) 18 Adel LR 289, 290f; Dawson, (1996) 3 TJR 1, 8f; Flahvin, (1995) 18 UNSWLJ 327, 328; Tobin, [1995] NZLR 90, 101.

[18] Caß, (1993) 4 PLR 229, 232f; Galligan, (1993) 4 PLR 100, 100f.

[19] O'Callaghan, (1998) 72 ALJ 957, 958, 965f. Für eine rechtsphilosophische Verteidigung der australischen Position vgl. Goldworthy, "Philosophical Foundations".

Bundesrepublik statt und trugen dem wichtigen Status der Presse- und Meinungsfreiheit in der Demokratie Rechnung.

Teil C vergleicht den Mangel eines effektiven und konsequenten Schutzes der Persönlichkeit im anglo-australischen Recht mit der umfassenden Regelung dieses Gebiets durch die deutschen Gerichte. Zwar kann man nach anglo-australischem Recht verschiedene Prinzipien heranziehen, um die Persönlichkeit des Bürgers zu schützen; dieser Schutz muß aber lückenhaft und zufällig bleiben, da sich die Persönlichkeit im anglo-australischen Recht nie als selbständiges Gut des Rechtsschutzes hat behaupten können.

Daß Änderungen auf dem einen aber nicht auf dem anderen Gebiet durch die australischen Gerichte vorgenommen worden sind, gibt, wie schon dargelegt, Anlaß zu Überlegungen darüber, weshalb die australischen Gerichte es für gerechtfertigt erachten, nur eines dieser zwei Rechtsgebiete den Anforderungen des heutigen Zeitalters durch Rechtsprechungsänderungen anzupassen. Damit setzt sich der australische High Court dem Vorwurf der einseitigen Rechtsprechungsänderung aus.[20]

Diese Arbeit erörtert hauptsächlich Rechtsfragen, die die Medien betreffen. Es bedarf kaum eines Beweises, daß die Medien für die Vermittlung von Informationen über das politische System sowie für die Meinungsbildung in der heutigen Demokratie von größter Bedeutung sind.[21] Deswegen ist auch die Struktur der Medien in den hier untersuchten Ländern von Belang. In diesem Bereich finden technologiebedingte Änderungen der Medienlandschaft statt.

Die Veränderungen in der Medienlandschaft werden durch die Entwicklung des Internets in enormem Tempo vorangetrieben. In vielfacher Hinsicht hat die weitere Entwicklung des Internets das Potential, heutigen, zum Teil schädlichen Trends entgegenzuwirken. Man denke etwa an die immer mehr zunehmende Monopolstellung bestimmter Zeitungen in vielen Ländern der Welt.[22] Vor 200 Jahren gab es zum Beispiel in Amerika viele kleinere Zeitungen.[23] Heutzutage sieht es anders aus, nicht nur in den U.S.A., sondern in allen Teilen der Welt. Ganz besonders in Australien, in dem es zugleich extrem große Entfernungen

---

[20] Pittrof, *Grundrechtsschutz*, S. 249; Tucker, (1993) 67 Law Inst J 69, 69; vgl. Skala, (1977) 10 U Qld LJ 127, 137f.

[21] Siehe z.B. BVerfGE 20, 163, 174-177; BGHZ 51, 236, 247f; Gounalakis, *Privacy and the Media*, S. 1f; Maher, (1995) 3 Torts LJ 116, 123.

[22] Barron, (1967) 80 Harv LR 1641, 1643; Bowman, (1999) 277 24 Hours 34, 34; Law Reform Commission, *Unfair Publication*, S. 23; Maher, (1995) 3 Torts LJ 116, 119.

[23] Bowman, (1999) 277 24 Hours 34, 35; Pember, *Privacy*, S. 10f, 35; Shapo, (1968) 46 Texas LR 650, 652.

und eine relativ kleine Bevölkerungszahl von etwa 19 Millionen Menschen gibt, ist die Gefahr der Monopolisierung erheblich.[24] Es gibt zum Beispiel Millionenstädte in Australien, in denen nur eine Zeitung gedruckt wird.[25] Auch in Deutschland zeichnet sich ein Trend der Medienkonzentration und dadurch des Verlustes an Vielfalt in den Medien ab.[26] Es besteht die Gefahr, daß von den Medien eine einheitliche Meinung propagiert wird und daß falsche Tatsachenbehauptungen als solche nicht entlarvt werden können, weil keine effektive Kontrolle durch die Konkurrenz besteht.[27] Auf diese Weise wird die Meinungsfreiheit nicht nur von Regierungen gefährdet.[28] Außerdem gibt es für den mit einer etwas arrogant wirkenden[29] Monopolzeitung unzufriedenen, aber wissensdurstigen Bürger kaum Alternativen zu ihr[30] außer Fernsehen und Rundfunk, die oft eine andere, zum Teil oberflächlichere Art der Berichterstattung praktizieren.

Das alles erfolgt außerdem oft auf Kosten neuer, ungewöhnlicher, abweichender Ideen, die für die meisten Bürger etwas befremdlich wirken dürften. Wer eine Zeitung an die Mehrzahl der Einwohner einer Stadt verkaufen möchte, darf deren Vorurteile nicht allzusehr in Zweifel ziehen. In extremen Fällen sieht sich der Bürger auf immer auffälligere, möglicherweise gewalttätige Formen des Protestes angewiesen, weil er sonst keine Chance hat, seinen Meinungen oder seinem Protest gedruckte Form zu verleihen.[31]

Wenn das Internet auch dieses Problem durch Online-Zeitungen und die allgemeine Vergrößerung des Informationsangebotes verringern kann, so hat es doch bisher noch nie den Keim einer vollständigen Lösung in sich gezeigt. Darüber hinaus hat das Internet Potential, die schon vorhandenen Möglich-

---

[24] Edgeworth, (1992) 10 Law in Context 39, 47; Maher, (1995) 3 Torts LJ 116, 123; Newcity, (1991) 26 Texas Int LJ 1, 24. Zur Lage in England vgl. Gounalakis/Glowalla, AfP 1997, 771, 772.

[25] Vgl. Barron, (1967) 80 Harv LR 1641, 1644.

[26] BGH, NJW 1981, 2117, 2120; Groß, *Presserecht*, S. 87-90; Kübler, JZ 1984, 541, 545 m.w.N. Vgl. auch BVerfGE 83, 238, 296; BVerfGE 95, 163, 172; BVerfG (Vorprüfungsausschuß), NJW 1986, 1743. Zur zunehmenden Zahl der **Zeitschriften**, von denen nicht alle ernste Informationen enthalten, vgl. Prinz, NJW 1995, 817, 817; Schwerdtner, „Persönlichkeitsschutz", S. 43.

[27] Barendt, (1994) 16 Syd LR 149, 155.

[28] Tilbury, "Uniformity", S. 267.

[29] Leval, (1993) 91 Mich LR 1138, 1150; Lewis, *Make No Law*, S. 208f.

[30] Gounalakis, *Privacy and the Media*, S. 29.

[31] Barron, (1967) 80 Harv LR 1641, 1646f; Caß, (1993) 4 PLR 229, 241f; Kriele, NJW 1994, 1897, 1897; Nimmer, (1968) 56 Cal LR 935, 949. Vgl. auch BVerfGE 69, 315, 346f.

keiten des Eindringens in die Privatsphäre des einzelnen[32] durch neue Technologien enorm zu vergrößern.[33]

Es gehört nämlich zur Alltagserfahrung, daß immer mehr in die Privatsphäre des Bürgers durch die Medien auf der „Jagd" nach immer sensationelleren Nachrichten eingedrungen wird.[34] Auch hier unterscheidet sich Australien kaum von Deutschland. Es gibt, mit anderen Worten, ein Spannungsverhältnis in gewissen Bereichen zwischen Presse- bzw. Medienfreiheit und dem Schutz der Persönlichkeit,[35] dem eine einseitige Änderung des relevanten Rechts nicht gerecht werden kann.[36] Eine solche einseitige Änderung hat das australische Recht erfahren, wie es nun darzustellen gilt, indem das englische Erbe abgehandelt wird.

---

[32] BVerfGE 65, 1, 41-43; Baxter, (1977) 8 Camb LR 7, 7; Cowen, *The Private Man*, S. 29f, 41-52; Craig/Nolte, [1998] EHRLR 162, 163; Greenleaf, (1995) 69 ALJ 90, 91; Hubmann, JZ 1957, 521, 521; Markesinis, [1986] PL 67, 67; Paterson, (1998) 26 Fed LR 371, 373-376; Siebert, NJW 1958, 1369, 1369f; Todd (Hrsg.), *Torts in New Zealand*, S. 754f; Wakeham, (1998) 10:1 Sydney Papers 31, 33; Younger, *Privacy*, S. 8. Für eine historische Übersicht siehe Malmström (Hrsg.), *Right of Privacy and Rights of the Personality*, S. 15-21.

[33] Kirby, (1999) 30:2 LASIE 12. (*Kirby* J. ist gleichzeitig Präsident der International Commission of Jurists und Richter am australischen High Court.) Zu Fragen des Persönlichkeitsschutzes in der Telekommunikation vgl. Magnusson, (1999) 27 Fed LR 33. Zu Fragen der Kommunikationsfreiheit in Verbindung mit dem Internet vgl. Giegerich, RabelsZ 63, 471, 476f.

[34] Anonym, (1886) 81 LT 308, 308; Gounalakis, *Privacy and the Media*, S. 1-8; Kohlhaas, NJW 1963, 477; Leval, (1993) 91 Mich LR 1138, 1150; Loveland, (1997) 46 ICLQ 460, 570f; Markesinis, (1999) 115 LQR 47, 78.

[35] Emerson, (1979) 14 Harv CR-CL LR 329, 331f; Markesinis, (1999) 115 LQR 47, 76, 87.

[36] Vgl. Law Reform Commission, *Defamation*, S. 34.

B. DIFFAMIERUNGSRECHT UND MEINUNGSFREIHEIT

I. Das englische Erbe

1. Die traditionelle Vernachlässigung dieses Rechtsgebietes

a. „Qualified privilege“

aa. Historischer Hintergrund

Australien hat sein Diffamierungsrecht von England geerbt.[37] Dazu gehört der Rechtfertigungsgrund des „qualified privilege“, der in den 90er Jahren zum ausgewählten Vehikel des australischen High Court zur Umgestaltung des Diffamierungsrechts erhoben wurde. Nachfolgend wird dieser Begriff dargestellt, soweit dies für die Zwecke der Arbeit erforderlich ist.

Es ist vorab notwendig, den Begriff Diffamierung im englischen Recht zu definieren, um deutlich zu machen, wie weitreichend er ist und wie sehr ein Rechtfertigungsgrund wie „qualified privilege“ notwendig ist, damit das Diffamierungsrecht keine verheerende Wirkung auf die für eine demokratische Gesellschaft unerläßliche Meinungsfreiheit ausübt. Diffamierend ist nach englischem Recht alles, was geeignet ist, den Ruf eines anderen dadurch zu schädigen, daß er der „Gehässigkeit, Lächerlichkeit oder Verachtung“[38] ausgesetzt wird. Darüber hinaus kann beispielsweise die Behauptung, eine Person sei geisteskrank oder Opfer einer Vergewaltigung auch eine Diffamierung darstellen, obwohl kein anständiger Mensch einen Geisteskranken oder das Opfer einer solchen Straftat hassen oder für verachtenswert oder lächerlich halten würde, weil eine solche Person von anderen gemieden werden könnte, was einer Rufschädigung bzw. deren Auswirkungen in der Gesellschaft gleichzustellen sein soll.[39]

---

[37] Zur Vor- und Frühgeschichte des englischen Diffamierungsrechts siehe Holdsworth, (1924) 40 LQR 302, (1924) 40 LQR 397, (1925) 41 LQR 13; Sanford, *Privacy and Libel*, S. 23-30; Veeder, (1903) 3 Columbia LR 546; Zimmerman, (1983) 68 Cornell LR 291, 307-311, 327-332.

[38] Diese Übersetzung von „hatred, ridicule and contempt“ nach Weitnauer, NJW 1964, 107, 108.

[39] Siehe z.B. *Youssoupoff* v. *Metro-Goldwyn-Mayer Pictures* (1934) 50 TLR 581, 584, 587 (zu diesem Fall in den U.S.A. siehe Donaldson, (1988) 59 ALR (4th) 502, 551f; Zimmerman, (1989) 64 NYULR 364, 445 Fußnote 436); *John Fairfax & Sons* v. *Punch* (1980) 31 ALR 624, 632f; *Boyd* v. *Mirror Newspapers* [1980] 2 NSWLR 449, 452f; *Ettingshausen* v. *Australian Consolidated Press* (1991) 23 NSWLR 443, 447 (Berufungsentscheidung: (1995) 38 NSWLR 404); Barendt u.a., *Chilling Effect*, S. 3-5; Calcutt, *Privacy*, S. 38f; Eaton, (1975) 61

(Fortsetzung nächste Seite ...)

Obwohl das Diffamierungsrecht einige Rechtfertigungsgründe neben dem „qualified privilege" kennt (wie zum Beispiel den Wahrheitsbeweis behaupteter Tatsachen durch den Beklagten), liegt es auf der Hand, daß sehr viel dessen, was in der heutigen Demokratie als einwandfreie Ausübung des Rechts auf freie Meinungsäußerung gelten würde, von der Definition der Diffamierung erfaßt wird. Die Definition wurde vor der Entwicklung der modernen Massendemokratie und der damit verbundenen Meinungsbildungsmöglichkeiten durch Presse, Rundfunk und Fernsehen entwickelt.[40]

In vergangenen Jahrhunderten diente das zivilrechtliche Diffamierungsrecht dazu, rein private Streitigkeiten ohne öffentliches Interesse zu lösen. In vielen Fällen diente es dem Schutz wohlhabender, der Politik fernstehender Familien, deren Ehre angegriffen wurde.[41] Einer Schätzung zufolge waren in Australien in der Zeit von 1875-1899 ein Drittel aller Kläger Privatpersonen; 1951-1975 hatte diese Statistik 2% erreicht. Dagegen hatte sich die Zahl der Kläger, die ein öffentliches Amt innehatten, von 13% auf 26% verdoppelt. Die Beklagten setzten sich in der früheren Zeitspanne aus je einem Drittel Medien, einem Drittel Personen des öffentlichen Lebens und einem Drittel anderer Personen zusammen; 1951-1975 waren fast 80% aller Beklagten Medienkonzerne, dagegen nur 10% in der Öffentlichkeit stehende und 10% nichtöffentliche Personen.[42] Auch wenn eine andere Untersuchung zu dem Schluß kommt, daß Politiker lediglich in einem Achtel aller Fälle als Kläger auftreten und darüber hinaus weniger Erfolg haben als andere Klägergruppen,[43] ist die Zahl gegenüber dem 19. Jahrhundert immerhin deutlich gestiegen.

Vor der Entfaltung der Demokratie nach heutigem Muster im England des 18. und 19. Jahrhunderts bediente man sich anderer Rechtsinstitute, insbesondere der Straftat „seditious libel",[44] um regimefeindliche Kritik zu unterbinden.[45]

Virginia LR 1349, 1352f; Gibson, "Common Law Protection of Privacy", S. 359f; Gounalakis, *Privacy and the Media*, S. 33f; Walker, (1994) 19 MULR 729, 734; Watterson, (1993) 67 ALJ 811, 818-823.

[40] Gounalakis, *Privacy and the Media*, S. 33.

[41] Maher, (1995) 3 Torts LJ 116, 119.

[42] Law Reform Commission, *Unfair Publication*, S. 19-22; vgl. *Theophanous* v. *Herald & Weekly Times* (1994) 182 CLR 104, 174.

[43] Edgeworth/Newcity, (1992) 10 Law in Context 39; Newcity, (1991) 26 Texas Int LJ 1, 17-19, 61.

[44] Diese Straftat hat in leicht veränderter Form immer noch Bestand, wird jedoch nur sehr selten angewandt; siehe z.B. § 257 des südaustralischen Gesetzes *Criminal Law Consolidation Act* 1935.

[45] *Wason* v. *Walter* (1868) LR 4 QB 73, 94; Holdsworth, (1924) 40 LQR 302, 307-315; Leval, (1993) 91 Mich LR 1138, 1140f; Lewis, *Make No Law*, S. 52f; Maher, (1995) 3 Torts

(Fortsetzung nächste Seite ...)

Dementsprechend fand im ausgehenden 18. Jahrhundert eine große Kontroverse — und nicht nur unter Rechtswissenschaftlern, sondern auch in der Öffentlichkeit — darüber statt, ob es dem Richter oder den Geschworenen zustand, im Strafverfahren zu bestimmen, ob eine bestimmte Äußerung „seditious" (staatsgefährdend) war oder nicht. Das war ein Zeichen für die große Bedeutung dieses Gebietes für die freie Meinungsäußerung und deren Grenzen im damaligen England. Die Kontroverse wurde vom Parlament durch das Gesetz *Libel Act* 1792 (Imp.),[46] genannt *Fox's Libel Act*, zugunsten der Geschworenen endgültig gelöst.[47]

Die gerühmte Freiheit der Presse in England bestand aber nach wie vor nur darin, daß keine Vorzensur stattfinden durfte (sie wurde 1694 nach der Glorious Revolution abgeschafft); die Bestrafung nach der Veröffentlichung (ob durch Richter oder Geschworene), die selbstverständlich auch von der Veröffentlichung abschrecken konnte, war keineswegs ausgeschlossen.[48] 1803 gab es sogar in den U.S.A., die das englische Recht adoptiert hatten, eine Strafverfolgung und -verurteilung nach dem Common Law wegen „seditious libel" begangen wider den Vizepräsidenten des amerikanischen Bundes,[49] obwohl die Bestimmungen des umstrittenen, nach seinem Auslaufen 1801 fast einstimmig für verfassungswidrig gehaltenen *Sedition Act* 1798 nicht mehr einschlägig waren.[50]

Das zivilrechtliche Diffamierungsrecht entwickelte sich also im Gegensatz zum Strafrecht ohne viel Kontakt zur Alltagspolitik. Vor dem 19. Jahrhundert gab es die Möglichkeit der Strafverfolgung. Im 19. Jahrhundert schien man nicht auf die Idee gekommen zu sein, politische Streitigkeiten durch zivilrechtliche

---

LJ 116, 125; Pollock, *Expansion*, S. 86; Riesman, (1942) 42 Columbia LR 727, 734-736; Tilbury, "Uniformity", S. 245; Walker, (1996) 25 Anglo-American LR 341.

[46] 32 Geo. III c. 60 (1792).

[47] Odgers, S. 110, 617, 773.

[48] Anonym, (1886) 81 LT 308, 308; Boyle, [1982] PL 574, 577, 585; Epstein, (1986) 53 U Chicago LR 782, 788; Leval, (1993) 91 Mich LR 1138, 1140f; Lewis, *Make No Law*, S. 51-54.

[49] Lewis, *Make No Law*, S. 54, 64; vgl. *Gertz* v. *Welch* (1974) 418 US 323, 380f; 41 L Ed (2nd) 789, 828f. Für einen Fall aus England aus dem Jahre 1808, in dem Richter und Geschworene beleidigt und die Angeklagten zu drei Jahren Haft verurteilt wurden, vgl. *R* v. *White* (1808) 1 Camp 359n; 170 ER 985n.

[50] *New York Times* v. *Sullivan* (1964) 376 US 254, 276, 296; 11 L Ed (2nd) 686, 704, 717f; *Garrison* v. *Louisiana* (1964) 379 US 64, 82-88; 13 L Ed (2nd) 125, 137-140; Bork, (1971) 47 Indiana LJ 1, 22; Kalven, [1964] Sup Ct Rev 191, 204, 206f; Leval, (1993) 91 Michigan LR 1138, 1141f; Lewis, *Make No Law*, 54-73, 117, 145f, 157; Lewis, (1983) 83 Columbia LR 603, 606; Riesman, (1942) 42 Columbia LR 727, 745-747. Vgl. weiter Stadler, JZ 1989, 1084, 1086.

Klagen zu lösen. Erst mit der Entwicklung der Massenmedien und Demokratie im 20. Jahrhundert haben Politiker und andere Persönlichkeiten des öffentlichen Lebens das Diffamierungsrecht ins Feld gezogen, um ihre Interessen zu schützen und selbstverständlich auch ganz nebenbei Schadensersatz beanspruchen zu können.

bb. Der Rechtfertigungsgrund

Unter diesen Umständen wurde im 18. und 19. Jahrhundert die Rolle des Diffamierungsrechts im politischen System weitgehend vernachlässigt. Zwar gab es, wie bereits erwähnt, den Rechtfertigungsgrund des „qualified privilege", sein Geltungsbereich war jedoch beschränkt. Schon 1802 wurde das Argument, ein Parlamentskandidat habe infolge seiner politischen Tätigkeit auf seine zivilrechtliche Ansprüche unter dem Diffamierungsrecht völlig zu verzichten und der Veröffentlichung seiner Charaktermängel zuzustimmen,[51] von Lord *Mansfield* L.C.J. schroff abgelehnt; ohne den Gegenargumenten des Klägers überhaupt zuhören zu müssen, gab er ihm recht:

> „It seems to be supposed that the situation of a candidate for Parliament is such as to make it lawful for any man to say anything of him. To that proposition I cannot assent; [...] it would be a strange doctrine indeed that, when a man stands for the most honourable situation in the country, any person may accuse him of any imaginable crime with impunity."[52]

Allerdings war der extreme Vorwurf in diesem Fall der Vatermord. Dennoch kam man hier nicht auf den Gedanken, daß erweiterte Möglichkeiten der Kritik und Diskussion in bezug auf Parlamentskandidaten bestehen müssen, um politische Gespräche zu ermöglichen; die Worte über die ehrenwerte Stellung des Parlamentariers lassen eher das Gegenteil vermuten.[53]

Obwohl drei Richter 1840 einen Unterschied zwischen öffentlichen und privaten Personen anerkannten und zu dem Schluß kamen, daß jeder Bürger das Recht hat, die Taten öffentlicher Personen zu kommentieren, soweit sie ihn als Untertanen der Königin angingen, zogen sie dieses Zugeständnis wieder zurück mit der Bemerkung, solche Kommentare dürften nicht ausgenutzt werden als Anlaß für „malice and slander: but any imputation of wicked or corrupt motives

---

[51] *Harwood* v. *Astley* (1804) 1 Bos & Pul (N.S.) 47, 51; 127 ER 375, 377.

[52] *Harwood* v. *Astley* (1804) 1 Bos & Pul (N.S.) 47, 53f; 127 ER 375, 378; vgl. auch *Silkin* v. *Beaverbrook Newspapers* [1958] 1 WLR 743, 746.

[53] Vgl. auch *Campbell* v. *Spottiswoode* (1863) 3 B & S 769, 777; 122 ER 288, 291; *Pankhurst* v. *Hamilton* (1887) 3 TLR 500, 504f; Loveland, [1998] PL 633, 641-643; Uhlitz, NJW 1967, 129, 130f. Etwas befriedigender der schottische Fall *Bruce* v. *Leisk* (1892) 19 R 482, 487; siehe dazu *Reynolds* v. *Times Newspapers* [1999] 3 WLR 1010, 1053.

is unquestionably libellous".[54] Zudem galt das nur für die Äußerungen privater Personen in eigener Sache, nicht jedoch für die Presse als Veröffentlichungsorgan.

1837 war bereits entschieden worden, daß das „qualified privilege" für Zeitungen nicht galt, auch wenn die Wähler selbst ein Veröffentlichungsprivileg in bezug auf die Kandidaten in ihrem Wahlkreis genössen (was nicht entschieden wurde). Die Veröffentlichung in einer Zeitung konnte alle Bürger erreichen und nicht nur ausschließlich diejenigen Wähler, die im fraglichen Wahlkreis wohnten und sich daher mit der Eignung der hiesigen Kandidaten zu beschäftigen hatten.[55] Das galt selbst dann, wenn die fraglichen Behauptungen einige Monate später nach dem Gesetz veröffentlicht werden mußten, aber etwas früher in der Zeitung erschienen.[56] Diese von den Gerichten selber gelegentlich als pressefeindlich beschriebene[57] Doktrin hatte Bestand und wurde als Ausfluß des allseitig angenommenen Prinzips erklärt, daß „qualified privilege" nur dann einschlägig sein konnte, wenn der Beklagte eine rechtliche oder moralische Pflicht hatte, die Behauptung zu veröffentlichen;[58] es gebe aber keine Pflicht, Behauptungen über Parlamentskandidaten oder Politiker nicht nur den im fraglichen Wahlkreis stimmberechtigten Wählern, sondern allen Zeitungslesern mitzuteilen.[59] Das war im englischen System mit kleinen Ein-Mitglied-Wahlkreisen ohne Landeslisten eine erhebliche Beschränkung für Zeitungen, die in mehr als einem Wahlkreis veröffentlicht wurden — das heißt, für alle Zeitungen von Bedeutung. In Schottland[60] wurde sogar entschieden,

---

[54] *Parmiter* v. *Coupland* (1840) 6 M & W 105, 108; 151 ER 340, 342. Siehe auch *Turnbull* v. *Bird* (1861) 2 F & F 508, 523-525; 175 ER 1163, 1170f.

[55] *Duncombe* v. *Daniell* (1837) 8 Car & P 223, 229; 173 ER 470, 472.

[56] *Popham* v. *Pickburn* (1862) 7 H & N 891, 897f; 158 ER 730, 733; 5 LT (N.S.) 846, 848.

[57] *Boston* v. *W.S. Bagshaw & Sons* [1966] 1 WLR 1126, 1132; *Blackshaw* v. *Lord* [1984] 1 QB 1, 25; *Stephens* v. *West Australian Newspapers* (1994) 182 CLR 211, 242, 260f; *Hart* v. *Wrenn* (1995) 124 FLR 135, 145; *Peterson* v. *Advertiser Newspapers* (1995) 64 SASR 152, 157; *Lange* v. *Australian Broadcasting Corporation* (1997) 189 CLR 520, 570.

[58] Das klassische Beispiel: *Toogood* v. *Spyring* (1834) 1 C M & R 181, 193; 149 ER 1044, 1049f. Zur Geschichte des Prinzips im allgemeinen siehe *Telegraph Newspaper* v. *Bedford* (1934) 50 CLR 632, 653-657.

[59] *Brown* v. *Croome* (1817) 2 Stark 297, 301; 171 ER 652, 653; *Davison* v. *Duncan* (1857) 7 El & Bl 229; 119 ER 1233; *Campbell* v. *Spottiswoode* (1863) 3 B & S 769, 776-783; 122 ER 288, 291-293; *Purcell* v. *Sowler* (1877) 2 CPD 215; *Pittard* v. *Oliver* [1891] 1 QB 474, 477-481; *Chapman* v. *Ellesmere* [1932] 2 KB 431, 456f, 467-469, 474f; *Standen* v. *South Essex Recorders* (1934) 50 TLR 365, 366; *Cutler* v. *McPhail* [1962] 2 QB 292, 296; *Reynolds* v. *Times Newspapers* [1999] 3 WLR 1010, 1018f.

[60] Das schottische Recht ist in dieser Hinsicht identisch mit dem englischen: *Braddock* v. *Bevins* [1948] 1 KB 580, 593; vgl. aber *Reynolds* v. *Times Newspapers* [1999] 3 WLR 1010, 1055.

Wähler in benachbarten Wahlkreisen hätten mit der Wahl im jeweiligen Nachbarwahlkreis nichts zu tun und konnten sich also auch nicht auf das „qualified privilege“ berufen.[61]

Das schloß somit die Anwendung des Rechtfertigungsgrundes „qualified privilege“ für die Massenmedien fast völlig aus.[62] Lediglich Zeitungen, die (wie zum Beispiel „Racing Calendar“) an einen bestimmten Personenkreis (hier: an Pferderennsport Interessierte) gerichtet waren, konnten das Privileg für sich beanspruchen, wenn sie Informationen veröffentlichten, die den engen Interessentenkreis betrafen. Bei größeren Zeitungen, die sich an alle Bürger richteten (etwa die Londoner Times) war aber davon auszugehen, daß nicht alle Leser zum Kreis der Interessierten gehörten; deswegen war das Privileg nicht einschlägig und der Veröffentlichende nicht geschützt, wenn dieselben Informationen in solchen größeren Zeitungen veröffentlicht wurden.[63]

Nur einmal im 19. Jahrhundert — und in einem Fall, der strenggenommen keine politischen Angelegenheiten, sondern die Verwaltung einer medizinischen Lehranstalt betraf — sind Richter und Geschworene auf den Gedanken gekommen, daß der Journalist aufgrund seines Berufes eine moralische Pflicht haben könnte, Mißstände ans Licht zu bringen, und sich deswegen des „qualified privilege“ bedienen durfte.[64] Auch wenn dies als Rechtssatz endgültig angenommen worden wäre, hätte es aber eine zusätzliche Hürde gegeben. Da ein **gegenseitiges** Pflichtverhältnis zwischen Journalist und dem Empfänger seiner Äußerungen unabdingbar war,[65] hätte man zwar im Regelfall annehmen können, daß die Presse eine Pflicht hatte, den im

---

[61] *Anderson* v. *Hunter* (1891) 18 R 467, 468f; *Reynolds* v. *Times Newspapers* [1999] 3 WLR 1010, 1052f.

[62] Brown, *Law of Defamation in Canada*, S. 585-589; Chesterman, (1995) 18 UNSWLJ 300, 319; Chesterman, (1997) 19 Adel LR 155, 172-174; Doody, (1983) 61 Can BR 124, 127f, 130; George, (1997) 44 Gazette of Law & Journalism 7, 8; Gillooly, *Defamation*, S. 179f, 186f; Hughes, (1985) 59 ALJ 482, 486; Huscroft, [1997] NZLJ 112, 118; Law Reform Commission, *Defamation*, S. 155f; Law Reform Commission, *Unfair Publication*, S. 74-78; Milmo/Rogers, *Gatley*, S. 391-394; Nicholas, (1997) 44 Gazette of Law & Journalism 7, 7; O'Donahoo/Batt, (1997) 44 Gazette of Law & Journalism 11, 11 Nr. 1; Rogers, *Winfield*, S. 445; Tobin, [1995] NZLR 90, 97-99; Schwinge, MDR 1973, 801, 802-804; Walker, (1997) 22 Alt LJ 179, 181 Fußnote 1; Walker, (1998) 6 Torts LJ 9, 11f.

[63] *Chapman* v. *Ellesmere* [1932] 2 KB 431. Zum Vergleich *Hope* v. *I'Anson* (1901) 18 TLR 201.

[64] *Cox* v. *Feeney* (1863) 4 F & F 13, 21-23; 176 ER 445, 449. Vgl. auch *Delany* v. *Jones* (1802) 4 Esp 191, 193; 170 ER 687, 688; *Allbutt* v. *General Council of Medical Education and Registration* (1889) 23 QBD 400; *Perera* v. *Peiris* [1949] AC 1, 20-22.

[65] *Adam* v. *Ward* [1917] AC 309, 334; *Reynolds* v. *Times Newspapers* [1999] 3 WLR 1010, 1017.

Wahlkreis Stimmberechtigten Informationen mitzuteilen. Das Privileg entfiel aber bei im fraglichen Wahlkreis nichtstimmberechtigten Bürgern. Sie konnten mangels Stimmberechtigung der entsprechenden Anforderung einer „Pflicht" der Inanspruchnahme des Informationsdienstes der Presse zur Ausübung ihres Wahlrechts nicht genügen. Denn solche Bürger hatten kein Interesse an einer Wahl, die sie nichts anging. Und alle Zeitungen von Bedeutung erschienen nicht nur in einem Wahlkreis. Die Medien mußten also oft nach der Maxime „if in doubt, leave [it] out"[66] verfahren.

Öffentliche Versammlungen sowie die dort geäußerten Ansichten und das Verhalten der an der Versammlung Beteiligten[67] wurden allerdings etwas großzügiger behandelt, wenn davon ausgegangen werden konnte, daß alle Anwesenden zum Wählerkreis[68] gehörten.[69] Darüber hinaus konnte man einem falschen Vorwurf im Parlament, für dessen Verhandlungen sich jeder Bürger interessieren sollte, mit entsprechend weitgehender Veröffentlichung eines Gegenschlags begegnen.[70] 1868 war außerdem — und zwar unter Berufung sowohl auf die Notwendigkeit der Berichterstattung durch die Medien[71] als auch auf die Anpassungsfähigkeit des ungeschriebenen Common Law in jedem neuen Zeitalter[72] — entschieden worden, daß Berichte in den Medien über Debatten des Parlaments auch das „qualified privilege" genossen. Das galt aber weiterhin nicht für Berichte über Reden außerhalb der Parlamentsmauern.

cc. Mißlungene Änderungsversuche

In bezug auf öffentliche Versammlungen dauerte das gerade geschilderte Zugeständnis nicht sehr lange. Als 1948 nicht ohne großzügige Auslegung der Präjudizien und mit einiger Anstrengung seitens des Gerichts zugunsten der

---

66 Schwinge, MDR 1973, 801, 803.

67 Sehr großzügig *Davis* v. *Duncan* (1874) LR 9 CP 296; gemäßigter, den Unterschied zwischen Veröffentlichung auf der Versammlung und in der Presse beachtend, *Pittard* v. *Oliver* [1891] 1 QB 474, 477-479.

68 Oder zum Kreis der Steuerzahler ohne Stimmberechtigung: *Wisdom* v. *Brown* (1885) 1 TLR 412, 413.

69 *Braddock* v. *Bevins* [1948] 1 KB 580, 590-593; *Plummer* v. *Charman* [1962] 3 All ER 823, 827.

70 *Adam* v. *Ward* [1917] AC 309, 324, 343f. Für ein weiteres englisches Beispiel siehe *Loveday* v. *Sun Newspapers* (1938) 59 CLR 503, 519f. Für ein deutsches vgl. BVerfGE 54, 129, 138.

71 *Wason* v. *Walter* (1868) LR 4 QB 73, 89f.

72 *Wason* v. *Walter* (1868) LR 4 QB 73, 93f; vgl. *Chakravati* v. *Advertiser Newspapers* (1998) 193 CLR 519, 585f.

Redefreiheit verkündet wurde,[73] daß Äußerungen von Kandidaten an Wähler wie auch solche unter Wählern (aber nicht Äußerungen in der Presse) doch das „qualified privilege" genossen, artikulierte der englische Court of Appeal, das zweithöchste englische Gericht, ein Prinzip, das auf diesem Gebiet weitere Früchte hätte tragen und in späteren Fällen zur Rechtsfortbildung hätte verwendet werden können:

> „[W]e should have thought it scarce open to doubt that statements contained in the election address of one candidate concerning the opposing candidate, provided they are relevant to the matters which the electors will have to consider in deciding which way they will cast their votes, are entitled to the protection of qualified privilege. The electors clearly have an interest in receiving communications of that kind. Indeed, the task of electors under democratic institutions could not be satisfactorily performed if such a source of relevant information *bona fide* given were to be cut off by the fear of an action for libel. [...] It would be curious if the interest and duty subsisting between one elector and another were to be rated higher in this respect than the interest and duty subsisting between an elector and a candidate, and we are unable to see any ground for such a distinction."[74]

Diese Meinung, die aus den vom Gericht angegebenen Gründen Zustimmung verdient, aber immer noch auf das gegenseitige Pflichtverhältnis des „qualified privilege" abstellte und deswegen für größere Zeitungen lediglich ein erster Schritt sein konnte, teilte aber der englische Gesetzgeber offensichtlich nicht, denn nur vier Jahre später verordnete er:

> „10. A defamatory statement published by or on behalf of a candidate in any election to a local government authority or to Parliament shall not be deemed to be published on a privileged occasion on the ground that it is material to a question in issue in the election, whether or not the person by whom it is published is qualified to vote at the election."[75]

Es wäre bloße Spekulation, auf die möglichen Auswirkungen des Prinzips von 1948 — wäre es durch dieses Gesetz nicht abgeschafft worden — einzugehen. Allerdings zeigt das Prinzip, daß die Gerichte erkannt hatten, daß das Diffamierungsrecht mit den Anforderungen der demokratischen Staatsform in Einklang gebracht werden mußte.

---

[73] Für eine ähnlich großzügige Entscheidung der englischen Gerichte im römisch-holländischen Recht Ceylons, siehe *Perera* v. *Peiris* [1949] AC 1, 20-22, und dazu *Blackshaw* v. *Lord* [1984] 1 QB 1, 41f.

[74] *Braddock* v. *Bevins* [1948] 1 KB 580, 590f.

[75] *Defamation Act* 1952 (Imp.) § 10.

Nach dem Gesetz aus dem Jahr 1952, die von einem Rechtswissenschaftler sogar als „Klarstellung“ der durch die Entscheidung von 1948 hervorgerufenen „Ungewißheit“ begrüßt wurde,[76] blieb nur noch eine theoretische Möglichkeit, daß sich ein Wähler, der nicht „by or on behalf of a candidate“ agierte, auf den Rechtfertigungsgrund des „qualified privilege“ berufen konnte. Für Kandidaten und ihre Helfer jedweder Art war er nicht mehr vorhanden,[77] erst recht also nicht für die Medien, wenn sie Behauptungen solcher Personen veröffentlichten oder sie kritisierten.

Die oben geschilderte Doktrin der „Wahlkreisinseln“ bestand also in Großbritannien fort. Einerseits ging man davon aus, daß jeder Wahlkreis ein für sich unabhängiges, in sich geschlossenes Gebiet darstellte.[78] Wer außerhalb dieses Gebietes stand, hatte mit dessen Angelegenheiten nichts zu tun. In der heutigen Demokratie aber werden die Stimmen der Wähler in jedem Wahlkreis bekanntlich von den Taten der Parteiführer und anderer Personen maßgeblich, wenn nicht ausschließlich beeinflußt. Diese Personen sind rechtstechnisch lediglich Kandidaten in einem Wahlkreis und sind so nur selten Kandidaten im Wahlkreis des einzelnen Bürgers. Mit dem Charakter und den Fähigkeiten der eigentlichen Kandidaten in seinem Wahlkreis beschäftigt sich der Wähler nur in Ausnahmefällen, meist nur dann, wenn ein großer Skandal geschieht oder der Wähler zufällig in einem der Wahlkreise lebt, in denen einer der bedeutenden Parteiführer kandidiert.

Nicht nur in dieser Hinsicht sind die Annahmen dieser überlieferten Regeln des „qualified privilege“ wirklichkeitsfremd und formalistisch. Vor 50 Jahren war es noch üblich, öffentliche Versammlungen durchzuführen, um die Wähler von den Vorteilen einer Partei zu überzeugen. In Australien wie in England geschieht das heutzutage selten: in einigen Wahlkreisen kaum, in anderen nur einmal als Formsache. Um die Gunst der Wähler zu gewinnen, verläßt man sich nicht mehr in erster Linie auf öffentliche Versammlungen für die Wähler eines bestimmten Wahlkreises, sondern auf die Verbreitung der Parteibotschaft in den Massenmedien.[79]

Das „qualified privilege“ war weder historisch gesehen noch in der Praxis ein speziell auf die Medien oder die Anforderungen der demokratischen Meinungs-

---

[76] Todd, (1953) 16 MLR 198, 205.

[77] *Plummer* v. *Charman* [1962] 3 All ER 823, 825-827; *Fairbairn* v. *Scottish National Party* [1980] SLT 149, 152; Clerk/Lindsell, *Torts*, S. 1087 Fußnote 88; Milmo/Rogers, *Gatley*, S. 354 Fußnote 98; Rogers, *Tort*, S. 367 Fußnote 12. Für einen Kommentar aus Kanada dazu, siehe Brown, *Law of Defamation in Canada*, S. 567-585.

[78] Vgl. Anonym, (1870) 50 LT 131, 132.

[79] *Reynolds* v. *Times Newspapers* [1999] 3 WLR 1010, 1056; Loveland, [1998] PL 633, 638f.

bildung zugeschnittener Rechtfertigungsgrund. Er galt in vielen Lebensbereichen; der klassische Fall handelte von einem Arbeiter, dessen Arbeitgeber mit seinen Leistungen unzufrieden war und diesem Mißbehagen Ausdruck gab.[80] Das Privileg hatte immer einen etwas „dörflichen" Beigeschmack und wurde entsprechend angewandt.[81] Insbesondere ging man in bezug auf die Politik davon aus, daß sämtliche Wähler immer noch durch Dorf- oder Stadtversammlungen zu erreichen waren. In der heutigen Gesellschaft ist dies jedoch nicht mehr der Fall.

b. „Fair Comment"[82]

aa. Ein großzügigerer Rechtfertigungsgrund für Meinungsäußerungen

Das „qualified privilege" ist dann einschlägig, wenn es sich um Tatsachenbehauptungen handelt.

Über Tatsachenbehauptungen hinausgehende Meinungsäußerungen werden seit der zweiten Hälfte des 19. Jahrhunderts[83] von einem anderen Rechtfertigungsgrund, dem „fair comment", erfaßt. Vermutlich wegen der Unmöglichkeit eines Wahrheitsbeweises bei Meinungsäußerungen sowie der Tatsache, daß sich auf Tatsachen stützende Vorwürfe oft schädlicher sein können als bloße Kommentare,[84] werden die Voraussetzungen dieses Rechtfertigungsgrundes seit längem etwas großzügiger gehandhabt.[85] Eine kurze Darstellung dieses Rechtfertigungsgrunds sei hier ausreichend; da er nicht zum Gegenstand der weitreichenden Rechtsprechungsänderung der 90er Jahre durch den australischen High Court wurde, kann auf eine ausführliche Darstellung verzichtet werden.

Bereits 1865 wurde — allerdings nicht ohne Mißbehagen — entschieden, daß Geschworene abfällige Bemerkungen zum Verhalten eines Geistlichen, der in seiner Kirche Bücher verkauft und Essen vorbereitet haben sollte, als Ausdruck des Rechts auf „fair comment" betrachten konnten.[86] Im folgenden Jahr wurde diese Doktrin von einem irischen Gericht verkündet:

---

80 *Toogood* v. *Spyring* (1834) 1 C M & R 181; 149 ER 1044.

81 Vgl. Chesterman, (1997) 19 Adel LR 155, 170f.

82 Siehe im allgemeinen Chesterman, (1997) 19 Adel LR 155, 207-211.

83 *Bellino* v. *Australian Broadcasting Corporation* (1996) 185 CLR 183, 215-219.

84 *Davis* v. *Shepstone* (1886) 11 App Cas 187, 190; Epstein, (1986) 53 U Chicago LR 782, 795f.

85 Für eine kurze und prägnante Darstellung davon, siehe *Standen* v. *South Essex Recorders* (1934) 50 TLR 365, 366f.

86 *Kelly* v. *Tinling* (1865) LR 1 QB 699, 701f.

> „We have not been referred to any case on the subject; but upon principle we entertain no doubt that the right to comment upon the public acts of public men is the right of every one of Her Majesty's subjects, and though no case has been referred to, we do not fear to make a precedent establishing the right [...].“[87]

Auf dieses Recht konnten sich nicht nur die Medien, sondern alle Bürger berufen.[88]

1967 beschrieb der angesehene englische Richter Lord *Denning* M.R. das Recht auf folgende Weise:

> „[T]he right of fair comment is one of the essential elements which go to make up our freedom of speech. We must ever maintain this right intact. It must not be whittled down by legal refinements. When a citizen is troubled by things going wrong, he should be free to "write to the newspaper"; and the newspaper should be free to publish his letter. It is often the only way to get things put right. The matter must, of course, be one of public interest. The writer must get his facts right: and he must honestly state his real opinion. But that being done, both he and the newspaper should be clear of any liability. They should not be deterred by fear of libel actions.“[89]

Dadurch wird hervorgehoben, daß eine Bemerkung dann als „fair“ gilt, wenn sie der Meinung des Sich-Äußernden entspricht. Dies ist ein bemerkenswert großzügiger Maßstab,[90] denn es erfolgt keine Prüfung der objektiven Fairneß der Meinung; wenn sie der wahren Meinung des Sich-Äußernden entspricht, gilt sie als „fair“.[91]

Im vorliegenden Fall entschied Lord *Denning* M.R. zugunsten der Redefreiheit des Bürgers — obwohl es sich um einen Brief an den Herausgeber einer der größten Nationalzeitungen, „The Daily Telegraph“, handelte. In einem ähnlichen Zusammenhang wäre es dem Beklagten kaum gelungen, den Rechtfertigungsgrund des „qualified privilege“ einzusetzen, wenn eine Tatsachenbehauptung Gegenstand des Rechtsstreits gewesen wäre. Es liegt auf der Hand, daß der Gebrauch des „fair comment“ weitaus pressefreundlicher war.[92] Aller-

---

[87] *Kane* v. *Mulvany* (1866) IR 2 CL 402, 418.
[88] *Bellino* v. *Australian Broadcasting Corporation* (1996) 185 CLR 183, 224.
[89] *Slim* v. *Daily Telegraph* [1968] 2 QB 157, 170. Siehe aber Barendt, [1993] PL 449, 458f.
[90] *Reynolds* v. *Times Newspapers* [1999] 3 WLR 1010, 1015f.
[91] Irrig insoweit Stürner, JZ 1994, 865, 870.
[92] Chesterman, (1997) 19 Adel LR 155, 172f; Goodman, (1960) 13 Current Leg Probs 135, 140.

dings hat dieser Rechtfertigungsgrund eine recht strenge Grenze: wenn sich der Kommentar auf unwahre Tatsachen stützt, entfällt in der Regel der Schutz.[93]

bb. *Webb* v. *Times Publishing*[94]

Es wurde 1960 von *Pearson* J. in *Webb* v. *Times Publishing* vorgeschlagen, die großzügigere Regelung des „fair comment" auch auf Tatsachenbehauptungen auszudehnen. Ihm zufolge konnte man die Präjudizien dahingehend auslegen, daß es einen Rechtfertigungsgrund der „fair information on a matter of public interest" gab; er entspreche im Tatsachenbereich dem des „fair comment". Um zu diesem Schluß zu gelangen, mußte *Pearson* J. die Präjudizien sehr weit auslegen und diejenigen völlig außer acht lassen, die sein Argument nicht untermauerten. Außerdem handelte es sich in diesem Fall um einen Bericht über eine Gerichtsverhandlung in der Schweiz; in bezug auf Gerichtsverhandlungen in England hatte sich das Rechtssystem seit jeher bereit gezeigt, Rechtfertigungsgründe großzügiger anzuwenden als in politischen Angelegen heiten.

Trotzdem vermochte dieser Vorschlag von *Pearson* J. nicht zu gedeihen. Der Schritt war offenbar zu kühn. Der Court of Appeal beschränkte 1984 unter Berufung auf andere, teils aus dem 19. Jahrhundert stammende Präjudizien die Ausnahme für „fair information on a matter of public interest" auf Fälle, in denen nach altem Recht ein gegenseitiges Pflichtverhältnis bestand; eine weitergehende Änderung des Rechts hätte des Handelns des Gesetzgebers bedurft. Das Gericht war der Meinung, diese Änderung würde Individuen zu sehr benachteiligen, über die unwahre Tatsachenbehauptungen in den Medien erschienen sind, ohne daß dies im öffentlichen Interesse erforderlich wäre. Das Gericht anerkannte nicht nur die Interessen der Medien, sondern auch die des Individuums. Auf jeden Fall müsse eine Änderung des vom Common Law erreichten Gleichgewichts zwischen den zwei Interessen, auch wenn sie rechtspolitisch wünschenswert sei, was nicht im Entscheidungsbereich der Gerichte stehe, durch den Gesetzgeber eingeführt werden, der bisher untätig geblieben sei.[95]

---

[93] Für eine Eröterung dieser Frage und der möglichen Ausnahmen nach englischem und australischem Recht siehe *Pervan* v. *North Queensland Newspaper* (1993) 178 CLR 309, 319-324, 335f; vgl. auch Chesterman, (1997) 19 Adel LR 155, 210f; Schauer, (1980) 1 J Med Law & Practice 3, 10.

[94] [1960] 2 QB 535, 565.

[95] *Blackshaw* v. *Lord* [1984] 1 QB 1, 26, 33-36, 41f. Siehe auch *London Artists* v. *Littler* [1968] 1 WLR 607, 615, 619f; Gibson, "Common Law Protection of Privacy", S. 360f; Rogers, *Winfield*, S. 445 Fußnote 16.

Die pauschale Ablehnung der Verantwortlichkeit der Gerichte für die Rechtsfortbildung demonstriert die Abneigung der englischen Gerichte im 20. Jahrhundert gegen die richterliche Rechtsfortbildung auf diesem Rechtsgebiet, auch wenn gute materielle Gründe für die Zurückhaltung in diesem Fall sprachen, etwa der vermeintliche Mangel an tiefgreifenden Änderungen der politischen Kultur seit dem 19. Jahrhundert[96] oder die Entstehung der Boulevardpresse im ausgehenden 19. und frühen 20. Jahrhundert und der damit verbundene Vertrauensverlust gegenüber Zeitungen.[97] Man vergleiche zum Beispiel die Stellungnahme der Gerichte in diesem Fall mit der der Gerichte des 19. Jahrhunderts, etwa in *Wason* v. *Walter*.[98] In diesem Fall wurde offen zugegeben, ja gefeiert, daß im System des ungeschriebenen Rechts die Anpassungsfähigkeit des Rechtssystems für die Anforderungen einer neuen Ära größer ist als im System des geschriebenen Rechts:

> „Whatever disadvantages attach to a system of unwritten law, and of these we are fully sensible, it has at least this advantage, that its elasticity enables those who administer it to adapt it to the varying conditions of society, and to the requirements and habits of the age in which we live, so as to avoid the inconsistencies and injustice which arise when the law is no longer in harmony with the wants and usages and interests of the generation to which it is immediately applied.“[99]

Dieser Geist war offensichtlich im Court of Appeal der 80er Jahren — aus welchen Gründen auch immer — nicht mehr vorhanden, da sich der Court of Appeal kurzerhand weigerte, eine Rechtsprechungsänderung auch nur in Erwägung zu ziehen, weil der Gesetzgeber untätig geblieben war. Lord *Diplock*[100] spricht in dieser Hinsicht von einem allgemeinen Verlust des Mutes englischer Gerichte zu Beginn des 20. Jahrhunderts.

Man könnte sich weitere Gründe für diese Stellungnahme in bezug auf den Vorschlag von *Pearson* J. vorstellen, die mit den besonderen Problemen der richterlichen Rechtsfortbildung zusammenhängen: zum Beispiel, daß das vorliegende Problem so kompliziert wäre, daß die notwendigen Untersuchungen aller möglichen Lösungen sowie die Abwägung der widerstrebenden Interessen die Fähigkeiten des Gerichts überforderten. Falls jedoch der Court of Appeal in diesem Fall eine derartige Meinung vertrat, teilt er uns diese Tatsache aller-

---

[96] Vgl. Loveland, (1997) 46 ICLQ 561, 578-580.

[97] *Stephens* v. *West Australian Newspapers* (1994) 182 CLR 211, 264; O'Malley, (1982) 4 Media, Culture and Society 323, 326-332.

[98] (1868) LR 4 QB 73. Vgl. auch im 20. Jahrhundert *English Hop Growers* v. *Dering* [1928] 2 KB 174, 187.

[99] (1868) LR 4 QB 73, 93.

[100] "The Courts as Legislators", S. 284-286. Vgl. auch Bingham, [1996] EHRLR 450, 461.

dings in den Gründen nicht mit. Das Gericht ging davon aus, daß richterliche Rechtsänderungen schlechthin unzulässig waren; für die Ablehnung einer solchen Änderung bedurfte es folglich keiner weiteren Erklärung. Zu seiner Verteidigung kann lediglich angeführt werden, daß sich eines der vielen Komitees, die sich mit der Reform des Rechts auf diesem Gebiet beschäftigt haben,[101] geweigert hatte, eine entsprechende Änderung des Rechts zu empfehlen. So rechtfertigte *Stephenson* L.J. seine Ablehnung einer richterlichen Änderung des Rechts auf diesem Gebiet.[102]

c. „Malice"

Bisher wurde der Begriff „qualified privilege" als Ausnahme von den allgemeinen Regeln des Diffamierungsrechts diskutiert, ohne jedoch festzustellen, wodurch dieses Privileg selbst qualifiziert wird.

Wenn eine Tatsachenbehauptung, die normalerweise unter das „qualified privilege" fallen würde, aus „malice" (etwa: „Boshaftigkeit") veröffentlicht wird, entfällt die Rechtfertigung des Veröffentlichenden. „Malice" hat eine lange Geschichte in diesem Rechtsbereich[103] und wird dementsprechend in einem besonderen Sinne verstanden. Bei „malice" handelt es sich um mangelnden Glauben an die Wahrheit der Behauptung. Dabei spielt es keine Rolle, wenn der eigentlich vorhandene Glaube falsch, unvernünftig oder sogar Ausdruck irrationaler Vorurteile war; das für sich genommen begründet keinen „malice"-Vorwurf. Der Glaube an die Wahrheit der Aussage muß lediglich vorhanden sein, begründet oder vernünftig jedoch braucht er nicht zu sein. Letzten Endes kann kein öffentliches Interesse an der Veröffentlichung einer Tatsachenbehauptung bestehen, wenn der Agierende weiß, daß sie falsch ist oder an ihre Wahrheit nicht aufrichtig, wenn auch möglicherweise irrational, glaubt.[104]

Selten mag es Fälle geben, in denen eine Veröffentlichung für wahr gehalten wird, jedoch aus rein hämischen oder aus Gründen des privaten wirtschaftlichen oder eines ähnlichen Nutzens veröffentlicht wird. Dies darf nur dann angenommen werden, wenn die oben erwähnte Pflicht, die als die Grundlage des Rechtfertigungsgrunds des „qualified privilege" betrachtet wird, nicht nur eine untergeordnete, sondern überhaupt keine wesentliche Rolle bei der Veröffentlichung spielte. Das Wissen, daß eine Behauptung dem Kläger schaden

---

[101] Faulks Committee, *Report*, S. 53-55.

[102] [1984] 1 QB 1, 26.

[103] Mitchell, (1998) 114 LQR 639.

[104] *Clark* v. *Molyneaux* (1877) 42 JP 277, 278; *Horrocks* v. *Lowe* [1975] AC 135, 145f, 149-151; *Reynolds* v. *Times Newspapers* [1999] 3 WLR 1010, 1016f; Anonym, (1878) 42 JP 291, 292.

wird, reicht allein nicht aus, denn es betrifft nicht den Beweggrund des Beklagten, sondern die Auswirkungen der Veröffentlichung.[105] Daher beschränkt sich diese Ausnahme auf selten vorkommende Tatsachenkonstellationen.[106]

2. Ansätze zur Änderung

a. Entwicklungen auf verwandten Gebieten

Angesichts der zuvor dargestellten Rechtslage wird gelegentlich die Meinung vertreten, das englische System kenne keine Meinungsfreiheit als unabhängigen Wert, der im Rechtssystem und in der Rechtsfeststellung und -fortbildung beachtet werden müßte. Das aber stellt eine Vereinfachung einer komplizierten Rechtslage dar.

Im vorangehenden Abschnitt hat sich gezeigt, daß im 19. Jahrhundert das englische Diffamierungsrecht vor allem der Beilegung privater Streitigkeiten diente und mit der öffentlichen Meinungsbildung wenig konfrontiert war. In der vordemokratischen Gesellschaft des 18. Jahrhunderts diente die Straftat „seditious libel" vor allem der Unterdrückung regimefeindlicher Äußerungen nach bestem DDR-Muster.

Zu diesen Zeiten gab es offensichtlich ein aus heutiger Sicht unangemessen beschränktes Recht auf freie Meinungsäußerung. Das Common Law bevorzugte hingegen das Recht des Individuums auf einen unbeschädigten Ruf gegenüber dem Recht auf freie Meinungsäußerung.[107] Da seit 1688 in England keine Revolution stattgefunden und sich seit 1066 kein dramatischer Bruch mit der staatlichen Vergangenheit durchzusetzen vermocht hat, kann man — im Gegensatz etwa zu den U.S.A. — nicht auf einen Moment in der Geschichte hinweisen, in dem die Meinungsfreiheit auch zum Schutzgut der Rechtsordnung erklärt worden ist.

Dennoch können die englischen Gerichte von heute den Bedarf an Informationen und freiem Meinungsaustausch für das politische Leben nicht

---

[105] *Clark* v. *Molyneaux* (1877) 42 JP 277, 278; *Horrocks* v. *Lowe* [1975] AC 135, 149; *Reynolds* v. *Times Newspapers* [1999] 3 WLR 1010, 1016f; Anonym, (1878) 42 JP 291, 292; Loveland, [1998] PL 633, 638; vgl. aber Green, (1935) 30 Illinois LR 314, 348f; Mitchell, [1999] PL 328, 330-335.

[106] *Pankhurst* v. *Hamilton* (1887) 3 TLR 500, 505; *Horrocks* v. *Lowe* [1975] AC 135, 145f, 150f; *Calwell* v. *Ipec Australia* (1975) 135 CLR 321, 332; Doody, (1983) 61 Can BR 125, 146; Gillooly, *Defamation*, S. 182f.

[107] Barendt, [1993] PL 449, 457; Klar, *Studies*, S. 360f; Law Reform Commission, *Unfair Publication*, S. 18; Tobin, (1994) 17 UNSWLJ 383, 399.

mehr ignorieren. In den letzten Jahrzehnten ist allmählich deutlich geworden, daß die englischen Richter diesen Bedarf in die Abwägung einbeziehen, wenn neue Rechtsprinzipien festgestellt oder alte aktualisiert werden; sie berufen sich sogar ab und zu auf die Europäische Menschenrechtskonvention,[108] deren Artikel 10 die Meinungsfreiheit unter Schutz stellt und die auch in Großbritannien gilt.

Jedoch werden immer noch Gerichtsentscheidungen gefällt, die die Redefreiheit beschränken. Man denke in dieser Hinsicht vor allem an *R* v. *Home Secretary;* ex parte *Brind,*[109] wo das Verbot der Ausstrahlung von direkten Äußerungen (nicht Berichten darüber oder Wiedergaben davon) gewisser I.R.A.-Anhänger durch einen Erlaß eines Ministers an die Fernsehsender für rechtmäßig erklärt wurde. Die Europäische Menschenrechtskonvention sei immer noch kein unmittelbar anwendbarer Teil des englischen Rechts; die Konvention könnten die Gerichte benutzen, um zweideutige Bestimmungen der Gesetze menschenrechtsfreundlich auszulegen. Der zuständige Minister habe jedoch ihre Bestimmungen über Meinungsfreiheit nicht in Erwägung ziehen müssen, bevor er das Verbot erlassen durfte, denn das setze voraus, daß die Konvention eine unmittelbare Quelle von Rechten und Pflichten wäre, was nur das Parlament bewirken könne.[110] Obwohl diese Entscheidung als „notorious" verurteilt worden ist,[111] darf man nicht vergessen, daß es in dem Fall um die Form, nicht um den Inhalt der Äußerungen der Terroristen ging, denn die genauen Worte eines Terroristen konnten immer noch im Fernsehen gehört werden, jedoch nur aus dem Mund eines Dritten.[112]

Trotzdem zeigt diese Entscheidung sehr deutlich die Grenzen der Anwendbarkeit der Konvention auf, auch wenn das Inkrafttreten des *Human Rights Act* 1998 das Potential hat, dieses Bild zukünftig grundlegend zu ändern. Aber auch ohne die Konvention gelangten die englischen Gerichte zu Schlüssen, die durchaus vom Geist der Meinungsfreiheit geprägt waren. Ein hervorragendes Beispiel dafür ist *Derbyshire County Council* v. *Times Newspapers.*[113] In diesem Fall handelte es sich um die Frage, ob ein Landkreis, Derbyshire County Council, als Kläger nach dem Diffamierungsrecht auftreten durfte. Die

---

[108] Barendt, [1993] PL 449, 460f, 463f; Barendt, (1994) 16 Syd LR 149, 150; Boyle, [1982] PL 574, 574f; Calcutt, *Privacy*, S. 50f.

[109] [1991] 1 AC 696.

[110] [1991] 1 AC 696, 759-762.

[111] Barendt, [1993] PL 449, 463; Barendt, (1994) 16 Syd LR 149, 164.

[112] Aus südafrikanischer Perspektive handelt es sich um eine sehr geringe Beschränkung der Redefreiheit: Kentridge, (1996) 45 ICLQ 253, 254.

[113] [1993] AC 534.

Frage ist also für das Thema dieser Arbeit unmittelbar relevant.[114] Das House of Lords kam zu dem Schluß, daß das Council kein Recht auf Verteidigung seiner Interessen nach dem Diffamierungsrecht besäße. Wegen Mangels an entsprechender Aktivlegitimation der Körperschaft durfte sie nicht einmal als Klägerin in einem Rechtsstreit im Diffamierungsrecht auftreten.

Als Grund für diese Entscheidung führte Lord *Keith of Kinkel* an:

> „[The Council] is a democratically elected body, the electoral process nowadays being conducted almost exclusively on party political lines. It is of the highest public importance that a democratically elected governmental body, or indeed any governmental body, should be open to uninhibited public criticism. The threat of a civil action for defamation must inevitably have an inhibiting effect on freedom of speech."[115]

Ferner zitierte er amerikanische Entscheidungen über die Wichtigkeit der freien Meinungsäußerungen in einer demokratischen Gesellschaft:

> „These propositions were endorsed by the Supreme Court of the United States in *New York Times* v. *Sullivan* (1964) 376 US 254, 277. While these decisions were related most directly to the provisions of the American Constitution concerned with securing freedom of speech, the public interest considerations which underlaid them are no less valid in this country. What has been described as 'the chilling effect' induced by the threat of civil actions for libel is very important. Quite often the facts which would justify a defamatory publication are known to be true, but admissible evidence capable of proving these facts is not available. This may prevent the publication of matters which it is very desirable to make public."[116]

---

[114] Aus diesem Grund sowie auch wegen ihres Schlüsselcharakters wird diese Entscheidung und nicht etwa *Attorney-General* v. *Guardian Newspapers* [1990] 1 AC 109, 283 (siehe Richardson, (1996) 4 Torts LJ 242, 242 Fußnote 3) oder *Rantzen* v. *Mirror Group Newspapers* [1994] QB 670 (Barendt, [1993] PL 449, 458; Blackshield, "Implied Freedom", S. 262; Gounalakis, *Privacy and the Media*, S. 36; Loveland, (1997) 46 ICLQ 561, 563-565) hier dargestellt. Zum deutschen Recht vgl. BGH, NJW 2000, 3421, 3421f.

[115] [1993] AC 534, 547.

[116] [1993] AC 534, 548. Mann könnte sich sogar an die Straftat „seditious libel" erinnert fühlen, wenn Kreise als Kläger im Diffamierungsrecht auftreten dürften: Barendt, [1993] PL 449, 450f; Schauer, (1980) 1 J Med Law & Practice 3, 14; Weir, [1972] CLR 238. Vgl. aber für eine Kritik Loveland, [1998] PL 633, 633-635.

Auch ohne Berufung auf die Europäische Menschenrechtskonvention[117] konnte er anhand dieser Prinzipien zu dem Schluß kommen, daß das Common Law kein Recht des Kreises Derbyshire nach dem Diffamierungsrecht anerkannte.

Buckley J. zufolge gilt dies auch für politische Parteien, aber nicht für Privatpersonen, die ihre Mitglieder und Kandidaten sind.[118] Diese Regel gilt zweifellos auch für Kreise: obwohl sie selbst kein Klagerecht haben, so doch die gewählten Vertreter des Kreises und dessen Beamte und Angestellte. Rechtstechnisch sind sie Privatpersonen und teilen daher den Legitimationsmangel der Körperschaft nicht.

Es stellt sich die Frage, warum diese Position in *Derbyshire* so einfach erreicht wurde, während die verschiedenen Versuche, dem „qualified privilege" einen weiteren, medienfreundlicheren Geltungsbereich zu verleihen, gescheitert sind. Diese Frage vollständig beantworten zu können, hieße, schon hier den Zweck dieser Arbeit erfüllt zu haben. Trotzdem können bereits hier zwei offensichtliche Unterschiede erwähnt werden. Das House of Lords weist selbst auf den Hauptunterschied hin:[119] es gab vor *Derbyshire* lediglich zwei Gerichtsentscheidungen,[120] die die dort behandelte Frage betrafen, und beide auf unterer Ebene des Gerichtssystems; für das House of Lords bestanden also keine zwingenden Präjudizien. Außerdem kamen in den beiden Fällen die beiden Gerichte zu unterschiedlichen Ergebnissen: einmal zugunsten, einmal gegen eine Befugnis der Kreise, als Kläger im Diffamierungsrecht aufzutreten. Das House of Lords konnte also in *Derbyshire* auf einem beinahe leeren Blatt schreiben[121] und konnte es mit modernem Inhalt ausfüllen. In bezug auf das „qualified privilege" dagegen ist das Gewicht der Präjudizien erheblich größer.

Darüber hinaus war die zu beantwortende Rechtsfrage in *Derbyshire* einfacher. Die Frage, ob ein Kreis Kläger in einer bestimmten Art Rechtsstreit sein darf, bedarf nur einer „ja/nein"-Antwort. Außerdem gibt es bereits eine praktische Grenze für die rechtliche Unfähigkeit des Kreises: sie hört dort auf, wo das schon bestehende Delikt „malicious falsehood", also die absichtliche Schadenszufügung, anfängt.[122] Will man das „qualified privilege" reformieren,

---

[117] Geal, (1994) 2 Tort LR 11, 12-14; Lee, [1993] PL 606, 670; Loveland, [1996] PL 126, 126.

[118] *Goldsmith* v. *Bhoyrul* [1998] QB 459; Loveland, [1998] PL 633, 635-637.

[119] [1993] AC 534, 543, 545.

[120] *Manchester Corporation* v. *Williams* [1891] 1 QB 94; *Bognor Regis U.D.C.* v. *Campion* [1972] 2 QB 169.

[121] Geal, (1994) 2 Tort LR 11, 11f.

[122] [1993] AC 534, 551; Barendt, [1993] PL 449, 453; Mullany, (1995) 111 LQR 206, 208. Trotzdem ist nicht auszuschließen, daß man sich weiter fragen muß, auf welche (nicht)ge-

(Fortsetzung nächste Seite ...)

so stellen sich auch Fragen über die Grenzen der neuen Freiheit. Schließt sie zum Beispiel auch das bewußte Lügen ein? Wenn nicht, dann müssen die Gerichte irgendwo diese Grenze ziehen. Es gibt im englischen Recht keine schon vorhandenen Kategorien oder Begriffe, die diese Aufgabe erleichterten. Je komplizierter und neuer die zu ziehende Grenze ist, desto gesetzgeberischer und deswegen in vielen Augen unangemessener sieht diese Tätigkeit der Gerichte aus.[123]

b. *Reynolds* v. *Times Newspapers*[124]

Dennoch mußte man sich nach *Derbyshire* fragen, ob unter Anführung der obigen Zitate aus den von Lord *Keith of Kinkel* angeführten Gründen ein erneuter Versuch, „qualified privilege" nach amerikanischem Muster auf die Massenmedien auszudehnen, doch noch Erfolg haben könnte.[125] Es liegt auf der Hand, daß die Begründung in *Derbyshire* auch zu dem Schluß führen könnte, daß andere staatliche Organe, etwa Staatsministerien, auch keine Kläger im Diffamierungsrecht sein können.[126] Weiter stellt sich die Frage, ob dieser Grundsatz auch auf Menschen, zum Beispiel Politiker (Staatsminister im Gegensatz zu Staatministerien), ausgedehnt werden kann, um die Ziele zu erreichen, von denen in *Derbyshire* die Rede war.

Es wird zum Beispiel behauptet, daß sich staatliche Organe öffentlicher Foren statt des Diffamierungsrechts bedienen können, um ihren Ruf zu verteidigen.[127] Das könnte auch für Politiker gelten, obwohl Politiker im Gegensatz zu staatlichen Organen menschliche Gefühle haben.[128] Darüber hinaus wurde es

---

wählten Körperschaften des öffentlichen Rechts diese Entscheidung anwendbar ist, da die Frage nur für Kreise und politische Parteien entschieden worden ist: Mullany, (1995) 111 LQR 206, 208f; oben, Fußnote 118.

[123] Vgl. Barendt, [1993] PL 449, 454f; Loveland, (1997) 46 ICLQ 561, 583.

[124] [1999] 3 WLR 1010.

[125] Barendt u.a., *Chilling Effect*, S. 15, 190f; Barendt, [1993] PL 449, 453; Lester, [1995] PL 1, 4; Loveland, [1996] PL 126, 126, 128; Loveland, (1997) 46 ICLQ 561, 562, 582f; Milmo/Rogers, *Gatley*, S. 395, 400f.

[126] *Derbyshire*, [1993] AC 534, 548f; Geal, (1994) 2 Tort LR 11, 15; Tobin, [1995] NZLR 90, 93.

[127] Barendt, [1993] PL 449, 451; Geal, (1994) 2 Tort LR 11, 15; Maher, (1995) 3 Torts LJ 116, 126; Weir, [1972] CLJ 239, 241.

[128] Weir, [1972] CLJ 239, 239f.

für möglich gehalten, daß englische Gerichte den Entwicklungen des Common Law in Australien, die im Abschnitt B III erörtert werden, folgen könnten.[129]

Besonders nach der Einführung des englischen *Human Rights Act* 1998[130] war ein solcher Schritt nicht mehr auszuschließen, wenn man — wie der Europäische Gerichtshof für Menschenrechte[131] — davon ausgeht, daß das englische Recht nur dann mit der Menschenrechtskonvention vereinbar sei, wenn es erweiterte Möglichkeiten der Kritik an Politikern einräumen würde.[132]

Eine derartige Änderung wurde aber 1999 durch die Entscheidung des House of Lords in *Reynolds* v. *Times Newspapers*[133] ausgeschlossen. Das House of Lords bekannte sich in dieser Entscheidung zu den alten, oben geschilderten Präjudizien über das gegenseitige Pflichtverhältnis[134] und lehnte den Gedanken ab, daß *Derbyshire* oder das europäische Recht oder der *Human Rights Act* 1998 eine neue Ära auf allen Gebieten, die mit der Meinungsfreiheit zu tun haben, eingeführt hatte. Es gibt also nach wie vor kein Prinzip im englischen Recht, nach dem prinzipiell alle Äußerungen über politische Angelegenheiten und Politiker einen weitergehenden Schutz genössen als andere Äußerungen.[135] Wenn es einen besonderen Schutz für politische Informationen gäbe, wäre der Ruf des einzelnen nicht ausreichend geschützt.[136]

Auch wenn dadurch die alte Rechtslage bestätigt wurde und die Einführung eines besonderen Rechtfertigungsgrunds für politische Äußerungen nach aus-

---

[129] Lester, [1995] PL 1, 4f; Loveland, [1996] PL 126, 128; Loveland, (1997) 46 ICLQ 561, 584; Milmo/Rogers, *Gatley*, S. 400f; Rogers, *Winfield*, S. 447f; Trindade, (1995) 111 LQR 199, 205; Trindade, (1998) 114 LQR 1, 5, 9.

[130] Markesinis, (1999) 115 LQR 47.

[131] Eur. Court H.R., The *Sunday Times Case*, decision of 27 October 1978, Series A no. 30, S. 40; Eur. Court H.R., *Lingens* judgment of 08 July 1986, Series A no. 103; Eur. Court H.R., the *Sunday Times (No. 2) Case* and the *"Observer" and "Guardian" Case*, decision of 21 March 1991, Series A no. 216 and no. 217, S. 30; Eur. Court H.R., *Oberschlick* judgment of 23 May 1991, series A no. 204; Eur. Court H.R., *Castells* v. *Spain* judgment of 23 April 1992, Series A no. 236; Eur. Court H.R., *Oberschlick* v. *Austria (No. 2)* judgment of 01 July 1997, Reports of Judgments and Decisions 1997-IV; vgl. Eur. Court H.R., *Schöpfer* v. *Switzerland* judgment of 20 May 1998, Reports of Judgments and Decisions 1998-III; Elder, (1986) 35 ICLQ 891, 892, 923f; Lester, [1995] PL 1, 2f; Lewis, *Make No Law*, S. 246f; Loveland, (1997) 46 ICLQ 561, 573-577; Loveland, [1998] PL 633, 640f; Sharland/Loveland, [1997] PL 113, 123; Sturner, JZ 1994, 865, 871.

[132] Gounalakis, *Privacy and the Media*, S. 77f; Loveland, (1997) 46 ICLQ 561, 573, 577; Rogers, *Winfield*, S. 446f.

[133] [1999] 3 WLR 1010.

[134] [1999] 3 WLR 1010, 1020, 1035, 1047.

[135] [1999] 3 WLR 1010, 1019, 1033, 1040f, 1046f, 1056.

[136] [1999] 3 WLR 1010, 1027, 1042f, 1051f.

tralischem Muster abgelehnt wurde, gab es dennoch Anzeichen dafür, daß das alte Recht künftig mit größerer Flexibilität angewandt wird als in der Vergangenheit. Es gab in den Urteilsgründen keinen Anhaltspunkt dafür, daß der Rechtfertigungsgrund des „qualified privilege" nur dann einschlägig sein könnte, wenn der angeblich Diffamierte und die Empfänger der diffamierenden Äußerung aus dem gleichen Wahlkreis stammten. Statt dessen wurde betont, daß **alle** Tatsachen in Erwägung gezogen werden mußten, um eine Entscheidung über das „qualified privilege" zu treffen.[137] Diese Entscheidung läßt viele Fragen über die Reichweite des „qualified privilege" offen, die nur durch weitere Entscheidungen beantwortet werden können. Das erklärt sich zum Teil — denn die Tatsachenkonstellation war in mancher Hinsicht für die beklagte Zeitung nicht günstig[138] — daraus, daß der Kläger ein südirischer Politiker namens Albert Reynolds war. In England war die Behauptung über sein Verhalten zwar nicht völlig irrelevant für die englische Politik, aber sie stand keineswegs im Mittelpunkt des Interesses der englischen Bürger. Das House of Lords konnte folglich leicht zu dem Schluß kommen, daß die englische Öffentlichkeit kein Recht besäße, sich über Reynolds zu informieren. Der Anwendungsbereich des „qualified privilege" in bezug auf die englische Politik wird erst dann wieder deutlich werden, wenn es sich um einen englischen Politiker handelt und die Gerichte den Schutz dann großzügiger bestimmen.

Es kann durchaus sein, daß die englischen Gerichte über diesen Weg eine Lösung entwickeln, die die Einseitigkeit und die vielen Nachteile des Rechts der U.S.A., das im folgenden dargestellt wird, vermeidet. Ob eine grundlegende Änderung des englischen Rechts erfolgt, wird sich erst nach einigen Jahren zeigen. Für Australien dagegen ist das dennoch von geringer Relevanz, da dort schon in den 80er Jahren ein klarer Bruch mit dem englischen Erbe auf diesem Gebiet stattgefunden hat.[139]

---

[137] [1999] 3 WLR 1010, 1027, 1036, 1047, 1051, 1055; vgl. weiter *G.K.R. Karate (U.K.)* v. *Yorkshire Post Newspapers* [2000] 1 WLR 2571, 2578f.

[138] Siehe dazu [1999] 3 WLR 1010, 1028, 1048.

[139] Für eine rechtsvergleichende Analyse von *Reynolds* aus australischer und neuseeländischer Sicht vgl. Williams, (2000) 63 MLR 748.

II. Die amerikanische Abweichung

1. *New York Times* v. *Sullivan*[140]

a. Historischer Hintergrund und Urteilsgründe

Obwohl der Gegenstand dieser Arbeit ein Vergleich zwischen deutscher und australischer Rechtslage ist, sei an dieser Stelle eine kurze Ausführung zur Situation im U.S.-amerikanischen Recht gemacht. Dies ist deswegen von Bedeutung, weil zwischen den U.S.A. und Australien sprachliche und rechtliche Gemeinsamkeiten bestehen. Mit dem Präjudiziensystem der U.S.A. sind australische Rechtswissenschaftler vertraut. Auch das Erbe des englischen Diffamierungsrechts teilten einst die U.S.A. Wer nach Alternativen zum altüberlieferten englischen Recht sucht, denkt im angelsächsischen Rechtskreis in erster Linie an die U.S.A. Die Änderungen der 90er Jahre im australischen Diffamierungsrecht lassen sich sogar zum Teil als eine Reaktion auf die amerikanische Erfahrung verstehen.

Bis in die 60er Jahre wich das amerikanische Recht des „qualified privilege" in den meisten Bundesländern in nur unerheblichen Details vom englischen Recht ab.[141] Man ging davon aus, daß die Väter der U.S.-Verfassung und des First Amendment[142] das zivilrechtliche Diffamierungsrecht nicht ändern wollten[143] und daß das First Amendment deswegen keinerlei Auswirkungen darauf

---

[140] (1964) 376 US 254; 11 L Ed (2nd) 686. Für einen Auszug aus den Urteilsgründen in deutscher Sprache vgl. Pelckman, AfP 1972, 206, 206f.

[141] Das volle, recht komplizierte und umstrittene Bild kann hier, um den Rahmen der Arbeit nicht zu sprengen, jedoch nicht dargestellt werden. Siehe dazu Adair, (1967) 52 Cornell LQ 419, 420f, 429f; Anonym, (1942) 51 Yale LJ 693; Choate, (1941) 19 Texas LR 353, 354; Eaton, (1975) 61 Virginia LR 1349, 1351-1364; Gounalakis, *Privacy and the Media*, S. 43; Green, (1935) 30 Illinois LR 314, 327-329, 346f; Hall, (1938) 26 Cal LR 226, 231f (nicht Common Law, sondern Gesetz); Ludington, (1971) 28 L Ed (2nd) 885, 890; Morris, (1937) 110 ALR 412; Noel, (1949) 49 Columbia LR 875, 896-902 (Abweichungen von der oben dargestellten englischen „Wahlkreis"-Regel, die den Rechtfertigungsgrund „qualified privilege" für die Medien fast immer ausschloß); Riesman, (1942) 42 Columbia LR 1282, 1287f; Schauer, (1980) 1 J Med Law & Practice 3, 4f; Schopler, (1964) 95 ALR (2nd) 1450, 1453; Stadler, JZ 1989, 1084, 1086; T., (1944) 150 ALR 358; Veeder, (1910) 23 Harv LR 413, 416-419. Zur Rezeption des englischen Rechts in den U.S.A., siehe *Seminole Tribe of Florida* v. *Florida* (1996) 517 US 44, 130-142, 159-164; 134 L Ed (2nd) 252, 313-320, 330-333.

[142] „Congress shall make no law respecting an establishment of religion, or prohibiting the free exercise thereof; or abridging the freedom of speech, or of the press; or the right of the people peaceably to assemble, and to petition the government for a redress of grievances."

[143] Bork, (1971) 47 Indiana LJ 1, 22; Franklin, (1964) 16 Stanford LR 789, 813-815; Lewis, *Make No Law*, S. 152; Zimmerman, (1983) 68 Cornell LR 291, 307-311.

hatte.[144] Dennoch ergaben sich in den 60er Jahren im südlichen Bundesland Alabama Fälle, die eine Änderung des altüberlieferten englischen Rechts herbeiführten und die Reichweite des First Amendment und damit den Reichtum des amerikanischen Rechts auf dem Gebiet der Meinungsfreiheit, den es für die Zwecke dieses Vergleichs nun darzustellen bzw. zusammenzufassen gilt, weiter vergrößerte.[145]

Im Fall *New York Times* v. *Sullivan*[146] handelte es sich um ein Inserat,[147] in dem zur Unterstützung der Bürgerrechtler aufgerufen wurde, die die Hindernisse zur vollständigen Beteiligung der Schwarzen am amerikanischen Leben — etwa die zum großen Teil gesetzlich untermauerte Rassentrennung — abzubauen versuchten. Unter den weißen Bewohnern der südlichen Bundesländer stieß diese Bewegung bekanntlich auf wenig Akzeptanz.

Der Kläger im Ausgangsverfahren, Sullivan, war Polizeichef der Stadt Montgomery im Bundesland Alabama. Er warf der „New York Times" vor, die Zeitung hätte ihn durch die Veröffentlichung besagten Inserats beleidigt. Das Inserat beinhaltete relativ unerhebliche Ungenauigkeiten bei der Tatsachendarstellung, zum Beispiel betreffend die Zahl der Verhaftungen von Martin Luther King. Die Schadensersatzforderung betrug 500.000 $, eine hohe Summe, die ihm die — weißen — Geschworenen gönnten. Allerdings wurde Sullivan im Inserat nicht beim Namen genannt; auf ihn wurde auch keineswegs im Inserat eindeutig hingewiesen. Das Inserat behauptete lediglich, die Polizei hätte Protestierende mit Waffengewalt und Tränengas angegriffen, es behauptete aber nicht, daß dies auf Anweisung von oben stattgefunden hätte. Im Prozeß vor dem Landgericht Alabama gab das Verhalten des Richters Anlaß zu berechtigter Sorge darüber, daß es ihm mehr um einen positiven Ausgang für die Gegner der Bürgerrechtsbewegung ging als um ein unparteiisches und gerechtes Urteil. Der Prozeß erweckte den Eindruck, daß der Staat Alabama die „New York Times" zivilrechtlich durch „Schadensersatz" bestrafen wollte, da er aus verfassungsrechtlichen Gründen das Verhalten der Zeitung nicht strafrechtlich sanktionieren konnte. Die kaum getarnte Geldstrafe der genannten Höhe wegen der Berichterstattung über die Bürgerrechtler in Alabama sollte von der weiteren Berichterstattung abschrecken.[148] Weitere Schadensersatzansprüche von ähnlicher Höhe in weiteren derartigen Prozessen waren auch zu er-

---

[144] *Chaplinsky* v. *New Hampshire* (1942) 315 US 568, 572; 86 L Ed 1031, 1035; Kalven, [1964] Sup Ct Rev 191, 201; Zimmerman, (1989) 64 NYULR 364, 397f, 401f.

[145] Barendt, (1994) 16 Syd LR 149, 149, 151; Chesterman, (1997) 19 Adel LR 155, 159f.

[146] (1964) 376 US 254; 11 L Ed (2nd) 686.

[147] Abgedruckt in (1964) 11 L Ed (2nd) 686, 715; Lewis, *Make No Law*, S. 2f.

[148] Franklin, (1963) 16 Stanford LR 789, 814; Zimmerman, (1983) 68 Cornell LR 291, 326.

warten. Im Endergebnis hätten sie die „New York Times“ wohl zur Einleitung des Konkursverfahrens und auch andere Zeitungen zum Verzicht auf die wahrheitsgemäße Berichterstattung über die Vorgänge in den südlichen Bundesländern der U.S.A. gezwungen.[149]

Obwohl der amerikanische Supreme Court, im Gegensatz zum australischen High Court, kein allgemeines Berufungsgericht für common-law-Klagen ist,[150] entschloß er sich in diesem Fall, nicht zuzuschauen, während der Pressefreiheit auf diese Weise massiv geschadet wurde. Durch *Brennan* J. verwarf er das Argument, daß die Regeln des Common Law der verfassungsrechtlichen Kontrolle des Gerichts nicht unterstanden[151] und verkündete folgende neue Regel im Diffamierungsrecht:[152]

> „a federal rule that prohibits a public official from recovering damages for a defamatory falsehood relating to his official conduct unless he proves that the statement was made with “actual malice” — that is, with knowledge that it was false or with reckless disregard of whether it was false or not.“[153]

Damit knüpfte das Gericht an einen Fall in Kansas an, in dem man trotz der englischen Präjudizien das „qualified privilege“ auf politische Äußerungen[154] ausgedehnt hatte.[155] Man könne, so *Brennan* J., letzten Endes auch nicht unter Berufung auf das Diffamierungsrecht die vom First Amendment gewährleistete Redefreiheit einschränken. Auch wenn das Recht eines Bundeslandes eine Äußerung als diffamierend eingestuft habe, rechtfertige dies keine Ausnahme

---

[149] Zum historischen Hintergrund des Falles siehe (1964) 376 US 254, 256-264, 288-292; 11 L Ed (2nd) 686, 692-697, 711-714; Doody, (1983) 61 Can BR 124, 137f; Eaton, (1975) 61 Virginia LR 1349, 1364-1366; Epstein, (1986) 53 U Chicago LR 782, 786f, 790; Hughes, (1985) 59 ALJ 482, 482f; Kalven, [1964] Sup Ct Rev 191, 194-200; Kentridge, (1996) 45 ICLQ 253, 266f; Leval, (1988) 101 Harv LR 1287, 1288f; Leval, (1993) 91 Mich LR 1138, 1138-1140; Lewis, *Make No Law*, S. 2-45; Lewis, (1983) 83 Columbia LR 603, 604f; Ludington, (1971) 28 L Ed (2nd) 885, 893f; Schauer, (1980) 1 J Med Law & Practice 3, 5.

[150] Siehe z.B. Leval, (1993) 91 Michigan LR 1138, 1147.

[151] (1964) 376 US 254, 265; 11 L Ed (2nd) 686, 697.

[152] Sie gilt sowohl im Zivilrecht als auch für den Straftatbestand der Diffamierung: *Garrison* v. *Louisiana* (1964) 379 US 64; 13 L Ed (2nd) 125.

[153] (1964) 376 US 254, 279f; 11 L Ed (2nd) 686, 706.

[154] Zum Begriff „Äußerung“ auf diesem Rechtsgebiet, siehe Barendt, (1994) 16 Syd LR 149, 151f, 162; Douglas, (1993) 16 UNSWLJ 315, 341f.

[155] (1964) 376 US 254, 280-282; 11 L Ed (2nd) 686, 706f; Adair, (1967) 52 Cornell LQ 419, 420f; Eaton, (1975) 61 Virginia LR 1349, 1362, 1366, 1430; Kalven, [1964] Sup Ct Rev 191, 215; Lewis, *Make No Law*, S. 120, 147; Loveland, [1998] PL 633, 639; Sanford, *Libel and Privacy*, S. 249f.

von den Erfordernissen des First Amendment.[156] Außerdem könnten die Gerichte keine Wahrheitskontrolle durchführen; um Platz für eine öffentliche Debatte zu machen, müsse man auch Tatsachenbehauptungen,[157] deren Wahrheit nicht bewiesen werden könne, zulassen.[158]

Brennan J. fügte fast nebenbei[159] hinzu, der Beweis des „actual malice" müsse mit „überzeugender Klarheit"[160] gelingen. Dieser etwas unklare Begriff setzt voraus, daß der „actual malice"-Beweis stärker sein muß als in allen anderen Gebieten des Zivilrechts, in denen das bloße Überschreiten der 50%-Wahrscheinlichkeitsgrenze ausreicht.[161] Demzufolge trägt, im Gegensatz zum englischen Recht, die Beweislast auch beim Rechtfertigungsgrund der angeblich diffamierte Kläger, dem es obliegt, die Falschheit der Behauptung und „actual malice" zu beweisen.[162] Im Gegensatz zum englischen Common Law, das die Falschheit der Behauptungen vermutet und den gegenteiligen Beweis vom Beklagten verlangt, brauchen die Medien in den U.S.A. diese Vermutung nicht mehr durch den Beweis der Wahrheit der Behauptungen außer Kraft zu setzen. Das hat allerdings überraschenderweise auch gewisse Nachteile für die Medien, wie weiter unten[163] aufzuzeigen sein wird.

Die Entscheidung in *New York Times* war der erste und entscheidende Schritt dazu, daß das amerikanische Diffamierungsrecht im politisch-öffentlichen Bereich heutzutage das Gegenteil des englischen Rechts darstellt.[164] Nur in der Wortwahl (etwa „actual malice") ist erkennbar, daß die zwei Systeme vor vierzig Jahren fast keine Unterschiede aufwiesen. Die Ereignisse im Süden der

---

[156] (1964) 376 US 254, 268f, 277; 11 L Ed (2nd) 686, 699f, 705.

[157] Für den verfassungsrechtlichen Status von Meinungsäußerungen nach der *New York Times*-Regel, siehe *Milkovich* v. *Lorain Journal* (1990) 497 US 1; 111 L Ed (2nd) 1.

[158] (1964) 376 US 254, 270-273, 278f; 11 L Ed (2nd) 686, 701f, 705f.

[159] Eaton, (1975) 61 Virginia LR 1349, 1374.

[160] „convincing clarity": (1964) 376 US 254, 285f; 11 L Ed (2nd) 686, 710; vgl. Dougherty, (1983) 38 ALR (4th) 1114, 1120.

[161] Eaton, (1975) 61 Virginia LR 1349, 1374; Schauer, (1980) 1 J Med Law & Practice 3, 6. Zu den verfahrensrechtlichen Folgen dieser Regel siehe *Anderson* v. *Liberty Lobby* (1986) 477 US 242; 91 L Ed (2nd) 202; Gilson/Leopold, (1985) 90 Dickinson LR 559, 567; Kaufman, (1985) 90 Dickinson LR 545, 550f; Leval, (1988) 101 Harv LR 1287, 1291.

[162] Vgl. auch *Philadelphia Newspapers* v. *Hepps* (1986) 475 US 767; 89 L Ed (2nd) 783; Gounalakis, *Privacy and the Media*, S. 45; Milmo/Rogers, *Gatley*, S. 397; Schauer, (1980) 1 J Med Law & Practice 3, 6, 9; Tobin, (1994) 17 UNSWLJ 383, 388, 392.

[163] Abschnitt B II 1 c dd.

[164] Gounalakis, *Privacy and the Media*, S. 46; Lewis, *Make No Law*, S. 95-100; Mitchell, [1999] PL 328, 336f; Sanford, *Libel and Privacy*, S. 32-35; Schauer, (1980) 1 J Med Law & Practice 3, 4, 9. Für eine Erörterung der damit entstehenden Probleme im international Privatrecht, vgl. Youm, (2000) 49 ICLQ 131.

U.S.A. dienten also als Katalysator dafür, daß das Diffamierungsrecht in den U.S.A. in Einklang mit der hohen Bedeutung der Rede- und ganz besonders der Pressefreiheit im Wertesystem der U.S.-Verfassung gebracht wurde.[165]

Als zusätzlichen Entscheidungsgrund führte das Gericht in *New York Times* die Tatsache an, daß in den U.S.A. im Gegensatz zu England[166] die Souveränität nicht bei der Krone, sondern beim Volk liege. Deswegen — so *Madison*, einer der Väter der U.S.-Verfassung — dürfe man das Volk nicht tadeln, wenn es in seiner souveränen Eigenschaft die Regierung kritisiere.[167] Das sei vielmehr eine Pflicht des Bürgers.[168] Den logischen Schluß, daß das amerikanische Volk ein verfassungsrechtliches Privileg für die Kritik an öffentlichen Personen auch dann genießt, wenn es sich der Medien nicht bedient, hat der Supreme Court allerdings noch nicht gezogen.[169]

Eines hat sich auch in den U.S.A. nicht geändert: eine Behauptung, die wahr ist, gilt nach wie vor nicht als diffamierend; die „actual malice"-Frage stellt sich nur dann, wenn die Falschheit bewiesen ist.[170]

b. Pro

aa. Der Ideenmarkt

Die gerade angeführte Begründung mit der Volkssouveränität knüpft an die altehrwürdige U.S.-amerikanische Tradition des Mißtrauens gegen Regierungen an, die ihre Wurzeln in den Erfahrungen der Kolonialzeit (oder wenigstens in den heute weit verbreiteten Mythen darüber) hat. Es gab und gibt eine Furcht

---

165 Kommers, (1980) 53 Southern Cal LR 657, 667f; O'Callaghan, (1998) 72 ALJ 957, 958; Schauer, (1980) 1 J Med Law & Practice 3, 12-15.

166 Und wohl auch, in einer Hinsicht, Deutschland: vgl. Quint, (1992) 15 HICLR 613, 627, 638.

167 (1964) 376 US 254, 274f; 11 L Ed (2nd) 686, 703; Adair, (1967) 52 Cornell LQ 419, 421-423, 431; Gilson/Leopold, (1985) 90 Dickinson LR 559, 572f; Kalven, [1964] Sup Ct Rev 191, 204f; Lewis, *Make No Law*, S. 61, 71, 145, 147, 154; Schauer, (1991) 41 Case Western LR 699, 716.

168 (1964) 376 US 254, 282; 11 L Ed (2nd) 686, 708; Schwenk, NJW 1962, 1321, 1323.

169 Chesterman, (1997) 19 Adel LR 155, 178f; Christie, (1983) 68 Iowa LR 517, 518f, 525, 531f, 536; Dougherty, (1983) 38 ALR (4th) 1114; Eaton, (1975) 61 Virginia LR 1349, 1403-1408, 1416-1418, 1450f; Sack, (2000) 100 Columbia LR 294, 326f; Tobin, (1994) 17 UNSWLJ 383, 392. Vgl. *Arnold* v. *King-Emperor* (1914) 30 TLR 462, 468; Anonym, (1886) 81 LT 308, 308; Brown, *Law of Defamation in Canada*, S. 585-589; Faulks Committee, *Report*, S. 53f; Fraser, (1891) 7 LQR 158; Hill, (1976) 76 Columbia LR 1205, 1224; Law Reform Commission, *Defamation*, S. 162f; Law Reform Commission, *Unfair Publication*, S. 78; Tobin, [1995] NZLR 90, 96f.

170 *Garrison* v. *Louisiana* (1964) 379 US 64, 71-73, 78; 13 L Ed (2nd) 125, 131f, 134f.

vor der möglichen Tyrannei der demokratischen Mehrheit, was die Einführung des Bill of Rights, der ersten zehn Zusatzartikel der Bundesverfassung, ursprünglich herbeiführte.[171] Die U.S.-amerikanischen Gerichte betonen daher, daß die Regierung um des Volkes willen bestehe, und nicht umgekehrt; die Souveränität im Staat liege beim Volk.

Aus ähnlichen Gründen lehnen die amerikanischen Gerichte jede inhaltliche Kontrolle von Äußerungen — auch von Aufrufen zu Völkerhaß[172] oder der Entfesselung eines Angriffskrieges — durch Gesetz ab, denn eine solche Kontrolle würde bedeuten, der Regierung zu viel Macht zuzuerkennen, die sie mißbrauchen könnte, um andere, einwandfreie Äußerungen zu verbieten. Auch eine demokratisch gewählte Regierung darf keine „richtige" oder „falsche" Meinung festsetzen oder irgendwelche Meinungen begünstigen.[173] Maßnahmen, die den Zugang zu den Medien für gewisse Gruppen erleichtern, sind aus denselben Erwägungen verfassungswidrig.[174] Ein Recht auf Gegendarstellung auch für Politiker, das etwa in Städten mit einer Monopolzeitung das Ausmaß an Informationen vergrößern würde, ist deswegen nach U.S.-amerikanischem Recht anders als nach deutschem Recht in fast allen Fällen verfassungswidrig; lediglich in den elektronischen Medien sind Voraussetzungen für Lizenzinhaber zur Gewährleistung eines Rechts auf Gegendarstellung und von Fairneß zulässig. Das erklärt sich aus dem Mangel an Kanälen in den elektronischen Medien, den Pflichten des mit einer Lizenz Ausgestatteten und der Gefahr der Monopolbildung.[175]

---

[171] Barendt, (1994) 16 Syd LR 149, 155f, 165; Bollinger, [1991] Sup Ct Rev 1, 5; Fiß, (1986) 71 Iowa LR 1405, 1416; Galligan, (1993) 4 PLR 100, 107.

[172] Siehe dazu Barendt, (1994) 16 Syd LR 149, 151f, 155; Eberle, (1997) 47 Case Western LR 797, 872, 888, 892-895; Flahvin, (1995) 18 UNSWLJ 327; Kentridge, (1996) 45 ICLQ 253, 256f; Nolte, AfP 1996, 313, 320; Riesman, (1942) 42 Columbia LR 727; Wiegandt, NJW 1997, 1352, 1352.

[173] Barendt, (1994) 16 Syd LR 149, 152f, 156; Douglas, (1993) 16 UNSWLJ 315, 342; Kommers, (1980) 53 Southern Cal LR 657, 665f, 668-670; Wiegandt, NJW 1997, 1352, 1353.

[174] Barendt, (1994) 16 Syd LR 149, 153f; Barron, (1967) 80 Harv LR 1641, 1643. Vgl. BVerfGE 83, 238, 296.

[175] *Miami Herald Publishing* v. *Tornillo* (1974) 418 US 241; 41 L Ed (2nd) 730; Barendt, (1994) 16 Syd LR 149, 153-157; Barron, (1967) 80 Harv LR 1641; Chesterman, (1995) 18 UNSWLJ 300, 313f; Danziger, (1986) 19 NY J Int L & Pol 171, 175-183, 196-201; Gounalakis, *Privacy and the Media*, S. 47f; Kommers, (1980) 53 Southern Cal LR 657, 672f, 679f (Vergleich mit deutschem Recht); Kübler, NJW 1999, 1281, 1282 (ditto); Lewis, *Make No Law*, S. 228; Ludington, (1971) 28 L Ed (2nd) 885, 891f; Stadler, JZ 1989, 1084, 1094f; Stürner, JZ 1994, 865, 869; Tucker, (1994) 16 Syd LR 274, 279.

Im Einklang mit der Basis der amerikanischen Wirtschaft geht man in den U.S.A.[176] davon aus, daß die Meinungsfreiheit ihre gesellschaftlichen Funktionen am besten erfüllt, wenn deren Gewährleistung dem freien Markt überlassen wird.[177] Wie die wirtschaftliche Theorie der Marktwirtschaft[178] weist diese Theorie des „Ideenmarkts" einige Mängel auf, obwohl es auch nicht an Fällen mangelt, in denen der „Ideenmarkt" funktioniert hat.[179] Im Bereich der Meinungsfreiheit ist dennoch vor allem hervorzuheben, daß eine Idee im Markt in aller Regel wegen ihrer Attraktivität gedeiht und nicht wegen ihrer Wahrheit. Falsche Behauptungen üben eine abträgliche Wirkung auf die öffentliche Meinungsbildung aus.[180] Dagegen kann man aber einwenden, daß in komplizierten Fragen oder bei Meinungsäußerungen im Gegensatz zu Tatsachenbehauptungen die „Wahrheit" nicht immer eindeutig festgestellt werden kann.

Man muß sich dennoch fragen, ob der Markt immer geeignet ist, seine eigenen Fehler und Mängel zu korrigieren; man denke in dieser Hinsicht an die zunehmende Monopolisierung der Medien in der heutigen Gesellschaft,[181] die sehr oft nivellierend wirkt und neue, ungewöhnliche Ideen oder Protestbewegungen ignoriert oder verspottet, um die Gunst der Kunden zu gewinnen.[182] Außerdem muß man meist über Geld verfügen, um überhaupt Zugang zum „freien" Markt zu bekommen.[183] Gerade in bezug auf Personen des öffentlichen Lebens, die Hauptadressaten der *New York Times*-Entscheidung, bestehen solche Schwierigkeiten seltener. Wer Zugang zu den Medien hat, dem darf der Gebrauch der Medien statt des Diffamierungsrechts zugemutet werden.[184] Man kann sich zum Beispiel kaum vorstellen, daß der

---

176 Sowie auch jüngst in Kanada: *Reference* re *Secession of Quebec* [1998] 2 SCR 217, 256.

177 *Time* v. *Hill* (1966) 385 US 374, 406; 17 L Ed (2nd) 456, 477; Barendt, (1994) 16 Syd LR 149, 156f; Chesterman, (1995) 18 UNSWLJ 300, 313-315; Gounalakis, *Privacy and the Media*, S. 46f; Kentridge, (1996) 45 ICLQ 253, 258; Lewis, *Make No Law*, S. 78-86, 194; Nimmer, (1968) 56 Cal LR 935, 950f; Schwenk, NJW 1962, 1321, 1323; Starke, (1988) 62 ALJ 491, 492; Stone, (1998) 26 Fed LR 219, 234; Wright, (1968) 46 Texas LR 630, 635; Zimmerman, (1983) 68 Cornell LR 291, 319.

178 Barron, (1967) 80 Harv LR 1641, 1647; Epstein, (1986) 53 U Chicago LR 782, 799.

179 Chesterman, (1995) 18 UNSWLJ 300, 315f; Lewis, (1983) 83 Columbia LR 603, 622.

180 Barendt, (1994) 16 Syd LR 149, 156f; Schauer, (1980) 1 J Med Law & Practice 3, 10; Stürner, JZ 1994, 865, 874f. Siehe auch unten, Fußnote 280.

181 Barendt, (1994) 16 Syd LR 149, 157; Fiß, (1986) 71 Iowa LR 1405, 1410f; Kommers, (1980) 53 Southern Cal LR 657, 666; Gilson/Leopold, (1985) 90 Dickinson LR 559, 576; Stone, (1998) 26 Fed LR 219, 234f.

182 Siehe oben, Fußnote 31.

183 Rosenberg/Williams, [1997] Sup Ct Rev 439, 468f, 482-485; Stürner, JZ 1994, 865, 869f.

184 *Gertz* v. *Welch* (1974) 418 US 323, 344; 41 L Ed (2nd) 789, 808; *Wolston* v. *Reader's Digest* (1979) 443 US 157, 164; 61 L Ed (2nd) 450, 458; Anonym, (1942) 51 Yale LJ 693,

(Fortsetzung nächste Seite ...)

Präsident der U.S.A. keine Zeitung mit großer, amerikaweiter Auflage fände, die bereit wäre, seine Meinung zu drucken. Auch dieser Marktmechanismus ist dennoch nicht vollkommen: für einen Lokalpolitiker in einer Kleinstadt mit einer feindlich gesinnten Monopolzeitung können die Schwierigkeiten der Selbstdarstellung in den Medien beträchtlicher sein.[185] Hinzu kommt heutzutage das Problem, daß auch der berühmteste Kandidat im Wahlkampf geldaufwendiger Werbung bedarf.

Aber auch wenn der Markt keine perfekte Methode zur Wahrheitsfeststellung anbieten kann, nimmt dies das amerikanische Recht im gewissen Maße in Kauf. In bezug auf Meinungsäußerungen können die Gerichte kaum feststellen, ob eine Meinung „richtig" ist oder nicht; deswegen gibt es auch im amerikanischen Recht den schon geschilderten Rechtfertigungsgrund des „fair comment".[186] In bezug auf Tatsachenbehauptungen und das hier behandelte „qualified privilege" dagegen wäre der Wahrheitsbeweis theoretisch möglich. Das amerikanische Recht lehnt dies jedoch im *New York Times*-Bereich des öffentlichen Lebens aus den folgenden vier Gründen ab.

bb. Warum auch Falsches schützen?

Erstens besteht in der Rechtsordnung — auch abgesehen von eher philosophischen Erwägungen über die Unmöglichkeit des absoluten Wissens[187] — die praktische Gefahr, daß die Gerichte — auch wenn sie im Gegensatz zum Gericht in Alabama im Fall *Sullivan* nicht mit Hintergedanken handeln — einen Fehler begehen, eine wahre oder im Kern wahre Tatsachenbehauptung für falsch erklären und deren Verfechter zu Unrecht zur Rechenschaft ziehen.[188] Die Gefahr eines Tatsachenfehlers zuungunsten der

---

696f; Black, (1967) 81 Harv LR 69, 165; Burrows, [1998] NZLR 229, 233; Chesterman, (1995) 18 UNSWLJ 300, 302; Christie, (1983) 68 Iowa LR 517, 523-528; Eaton, (1975) 61 Virginia LR 1349, 1420; Gounalakis, NJW 1995, 809, 815; Kübler, JZ 1984, 541, 545; Lewis, (1983) 83 Columbia LR 603, 622; Prosser/Keeton, *Law of Torts*, S. 805; Strossen, (1986) 15 MULR 419, 422; Tobin, (1994) 17 UNSWLJ 383, 389; Uhlitz, NJW 1967, 129, 132 (kritisch).

[185] *Gertz* v. *Welch* (1974) 418 US 323, 363f; 41 L Ed (2nd) 789, 819. Vgl. Lewis, (1983) 83 Columbia LR 603, 622.

[186] Bollinger, [1991] Sup Ct Rev 1, 5; Eaton, (1975) 61 Virginia LR 1349, 1362f; Schauer, (1980) 1 J Med Law & Practice 3, 6, 10.

[187] Siehe dazu Zimmerman, (1989) 64 NYULR 364, 404-416.

[188] *Time* v. *Hill* (1966) 385 US 374, 406; 17 L Ed (2nd) 456, 477; *Rosenbloom* v. *Metromedia* (1971) 403 US 29, 50f; 29 L Ed (2nd) 296, 316; Adair, (1967) 52 Cornell LQ 419, 423; Black, (1967) 81 Harv LR 69, 162; Bollinger, [1991] Sup Ct Rev 1, 5; Chesterman, (1995) 18 UNSWLJ 300, 315; Epstein, (1986) 53 U Chicago LR 782, 802; Kalven, [1964] Sup Ct Rev 191, 212; Nimmer, (1968) 56 Cal LR 935, 950; Schauer, (1978) 58 Boston ULR 685, 688,

(Fortsetzung nächste Seite ...)

Meinungsfreiheit soll kleiner und die Möglichkeiten ihrer eventuellen Entdeckung in der Berufung sollen größer sein, wenn die rechtliche Haftung statt dessen davon abhängt, ob der Beklagte seine Äußerung subjektiv für wahr hielt.[189]

Zweitens geht man davon aus, daß auch falsche oder nicht eindeutig als wahr beweisbare Behauptungen bei der öffentlichen Meinungsbildung nicht immer völlig wertlos sind. Man denke hier zum Beispiel an die bewußte Übertreibung zur Erregung einer öffentlichen Reaktion oder an den Journalisten, dessen Aufdeckung eines Skandals entweder bis auf unwesentliche, aber doch strenggenommen falsche Details richtig ist oder sich auf einen wohlbegründeten Verdacht stützt, der so gravierend ist, daß schon der Verdacht die Veröffentlichung rechtfertigt.[190]

Drittens will man keine Selbstzensur der Medien herbeiführen. Sie könnte schlimmer sein als eine staatliche Zensur und zur Unterdrückung wahrer Behauptungen aus bloßer Furcht vor rechtlichen Konsequenzen führen, wenn der Wahrheitsbeweis im Gerichtssaal nicht möglich ist[191] — sei es, weil die Behauptungen falsch sind, oder aber weil die Quellen mit der Offenbarung ihrer Identität nicht einverstanden wären, oder weil die Beweisregeln oder andere Schwierigkeiten die Beweisführung unmöglich machen oder zu sehr erschweren.[192] Wenn nur wahre Behauptungen ans Licht kommen dürfen, kann die Öffentlichkeit die Medien nicht zur Feststellung, sondern nur zur Verkündung der Wahrheit benutzen.[193]

Viertens will man nicht von der Äußerung von Behauptungen über öffentliche Angelegenheiten mit der Drohung von rechtlichen Konsequenzen abschrecken. Das gilt auch, wenn sich einige Behauptungen doch als falsch erweisen,

---

694f; Schauer, (1980) 1 J Med Law & Practice 3, 10f; Wright, (1968) 46 Texas LR 630, 635; Zimmerman, (1989) 64 NYULR 364, 417-421.

[189] Nimmer, (1968) 56 Cal LR 935, 951f.

[190] *New York Times* v. *Sullivan* (1964) 376 US 254, 279; 11 L Ed (2nd) 686, 706 Fußnote 19; Sharland/Loveland, [1997] PL 113, 124. Dagegen *Hustler Magazine* v. *Falwell* (1988) 485 US 46, 52; 99 L Ed (2nd) 41, 49f (falsche Tatsachenbehauptungen sind an und für sich nie schutzwürdig); Zimmerman, (1983) 68 Cornell LR 291, 312f.

[191] *Gertz* v. *Robert Welch* (1974) 418 US 323, 340; 41 L Ed (2nd) 789, 805f; Black, (1967) 81 Harv LR 69, 162; Eaton, (1975) 61 Virginia LR 1349, 1369; Gounalakis, *Privacy and the Media*, S. 46; Kalven [1964] Sup Ct Rev 191, 212; Lester, [1995] PL 1, 2; Nimmer, (1968) 56 Cal LR 935, 952; Schauer, (1978) 58 Boston ULR 685, 695, 707f; Schauer, (1980) 1 J Med Law & Practice 3, 10f; Zimmerman, (1983) 68 Cornell LR 291, 313-315.

[192] Lewis, *Make No Law*, S. 60, 117, 146, 157; Loveland, [1998] PL 633, 634; Mitchell, [1999] PL 328, 336f; Schauer, (1980) 1 J Med Law & Practice 3, 10f.

[193] Gounalakis, *Privacy and the Media*, S. 37, 70; Stürner, JZ 1994, 865, 873.

vielleicht jedoch erst Jahre nach dem Zeitpunkt der Veröffentlichung und nach eingehender Untersuchung der Wahrheit durch das Gericht, die in der Hektik des öffentlichen Lebens nicht immer zumutbar oder auch begehrenswert ist. Eine solche Untersuchungspflicht könnte auch eine Selbstzensur der Medien herbeiführen.[194] Zum Abschreckungseffekt zählen besonders in den U.S.A.[195] die dort oft extrem hohen Prozeßkosten.[196] Das Rechtssystem muß gewährleisten, daß kein Bürger nachteilige Folgen fürchten muß, wenn er sich mit einer von ihm als wahr erachteten Meinung an die Öffentlichkeit wendet.[197]

Diese Erwägungen werden oft als Versuch zusammengefaßt, den „chilling effect"[198] des Diffamierungsrechts auf die Meinungsfreiheit zu vermindern.[199]

Schließlich ist, im Gegensatz zum „klassischen" englischen Recht,[200] davon auszugehen, daß sich ein Bürger, der freiwillig am öffentlichen Leben teilnimmt, mit der Möglichkeit gelegentlich falscher Vorwürfe für einverstanden erklärt: *volenti non fit iniuria*.[201]

New York Times stellt den Versuch des Supreme Court dar, eine Regel zu konstruieren, die zwar falsche Behauptungen unbestraft läßt, aber dafür den größtmöglichen Spielraum für die öffentliche Debatte zuläßt, wie sie in einer demokratischen Gesellschaft unerläßlich ist. Die oben geschilderte Lösung betrachten ihre Befürworter in der Regel nicht als ideal, jedoch als die bestmögliche, wenn man die Beschränkungen des rechtlichen Verfahrens und die Beschaffenheit der Medien und der öffentlichen Meinungsbildung in

---

194 Adair, (1967) 52 Cornell LQ 419, 423f; Loveland, (1997) 46 ICLQ 561, 572.

195 Zu der heutigen Rechtslage in England siehe Barendt u.a., *Chilling Effect*, S. 56f, 85f.

196 Lester, [1995] PL 1, 2; Lewis, (1983) 83 Columbia LR 603, 614; Sandford, *Libel and Privacy*, S. 9.

197 Bollinger, [1991] Sup Ct Rev 1, 5, 27f; Schauer, (1980) 1 J Med Law & Practice 3, 11.

198 Für eine Analyse diese Begriffs siehe Schauer, (1978) 58 Boston ULR 685.

199 Christie, (1983) 68 Iowa LR 517, 524; Loveland, (1997) 46 ICLQ 561, 571; Schauer, (1980) 1 J Med Law & Practice 3, 16; Sharland/Loveland, [1997] PL 113, 122; Strosser, (1986) 15 MULR 519, 420f, 425, 429; Tobin, (1994) 17 UNSWLJ 383, 389f. Vgl. auch *Los Angeles Police* v. *United Reporting Publishing* (1999) 145 L Ed (2nd) 451, 459.

200 Loveland, [1998] PL 633, 641-643; oben, Fußnote 53.

201 *Gertz* v. *Welch* (1974) 418 US 323, 344f; 41 L Ed (2nd) 789, 808; *Wolston* v. *Reader's Digest* (1979) 443 US 157, 164; 61 L Ed (2nd) 450, 458; Chesterman, (1995) 18 UNSWLJ 300, 302; Eaton, (1975) 61 Virginia LR 1349, 1360f, 1419-1421; Schauer, (1980) 1 J Med Law & Practice 3, 15-18; Strossen, (1986) 15 MULR 419, 421-423; Tobin, (1994) 17 UNSWLJ 383, 389. Für ein Gegenargument vgl. *Rosenbloom* v. *Metromedia* (1971) 403 US 29, 47f; 29 L Ed (2nd) 296, 314.

Erwägung zieht. Damit wahre Behauptungen geäußert werden dürfen, müssen auch falsche den Schutz des Rechtssystems genießen.[202]

c. Contra

aa. Zurück zum Common Law

Die Entscheidung des Supreme Court in *New York Times* wurde 1964 begeistert aufgenommen. Ein Rechtswissenschaftler, der sich mit Fragen der Meinungsfreiheit beschäftigt hatte, nahm sie sogar — bildlich gesprochen — als Anlaß für Freudentänze.[203] Erst Entwicklungen und Erfahrungen in den 70er und 80er Jahren haben weitgehende Bedenken hervorgerufen.

Dennoch sind einige Rechtswissenschaftler der Meinung, daß die Entscheidung von Anfang an überflüssig war; man hätte nur das Common Law richtig anwenden müssen, um in diesem und ähnlichen Fällen zu einem gerechten Urteil zu kommen. Für die Überwachung der Landgerichte durch die Bundesgerichte mag es schon gute verfassungsrechtliche und, in den Fällen aus Alabama, sachliche Gründe gegeben haben. Das bedeutet jedoch nicht, daß der Supreme Court in *New York Times* mit Recht auf die Anwendung der Regeln des Common Law völlig verzichtet hat, statt deren Ausführung durch die Gerichte lediglich zu überprüfen und zu korrigieren.[204] In diesem Sinne hätte sich das Gericht auf den Entscheidungsgrund beschränken können, daß die für das Inserat Verantwortlichen den Beklagten Sullivan persönlich nicht angegriffen hatten und daß die Vorwürfe deswegen nicht, wie nach dem Common Law erforderlich,[205] „of and concerning him“ waren:

> „Yet malice never was [their] aim;
> [They] lashed the vice, but spared the name;
> No individual could resent
> Where thousands equally were meant“,[206]

---

[202] Bollinger, [1991] Sup Ct Rev 1, 5, 27f; Eaton, (1975) 61 Virginia LR 1349, 1380; Loveland, (1997) 46 ICLQ 561, 572; Schauer, (1980) 1 J Med Law & Practice 3, 11, 17f; Sharland/Loveland, [1997] PL 113, 122; Starke, (1988) 62 ALJ 491, 492; Strossen, (1986) 15 MULR 419, 420, 425, 437; Tobin, (1994) 17 UNSWLJ 383, 390.

[203] Lewis, *Make No Law*, S. 200.

[204] Epstein, (1986) 53 U Chicago LR 782, 790-792; Huscroft, [1997] NZLJ 112, 113.

[205] Mitchell, (1998) 114 LQR 639, 647f; Stadler, JZ 1989, 1084, 1090. Für deutsche Fälle in diesem Sinne vgl. BVerfG (Kammer), NJW 1992, 2815, 2816; BGH, NJW 1963, 1871, 1872. Vgl. auch Soehring, NJW 1994, 16, 16.

[206] J. Swift, zitiert (ohne Quellenangabe) bei Hughes, (1985) 59 ALJ 482, 485.

oder aber daß die Höhe des Herrn Sullivan zugebilligten Schadensersatzes weder nach dem Common Law noch durch die Verfassung gerechtfertigt war.[207]

Dann wäre die einzige Rechtsprechungsänderung der *New York Times*-Entscheidung die Einführung einer Überprüfungsbefugnis des Supreme Court nach der Theorie, daß die Nichtbeachtung dieser Common-Law-Regeln gleichzeitig einen verfassungsrechtlichen Fehler darstelle. Mit anderen Worten: man hätte Teilen des altüberlieferten Diffamierungsrechts verfassungsrechtlichen Status verliehen, ohne sie zu ändern.[208] Allerdings beachtet diese Kritik nicht die Möglichkeit, daß der Supreme Court nach diesem Verfahren allmählich — und verfassungswidrig — die Funktion eines allgemein zuständigen Berufungsgerichts für Ländersachen im Diffamierungsrecht hätte übernehmen können, besonders wenn spätere Urteile der Landgerichte ähnlich unannehmbare Folgen aus anderen Gründen gehabt hätten, was im Alabama der 60er Jahre keineswegs auszuschließen war.[209] Die Kritik verkennt auch die Tatsache, daß, wie oben geschildert,[210] einige Präjudizien der Landgerichte schon zu dem Schluß gekommen waren, daß das Common Law eine *New York Times* vergleichbare Regel einschloß. Unter diesem Gesichtspunkt könnte man *New York Times* als den erfolgreichen Reformversuch betrachten, der dem erfolglosen Versuch von *Pearson* J. in England entspricht.

bb. „Actual Malice“

Vielfach wird die Meinung vertreten, daß das amerikanische Gericht weitergehend vom Common Law hätte abweichen sollen. Schon sprachlich führt die Verwendung des Terminus technicus des Common Law „actual malice“ — etwa „tatsächliche Bosheit“ — in die Irre. Damit soll, wie im englischen Recht,[211] ausgedrückt werden, daß nur das Wissen, daß eine Tatsachenbehauptung falsch war (das bewußte Lügen also), oder der völlig mangelnde Glaube an deren Wahrheit ausreicht, um die deliktsrechtliche Haftung zu begründen. Es ist irrelevant, wenn etwa wegen Mangels an vorsichtiger Untersuchung der wahren Umstände ein vorhandener Glaube an die Wahrheit des Behaupteten völlig irrational, unvernünftig oder sogar aus grober Fahrlässigkeit entstanden ist: es kommt lediglich auf die rein subjektive Vorstellung des Beklagten an.[212] Das Wort „malice“ hat aber in der heutigen

---

[207] Chesterman, (1995) 18 UNSWLJ 300, 312f; Epstein, (1986) 53 U Chicago LR 782, 792-795.
[208] Epstein, (1986) 53 U Chicago LR 782, 792.
[209] Lewis, *Make No Law*, S. 221f.
[210] Siehe oben, Fußnote 155. Vgl. aber Epstein, (1986) 53 U Chicago LR 782, 795.

Sprache eher die Bedeutung „Boshaftigkeit“ oder „Gehässigkeit“.[213] Daß eine Tatsache aus Haß oder Abneigung veröffentlicht wird, reicht aber in der Regel für die Haftung nicht aus, wenn ein aufrichtiger Glaube an den Wahrheitsgehalt des Behaupteten besteht. Dies wird jedoch von erstinstanzlichen Gerichten sowie von Geschworenen oft nicht so verstanden.[214]

Es gibt aber auch Kommentare, die „malice“ nicht nur sprachlich, sondern auch inhaltlich als Haftungsmaßstab ablehnen. *Goldberg*, *Douglas* und *Black* JJ. wären in *New York Times* gerne weiter gegangen und waren der Meinung, das First Amendment schließe jede Haftung der Medien bei der Kritik von Amtsträgern aus, unabhängig davon, ob „malice“ vorhanden sei oder nicht.[215] *Black* und *Douglas* JJ. hielten „malice“ für ein „elusive, abstract concept, hard to prove and hard to disprove“.[216] Die Tatsache, daß auch Berufsrichter — von Geschworenen völlig zu schweigen — diesen Begriff ebenfalls falsch verstanden haben, scheint diese Meinung teilweise zu rechtfertigen. Ansonsten könnte man bei der Lektüre dieser abweichenden Meinungen der drei Richter mit guten Gründen einwenden, sie setzen zu viel Vertrauen in die Medien und lassen ihre vielen Mängel völlig außer acht, wenn sie von der Notwendigkeit der uneingeschränkten Pressefreiheit reden. Keiner Institution in der demokratisch-rechtsstaatlichen Gesellschaft darf unkontrollierte Macht eingeräumt werden. Wer absichtlich lügt, verdient keinen Schutz durch das Rechtssystem.[217]

---

[211] Einige kleine Unterschiede gibt es dennoch, vgl. Milmo/Rogers, *Gatley*, S. 396.

[212] *St Amant* v. *Thompson* (1968) 390 US 727, 731-733; 20 L Ed (2nd) 262, 267f; Eaton, (1975) 61 Virginia LR 1349, 1370; Epstein, (1986) 53 U Chicago LR 782, 795; Ludington, (1971) 28 L Ed (2nd) 885, 889, 894, 898-902; Schauer, (1980) 1 J Med Law & Practice 3, 6; Starke, (1988) 62 ALJ 491, 492; Strossen, (1986) 15 MULR 419, 421.

[213] Vgl. Amen, (1980) 59 Nebraska LR 808, 828 Fußnote 110.

[214] *Greenbelt Co-operative Publishing* v. *Bresler* (1970) 398 US 6, 9f; 26 L Ed (2nd) 6, 12f; *Cantrell* v. *Forest City Publishing* (1974) 419 US 245, 251f; 42 L Ed (2nd) 419, 426f; *Harte-Hanks Communications* v. *Connaughton* (1989) 491 US 657, 666; 105 L Ed (2nd) 562, 576 Fußnote 7; Eaton, (1975) 61 Virginia LR 1349, 1371-1373; Gilson/Leopold, (1985) 90 Dickinson LR 559, 567f; Kaufman, (1985) 90 Dickinson LR 545, 553f; Leval, (1988) 101 Harv LR 1287, 1287; Lewis, *Make No Law*, S. 147; Lewis, (1983) 83 Columbia LR 603, 612-614, 617-619; Ludington, (1971) 28 L Ed (2nd) 885, 898f; Sanford, *Libel and Privacy*, S. 10-13; Stadler, JZ 1989, 1084, 1089, 1091, 1093; Strossen, (1986) 15 MULR 419, 429.

[215] (1964) 376 US 254, 293-305; 11 L Ed (2nd) 686, 716-723. Vgl. auch *Garrison* v. *Louisiana* (1964) 379 US 64, 79f; 13 L Ed (2nd) 125, 135f; Stadler, JZ 1989, 1084, 1087.

[216] (1964) 376 US 254, 293; 11 L Ed (2nd) 686, 716.

[217] Law Reform Commission, *Defamation*, S. 33f, 163; Law Reform Commission, *Unfair Publication*, S. 78; Nimmer, (1968) 56 Cal LR 935, 951; vgl. aber Lewis, (1983) 83 Columbia LR 603, 620f, 624f.

cc. Keinerlei Sorgfalt wird von den Medien verlangt

Bei weitem zahlreicher sind die Kritiker, die die Ansicht vertreten, die *New York Times*-Regel sei zu pressefreundlich. Als Beispiel dafür wird oft der Fall *Ocala Star-Banner* v. *Damron* angeführt.[218] Der Kläger Damron war Kandidat für das Amt des Steuerbeamten in einer Gegend in Florida. Aus grober Fahrlässigkeit veröffentlichte die beklagte Zeitung „Ocala Star-Banner" die Behauptung, Damron sei wegen Meineids angeklagt worden. Tatsächlich handelte es sich dabei um seinen Bruder. Der Redakteur hatte diesen wesentlichen Unterschied aus unersichtlichen Gründen nicht beachtet. Dennoch unterlag der Kläger in der zwei Wochen später stattfindenden Wahl zum Amt des Steuerbeamten. Dem Schadensersatzanspruch Damrons in der nicht gerade großzügigen Höhe von 22.000 $ wurde stattgegeben, da das Landgericht das Recht falsch ausgelegt hatte. Im darauffolgenden Revisionsverfahren wandte der Supreme Court die *New York Times*-Regel an, nach der nur der mangelnde Glaube an die fragliche Behauptung die Haftung rechtfertigen konnte. So fahrlässig er auch gewesen sein mag, der Redakteur glaubte aufrichtig an die Wahrheit seiner Behauptung. Deswegen mußte das Gericht Herrn Damron den zuvor gewährten Schadensersatz wieder entziehen.[219]

Aus diesem Fall[220] wird ersichtlich, daß die *New York Times*-Doktrin, auch wenn sie das bewußte Lügen benachteiligt, die Fahrlässigkeit und die Unwissenheit belohnt oder wenigstens unbehelligt läßt.[221] Dadurch fügt die Doktrin unschuldigen Klägern oft erhebliche Schäden durch tatsächlich falsche, aber ohne „actual malice" zustande gekommene Behauptungen bei.[222] Überdies schreibt sie für die Medien und für Journalisten in der täglichen Arbeit keinen angemessenen, ihren Verantwortlichkeiten in der Gesellschaft entsprechenden

---

[218] (1971) 401 US 295; 28 L Ed (2nd) 57.

[219] (1971) 401 US 295, 300f; 28 L Ed (2nd) 57, 62.

[220] Ludington, (1971) 28 L Ed (2nd) 885, 897; Schauer, (1980) 1 J Med Law & Practice 3, 12f; Schauer, (1992) 92 Columbia LR 1321, 1326f.

[221] *Harte-Hanks Communications* v. *Connaughton* (1989) 491 US 657, 666-668; 105 L Ed (2nd) 562, 576f. Irrig insofern Schwinge, MDR 1973, 801, 805 („bösartig oder leichtfertig"); Stürner, JZ 1994, 865, 868 („reckless disregard" entspricht nicht der bewußten Fahrlässigkeit, sondern bezieht sich auf den völlig mangelnden Glauben an die Wahrheit eines Berichts).

[222] *Dun & Bradstreet* v. *Greenmoss Builders* (1985) 472 US 749, 767-769, 771f; 86 L Ed (2nd) 593, 608f, 610f; Chesterman, (1995) 18 UNSWLJ 300, 308-312; Christie, (1983) 61 Iowa LR 517, 519; Danziger, (1986) 19 NY J Int L & Pol 171, 174; Epstein, (1986) 53 U Chicago LR 782, 801, 806, 813f; Kentridge, (1996) 45 ICLQ 253, 267f; Law Reform Commission, *Defamation*, S. 84; Leval, (1993) 91 Michigan LR 1138, 1155; Lewis, *Make No Law*, S. 218; Lewis, (1983) 83 Columbia LR 603, 614; Pember/Teeter, (1974) 50 Wash LR 57, 85f; Schauer, (1992) 92 Columbia LR 1321, 1327; Tobin, (1994) 17 UNSWLJ 383, 393f; Zimmerman, (1983) 68 Cornell LR 291, 316.

Standard vor. Von ihnen darf man nicht einen blauäugigen Glauben an alles und jeden, sondern vielmehr Skepsis und die Bereitschaft zu eingehender Untersuchung verlangen.[223] Einer empirischen Studie zufolge hat das englische Diffamierungsrecht gerade diese positive Wirkung auf Journalisten.[224]

dd. Nachteile für die Medien

Aber auch für die Medien hat *New York Times* nachteilige Folgen. Klägern werden nach wie vor große Summen — in den heutigen U.S.A. in Millionenhöhe — als Schadensersatz zugebilligt, was im gleichen, wenn nicht höheren Maße von der Teilnahme an der öffentlichen Meinungsbildung abschrecken kann, wie in Zeiten vor der *New York Times*-Entscheidung.[225] Die Schadensersatzsummen können um ein Vielfaches höher sein, und deswegen abschreckender wirken, als zum Beispiel in Großbritannien unter dem dort angeblich weniger pressefreundlichen Recht.[226] Einer Schätzung zufolge beträgt die durchschnittliche Schadensersatzsumme in Fällen, in denen die Medien Beklagte sind, mehr als 2 Mio. $; dazu kamen in 60% der Fälle „punitive damages" (Strafschadensersatz) von durchschnittlich fast 3 Mio. $.[227] Nachteilig für die Medien als Beklagte wirken auch die hohen Prozeß- und Anwaltskosten in den U.S.A., die eine beklagte Zeitung in den schlimmsten Fällen Millionen Dollar kosten kann. Es gibt — im Gegensatz zu England — keinerlei Rückerstattung dieser Kosten, auch wenn die Zeitung im Prozeß ganz obsiegt.[228] Im Endergebnis haben die Medien kein Geld und keinen „chilling

---

[223] Black, (1967) 81 Harv LR 69, 165f; Chesterman, (1995) 18 UNSWLJ 300, 307f; Law Reform Commission, *Defamation*, S. 83; Tobin, (1994) 17 UNSWLJ 383, 392f; Wright, (1968) 46 Texas LR 630, 641f. Die Reaktion des Supreme Court auf diesen Vorwurf findet man in *St Amant* v. *Thompson* (1968) 390 US 727, 731f; 20 L Ed (2nd) 262, 267.

[224] Barendt u.a., *Chilling Effect*, S. 61, 63f, 170. Für ein Gegenargument siehe Gilson/Leopold, (1985) 90 Dickinson LR 559, 579f.

[225] Kentridge, (1996) 45 ICLQ 253, 267; Leval, (1993) 91 Michigan LR 1138, 1155; Lewis, *Make No Law*, S. 200f, 206-220; Lewis, (1983) 83 Columbia LR 603, 608f, 615f.

[226] Lewis, (1983) 83 Columbia LR 603, 615f; Strossen, (1986) 15 MULR 419, 428. Darüber hinaus sind einem Kommentar zufolge britische Politiker weniger bereit als U.S.-amerikanische, die eigene Verteidigung mittels Diffamierungsrecht zu unternehmen: Schauer, (1980) 1 J Med Law & Practice 3, 16.

[227] Kaufman, (1985) 90 Dickinson LR 545, 555-558; Strossen, (1986) 15 MULR 419, 427f. Ähnlich Chesterman, (1995) 18 UNSWLJ 300, 306.

[228] Gilson/Leopold, (1985) 90 Dickinson LR 559, 568; Nolte, EuGRZ 1988, 253, 254; Sanford, *Libel and Privacy*, S. 9; Schauer, (1978) 58 Boston ULR 685, 700; Stadler, JZ 1989, 1084, 1093; Strossen, (1986) 15 MULR 419, 431f; Zimmerman, (1989) 64 NYULR 364, 437 Fußnote 403.

effect" gespart;[229] auch wenn es weniger erfolgreiche Ergebnisse für den Kläger gibt,[230] bekommt er im besten Fall extrem hohe Summen, was viele dazu ermuntert, eine Klage in der Hoffnung auf Reichtum zu erheben.[231]

Ferner können Kläger mit ihren Rechtsanwälten vereinbaren, daß diese keine Gebühren erheben dürfen, wenn sie im Rechtsstreit unterliegen; für den Beklagten besteht diese Möglichkeit aus ersichtlich praktischen Gründen nicht. Durchschnittlich bezahlen Beklagte 150.000 $ Prozeß- und Anwaltskosten.[232] *New York Times* hat überdies, wie im nächsten Abschnitt besprochen wird, nicht alle Unsicherheiten des überlieferten englischen Diffamierungsrechts beseitigt; die Entscheidung hat sogar neue Unsicherheiten ins Leben gerufen. Schon die Unsicherheit des Ergebnisses bei einem Rechtsstreit kann von der Veröffentlichung abschrecken und zusätzliche Kosten herbeiführen.[233]

Kritiker der *New York Times*-Entscheidung weisen überdies darauf hin, daß durch diese Entscheidung die prozeßrechtlichen Mängel des amerikanischen Diffamierungsverfahrens verstärkt worden sind. Der Kläger muß nach der *New York Times*-Entscheidung beweisen, daß der Beklagte von der Unwahrheit seiner Behauptungen wußte, als er sie veröffentlichte. Das rechtfertigt nach U.S.-amerikanischem Prozeßrecht eine grundsätzliche Untersuchung im „discovery"-Verfahren über das Wissen des Beklagten. Die Untersuchung geschieht unter Kontrolle des Klägers und seiner Anwälte und soll der Sammlung der erforderlichen Beweismittel über das Wissen des Beklagten dienen.[234] Die Untersuchung aller Notizen, Aufnahmen, Entwürfe, Tonbänder und anderer Beweismittel nach den Anweisungen des Gegners ist nicht nur um-

---

[229] Gilson/Leopold, (1985) 90 Dickinson LR 559, 567; Kaufman, (1985) 90 Dickinson LR 545, 546f.

[230] Für Statistiken siehe Franklin, [1981] Am Bar Found Res J 795, 823f; Zimmerman, (1989) 64 NYULR 364, 437 Fußnote 402.

[231] Zimmerman, (1989) 64 NYULR 364, 437.

[232] Chesterman, (1995) 18 UNSWLJ 300, 307; Danziger, (1986) 19 NY J Int L & Pol 171, 173f; Epstein, (1986) 53 U Chicago LR 782, 813; Nolte, EuGRZ 1988, 253, 254; Strossen, (1986) 15 MULR 419, 432.

[233] *Gertz* v. *Welch* (1974) 418 US 323, 354; 41 L Ed (2nd) 879, 813f; Barendt u.a., *Chilling Effect*, S. 186-188; Epstein, (1986) 53 U Chicago LR 782, 808-811; Law Reform Commission, *Defamation*, S. 80f; Law Reform Commission, *Unfair Publication*, S. 28; Lewis, (1983) 83 Columbia LR 603, 614; Nimmer, (1968) 56 Cal LR 935, 939; Schauer, (1978) 58 Boston ULR 685, 696, 698, 732; Stadler, JZ 1989, 1084, 1092; Strossen, (1986) 15 MULR 419, 426; W., (1983) 69 Virginia LR 931, 966; Walker, (1994) 19 MULR 729, 739; Zimmerman, (1983) 68 Cornell LR 291, 342f.

[234] *Herbert* v. *Lando* (1979) 441 US 153; 60 L Ed (2nd) 115.

ständlich für die Medien,[235] sondern auch extrem zeit- und geldaufwendig.[236] Die vorgesehenen Ausnahmen für geheime Dokumente sind außerdem beschränkt.

Daß im Diffamierungsrecht nach der *New York Times*-Doktrin die Wahrheit einer Äußerung nicht mehr allein entscheidend ist, kann auch die Führung eines Rechtsstreits durch Politiker begünstigen. Denn man kann auch bei einer Niederlage im Prozeß behaupten, der Kläger hätte die Wahrheit der Äußerung nicht beweisen können. Vielmehr hätte das Gericht aus technischen Gründen die Klage abweisen müssen und bloß deswegen die Unwahrheit der Behauptung nicht eindeutig feststellen können.[237]

Schließlich setzt die Rechtshaftung nunmehr voraus, daß der Kläger absichtlich die Unwahrheit behauptet hat. Viel spricht dafür, daß Geschworene, die zu diesem Schluß kommen, bereit sind, große Summen als Schadensersatz wegen dieser groben Pflichtverletzung zuzubilligen. Die abschreckende Wirkung des Diffamierungsrechts mag also kaum geringer geworden sein, wenn zwar weniger aber einträglicherer Schadensersatz zugesprochen wird.[238] Außerdem können sich auch hier Geschworene irren und einen Journalisten des bewußten Lügens zu Unrecht bezichtigen.[239]

Im Endergebnis hat aus diesen Gründen *New York Times* den „chilling effect" des überlieferten Diffamierungsrechts nicht beseitigt, sondern ihn sogar erhöht.[240] Rechtsanwälte, Rechtswissenschaftler und Parlamentarier in den U.S.A. treten daher häufig mit Reformvorschlägen auf, wie zum Beispiel der

---

[235] Chesterman, (1995) 18 UNSWLJ 300, 305f; Faulks Committee, *Report*, S. 54f; Kentridge, (1996) 45 ICLQ 253, 267; Law Reform Commission, *Defamation*, S. 81f; Kaufman, (1985) 90 Dickinson LR 545, 550; Leval, (1988) 101 Harv LR 1287, 1294f; Leval, (1993) 91 Michigan LR 1138, 1150f, 1154f; Lewis, *Make No Law*, S. 201f, 209; Tobin, [1995] NZLR 90, 97; Williams, *Human Rights*, S. 175.

[236] *Reynolds* v. *Times Newspapers* [1999] 3 WLR 1010, 1061; Chesterman, (1995) 18 UNSWLJ 300, 305f; Epstein, (1986) 53 U Chicago LR 782, 809; Kaufman, (1985) 90 Dickinson LR 545, 550; Law Reform Commission, *Defamation*, S. 81; Leval, (1988) 101 Harv LR 1287, 1295; Lewis, (1983) 83 Columbia LR 603, 609-612; Strossen, (1986) 15 MULR 419, 430.

[237] Strossen, (1986) 15 MULR 419, 430f. Vgl. aber Epstein, (1986) 53 U Chicago LR 782, 813f.

[238] Chesterman, (1995) 18 UNSWLJ 300, 306; Epstein, (1986) 53 U Chicago LR 782, 807f, 817; Law Reform Commission, *Defamation*, S. 82.

[239] Hughes, (1985) 59 ALJ 482, 485; Leval, (1993) 91 Michigan LR 1138, 1155.

[240] Epstein, (1986) 53 U Chicago LR 782, 808; Law Reform Commission, *Defamation*, S. 80; Newcity, (1991) 26 Texas Int LJ 1, 61; Strossen, (1986) 15 MULR 419, 429; Zimmerman, (1989) 64 NYULR 364, 437.

Einführung eines neuen Verfahrens zur Feststellung der Wahrheit ohne Schadensersatzmöglichkeit, einer Obergrenze der zulässigen Schadensersatzsumme, verschiedenen Änderungen der gültigen Verfahrensregeln und der vollständigen Abschaffung der deliktsrechtlichen Haftung der Medien im öffentlichen Bereich.[241] Beim letzten Vorschlag handelt es sich um die Mindermeinung in *New York Times*,[242] die sich nie durchzusetzen vermochte.

2. Grenzen

New York Times v. *Sullivan* war keineswegs das Ende aller Unsicherheiten im U.S.-amerikanischen Diffamierungsrecht. Eine Darstellung aller Entscheidungen auf diesem Gebiet nach 1964 würde den Rahmen dieser Arbeit sprengen und wäre außerdem für ihre Zwecke überflüssig. Statt dessen beschränkt sie sich auf die für das australische Recht und dessen Fortbildung in den 90er Jahren wichtigste Frage: wer darf sich der „actual malice"-Regel von *New York Times* bedienen?

Der Supreme Court hat die neue Regel nicht auf alle Arten von Klägern erstreckt, denn nicht jeder Rechtsstreit im Diffamierungsrecht ist für die vom First Amendment geschützte öffentliche Meinungsbildung in der amerikanischen Demokratie von Belang. Man denke etwa an private Streitigkeiten über die persönliche Ehre.[243] Eine Grenze muß gezogen werden, um diejenigen Fälle, in denen die *New York Times*-Regel gilt, von allen anderen zu unterscheiden.

Die Basis der heutigen Rechtsprechung in den U.S.A. bildet der Fall *Gertz* v. *Welch*,[244] nach dem die *New York Times*-Doktrin ausschließlich für Behauptungen über das Verhalten von Amtsträgern („public officials") als solchen[245] und Personen des öffentlichen Lebens („public figures") gilt. Dem Rechtsanwalt und Kläger *Gertz* wurde von einer politisch konservativen Zeitschrift vorgeworfen, er sei ein Leninist. Andere falsche Vorwürfe tatsäch-

---

[241] Chesterman, (1995) 18 UNSWLJ 300, 302f; Epstein, (1986) 53 U Chicago LR 782, 804, 814-818; Gilson/Leopold, (1985) 90 Dickinson LR 559, 574; Leval, (1988) 101 Harv LR 1287, 1288-1302; Lewis, *Make No Law*, S. 221-228; Lewis, (1983) 83 Columbia LR 603, 614-625; Schauer, (1992) 92 Columbia LR 1321, 1327-1357; Stadler, JZ 1989, 1084, 1094f; Strossen, (1986) 15 MULR 419, 432-437. Vgl. auch Chesterman, (1995) 18 UNSWLJ 300, 314f, 322-326.

[242] Siehe oben, Fußnote 215.

[243] Siehe oben, Fußnote 42.

[244] (1974) 418 US 323; 41 L Ed (2nd) 789.

[245] Siehe zu dieser Voraussetzung, die fast immer erfüllt ist, *Monitor Patriot* v. *Roy* (1971) 401 US 265; 28 L Ed (2nd) 35; Sanford, *Libel and Privacy*, S. 285-289.

licher Natur wurden geäußert, ohne daß sich der Beklagte bemühte, ihre Wahrheit nachzuweisen.[246] Da der Kläger kein Amtsträger war,[247] blieb nur die Frage, ob er wegen der öffentlichen Debatte in der besagten Zeitschrift nach der strengeren *New York Times*-Regel seinen Schadensersatzanspruch geltend machen mußte.

Der Supreme Court ging von der unbestreitbaren Tatsache aus, daß die durch *New York Times* erzielte Bevorzugung der Meinungs- und Redefreiheit für die demokratische Meinungsbildung wichtig ist, aber letztlich nur einen Kompromiß zwischen den verschiedenen rechtlich geschützten Interessen darstellt. Sie durfte deswegen den Schutzbedarf für den Ruf des einzelnen nicht völlig verdrängen.[248] Der Supreme Court kam daher zu dem Schluß, daß die Gleichsetzung von öffentlichen Personen mit Privatpersonen, die unfreiwillig in eine Angelegenheit verwickelt sind, die bloß von „öffentlichem Interesse" ist,[249]

> „inadequately serves both of the competing values at stake [:] a private individual whose reputation is injured by defamatory falsehood that does concern an issue of public or general interest has no recourse unless he can meet the rigorous requirements of *New York Times*. This is true despite the factors that distinguish the state interest in compensating private individuals from the analogous interest involved in the context of public persons."[250]

Damit berief sich das Gericht auf das Argument, daß öffentliche Personen sowie Amtsträger sich mit der Möglichkeit der diffamierenden Tatsachenäußerung dadurch einverstanden erklärt haben, daß sie freiwillig die öffentliche

---

[246] (1974) 418 US 323, 326f; 41 L Ed (2nd) 789, 797f.

[247] Siehe zur Reichweite dieses oft unproblematischen Begriffs Eaton, (1975) 61 Virginia LR 1349, 1375f; Elder, (1986) 35 ICLQ 891, 898; Prosser/Keeton, *Law of Torts*, S. 806; Sanford, *Libel and Privacy*, S. 252-284; Schauer, (1980) 1 J Med Law & Practice 3, 7f; Tobin, (1994) 17 UNSWLJ 383, 391; Veilleux, (1994) 44 ALR (5th) 193.

[248] (1974) 418 US 323, 339-344; 41 L Ed (2nd) 789, 805-807. Für eine Verteidigung des vom Supreme Court erzielten Gleichgewichts siehe Nimmer, (1968) 56 Cal LR 935, 935-955.

[249] Wie nach der bisherigen Rechtsprechung: *Rosenbloom* v. *Metromedia* (1971) 403 US 29; 29 L Ed (2nd) 296; Doody, (1983) 61 Can BR 124, 143-146; Eaton, (1975) 61 Virginia LR 1349, 1390-1403, 1424f; Elder, (1986) 35 ICLQ 891, 905-914; Kommers, (1980) 53 Southern Cal LR 657, 671f; Lewis, (1983) 83 Columbia LR 603, 622-624; Strossen, (1986) 15 MULR 419, 422; Tobin, [1995] NZLR 90, 104f. Der Gegensatz öffentliche/private Person ist dennoch nicht völlig aus dem Diffamierungsrecht verschwunden: *Philadelphia Newspapers* v. *Hepps* (1986) 475 US 767, 775; 89 L Ed (2nd) 783, 792; Sack, (2000) 100 Columbia LR 294, 326f.

[250] (1974) 418 US 323, 346; 41 L Ed (2nd) 789, 809; Adair, (1967) 52 Cornell LQ 419, 426-429; Lewis, *Make No Law*, S. 194, 244f.

Arena betreten haben.[251] Außerdem haben solche Individuen recht oft einen leichteren Zugang zu den Medien als private Bürger, um von ihnen als falsch bezeichnete Vorwürfe aufzudecken,[252] auch wenn in der Regel nach U.S.-amerikanischem Recht kein Recht auf Gegendarstellung besteht.

Die Basis der *New York Times*-Haftung ist also in fast allen Fällen[253] das **bewußte** Auftreten als Amtsträger bzw. Person des öffentlichen Lebens und damit die **bewußte** Inkaufnahme des beschränkten Rechtsschutzes auf diesem Gebiet.[254] Dementsprechend sind Kandidaten für öffentliche Ämter aller Art Personen des öffentlichen Lebens.[255] In bezug auf andere Personen des öffentlichen Lebens besteht die Möglichkeit, daß sie nur für gewisse Zwecke als „öffentlich" gelten; wenn sie sich lediglich in eine bestimmte öffentliche Angelegenheit eingemischt haben, können nur darauf bezogene Vorwürfe der *New York Times*-Regel unterliegen.[256] Ansonsten erwartet der Supreme Court, daß die Landgerichte diese Entscheidung von Fall zu Fall treffen und diesem etwas unklaren Begriff eine deutlichere Gestalt verleihen. Die Ergebnisse dieses Prozesses in den verschiedenen Landgerichten sind zum Teil unterschiedlich,[257] denn die Grenzziehung auf diesem Gebiet ist schwierig und kann zu willkürlichen Unterschieden führen.[258]

---

[251] Siehe oben, Fußnote 201.

[252] Siehe oben, Fußnote 184.

[253] Eine Ausnahme findet man bei Eaton, (1975) 61 Virginia LR 1349, 1422f; vgl. Hill, (1976) 76 Columbia LR 1205, 1215; W., (1983) 69 Virginia LR 931, 937f.

[254] (1974) 418 US 323, 345; 41 L Ed (2nd) 789, 808; *Wolston* v. *Reader's Digest* (1979) 443 US 157, 166f; 61 L Ed (2nd) 450, 459f; Adair, (1967) 52 Cornell LQ 419, 427-429; Black, (1967) 81 Harv LR 69, 165; Gounalakis, *Privacy and the Media*, S. 45; Prosser, (1960) 48 Cal LR 383, 411; Schauer, (1980) 1 J Med Law & Practice 3, 8f; Wright, (1968) 46 Texas LR 630, 637.

[255] *Monitor Patriot* v. *Roy* (1971) 401 US 265, 271; 28 L Ed (2nd) 35, 40; Ludington, (1971) 28 L Ed (2nd) 885, 896-898; Schauer, (1980) 1 J Med Law & Practice 3, 7.

[256] (1974) 418 US 323, 351; 41 L Ed (2nd) 789, 812; Eaton, (1975) 61 Virginia LR 1422, 1444f; Milmo/Rogers, *Gatley*, S. 396; Prosser/Keeton, *Law of Torts*, S. 806; Schauer, (1980) 1 J Med Law & Practice 3, 8; Tobin, (1994) 17 UNSWLJ 383, 388; Tobin, [1995] NZLR 90, 105. Für die vergleichbare Regel für Beamte siehe Eaton, (1975) 61 Virginia LR 1349, 1378-1381; Prosser/Keeton, *Law of Torts*, S. 806.

[257] Siehe Bateman, (1991) 19 ALR (5th) 1; W., (1983) 69 Virginia LR 931, 944-965.

[258] *Roberson* v. *Rochester Folding Box* (1902) 64 NE 442, 447; Chesterman, (1995) 18 UNSWLJ 300, 304f; Christie, (1983) 68 Iowa LR 517, 519, 530-532; Danziger, (1986) 19 NY J Int L & Pol 171, 172f; Eaton, (1975) 61 Virginia LR 1349, 1408, 1424-1426; Felcher/Rubin, (1979) 88 Yale LJ 1577, 1580f, 1607f; Gilson/Leopold, (1985) 90 Dickinson LR 559, 564; Hill, (1976) 76 Columbia LR 1205, 1216-1219; Law Reform Commission, *Defamation*, S. 80f; Lewis, *Make No Law*, S. 189-191, 197; Milmo/Rogers, *Gatley*, S. 396; Strossen, (1986) 15 MULR 419, 422; Sanford, *Libel and Privacy*, S. 290-353; Stern, (2000) 65

(Fortsetzung nächste Seite ...)

Im Fall *Gertz*, so das Gericht weiter, sei offensichtlich, daß der Kläger keine Person des öffentlichen Lebens sei; er sei nie als solche aufgetreten.[259] Deswegen gelte in seinem Fall die *New York Times*-Regel nicht.[260] Dennoch könnten die Landgerichte keinen unbegrenzten Schadensersatzansprüchen stattgeben, denn das First Amendment sei auch nicht aus diesem Rechtsgebiet ausgeschlossen, sonst gäbe es kein angemessenes Gleichgewicht zwischen Meinungsfreiheit einerseits und dem Schutz des Rufes andererseits. Aus den obengenannten Gründen rechtfertigen diese Erwägungen lediglich den Schluß, daß der Schaden tatsächlich vorhanden sein und bewiesen werden müsse, bevor der Kläger entschädigt werden dürfe; es dürfe nicht ohne Beweise vermutet werden, daß er Schaden erlitten habe. Nur in Fällen, in denen die Wahrheit bewußt ignoriert wurde, dürfe der Kläger „punitive damages" erhalten,[261] es sei denn, es handelt sich um eine Angelegenheit von keinerlei Interesse für die Öffentlichkeit.[262]

In seiner abweichenden Meinung verteidigte *White* J. die herkömmlichen Regeln des Common Law und wies darauf hin, daß die Mehrheitsrichter keinen Beweis ihrer Behauptung erbracht hätten, daß die Haftung bei der Diffamierung von Privatpersonen einen abschreckenden Effekt auf die Medien ausübte. Er bezweifelte, ob das Richterrecht überhaupt imstande sei, einwandfrei und wirklichkeitsnah das Recht auf diesem komplizierten Gebiet fortzubilden.[263]

Auch wenn im Endergebnis *New York Times* keine Verbesserung des Diffamierungsrechts der U.S.A. herbeigeführt hat, war es für eine solche Warnung in den U.S.A. viel zu spät. Die grundlegenden Entscheidungen waren im Fall *New York Times* schon getroffen worden.[264] Für Australien war das nicht der Fall, denn erst in den 90er Jahren wurden dort ähnliche Entwicklungen erwogen.

Missouri LR 597; Tobin, (1994) 17 UNSWLJ 383, 391f. Vgl. aber für die Rechtsprechung des Supreme Court zu dieser Frage Elder, (1986) 35 ICLQ 891, 897, 899-905; Ludington, (1971) 28 L Ed (2nd) 885, 896; Sanford, *Libel and Privacy*, S. 301-309.

259 Für eine Kritik dieser Annahme siehe Pember/Teeter, (1974) 50 Washington LR 57, 74f.

260 (1974) 418 US 323, 351f; 41 L Ed (2nd) 789, 812.

261 (1974) 418 US 323, 348-350; 41 L Ed (2nd) 789, 810f; Hill, (1976) 76 Columbia LR 1205, 1251-1253; Kellett, (1982) 36 ALR (4th) 807.

262 *Dun & Bradstreet* v. *Greenmoss Builders* (1985) 472 US 749, 755-763; 86 L Ed (2nd) 593, 600-605; Stadler, JZ 1989, 1084, 1089; kritisch Stern, (2000) 65 Missouri LR 597.

263 (1974) 418 US 323, 390; 41 L Ed (2nd) 789, 834; siehe auch *Dun & Bradstreet* v. *Greenmoss Builders* (1985) 472 US 749, 765-774; 86 L Ed (2nd) 593, 606-612; Gilles, (1991) 41 Case Western LR 725, 737-739.

264 Nolte, EuGRZ 1988, 253, 255.

III. Australien

1. Zeitgeist

Es wurde schon in der Einleitung darauf hingewiesen, daß in Australien in den frühen 90er Jahren grundsätzliche Änderungen in der Rechtsprechung des High Court — zugleich australisches Bundesverfassungsgericht und oberste Revisionsinstanz für alle australischen Bundesländer und alle Arten von Rechtsstreitigkeiten — erfolgt sind. An dieser Stelle gilt es, diese Änderungen im Bereich der Meinungsfreiheit detaillierter darzustellen.[265]

a. Implikationen

Obwohl einige Fälle aus heutiger Sicht die Änderungen bereits vor den 90er Jahren erkennen lassen,[266] wird der Anfang der verfassungsrechtlichen „Neuzeit“ in Australien und das endgültige Ende des richterlichen Konservatismus der 80er Jahre[267] normalerweise auf den 30. September 1992 festgesetzt, den Tag, an dem die Entscheidungsgründe des High Court in *Australian Capital Television* v. *Commonwealth*[268] veröffentlicht wurden. Trotz der in der Einführung geschilderten Erwartung, daß nach britischem Muster das Parlament die Menschenrechte schützt, sowie der daraus zu erklärenden Tatsache, daß der High Court sich daher mit Fragen der Beziehungen zwischen Bund und Ländern beschäftigt hatte und kaum mit Grundrechten,[269] entschied der High Court, daß aus den Bestimmungen der australischen Bundesverfassung ein Recht auf Kommunikation im politischen Bereich abgeleitet werden konnte. In dem Fall *Australian Capital Television* v. *Commonwealth* handelte es sich um einen Versuch, die Fernsehwerbung in politischen Sachen per Gesetz einzuschränken. Wie zum Beispiel im Vereinigten Königreich sollte die politische Werbung in den elektronischen Medien auf unbezahlte

---

[265] Noch eingehender zu dieser Periode Pittrof, *Grundrechtsschutz*. *Pittrof* vergleicht das australische Verfassungsrecht mit dem deutschen. In der vorliegenden Arbeit handelt es sich dagegen um den Einfluß des Verfassungsrechts auf das Zivilrecht. Eine vollständigere Beschreibung des „reinen“ australischen Verfassungsrechts findet man also bei *Pittrof*. Ihre Arbeit ist erst wenige Monate vor Abgabe der vorliegenden entstanden und konnte daher nicht in allen Einzelheiten berücksichtigt werden.

[266] Insbesondere *University of Wollongong* v. *Metwally* (1984) 158 CLR 447; *Davis* v. *Commonwealth* (1988) 166 CLR 79; vgl. Zines, *High Court* (2. Auflage, 1987), S. 338.

[267] Atkinson, (1981) 7 U Tas LR 33, 34f.

[268] (1992) 177 CLR 106.

[269] Blackshield, "Implied Freedom", S. 259f; Bronitt/Williams, (1996) 18 Adel LR 289, 295; Douglas, (1993) 16 UNSWLJ 315, 318-321, 333f, 348; Ewing, [1993] PL 256, 258f; Lee, [1993] PL 606, 606f; Miller, (1996) 1:2 Newc LR 39, 52f; Williams, (1995) 17 Syd LR 62, 85f; Zines, *High Court*, S. 378f.

Sendungen beschränkt werden. Das Gesetz zur Einführung dieser Regel wurde aber vom High Court verworfen, weil es nicht im Einklang mit dem neu entdeckten impliziten Recht der Kommunikationsfreiheit im politischen Bereich stand.

Das Gericht ging von der rechtlichen Souveränität des Volkes in Australien aus,[270] die sich spätestens 1986[271] neben der schon seit Bundesgründung 1901 geltenden faktischen Souveränität des Volkes und nach dem endgültigen Ende aller theoretisch noch vorhandenen rechtlichen Befugnisse des Vereinigten Königreiches in bezug auf Australien etabliert hatte.[272] Das Gericht gelangte zu dem Schluß, daß nicht nur die schon Jahrzehnte vorher angenommenen, der australischen Verfassungsgeschichte nicht widersprechenden Implikationen über die zulässige Auswirkungen der Bundesgesetze auf die Länder oder die Gewaltenteilung in der Bundesverfassung existierten, sondern auch ein Schutz für diejenigen Bürger, die an der politischen Meinungsbildung teilnehmen möchten.[273] Die repräsentative Regierungsform, die die Verfassung als Ausdruck der Volkssouveränität ins Leben gerufen hatte, könne ohne die Redefreiheit für politische Zwecke nicht funktionieren. Deswegen sei aus den Bestimmungen der Verfassung ersichtlich, daß sie diese notwendige Freiheit unter ihren Schutz stellte.[274]

Das bedeutet, so *Mason* C.J. in seinem Votum, jedoch nicht, daß die Bundesverfassung einen vollständigen impliziten Grundrechtskatalog zum Inhalt hätte.

---

[270] (1992) 177 CLR 106, 138; *Nationwide News* v. *Wills* (1992) 177 CLR 1, 71f; *Levy* v. *Victoria* (1997) 189 CLR 579, 634, 643. Vgl. (1992) 177 CLR 106, 181, 186 für die Gegenmeinung. Siehe auch oben, Fußnote 167; Aroney, *Freedom of Speech*, S. 22f, 65-67, 148-150, 162; Blackshield, "Implied Freedom", S. 240-242, 267f; Fraser, (1994) 16 Syd LR 213, 214f, 224, 227; McDonald, (1994) 5 PLR 160, 162-186; Smallbone, (1993) 21 Fed LR 254, 256-259, 268f; Williams, *Human Rights*, S. 166; Williams, (1996) 20 MULR 848, 867f; Zines, *High Court*, S. 379f, 393-396.

[271] Nach dem Inkrafttreten der britischen und australischen Gesetze namens *Australia Act* 1986.

[272] Bekanntlich haben die australischen Wähler im November 1999 einen Bruch mit der Königin abgelehnt. Es ist aber anerkanntes Recht, daß Ihre Majestät ein selbständiges Amt als australische Königin innehat und nicht als Königin vom Vereinigten Königreich auch in Australien regiert: siehe zuletzt *Sue* v. *Hill* (1999) 199 CLR 462 (Untertan der Königin des Vereinigten Königreichs ist Ausländer in Australien). Es handelt sich mit anderen Worten um eine Personalunion, wie sie einst zwischen dem Vereinigten Königreich und Hannover bestand. Folglich haben die in Fußnote 271 erwähnten Gesetze alle Befugnisse des Parlaments des Vereinigten Königreichs in bezug auf Australien endgültig beseitigt.

[273] (1992) 177 CLR 106, 134, 215; *Nationwide News* v. *Wills* (1992) 177 CLR 1, 69f.

[274] (1992) 177 CLR 106, 138-143, 149f, 209-214, 227-233; *Nationwide News* v. *Wills* (1992) 177 CLR 1, 70-73.

Das widerspräche der australischen Verfassungsgeschichte.[275] Vielmehr sei der Schutz der politischen Meinungsfreiheit notwendig, um die repräsentative Staats- und Regierungsform, einen der Bestandteile der Verfassung, aufrechtzuerhalten. Weitergehende verfassungsrechtlich geschützte Rechte gebe es jedoch nicht.

b. Kritik

Diese Entscheidung hat eine Vielzahl von Kritik ausgelöst. Es wurde zum Beispiel auf das einfache Grundrechtsverständnis der Richter hingewiesen.[276] Ohne die langjährige Erfahrung etwa des deutschen Bundesverfassungsgerichtes im Umgang mit Grundrechten hat das australische Gericht keine spezifische Grundrechtsdoktrin entwickelt. Es ist vielmehr davon ausgegangen, daß der Redefreiheit am besten durch die Verfestigung des Common Law[277] bzw. durch den freien Marktmechanismus nach U.S.-amerikanischem Muster gedient sei.[278]

Im Gegensatz zu dem als verfassungswidrig eingestuften Gesetz zur Beschränkung der Werbefreiheit muß man nach der Rechtslage im Common Law — wie in jedem „freien" Markt — über das nötige Kapital verfügen, um in den Medien um die Gunst der Wähler werben zu können.[279] Darüber hinaus kann nicht gewährleistet werden, daß der Markt der Wahrheitsfindung dient.[280] Das verworfene Gesetz hatte zwar die politischen Parteien, die wiederhergestellte Redefreiheit nach dem Common Law also die Vermögenden begünstigt.[281] Aus gerade diesen Gründen bestand schon in vielen anderen demokratischen Staaten[282] ein System, das mit dem des vom High Court verworfenen Gesetzes vergleichbar war, ohne daß dadurch die repräsentative Staatsform zusammengebrochen wäre. Diese Tatsache wurde aber in den

---

[275] (1992) 177 CLR 106, 135f; vgl. 228f sowie *Theophanous* v. *Herald & Weekly Times* (1994) 182 CLR 104, 159-161; *Cunliffe* v. *Commonwealth* (1994) 182 CLR 272, 361-364.
[276] Barendt, (1994) 16 Syd LR 149, 164; Caß, (1993) 4 PLR 229, 231, 235; Douglas, (1993) 16 UNSWLJ 315, 329f.
[277] Campbell, (1994) 16 Syd LR 195, 208; Douglas, (1993) 16 UNSWLJ 315, 340; Tucker, (1994) 16 Syd LR 274, 285.
[278] Sehr überzeugend Rosenberg/Williams, [1997] Sup Ct Rev 439, 452-461.
[279] Rosenberg/Williams, [1997] Sup Ct Rev 439, 468f, 482-485.
[280] Caß, (1993) 4 PLR 229, 239-242; Kentridge, (1996) 45 ICLQ 253, 260; oben, Fußnote 180.
[281] Ewing, [1993] PL 256, 261f; Fraser, (1994) 16 Syd LR 213, 225; Kennett, (1994) 19 MULR 581, 608; Tucker, (1994) 16 Syd LR 274, 286f.
[282] In bezug auf Deutschland vgl. schon BVerfGE 14, 121.

Urteilsgründen des High Court kaum erwähnt.[283] Wenn der High Court — nach Jahrzehnten der Praxis ein Revisions- und Staatsgerichtshof von internationalem Rang[284] — auch als glaubwürdiges Menschenrechtstribunal betrachtet werden möchte, wird er sich intensiver und überzeugender mit solchen grundsätzlichen Fragen der Grundrechtsdoktrin auseinandersetzen müssen.

Damit verbunden ist der Mangel an Anhaltspunkten in den geschriebenen Worten der Verfassung, durch die man den genauen Inhalt der angeblich verfassungsimmanenten Freiheiten ausgestalten könnte.[285] Man muß sich fragen, woher der High Court weiß, daß die im fraglichen Gesetz enthaltenen Maßnahmen zur Förderung der Teilnahme am öffentlichen Leben dem Common Law weichen mußten. Man kann nur schwerlich den Schluß vermeiden, daß diese Meinung bloß aus Unkenntnis, daß Alternativen zum Common Law möglich sind, vom Gericht vertreten wird.[286] Ähnliches gilt für den unklaren Demokratiebegriff, der der Entscheidung des Gerichts zugrunde liegt.[287]

Kritiker der Entscheidung greifen auch den Begriff impliziter Grundrechte im australischen Verfassungsrecht an. Sie weisen auf die bereits geschilderte anglo-australische Tradition des Grundrechtsschutzes durch das Parlament[288] sowie auf die 1920 etablierte, nur wenige Ausnahmen duldende Ablehnung der Anerkennung verfassungsimmanenter, ungeschriebener Grundsätze („Implikation") als verfassungsrechtliche Auslegungsmethode hin.[289] Überdies haben die australischen Wähler jeden Versuch, einen Grundrechtskatalog in die Verfassung einzuführen, und das australische Parlament jede Einladung, ein

---

[283] Unter den Mehrheitsrichtern versuchte lediglich *McHugh* J., diesem Einwand zu begegnen: (1992) 177 CLR 106, 240f. Vgl. Kennett, (1994) 19 MULR 581, 608. Vgl. aber auch Eur. Court H.R., *Bowman* v. *United Kingdom*, judgment of 19 February 1998, Reports of Judgments and Decisions 1998-I.
[284] Kennett, (1994) 19 MULR 581, 581; Lee, [1993] PL 606, 610, 616.
[285] Aroney, *Freedom of Speech*, S. 25f.
[286] Campbell, (1994) 16 Syd LR 195, 200-204; Fraser, (1994) 16 Syd LR 213, 225f; Kirk, (1995) 23 Fed LR 37, 52f.
[287] Aroney, *Freedom of Speech*, S. 153-159; Aroney, (1995) 18 U Qld LJ 249, 257-259; Caß, (1993) 4 PLR 229, 236-238; Kirk, (1995) 23 Fed LR 37, 44-49; Patmore, (1998) 7 Griffith LR 97, 121f; Stone, (1998) 26 Fed LR 219, 235; Williams, (1995) 17 Syd LR 62, 80, 82.
[288] Siehe oben, Fußnote 16.
[289] *Amalgamated Society of Engineers* v. *Adelaide Steamship (Engineers' Case)* (1920) 28 CLR 129; Dawson, (1996) 3 TJR 1, 10; Williams, (1995) 17 Syd LR 62, 85-87.

einfaches Gesetz mit ähnlichem Inhalt zu verabschieden, abgelehnt, zuletzt in einem Referendum im Jahr 1988.[290]

Dennoch können die Befürworter der Implikation die Tatsache anführen, daß die Regeln über die zulässigen Grenzen der Auswirkung von Bundesgesetzen auf die Länder und umgekehrt sowie gewisse Aspekte der Gewaltenteilung erst nach 1920 durch Implikation ins Leben gerufen wurden und heutzutage kaum in Zweifel gezogen werden.[291] Es hat zwischen der Gründung des High Court und den 90er Jahren gelegentlich Entscheidungen gegeben, die ohne allzu große Anstrengung oder Verzerrung als Ausdruck verfassungsimmanenter Menschenrechte verstanden werden können.[292] Außerdem hätte man im vorliegenden Fall die Einschränkungen der Redefreiheit durch den Gesetzentwurf enger ziehen können, ohne daß dadurch dem Zweck des Gesetzes geschadet worden wäre; dann hätte das Gericht das Gesetz vielleicht nicht verworfen.[293]

Wenn der Schutz der politischen Kommunikation tatsächlich durch die Verfassung den Richtern anvertraut worden ist, müssen diese zweifellos ihre Aufgabe wahrnehmen.[294] Eine ähnliche Position wurde in Kanada vor der Einführung des kanadischen Grundrechtskatalogs in die Verfassung im Jahre 1982 vertreten. Einige Richter des dortigen Supreme Court kamen zu ähnlichen Schlüssen betreffend die Auslegung der kanadischen Verfassung aus dem Jahre 1867,[295] auch wenn andere Richter die Meinung vertraten, daß

---

[290] Aroney, *Freedom of Speech*, S. 164f; Aroney, (1995) 18 U Qld LJ 249, 262; Aroney, (1997) 13:1 Policy 26, 28f; Craven, (1997) 13:3 Policy 7, 13; Douglas, (1993) 16 UNSWLJ 315, 345f, 348; Galligan, (1993) 4 PLR 100, 101, 110f; Goldsworthy, (1995) 39:3 Quadrant 46, 51f; Kennett, (1994) 19 MULR 581, 609; Williams, (1996) 20 MULR 848, 868f. Für ein Gegenargument siehe Lee, [1993] PL 606, 627.

[291] Coper, (1994) 16 Syd LR 185, 192; Lee, [1993] PL 606, 607-610; Zines, *High Court*, S. 391; Zines, (1994) 16 Syd LR 166, 176f. Vgl. für Gegenargumente Douglas, (1993) 16 UNSWLJ 315, 321-324; Goldsworthy, (1995) 39:3 Quadrant 46, 51f; Kennett, (1994) 19 MULR 581, 596f.

[292] Vor allem *R* v. *Smithers;* ex parte *Benson* (1912) 16 CLR 99. Siehe Bronitt/Williams, (1996) 18 Adel LR 289, 302; Kennett, (1994) 19 MULR 581, 597f; Lee, [1993] PL 606, 616-618.

[293] Barendt, (1994) 16 Syd LR 149, 163. Vgl. auch Byers, (1994) 11 Aust Bar Rev 187.

[294] Lee, [1993] PL 606, 626-628.

[295] Re *Three Bills Passed by the Legislative Assembly of the Province of Alberta at the 1937 (Third Session) thereof, entitled respectively "An Act Respecting the Taxation of Banks", "An Act to Amend and Consolidate the* Credit of Alberta Regulations Act", *and "An Act to Ensure the Publication of Accurate News and Information" and Reserved by the Lieutenant-Governor for the Signification of the Governor-General's Pleasure* [1938] SCR 100, 132-135, 146; *Switzman* v. *Elbling* (1957) 7 DLR (2nd) 337, 357-359, 370f; *Retail, Wholesale & Department Store Union, Local 580* v. *Dolphin Delivery* [1986] 2 SCR 573, 584-586; Doody,

(Fortsetzung nächste Seite ...)

lediglich die kanadischen Landtage im Gegensatz zum Bundesparlament aus Gründen der Verteilung der Gesetzgebungskompetenz im kanadischen Bundesstaat nicht befugt seien, die Kommunikationsfreiheit einzuschränken.[296]

Einige Kommentatoren befürchteten überdies eine unbegrenzte Ausdehnung der verfassungsimmanenten Grundrechte.[297] Auch wenn *Mason* C.J. durch seinen oben erwähnten Hinweis auf die begrenzte Rolle solcher Grundrechte im australischen Verfassungsrecht[298] dieser Gefahr zu begegnen versuchte, waren nicht alle Richter so vorsichtig. Sie gingen weit über das für den Fortbestand der demokratischen australischen Staatsform Erforderliche hinaus.[299] In *Leeth* v. *Commonwealth*[300] vertraten *Deane*, *Gaudron* und *Toohey* JJ. die Ansicht, ein weitgehendes Recht auf Gleichheit vor dem Gesetz sei ein weiterer ungeschriebener Bestandteil der Verfassung. Das hätte die Richter mit einer viel weitergehenden Kontrollbefugnis über die Gesetzgebung ausgestattet, als man sich vor den 90er Jahren je hätte vorstellen können. Jedes Gesetz müßte dieser Kontrolle unterzogen werden, denn jedes Gesetz läßt einer ausgewählten Gruppe besondere Aufmerksamkeit zuteil werden — die Strafgesetze etwa wählen Mörder und Vergewaltiger als strafbare Rechtssubjekte aus. Diese „Diskriminierung" ist selbstverständlich gerechtfertigt. Das Gericht müßte aber Kriterien entwickeln, um solche Akte der „Diskriminierung" von anderen unterscheiden zu können. Bei dieser Aufgabe könnte sich das Gericht jedoch keinerlei Hilfe vom Text der Verfassung versprechen. Warum sollte gerade im australischen System, in dem 1900 bewußt die Entscheidung getroffen und von den Wählern gebilligt wurde, auf einen Grundrechtskatalog zu verzichten, ein Gericht statt der gewählten Volksvertretung das letzte Wort über die Geltung von Gesetzen sprechen dürfen?[301] Und das im Namen der Volkssouveränität.[302]

Damit wäre das Gericht zum Supergesetzgeber für ganz Australien geworden, und zwar auf Kosten der demokratisch legitimierten, historisch als allein

---

(1983) 61 Can BR 124, 131-135, 142f. Vgl. aber *Attorney-General (Canada)* v. *Montreal Corp* [1978] 2 SCR 770, 796-798.

[296] Fraser, (1994) 16 Syd LR 213, 218f.

[297] Blackshield, "Implied Freedom", S. 257f; Dawson, (1996) 3 TJR 1, 11; Ewing, [1993] PL 256, 260f; Kirk, (1995) 23 Fed LR 37, 51-65, 73; Zines, (1994) 16 Syd LR 166, 177f.

[298] Siehe oben, Fußnote 275.

[299] Vgl. Donaghue, (1996) 24 Fed LR 133, 163f.

[300] (1992) 174 CLR 455. Die Gleichheitsdoktrin hat seitdem den verdienten Tod erlitten: *Kruger* v. *Commonwealth* (1997) 190 CLR 1.

[301] Campbell, (1994) 16 Syd LR 195, 195-199, 204-210; Coper, (1994) 16 Syd LR 185, 189f; Douglas, (1993) 16 UNSWLJ 315, 330, 347f; Goldsworthy, (1995) 39:3 Quadrant 46, 49f; Kennett, (1994) 19 MULR 581, 609f.

[302] Vgl. Doyle, "Implications", S. 88.

gesetzgebungsbefugt betrachteten Parlamente.[303] Das würde auch bedeuten, daß sich das Gericht in politisch kontroverse Angelegenheiten einmischen müßte, wodurch dessen Ruf geschädigt werden könnte. Die mit dem Supreme Court der U.S.A. verbundenen politischen Kontroversen sind den australischen Richtern bis zu den 90er Jahren weitgehend erspart geblieben.[304]

Desweiteren bleibt zu fragen, ob es mangels klarer Basis im Verfassungstext überhaupt ein nachvollziehbares Kriterium für den Inhalt des verfassungsimmanenten Grundrechtskatalogs — außer den persönlichen Meinungen und (Vor)urteilen der Richter — geben kann.[305] Darüber hinaus haben die vagen Urteilsformeln und die Unterschiede unter den verschiedenen Entscheidungsgründen der Richter — wie in England ist es in Australien üblich, daß jeder Mehrheitsrichter eigene Meinungen veröffentlicht — sehr viel Unsicherheit über die Reichweite und den Inhalt der verfassungsimmanenten Grundrechte hervorgerufen.[306]

Im Bereich der politischen Kommunikation war bzw. ist zum Beispiel immer noch unsicher, ob sie auch in bezug auf Landesangelegenheiten geschützt ist[307] und wie großzügig „politische Kommunikation" auszulegen ist.[308]

---

303 Douglas, (1993) 16 UNSWLJ 315, 339; Kennett, (1994) 19 MULR 581, 610f; Tucker, (1994) 16 Syd LR 274, 275, 287.

304 Douglas, (1993) 16 UNSWLJ 315, 349; Kirk, (1995) 23 Fed LR 37, 71f

305 Blackshield, "Implied Freedom", S. 258; Douglas, (1993) 16 UNSWLJ 315, 339, 346f; Kirk, (1995) 23 Fed LR 37, 65-75; Tobin, (1994) 26 Gazette of Law & Journalism 10, 10.

306 Douglas, (1993) 16 UNSWLJ 315, 346; Kennett, (1994) 19 MULR 581, 605f; Lindgren, (1994) 11 Aust Bar Rev 185, 185f; Tucker, (1994) 16 Syd LR 274, 284f.

307 *Independent Commission Against Corruption* v. *Cornwall* (1993) 38 NSWLR 207, 249-254; *Ballina Shire Council* v. *Ringland* (1994) 33 NSWLR 680, 701-703; *Levy* v. *Victoria* (1997) 189 CLR 579, 599f, 609, 610, 620, 643f; Bell u.a., (1994) 16 Syd LR 288, 300-302; Blackshield, "Implied Freedom", S. 263; Carney, (1995) 23 Fed LR 180, 182f; Douglas, (1993) 16 UNSWLJ 315, 336-338; Kennett, (1994) 19 MULR 581, 607f; Kirk, (1995) 23 Fed LR 37, 42; Twomey, (1997) 19 Syd LR 76, 79-88; Zines, *High Court*, S. 380; Zines, (1994) 16 Syd LR 166, 178-180.

308 *Ballina Shire Council* v. *Ringland* (1994) 33 NSWLR 680, 696f; *Baltinos* v. *Australian Consolidated Press* (Landgericht New South Wales, *Sully* J., 21. Juli 1995, 10708/1991), S. 64f; Aroney, (1995) 18 U Qld LJ 249, 262f; Aroney, (1997) 13:1 Policy 26, 27; Barendt, (1994) 16 Syd LR 149, 162; Bronitt/Williams, (1996) 18 Adel LR 289, 299, 302-304; Cassimatis, (1997) 5 Torts LJ 102, 103f; Coper, (1994) 16 Syd LR 185, 188f; Deamer, (1994) 26 Gazette of Law & Journalism 3, 7; Douglas, (1993) 16 UNSWLJ 315, 341-344; Kennett, (1994) 19 MULR 581, 605f; Twomey, (1997) 19 Syd LR 76, 87f. Die Zweifel über den Inhalt des Kommunikationsbegriffs wurden zum Teil in *Levy* v. *Victoria* (1997) 189 CLR 579, 594f, 613, 623, 625, 637-641 beseitigt, nach dem Handlungen in der Absicht, einen

(Fortsetzung nächste Seite ...)

Aus all diesen Gründen beendete der High Court 1996 und 1997 in Entscheidungen wie *McGinty* v. *Western Australia*[309] und *Kruger* v. *Commonwealth*,[310] die das Thema dieser Arbeit nicht unmittelbar aber doch die zulässigen Methoden der Verfassungsauslegung betreffen, die Phase der permanenten Revolution im Verfassungsrecht.[311] Er betonte, daß für jede Implikation konkrete Anhaltspunkte nicht bloß in den Werten, die der Verfassung zugrunde liegen mögen, sondern in der ausdrücklichen Wortwahl der Verfassung vorliegen müssen.[312]

Vor dem Ende der revolutionären Phase leitete das Gericht Folgen für das Diffamierungsrecht aus dem verfassungsimmanenten Grundrecht der Meinungs- bzw. Kommunikationsfreiheit im politischen Bereich ab. Diese Folgen werden nachfolgend dargestellt. Vorher aber muß das Diffamierungsrecht vor den 90er Jahren geschildert werden, um die Änderungen der 90er Jahre darstellen zu können. Da das Recht vor den 90er Jahren nur unwesentlich vom heutigen englischen Recht abweicht, darf diese Darstellung relativ kurz erfolgen.

---

politischen Inhalt mitzuteilen, auch als Kommunikation gelten. Siehe Williams, *Human Rights*, S. 193.
Für Zweifel über den Status nicht der Diskussionsmethoden, sondern der Diskussionsgegenstände, siehe unten, Fußnote 397.
Für einen interessanten Vergleich zwischen Deutschland und den U.S.A. auf diesem Gebiet, siehe Quint, (1992) 15 HICLR 613.

309 (1996) 186 CLR 140.

310 (1997) 190 CLR 1.

311 Für einen interessanten Beitrag zu diesem Begriff siehe Aroney, (1998) 21 UNSWLJ 645. Vgl. auch Lindell, (1998) 5 Agenda 83, 91.

312 Siehe unten, Fußnote 441.

2. Diffamierungsrecht vor den 90er Jahren

a. Common Law

Bis in die 60er Jahre entschieden die australischen Gerichte wie die englischen; erst 1963 erklärte sich der australische High Court für unabhängig und weigerte sich zum ersten Mal, einem Rechtssatz des höchsten englischen Gerichts, des House of Lords, zu folgen.[313] Daher überrascht es nicht, daß bis zur Zeit der Rechtsprechungsänderungen in der ersten Hälfte der 90er Jahre das australische Recht vom englischen kaum zu unterscheiden war.

Folglich gab es in Australien wie in England nach dem Common Law (denn der englische *Defamation Act* 1952[314] galt nicht in Australien) für öffentliche Versammlungen im Wahlkreis des Kandidaten das „qualified privilege"[315] aber keines für eine Veröffentlichung an eine unbeschränkte Öffentlichkeit,[316] wie zum Beispiel in einer Zeitung,[317] im Rundfunk[318] oder im Fernsehen[319] oder auf einer Versammlung, der eine unbestimmte Menge beiwohnte.[320] Wer aber in Ausübung des im Fall *Adam* v. *Ward* identifizierten Erwiderungsrechts

---

[313] *Parker* v. *R* (1963) 111 CLR 610; Lücke, (1983) 8 Adel LR 228, 276 Fußnote 221; McHugh, (1988) 62 ALJ 15, 20f; Murphy/Rueter, Stare Decisis, S. 57f.

[314] Siehe oben, Fußnote 75.

[315] *Crick* v. *Butler* (1891) 12 NSWR 75. Aber auch dann nicht unbedingt: *Gannon* v. *White* (1886) 12 VLR 29, 34-36, in dem wohl aus Versehen die in Fußnoten 67 und 68 zitierten englischen Fällen nicht erwähnt wurden.

[316] Anders (wie auch in England: oben, Fußnote 63) für eine an einen engen Kreis gerichtete Zeitung: *Brown* v. *Federated Miscellaneous Workers' Union* (1981) 9 NTR 33, 48; *Duane* v. *Granrott* [1982] VR 767, 780-782.

[317] *Smith's Newspapers* v. *Becker* (1932) 47 CLR 279, 291, 296, 304 (hier war der Kläger von der Philipps-Universität Marburg promoviert); *Telegraph Newspaper* v. *Bedford* (1934) 50 CLR 632, 659-662; *Morosi* v. *Mirror Newspapers* [1977] 2 NSWLR 749, 775-792; *Pryke* v. *Advertiser Newspapers* (1984) 37 SASR 175, 190f; *Smith* v. *John Fairfax & Sons* (1987) 86 FLR 343, 356; *Nationwide News* v. *Wiese* (1990) 4 WAR 263, 267, 268-271; *James* v. *Nationwide News* (1992) 110 FLR 274, 283-287; *Stephens* v. *West Australian Newspapers* (1994) 182 CLR 211, 243-253. Ausnahme: *O'Sullivan* v. *Schubert* [1963] VR 143, 148f; siehe dazu *Morosi*, [1977] 2 NSWLR 749, 788f. Für eine weitere, frühe Ausnahme vgl. *Ward* v. *Taylor* (1873) 7 SALR 103; in diesem Fall hat das Gericht zwischen „qualified privilege" und „fair comment" nicht unterschieden, was seine Argumentation entkräftet. Dieser Fehler in der Rechtsprechung des Gerichts wurde später von ihm erkannt: *Hutchison* v. *Mather* (1889) 23 SALR 73, 92-95; *Partridge* v. *Drysdale* [1900] SALR 50; *Tucker* v. *Hutchinson* [1902] SALR 1.

[318] *Church of Scientology* v. *Anderson* [1980] WAR 71, 80-82.

[319] Aufschlußreich der Meinungsunterschied in *Australian Broadcasting Corporation* v. *Comalco* (1986) 12 FCR 510, 532-542, 580-582, 591-595.

[320] *Lang* v. *Willis* (1934) 52 CLR 637, 667, 672.

handelte,[321] das nicht nur in bezug auf Tatsachenbehauptungen im Parlament, sondern auch in der Presse galt, genoß auch das „qualified privilege".[322] Solche Veröffentlichungen finden sich jedoch nur selten.[323] *Fox* J. vom Landgericht des Bundeshauptstadtterritoriums kam 1973 zu dem Schluß, daß Politiker — hier handelte es sich um den australischen Premierminister — zwar damit rechnen mußten, zum Gegenstand von Kritik zu werden, daß aber gerade wegen ihrer Bekanntheit eine falsche Tatsachenbehauptung ihrem Ruf in den Augen eines sehr großen Kreises schaden könnte, was eine höhere Schadensersatzsumme rechtfertigte.[324]

Der Vorschlag von *Pearson* J. im Fall *Webb* v. *Times Publishing*,[325] demzufolge ein Rechtfertigungsgrund „fair information on a matter of public interest" nach dem Vorbild des „fair comment" existiere, fand in Australien lediglich in isolierten Entscheidungen der Landgerichte Widerhall,[326] und das nicht immer vorbehaltlos.[327] Der Vorschlag wurde vom High Court nie gebilligt.[328] Wie in England gab es in Australien unter der Kategorie des „fair comment" einen viel weitergehenden Schutz für Meinungsäußerungen, solange die ihnen zugrundeliegenden Tatsachen der Wahrheit entsprachen.[329]

Man darf trotz alledem die Auswirkungen des Diffamierungsrechts auf die australischen Medien nicht übertreiben. Es handelte sich um keine große Gefahr für die Demokratie. Schadensersatzforderungen waren zwar erheblich; daß in Australien von Journalisten nur recht selten Enthüllungen infolge einer eingehenden Untersuchung der Tatsachen nach dem „Washington Post"-Muster veröffentlicht wurden, war jedoch eher ein Ergebnis kommerzieller Realitäten — es lohnte sich nicht für die Aktionäre der Zeitungsfirma — als ein Ausfluß der relevanten Rechtsbestimmungen.[330]

---

[321] Siehe oben, Fußnote 70.
[322] *Loveday* v. *Sun Newspapers* (1938) 59 CLR 503.
[323] „exceptional": *Telegraph Newspaper* v. *Bedford* (1934) 50 CLR 632, 659.
[324] *Gorton* v. *Australian Broadcasting Commission* (1973) 1 ACTR 6, 13, 26.
[325] Siehe oben, Fußnote 94.
[326] *Thompson* v. *Australian Consolidated Press* [1968] 3 NSWR 642, 645.
[327] *Hook* v. *John Fairfax* (1982) 42 ACTR 17, 19.
[328] Er wurde ausdrücklich von *Brennan* J. in *Stephens* v. *West Australian Newspapers* (1994) 182 CLR 211, 250 abgelehnt.
[329] *Slatyer* v. *Daily Telegraph Newspaper* (1907) 7 SR (NSW) 488, 501f (in der Revision: (1908) 6 CLR 1); *Pryke* v. *Advertiser Newspapers* (1984) 37 SASR 175, 191; siehe weiter oben, Fußnote 93.
[330] Edgeworth/Newcity, (1992) 10 Law in Context 39; Law Reform Commission, *Unfair Publication*, S. 22f.

Der Vollständigkeit halber sei schließlich darauf hingewiesen, daß im Mai 1994 in *Ballina Shire Council* v. *Ringland*[331] das Oberlandesgericht New South Wales der oben geschilderten Entscheidung des House of Lords im Fall *Derbyshire*[332] unter Berufung auf die im letzten Abschnitt erörterten australischen Fälle über die Meinungsfreiheit folgte. Dieser Fall erreichte den australischen High Court nicht; auf die Revision wurde verzichtet.[333]

b. *Defamation Act* 1974 (N.S.W.) § 22

Soweit zum Stand der Rechtsprechung der australischen Gerichte bis in die 90er Jahre. Verschiedene Gesetzgeber — in Australien ist Diffamierungsrecht grundsätzlich Sache der Bundesländer — sind aber auch auf diesem Gebiet tätig gewesen. Wichtig für die Weiterentwicklung des australischen Rechts[334] war der 1974 eingeführte[335] § 22 des *Defamation Act* 1974 des Bundeslandes New South Wales, der bestimmt:

> „**22. Information**
> (1) Where, in respect of matter published to any person:
> (a) the recipient has an interest or apparent interest in having information on some subject,
> (b) the matter is published to the recipient in the course of giving to him information on that subject, and
> (c) the conduct of the publisher in publishing that matter is reasonable in the circumstances,
> there is a defence of qualified privilege for that publication.
>
> (2) For the purposes of sub-section (1), a person has an apparent interest in having information on some subject if, but only if, at the time of the publication in question, the publisher believes on reasonable grounds that that person has that interest.
>
> (3) Where matter is published for reward in circumstances in which there would be a qualified privilege under sub-section (1) for the publication if

[331] (1994) 33 NSWLR 680. Für Kommentare siehe Maher, (1995) 3 Torts LJ 116; Mullany, (1995) 111 LQR 206; Pittrof, *Grundrechtsschutz*, S. 246 Fußnote 43. Zur Situation in Neuseeland, siehe Tobin, [1995] NZLR 90, 92f, 102.
[332] Siehe oben, Fußnote 113.
[333] Mullany, (1995) 111 LQR 206, 209.
[334] Zu den Vorschriften der Gesetze in den Bundesländern Queensland und Tasmanien, die auch vom Common Law erheblich abweichen, siehe z.B. *Pervan* v. *North Queensland Newspaper* (1993) 178 CLR 309; Chesterman, (1997) 19 Adel LR 155, 211; Gillooly, *Defamation*, S. 208-216.
[335] Der im Wortlaut nicht identische Vorgänger dieser Vorschrift war § 17 (e) des *Defamation Act* 1958 (N.S.W.). Siehe Law Reform Commission, *Defamation*, S. 110-113.

it were not for reward, there is a defence of qualified privilege for that publication notwithstanding that it is for reward."

Außer Frage steht, daß Politiker und die Politik als ganzes im Sinne dieses Gesetzes derart von öffentlichem Interesse sind, daß eine weitgehende Redefreiheit eingeräumt werden muß — weitergehend als beispielsweise für private Angelegenheiten.[336] Dennoch unterscheidet sich diese Vorschrift beträchtlich von der U.S.-amerikanischen Doktrin, vor allem durch die Voraussetzung von „reasonable in the circumstances", die in den meisten Fällen nicht nur den tatsächlich vorhandenen, sondern auch einen gut begründeten Glauben an die Wahrheit der behaupteten Tatsachen verlangt. Diese Voraussetzung ist jedoch nur schwer zu erfüllen, denn die Gerichte gewähren keinen Schutz in Angelegenheiten, bei denen es sich bloß um Gerüchte oder Spekulationen handelt, die keine Basis in den vor Gericht bewiesenen Tatsachen haben.[337]

Relevant für die Untersuchung der Behauptungen sind weiter die Existenz eines Glaubens an die Wahrheit der Äußerung und die Sorgfalt des Beklagten.[338] Es gibt also keinen Schutz nach U.S.-amerikanischem Muster für Äußerungen, die für wahr gehalten aber mit grober Fahrlässigkeit zustande gekommen sind.[339] Dennoch darf der Beklagte nach dem Gesetz auf den oft schwierigen Wahrheitsbeweis verzichten.[340] Insbesondere direkt nach der Einführung des § 22 haben die Gerichte die Abkehr vom Common Law nicht immer getreu vollzogen, dadurch den Nutzen des § 22 für die Medien in einigen Fällen zu weitgehend eingeschränkt und in einigen Fällen sogar den Wahrheitsbeweis durch den Beklagten verlangt.[341]

---

[336] *Calwell* v. *Ipec Australia* (1975) 135 CLR 321, 331-333, 335f; Henskens, (1990) 6 Aust Bar Rev 267, 275 Ziff. 3, 276.

[337] *Wright* v. *Australian Broadcasting Commission* [1977] 1 NSWLR 697; *Morosi* v. *Mirror Newspapers* [1977] 2 NSWLR 749, 796-799; *Smith* v. *John Fairfax & Sons* (1987) 86 FLR 343, 359.

[338] Henskens, (1990) 6 Aust Bar Rev 267, 270, 274-276; Law Reform Commission, *Defamation*, S. 111f; Walker, (1998) 6 Torts LJ 9, 21-23.

[339] Ein im Diffamierungsrecht spezialisierter Rechtsanwalt ist der Meinung, daß § 22 die „New York Times" wirksam beschützt hätte: Hughes, (1985) 59 ALJ 482, 486f.

[340] Henskens, (1990) 6 Aust Bar Rev 267, 268f; Law Reform Commission, *Unfair Publication*, S. 33.

[341] Applegarth, (1997) 44 Gazette of Law & Journalism 6, 7; Bartlett, (1994) 29:11 Aust Lawyer 22, 23f; Bartlett/Edwards, (1997) 32:8 Aust Lawyer 12, 13; Chesterman, (1997) 19 Adel LR 155, 206; Chesterman, (1997) 44 Gazette of Law & Journalism 5, 6; Coleman, (1994) 26 Gazette of Law & Journalism 14, 14; Coleman, (1997) 44 Gazette of Law & Journalism 10, 10f; Henskens, (1990) 6 Aust Bar Rev 267, 270f, 274f; Law Reform

(Fortsetzung nächste Seite ...)

Trotzdem stellt die Vorschrift einen Fortschritt gegenüber dem Common Law für die Medien dar. Das Wort „interest“ im § 22 (1) (a) wird weiter ausgelegt als unter dem Common Law, da nach § 22 (2) kein gegenseitiges Interessen- bzw. Pflichtverhältnis erforderlich ist.[342] Wie das Oberlandesgericht New South Wales zusammenfassend feststellte,

> „What the section does is to substitute reasonableness in the circumstances for the duty or interest which the common law principles of privilege require to be established.“[343]

Zeitungen können sich, wie schon dargelegt, fast nie auf das „qualified privilege“ des Common Law berufen, möglich ist aber der Beweis, daß eine Veröffentlichung „reasonable in the circumstances“ war.

Die genaue Bedeutung dessen ist trotz der oben angeführten Hinweise der Gerichte nie eindeutig festgesetzt worden. Das ist vorteilhaft, solange man die Umstände jedes einzelnen Falls gesondert prüfen will, ohne allzusehr an Präjudizien gebunden zu sein.[344] Eindeutig ist allerdings, daß vom Beklagten, das heißt den Medien, der Beweis des „reasonableness“ erbracht werden muß.[345]

Von Nachteil für die Medien, ohne einem berechtigten Interesse des Klägers zu dienen, war die Entscheidung des High Court in *John Fairfax & Sons* v. *Cojuangco*,[346] nach der die Gerichte bereits im Vorverfahren[347] unter § 22 die Offenbarung der Quellen eines Journalisten eher anordnen würden als unter

---

Commission, *Defamation*, S. 158f; Rares, (1995) 13 Aust Bar Rev 209, 215; Stone, (1998) 26 Fed LR 219, 245; Tobin, (1994) 17 UNSWLJ 383, 401f, 405; Walker, (1998) 6 Torts LJ 9, 21-23.

[342] *Smith* v. *John Fairfax & Sons* (1987) 86 FLR 343, 357; Chesterman, (1997) 19 Adel LR 155, 206; Hughes, (1985) 59 ALJ 482, 486; Law Reform Commission, *Defamation*, S. 158; Walker, (1998) 6 Torts LJ 9, 21.

[343] *Morosi* v. *Mirror Newspapers* [1977] 2 NSWLR 749, 797.

[344] Henskens, (1990) 6 Aust Bar Rev 267, 271; vgl. Tobin, (1994) 17 UNSWLJ 383, 405.

[345] *Smith* v. *John Fairfax & Sons* (1987) 86 FLR 343, 357-359; Tobin, (1994) 17 UNSWLJ 383, 400 Fußnote 91.

[346] (1988) 165 CLR 346; Coleman, (1994) 26 Gazette of Law & Journalism 14, 14; Henskens, (1990) 6 Aust Bar Rev 267, 271f; Law Reform Commission, *Defamation*, S. 164-166.

[347] Im Hauptverfahren haben die Medien nach dem Common Law überhaupt kein Recht, dem Gericht die Namen der Quellen vorzuenthalten, wenn sie für die Entscheidung im Fall relevant sind: *Nicholls* v. *Director of Public Prosecutions (South Australia)* (1993) 61 SASR 31, 37-39, 50-52, 54, 59f. In England hat man diese Regel durch Gesetz geändert: *Contempt of Court Act* 1981 s 10; Burrows, [1998] NZLR 229, 250f. Zum deutschen Recht vgl. zuletzt BVerfGE 100, 313, 365; BVerfG (Kammer), NJW 1999, 2880; Stadler, JZ 1989, 1084, 1093f.

dem Common Law.[348] Das könnte dazu führen, daß Medienkonzerne verklagt werden, damit sie ihre Quellen preisgeben, ohne daß die Absicht, der Wille oder eine Rechtfertigung zur Weiterführung des Rechtsstreits besteht.

c. Gesetze der „common-law"-Länder

In mehreren australischen Bundesländern (den „common-law States") war der Gesetzgeber zwar wortreicher als in New South Wales, hat sich aber im Endergebnis viel zurückhaltender geäußert und das von den Gerichten festgestellte Common Law lediglich am Rande geändert. Ein Beispiel dafür ist das Bundesland Südaustralien, dessen § 7 des *Wrongs Act* 1936 in der heutigen Form bestimmt:

> **„7. Privilege of newspaper, radio or television reports of proceedings of public meetings and of certain bodies and persons**
> (1) A fair and accurate report published by newspaper ["any newspaper or journal printed for sale and published in the State periodically at intervals not exceeding thirty-one days": § 3A], radio or television of the proceedings of —
>
> (a) a public meeting; or
> (ab) either House of Parliament; or
> (b) (except where neither the public nor any reporter is admitted) of any meeting of a municipal or district council, school board of advice, board of health, board or local authority formed or constituted under the provisions of any Act of Parliament, or of any committee appointed by any of the abovementioned bodies; or
> (c) a meeting of any Royal Commission, select committee of either House of Parliament; or
> (d) a meeting of shareholders in any bank (within the meaning of the *Banking Act* 1959 of the Commonwealth) or incorporated company,
>
> and the publication by newspaper, radio or television at the request of any Government office or department, Minister of The Crown, or Commissioner of Police, of any notice or report issued by it or him for the information of the public, shall be privileged unless it is proved that the report or publication was published or made maliciously:
>
> Provided that —
>
> (a) nothing in this section shall authorize the publication of any blasphemous or indecent matter:
> (b) the protection intended to be afforded by this section shall not be available as a defence in any proceedings if it is proved that the defendant has been requested to publish by the same newspaper or

[348] Siehe dazu Boyle, [1982] PL 574, 601f; Walker, (1995) 17 Syd LR 43, 54.

> radio or television station, as the case may be, a reasonable letter or statement by way of contradiction or explanation of such report or other publication and has refused or neglected to do so:
> (c) nothing in this section shall be deemed or construed to limit or abridge any privilege now by law existing, or to protect the publication of any matter not of public concern and the publication of which is not for the public benefit.
>
> (2) For the purposes of this section, "public meeting" means any meeting *bona fide* and lawfully held for a lawful purpose, and for the furtherance or discussion of any matter of public concern, whether the admission thereto be general or restricted."

§ 8 enthält eine Strafandrohung von bis zu drei Monaten Freiheitsstrafe für Berichte, die „unfair and inaccurate" sind. § 10 enthält die folgende Bestimmung:

> **„10. Defence in action against a newspaper or radio or television station for libel**
> (1) In an action for a libel contained in any public newspaper or other periodical publication or in a radio or television broadcast, the defendant may plead that the libel was inserted in the newspaper or other periodical publication or included in the broadcast without actual malice and without gross negligence, and that before the commencement of the action, or at the earliest opportunity afterwards, he inserted in the newspaper or other periodical publication or broadcast on the same radio or television station, a full apology for the libel, or if the newspaper or periodical publication in which the libel appeared was ordinarily published at intervals exceeding one week, offered to publish such an apology in any newspaper or periodical publication to be selected by the plaintiff in the action.
>
> (2) The defendant upon filing such defence may[349] pay into Court a sum of money by way of amends for the injury sustained by the publication of the libel.
>
> (3) [...]"

Diese Bestimmungen haben ihren Ursprung in englischen Gesetzen der 80er bzw. 40er Jahre des 19. Jahrhunderts[350] und entsprechen in etwa den heutigen

---

[349] Nicht „must", was weitere Schwierigkeiten bei der Anwendung dieses Rechtfertigungsgrundes mit sich ziehen würde: Goodman, (1960) 13 Current Leg Probs 135, 138f.

[350] *Chakravati* v. *Advertiser Newspapers* (1998) 193 CLR 519, 585, 592; Chesterman, (1997) 19 Adel LR 155, 199 Fußnote 237, 205; Fraser, (1891) 7 LQR 158; Goodman, (1960) 13 Current Leg Probs 135, 137; Milmo/Rogers, *Gatley*, S. 408f; O'Malley, (1980) 7 Brit J Law & Soc 22; O'Malley, (1982) 4 Media, Culture & Society 323; Todd, (1953) 16 MLR 198, 202f.

§§ 14f des *Defamation Act* 1996 (U.K.).[351] Ähnliche Bestimmungen sind in jedem Bundesland vorhanden, auch denjenigen, in denen (wie in New South Wales) auch weiterreichende Änderungen des Common Law vorgenommen worden sind.[352] Keines der Gesetze dieser Art beseitigt alle Mängel des Common Law. Einerseits sind immer noch öffentliche Versammlungen, die heutzutage selten erfolgen, im Zentrum des gewährten Schutzes (auch wenn es nicht mehr erforderlich ist, daß alle daran Beteiligten zum betreffenden Wahlkreis gehören). Andererseits gibt es keinen Schutz für Veröffentlichungen, die sich auf Äußerungen in den Landtagen oder auf öffentlichen Versammlungen in anderen Bundesländern beziehen.[353]

Die Bestimmungen sind durch weitreichende Bedingungen über das in dieser Situation einzigartig im australischen Recht vorgesehene Erwiderungsrecht,[354] Entschuldigungen, den erforderlichen Mangel an grober Fahrlässigkeit, das öffentliche Interesse und vieles andere mehr qualifiziert. Wer eine Zeitung veröffentlicht oder eine Nachrichtensendung ausstrahlt, hat nicht immer Zeit für diese feinen Erwägungen.[355] Schließlich schützen diese Vorschriften nur die Medien, nicht jedoch diejenigen, deren Äußerungen sie zum Gegenstand des Berichts haben (wie etwa die Redner auf öffentlichen Versammlungen).[356] Dieser ohnehin beschränkte Schutz erstreckt sich ferner nur auf Äußerungen auf öffentlichen Versammlungen, die heutzutage nur einen kleinen Teil des öffentlich-politischen Diskurses darstellen. Aus diesen Gründen werden diese Gesetze von den Medien kaum ins Feld geführt.[357]

d. Unzufriedenheit der Richter

Kurz vor dem Ausbruch der Revolution in der Verfassungsauslegung der 90er Jahre gab es Anzeichen dafür, daß die australischen Verfassungsrichter mit der Auswirkung des modifizierten englischen Common Law auf die Meinungs-

---

[351] Barendt u.a., *Chilling Effect*, S. 13f; Milmo/Rogers, *Gatley*, S. 409 Fußnote 6, 414 Fußnote 47; Williams, [1997] Tort LR 206, 216f.

[352] Nachweise bei Gillooly, *Defamation*, S. 227-235, 238-243; Law Reform Commission, *Unfair Publication*, S. x.

[353] Law Reform Commission, *Unfair Publication*, S. x.

[354] *Chakravati* v. *Advertiser Newspapers* (1998) 193 CLR 519, 553-555, 592-597; Milmo/Rogers, *Gatley*, S. 414.

[355] Vgl. Goodman, (1960) 13 Current Leg Probs 135, 139.

[356] Chesterman, (1997) 19 Adel LR 155, 199 Fußnote 237.

[357] Barendt u.a., *Chilling Effect*, S. 16.

freiheit im politischen Bereich unzufrieden waren. Im 1991 entschiedenen Fall *Coyne* v. *Citizen Finance*[358] äußerten *Mason* C.J. und *Deane* J.:

> „[I]n some [...] parts of this country [...] it is a common perception that the stop writ[359] and the effect of extravagant verdicts have combined to constitute an increasing threat to adequate and informed public discussion of matters of legitimate concern [...] and [...] the absence of any apparent correlation between the quantum of the amounts awarded as damages for defamation and the injury actually sustained has even led to the suggestion that the extraction of money by a public figure by way of settlement of a defamation action could constitute a sophisticated form of corruption."[360]

Nach den oben erörterten Entscheidungen über die verfassungsimmanenten Meinungs- und Redefreiheit aus dem Jahre 1992 war unklar, ob diese Freiheiten das Diffamierungsrecht neu gestalten konnten, um ihre Mängel zu beseitigen. 1994 gaben einige Entscheidungen die Antwort darauf.

3. *Theophanous* v. *Herald & Weekly Times*[361]

a. Die neue Ära

aa. Die neue Richtung

Am 12. Oktober 1994 fand die Unsicherheit über die künftige Richtung (wenn auch nicht über den genauen Inhalt) des australischen Diffamierungsrechts ein Ende. An diesem Tag veröffentlichte der High Court seine Entscheidung in *Theophanous*. Klar war nun, daß das implizite Grundrecht der Kommunikationsfreiheit im politischen Bereich auch die Diffamierung beeinflußte. Gleichzeitig lehnte das Gericht, das sich der Mängel des amerikanischen Rechts durchaus bewußt war, wichtige Bestandteile der amerikanischen *New York Times*-Doktrin ab. Das spiegelt auch zum Teil die ungeschriebene Natur des

---

358 (1991) 172 CLR 211.

359 Das bezieht sich auf den Verdacht, daß Verfahren ohne allzugroße Erfolgsaussicht eingeleitet werden, nicht um den wohl geringfügigen (wenn überhaupt erhältlichen) Schadensersatz zu bekommen, sondern um die Veröffentlichung zu verhindern oder so lange aufzuschieben, daß sie zwecklos wird und deswegen ausbleibt: *Theophanous* v. *Herald & Weekly Times* (1994) 182 CLR 104, 174; Anonym, (1974) 48 ALJ 457, 458; Barendt u.a., *Chilling Effect*, S. 47; Belsey, "Privacy, Publicity and Politics", S. 90; Edgeworth/Newcity, (1992) 10 Law in Context 39, 51; Law Reform Commission, *Unfair Publication*, S. x, 29-31; Zines, *High Court*, S. 386; oben, Fußnote 48.

360 (1991) 172 CLR 211, 218f. Für einen internationalen Vergleich siehe Giegerich, RabelsZ 63, 471, 478.

361 (1994) 182 CLR 104.

australischen Grundrechts wider[362] — die amerikanische Vorschrift ist bekanntlich in den Worten der Verfassung ausdrücklich enthalten.[363]

Der Tatbestand im Fall *Theophanous* war sehr einfach: in einem Brief an den Herausgeber der beklagten Zeitung aus der Feder des Präsidenten des Kriegsveteranenbundes im Bundesland Victoria, der als rücksichtsloser Verfechter des Konservatismus galt, wurde behauptet, der Kläger, ein Mitglied des Bundesparlaments, würde Menschen griechischer Abstammung als Einwanderer nach Australien bevorzugen. Er trete außerdem für Werte ein, die die meisten Australier ablehnten, sei ein Idiot und handele idiotisch. Die beklagte Zeitung berief sich auf verschiedene Rechtfertigungsgründe nach dem Common Law, darunter das „qualified privilege", aber auch auf das Kommunikationsrecht nach der Verfassung.

Vier Richter des siebenköpfigen Gerichts kamen zu dem Schluß, daß diese ungeschriebenen, verfassungsimmanenten Rechte auch im Privatrecht einschlägig waren. Diesen Richtern zufolge ergebe sich das aus den Entscheidungsgründen der Fälle des Jahres 1992, in denen die verfassungsimmanente Kommunikationsfreiheit festgestellt worden war. Es gebe keinen Grund, die Auswirkungen dieser Entscheidungen auf Kommunikationen mit gewählten Vertretern zu beschränken. Der Schutz aller an der Bildung der öffentlichen Meinung Beteiligten sei für den Fortbestand der repräsentativen Staatsform erforderlich.[364]

Unter Berufung auf U.S.-amerikanische Fälle und *Derbyshire* sowie auf die Schwierigkeit des Wahrheitsbeweises im politischen Bereich[365] erwähnten *Mason* C.J., *Toohey* und *Gaudron* JJ. den „chilling effect" der Diffamierungsverfahren auf die politische Diskussion. Das Common Law sei überdies ohne Rücksicht auf die implizite Kommunikationsfreiheit entwickelt worden. Daher sei es notwendig, den vom Common Law erzielten Ausgleich zwischen dem

---

362 (1994) 182 CLR 104, 125.

363 Damit unterscheidet sich Australien auch von Neuseeland: Huscroft, [1997] NZLJ 112, 113; Tobin, [1995] NZLR 90, 100-102. Zum dortigen Diffamierungsrecht in politischen Angelegenheiten: *Lange* v. *Atkinson* [2000] 1 NZLR 257. Für einen kurzen Vergleich mit Kanada siehe Stone, (1998) 26 Fed LR 219, 225.

364 (1994) 182 CLR 104, 121f.

365 Barendt u.a., *Chilling Effect*, S. 69-71, 114f, 133, 175, 190, 195f; Tobin, [1995] NZLR 90, 95.

Schutz des Rufes und der Meinungsfreiheit zu ändern, um von der Teilnahme an der politischen Willensbildung nicht abzuschrecken.[366]

bb. Drittwirkung

Den damit verbundenen Drittwirkungsfragen über den Einfluß der verfassungsrechtlichen Kommunikationsfreiheit auf das Privatrechtsgebiet des Diffamierungsrechts widmeten sich die drei Richter mit dem Ergebnis, daß das Common Law der Verfassung stets zu weichen habe. Schon mit dem Inkrafttreten der australischen Verfassung im Jahre 1901 muß also das Common Law geändert worden sein, um sich den gültigen Verfassungsvorschriften anzupassen.[367] Auch wenn die Verfassungsväter dies weder gewußt noch gewollt haben mögen,[368] hat diese Änderung stattgefunden, um den Bedürfnissen des heutigen Zeitalters gerecht zu werden (wobei man sich die Frage stellen muß, weswegen diese Änderung, wie gerade behauptet, bereits ab 1901 gegolten haben soll).[369] Damit bezogen die Richter unmißverständlich Stellung in der Debatte darüber, ob Verfassungsgerichte an die Absichten der Verfassunggeber gebunden sind.[370]

Damit verfochten die Richter eine für einige Kommentatoren zu einfache Ansicht über die unmittelbaren Auswirkungen des Verfassungsrechts auf das Privatrecht.[371] Die Kontroverse erinnert an den Streit in Deutschland in der Weimarer Zeit und in den frühen Jahren der Bundesrepublik über Drittwirkungsfragen und vor allem an den Namen *Nipperdey*.[372] Zu Drittwirkungsfragen gibt es im australischen Verfassungsrecht fast keine gerichtlichen oder wissenschaftlichen Studien.[373] Mangels eines Grundrechtskatalogs stellten sich die Fragen erst nach der Entwicklung der impliziten Grundrechte. Nun aber holte man diesen Bedarf rasch nach. Man fragte sich zum Beispiel, ob auch

---

366 (1994) 182 CLR 104, 129-133; Cassimatis, (1996) 16 Qld Lawyer 159, 164; O'Meara, (1995) 3 Torts LJ 105, 109; Tobin, (1994) 17 UNSWLJ 383, 396-402; Tobin, [1995] NZLR 90, 95; Zines, *High Court*, S. 384f.

367 (1994) 182 CLR 104, 126; Tilbury, "Uniformity", S. 260.

368 Wie auch in den U.S.A.: Lewis, *Make No Law*, S. 153.

369 (1994) 182 CLR 104, 128.

370 Aroney, (1997) 13:1 Policy 26, 28f; Craven, (1997) 13:3 Policy 7, 8-13; Donaghue, (1996) 24 Fed LR 133, 156; Loveland, [1996] PL 126, 129, 133, 136f; Stokes, (1994) 16 Syd LR 250, 254f, 260-263, 273; Williams, (1995) 17 Syd LR 62, 83-84.

371 Twomey, (1994) 19 MULR 1104, 1106; Twomey, (1997) 19 Syd LR 76, 88-91; vgl. Zines, *High Court*, S. 386f.

372 Für *Nipperdeys* Ansichten siehe z.B. BAGE 1, 185, 192-194; vgl. ferner BVerfGE 4, 7, 15f.

373 Williams, *Human Rights*, S. 174, 177; Williams, (1995) 17 Syd LR 62, 67. Dazu im englischen Kontext Markesinis, (1999) 115 LQR 47, 49f.

neue Arten von Rechtsmitteln (zum Beispiel ein Erwiderungsrecht des einzelnen) durch die Einwirkung des Verfassungsrechts ins Leben gerufen werden können.[374]

cc. Das neue „qualified privilege“ und der neue Rechtfertigungsgrund

Als Folge von *Theophanous* blieb die frühere Beschränkung des „qualified privilege“ auf Konstellationen, in denen ein gegenseitiges Pflichtverhältnis existierte, erhalten. Dennoch mußte nun davon ausgegangen werden, daß im politischen Bereich dieses Verhältnis unabhängig von Wahlkreisen stets vorhanden war. Das entsprach der politischen Wirklichkeit und dem Bedarf an einem wirksamen Schutz in der politischen Meinungsbildung.[375] Darüber hinaus gebe es einen neuen verfassungsrechtlichen Rechtfertigungsgrund im Diffamierungsrecht, wenn politische Kommunikation praktiziert wurde:

> „[I]f a defendant publishes false and defamatory matter about a plaintiff, the defendant should be liable in damages unless it can establish that it was unaware of the falsity, that it did not publish recklessly (*i.e.*, not caring whether the matter was true or false), and that the publication was reasonable in the sense described.“[376]

Die Voraussetzung „reasonableness“ bezog sich auf die Notwendigkeit, die Wahrheit der Tatsachen durch angemessene Schritte zu prüfen oder aber Gründe für den Verzicht darauf aufweisen zu können.[377] Diese Anforderung ergebe sich aus dem Bedürfnis nach dem Schutz des Rufes auch im politischen Bereich. Im Gegensatz zum Recht der U.S.A. sollten in Australien Vorwürfe ohne jegliche Rechtfertigung lediglich durch den vorhandenen Glauben an deren Wahrheit die deliktsrechtliche Haftung nicht ausschließen können.[378]

dd. Ablehnung des U.S.-Rechts

Die *New York Times*-Entscheidung wurde aus drei Gründen abgelehnt. Erstens höhle, wie schon dargestellt, die amerikanische Regel den Schutz des Rufes zu sehr aus. Zweitens sollte die australische Regel lediglich für Politiker und

---

[374] Williams, (1995) 17 Syd LR 62, 66f.

[375] (1994) 182 CLR 104, 140; Chesterman, (1995) 18 UNSWLJ 300, 319f; Chesterman, (1997) 19 Adel LR 155, 175; Law Reform Commission, *Defamation*, S. 156; Rares, (1995) 13 Aust Bar Rev 209, 210, 216; Richardson, (1996) 34 Torts LJ 242, 247 Fußnote 40; Tobin, [1995] NZLR 90, 96; Trindade, (1995) 111 LQR 199, 201f; Walker, (1995) 17 Syd LR 43, 55-58.

[376] (1994) 182 CLR 104, 137.

[377] (1994) 182 CLR 104, 137.

[378] (1994) 182 CLR 104, 136.

Kandidaten gelten, nicht aber für andere Personen des öffentlichen Lebens wie in den U.S.A., weil die verfassungsrechtliche Kommunikationsfreiheit lediglich der **politischen** Meinungsbildung dient. Drittens höre der Schutz von *New York Times* auch nicht bei grob fahrlässigen Handlungen auf.[379] Die Voraussetzung von „reasonableness“ wurde dagegen in bewußter Anlehnung an § 22 des *Defamation Act* 1974 von New South Wales und in bewußter Ablehnung des amerikanischen Rechts hinzugezogen:[380] die Veröffentlichung der fraglichen Tatsachenbehauptung mußte nunmehr auch nach dem verfassungsrechtlichen Privileg diesem Test genügen, andernfalls entfiel der Schutz.[381] Die Beweislast trug der Beklagte, also die Medien, denn es handelte sich um einen Rechtfertigungsgrund (auch hier unterschied sich das australische Recht vom amerikanischen).[382] Damit, so die Richter, könne man ferner den „malice“-Begriff abschaffen; er geht mit anderen Worten in „reasonableness“ auf.[383] Außerdem sei der Glaube an die Wahrheit der Behauptung erforderlich, denn in bezug auf die Wahrheit dürfe man nicht rücksichtslos („reckless“) handeln.[384]

ee. Länderangelegenheiten

Am Tag der *Theophanous*-Entscheidung, dem 12. Oktober 1994, verkündeten die gleichen drei Richter des High Court, daß auch in Länderangelegenheiten die sich aus der Kommunikationsfreiheit ergebenden Folgen für das Diffamierungsrecht gelten würden. Die Kommunikationsfreiheit könne aus der Bundes- wie auch aus den Landesverfassungen abgeleitet und das politische

---

379 (1994) 182 CLR 104, 133-137; Cassimatis, (1996) 16 Qld Lawyer 159, 166f; Hattam, (1994) 26 Gazette of Law & Journalism 14, 15; Hughes, (1985) 59 ALJ 482, 482-484; Lester, [1995] PL 1, 5f; Norman, (1994) 26 Gazette of Law & Journalism 10, 10; O'Meara, (1995) 3 Torts LJ 105, 109f; Tilbury, "Uniformity", S. 260; Tobin, (1994) 17 UNSWLJ 383, 404; Tobin, [1995] NZLR 90, 104; Trindade, (1995) 111 LQR 199, 203f; Twomey, (1994) 19 MULR 1105, 1109-1112; Walker, (1995) 17 Syd LR 43, 60; Williams, *Human Rights*, S. 175; Williams, (1995) 17 Syd LR 62, 68. Vgl. zur Lage in Neuseeland Huscroft, [1997] NZLJ 112, 113-118.

380 *Hartley* v. *Nationwide News* (1995) 119 FLR 124, 128f; *Peterson* v. *Advertiser Newspapers* (1995) 64 SASR 152, 187, 198.

381 (1994) 182 CLR 104, 137.

382 (1994) 182 CLR 104, 137f; Aroney, (1995) 18 U Qld LJ 249, 251f; Cassimatis, (1996) 16 Qld Lawyer 159, 167; Deamer, (1994) 26 Gazette of Law & Journalism 3, 7; Hattam, (1994) 26 Gazette of Law & Journalism 14, 15; Kentridge, (1996) 45 ICLQ 253, 267f; Law Reform Commission, *Defamation*, S. 160; Loveland, [1996] PL 126, 132; Milmo/Rogers, *Gatley*, S. 397, 399; Rares, (1995) 13 Aust Bar Rev 209, 209f; Thomson, [1995] Tort LR 81, 84; Tobin, [1995] NZLR 90, 95f; Trindade, (1995) 111 LQR 199, 200f; Trindade, (1998) 114 LQR 1, 2; Walker, (1995) 17 Syd LR 43, 60; Williams, *Human Rights*, S. 175.

383 (1994) 182 CLR 104, 137.

384 (1994) 182 CLR 104, 137.

Leben auf den zwei Ebenen nicht wirksam getrennt werden, so die Entscheidung im Fall *Stephens* v. *West Australian Newspapers*.[385]

b. Die Meinung von *Deane* J.[386]

Deane J. wies in *Theophanous* auf die Entwicklungen in den Medien seit Gründung des Bundes 1901 hin, die ihre Bedeutung in der öffentlichen Meinungsbildung erheblich ausgebaut hatten.[387] In dieser Hinsicht schloß er sich der Meinung von *Mason* C.J., *Toohey* und *Gaudron* JJ. an und vertrat auch die Ansicht, daß das australische Diffamierungsrecht mit der impliziten verfassungsrechtlichen Kommunikationsfreiheit in Einklang gebracht werden mußte.

Er ging aber in einer Hinsicht weiter als die drei Richter und verneinte, daß die Landtage überhaupt Gesetze erlassen dürfen, die in Bundesangelegenheiten eine Haftung nach dem Diffamierungsrecht begründen könnten. Dementsprechend lehnte er auch die Meinung der drei Richter ab, daß die oben geschilderten Voraussetzungen, vor allem „reasonableness", erfüllt werden mußten, wenn sich der Beklagte auf den neuen verfassungsrechtlichen Rechtfertigungsgrund berufen wollte. *Deane* J. zufolge sei es notwendig, einen völlig uneingeschränkten Spielraum für politische Diskussion zuzulassen.

Die Analyse von *Deane* J. war detaillierter als die der anderen drei Richter. Er erwähnte zum Beispiel die Möglichkeit, daß die Drohung mit einem Diffamierungsverfahren von der Äußerung wahrer Tatsachen wegen Beweisschwierigkeiten oder der hohen Prozeßkosten abschrecken könne.[388] Außerdem fänden sich Politiker durch ihre freiwillige Beteiligung an der politischen

---

[385] (1994) 182 CLR 211, 232-234, 257; siehe auch *Peterson* v. *Advertiser Newspapers* (1995) 64 SASR 152, 178f, 195, und, nach dem Ende der revolutionären Ära, *Muldowney* v. *South Australia* (1996) 186 CLR 352, 367, 370f, 373f, 377f, 381, 387f.
Kommentare zu *Stephens*, die auch die schwierigen Fragen der bundesstaatlichen Theorie behandeln, die in bezug auf diese Arbeit nur geringe Relevanz besitzen: Blackshield, "Implied Freedom", S. 264-266; Carney, (1995) 23 Fed LR 180, 184-192, 195-200; Carney, (1995) 6 PLR 147; Lester/Florance, (1994) 26 Gazette of Law & Journalism 8; O'Meara, (1995) 3 Torts LJ 105, 111-113; Thomson, [1995] Tort LR 81, 83; Twomey, (1994) 19 MULR 1104, 1108; Twomey, (1997) 19 Syd LR 76, 87f; Walker, (1995) 17 Syd LR 43, 46f; Williams, (1995) 17 Syd LR 62, 65, 69.
Zu den Bundesterritorien siehe *Lange* v. *Australian Broadcasting Commission* (1997) 189 CLR 520, 561; Carney, (1995) 23 Fed LR 180, 200-202; Carney, (1995) 6 PLR 147, 152.
[386] Für Kommentare zu diesem Urteil und einen Vergleich mit dem amerikanischen Recht siehe Loveland, [1996] PL 126, 132-135; Williams, (1995) 17 Syd LR 62, 70f.
[387] (1994) 182 CLR 104, 173f.
[388] (1994) 182 CLR 104, 176f, 183-185.

Meinungsbildung mit der Möglichkeit der Diffamierung im politischen Alltag ab.[389] Dennoch setzte sich auch *Deane* J. mit Fragen der Drittwirkung nicht überzeugend auseinander.

Ob auch „public figures“ nach U.S.-amerikanischem Muster nunmehr der gleichen Regel unterworfen waren, blieb unklar, denn *Deane* J., im Gegensatz zu den drei anderen Richtern,[390] lehnte diese Möglichkeit nicht ab. Er ließ die Frage offen, denn in diesem Fall sei eine Entscheidung darüber nicht erforderlich.[391]

Trotz dieser Meinungsunterschiede schloß sich *Deane* J. in *Theophanous*[392] und *Stephens*[393] den Urteilsformeln von *Mason* C.J., *Toohey* und *Gaudron* JJ. an, um die Bildung einer beschlußfähigen Mehrheit des siebenköpfigen Gerichts zu ermöglichen. Die Voraussetzung von „reasonableness“ sowie die anderen oben erörterten Voraussetzungen des neuen verfassungsrechtlichen Rechtfertigungsgrunds wurden somit Teile des australischen Rechts. Da eine Mehrheit des Gerichts die Ausdehnung der neuen Regel auf „public figures“ nicht abgelehnt hatte, blieb ihr Status unklar.

c. Unsicherheiten und Mängel

aa. Reichweite

Unsicher war jetzt überdies nicht nur, welche Handlungsarten als politische Kommunikation gelten sollten,[394] sondern auch, ob der in *Theophanous* angegebene Rechtfertigungsgrund nur dann einschlägig war, wenn der Kläger ein Politiker oder ein Kandidat einer Partei (oder — wenn man der Meinung von *Deane* J. folgt — eine „public figure“) war. Es war auch ferner möglich, daß ein politisches Gesprächsthema allein ausreichte und der Status des Klägers irrelevant war. In den Urteilsgründen gab es Anhaltspunkte für beide Ansichten, den Vorzug verdient aber die Meinung von *Zines*,[395] wonach in Australien davon auszugehen sei, daß nicht der Status des Gegenstandes der Kommunikation, sondern deren Thema entscheidend war. Gefragt werden mußte also, ob es sich um politische Kommunikation handelte oder nicht.[396] Das ergab sich nicht nur aus dem Zweck der in *Theophanous* verkündeten Regel, sondern auch aus einer genauen Betrachtung der Urteilsgründe[397] sowie aus dem Ursprung

---

[389] (1994) 182 CLR 104, 183.

[390] (1994) 182 CLR 104, 134. Siehe weiter oben, Fußnote 379.

[391] (1994) 182 CLR 104, 186f; Law Reform Commission, *Defamation*, S. 76-78; Twomey, (1994) 19 MULR 1105, 1110-1112; Williams, (1995) 17 Syd LR 62, 70f.

[392] (1994) 182 CLR 104, 188.

[393] (1994) 182 CLR 211, 257.

der Rechtsprechungsänderung in den oben erörterten Fällen über die Kommunikationsfreiheit aus dem Jahre 1992. Auch wenn Politiker in ihren Parlamentsreden wegen ihres Status das absolute Privileg genießen,[398] erschöpft dies bei weitem nicht die Gründe für die Existenz des „qualified privilege", das der Demokratie dienlich sein soll. „Qualified privilege" soll jedoch nicht als Vergeltungsakt fungieren.

Man kann trotzdem keineswegs genau bestimmen, wo das Gericht die Grenzen der politischen Diskussion zog. *Mason* C.J., *Toohey* und *Gaudron* JJ. äußerten dazu lediglich:

> „For present purposes, it is sufficient to say that "political discussion" includes discussion of the conduct, politics or fitness for office of government, political parties, public bodies, public officers and those seeking public office. The concept also includes discussion of the political views and public conduct of persons who are engaged in activities that have become the subject of political debate, e.g. trade union leaders, Aboriginal political leaders, political and economic commentators. Indeed, in our view, the concept is not exhausted by political publications and addresses which are calculated to influence choices. Barendt states that:
>
> > "'political speech' refers to all speech relevant to the development of public opinion on the whole

[394] Siehe oben, Fußnote 308.

[395] Zines, *High Court*, S. 384f.

[396] Deswegen sind selbstverständlich Tatsachenbehauptungen, die ausschließlich das Privatleben eines Politikers betreffen, vom *Theophanous*-Schutz nicht erfaßt: Burke/Svilans, (1994) 26 Gazette of Law & Journalism 12, 12 Nr. 4; Gillooly, *Defamation*, S. 191; Twomey, (1994) 19 MULR 1104, 1108f.

Ausgeschlossen sind natürlich auch Mitteilungen mit rein kommerziellem Inhalt, z.B. Werbung — wobei die Grenzziehung nicht immer leicht ist: Barendt, (1994) 16 Syd LR 149, 161f; Bartlett, (1994) 29:11 Aust Lawyer 22, 23f; Deamer, (1994) 26 Gazette of Law & Journalism 3, 7; Gillooly, *Defamation*, S. 191; Law Reform Commission, *Defamation*, S. 77; Tobin, [1995] NZLR 90, 104f; Trindade, (1995) 111 LQR 199, 201; Twomey, (1994) 19 MULR 1104, 1107f; Williams, (1995) 17 Syd LR 62, 79f.

[397] Trotz Cassimatis, (1997) 5 Torts LJ 102, 107; Chesterman, (1995) 13 Aust Bar Rev 218, 218f; Lester, [1995] PL 1, 5; vgl. *Hart* v. *Wrenn* (1995) 124 FLR 135, 137f; *Hartley* v. *Nationwide News* (Landgericht New South Wales, *Allen* J., 06. März 1995, 12564/1990), S. 1, 3; Bartlett, (1994) 29:11 Aust Lawyer 23, 23f; Burrows, [1998] NZLR 229, 233; Cassimatis, (1996) 16 Qld Lawyer 159, 165-167; Chesterman, (1995) 18 UNSWLJ 300, 318 Fußnote 72; Gillooly, *Defamation*, S. 190f; Law Reform Commission, *Defamation*, S. 78, 160; Reidy, (1994) 26 Gazette of Law & Journalism 15, 15; Tilbury, "Uniformity", S. 260; Tobin, [1995] NZLR 90, 94; Walker, (1995) 17 Syd LR 43, 49-51; Watterson, (1994) 26 Gazette of Law & Journalism 16, 16; Williams, (1995) 17 Syd LR 62, 68.

[398] (1994) 182 CLR 104, 182; Loveland, [1996] PL 126, 134; Maher, (1995) 3 Torts LJ 116, 129.

> range of issues which an intelligent citizen should think about."'"[399]

Diese Aussage bedeutete nur einen kleinen Schritt in der Interpretation, denn die für eine Rechtsnorm erforderliche Klarheit und Unzweideutigkeit besaß sie bei weitem nicht. Die Fachgerichte hatten immer noch viel zu tun, um diese Kriterien in der Praxis anwendbar zu machen.[400]

bb. Status als Präjudiz

Deane J. schloß sich, wie schon erwähnt, im vorhandenen Fall der Urteilsformel von *Mason* C.J., *Toohey* und *Gaudron* JJ. an,[401] was der Entscheidung eine recht schwache Kraft als Präjudiz verleiht. Die Oberlandes- und Landgerichte mußten zwar der Entscheidung Folge leisten, der High Court war dennoch jederzeit berechtigt, diese zu revidieren.[402] Es war absehbar, daß die Mehrheitsverhältnisse am High Court, die Mängel der Entscheidungsgründe und der Bedarf an Rechtssicherheit bald eine Wiederaufnahme des Themas Diffamierungsrecht herbeiführen würden.[403] Das trug nicht gerade zur Stabilität der Rechtslage bei.

cc. Technische Mängel

Im Anschluß an die *Theophanous*-Entscheidung bestanden viele Unsicherheiten im rechtstechnischen Bereich. Die vermutlich größte war, welches Verhältnis zwischen dem verfassungsrechtlichen Rechtfertigungsgrund und „qualified privilege" bestand. Auch in bezug auf das Rechtsinstitut des „fair comment" war dessen Verhältnis mit dem *Theophanous*-Rechtfertigungsgrund alles andere als eindeutig.[404] Man war sich zum Beispiel nicht sicher, ob das

---

399 (1994) 182 CLR 104, 124.

400 Für ein Beispiel vgl. *Lewandowski* v. *Lovell (No. 2)* (1995) 13 WAR 468; vgl. auch Burrows, [1996] NZLR 342, 347; Deamer, (1994) 26 Gazette of Law & Journalism 3, 7; Twomey, (1995) 17 Syd LR 43, 60f.

401 (1994) 182 CLR 104, 188; vgl. *Stephens* v. *West Australian Newspapers* (1994) 182 CLR 211, 257.

402 *Peterson* v. *Advertiser Newspapers* (1995) 64 SASR 152, 155; *Lange* v. *Australian Broadcasting Commission* (1997) 189 CLR 520, 554-556; *Laurance* v. *Katter* [2000] 1 Qd R 147, 200; Walker, (1998) 6 Torts LJ 9, 14; Williams, *Human Rights*, S. 188 (kritisch).

403 Bartlett/Edwards, (1997) 32:8 Aust Lawyer 12, 12; Cassimatis, (1997) 5 Torts LJ 102, 102; Chesterman, (1995) 13 Aust Bar Rev 218, 218f; Chesterman, (1997) 19 Adel LR 155, 156, 175; Law Reform Commission, *Defamation*, S. 163; Miller, (1996) 1:2 Newc LR 39, 40f, 54-56; Thompson, (1994) 26 Gazette of Law & Journalism 2, 2; Twomey, (1997) 19 Syd LR 76, 93f; Williams, (1996) 20 MULR 848, 865f.

404 Cassimatis, (1997) 5 Torts LJ 102, 105, 108; Trindade, (1995) 111 LQR 199, 202f.

„qualified privilege" weiterreichend war als der verfassungsrechtliche Rechtfertigungsgrund. Wenn Unterschiede vorhanden waren, worin bestanden diese und aus welchen Gründen ergaben sie sich?[405]

Auch in bezug auf technische Fragen des Diffamierungsrechts gab es zunächst keine Antwort, etwa auf die Frage, ob der Beklagte auch beweisen mußte, daß er die Falschheit nicht nur der Tatsachenbehauptungen an sich, sondern auch der sich daraus ergebenden Umstände nicht erkannt hatte. In ihrer Eile, das Recht zu ändern und die Möglichkeiten der Judikative völlig auszunutzen, hatten sich die High-Court-Richter diese schwierigen und weniger spannenden, aber für die Praxis unumgänglichen Fragen nicht gestellt; die Instanzgerichte mußten versuchen, die Absicht des High Court zu erraten.[406] In dieser Hinsicht haftet der Entscheidung ein gewisser Nimbus der Weltfremdheit an.

Von dem australischen High Court nicht vorgesehen war, daß in der Praxis das „qualified privilege" wichtiger blieb als der verfassungsrechtliche Rechtfertigungsgrund, da nach dem Privileg weder „reasonableness" noch der Mangel an „recklessness" bewiesen werden mußte.[407] Beide Begriffe zeichneten sich nicht gerade durch Exaktheit und Eindeutigkeit aus, was selbst dann von ihrer Verwendung abschreckte, wenn man glaubte, beiden genügt zu haben.[408] Befriedigend war allerdings, daß die Beweislast in *Theophanous* dem Beklagten zukam, was diesem die Entscheidung über die zu erbringenden Beweise und die dadurch zu verratenden Quellen und Geheimnisse zuwies.[409]

---

[405] *Hart* v. *Wrenn* (1995) 124 FLR 135, 137f; *Peterson* v. *Advertiser Newspapers* (1995) 64 SASR 152 — vgl. die Meinung von *Cox* J. (S. 156) mit der von *Olsson* J. (S. 182); *Baltinos* v. *Australian Consolidated Press* (Landgericht New South Wales, *Sully* J., 21. Juli 1995, 10708/1991), S. 61f; Cassimatis, (1997) 5 Torts LJ 102, 105; Chesterman, (1995) 18 UNSWLJ 300, 320; Walker, (1995) 17 Syd LR 43, 49-51. Weniger Zweifel verspürten dagegen die Gerichte in *Hartley* v. *Nationwide News* (Landgericht New South Wales, *Allen* J., 06. März 1995, 12564/1990), S. 2; (1995) 119 FLR 124 (bezweifelt wird nur, ob die Geschworenen oder der Richter die „reasonableness"-Frage entscheiden: (1995) 119 FLR 124, 129f).

[406] *Hartley* v. *Nationwide News* (1995) 119 FLR 124, 126-128; Cassimatis, (1997) 5 Torts LJ 102, 105; Mullaly, (1997) 134 Communications Update 16, 17; Stone, (1998) 26 Fed LR 219, 237, 244.

[407] Gillooly, *Defamation*, S. 192; Groves, (1997) 44 Gazette of Law & Journalism 3, 4; Law Reform Commission, *Defamation*, S. 161f; Mullaly, (1997) 134 Communications Update 16, 17; Nicholas, (1994) 26 Gazette of Law & Journalism 10, 10; Rares, (1995) 13 Aust Bar Rev 209, 216f; Todd, (1994) 26 Gazette of Law & Journalism 11, 11f; Walker, (1998) 6 Torts LJ 9, 12f.

[408] Burke/Svilans, (1994) 26 Gazette of Law & Journalism 12, 12.

[409] Siehe *du Plessis* v. *de Klerk* [1996] 3 S Af 850, 883f; Leigh, (1999) 48 ICLQ 57, 66-68; Walker, (1995) 17 Syd LR 43, 53; oben, Fußnote 382.

Für die U.S.-amerikanischen Medien war es, wie oben erwähnt, außerordentlich schwierig und nur unter Einbuße an dem Pressegeheimnis möglich, die Voraussetzungen eines Rechtfertigungsgrundes zu erfüllen.[410]

Dennoch laufen — auch nach dem heutigen Recht, worauf bald eingegangen wird — die Medien Gefahr, doch noch zu unterliegen, wenn sie sich weigern, genügend Beweismaterial zu erbringen, um der Beweislast zu genügen.[411] Unklar bleibt auch, ob der nach dem Common Law gewährte aber nicht in § 22 vom *Defamation Act* 1974 enthaltene Schutz vor von den Gerichten verfügtem Verrat der journalistischen Quellen im Vorverfahren auch im neuen Diffamierungsrecht fortgilt.[412]

dd. Auslegungsschwierigkeiten

Bemängelt wurde auch, daß die Richter der Oberlandes- und Landgerichte den neuen verfassungsrechtlichen Rechtfertigungsgrund zu sehr im Sinne des alten Common Law auslegten. Ein Beispiel dafür ist die Entscheidung in *Peterson* v. *Advertiser Newspapers*,[413] die unter anderem den relativ milden Vorwurf „erratic" („unberechenbar") in bezug auf den Präsidenten eines Landtages betraf, den besagten Vorwurf als diffamierend anerkannte und *Cox* J., der von der Mehrheitsentscheidung abwich, zu der Bemerkung veranlaßte,

> „If it is actionable to call a politician "erratic" in his political judgment, the outlook for free speech in this country is bleak indeed."[414]

Den Vertretern der Mehrheit (*Olsson* und *Mullighan* JJ.) zufolge sei der „erratic"-Vorwurf falsch, was der Zeitung bewußt war oder hätte sein müssen. Deshalb sei die Behauptung nicht „reasonable".[415] In der Tatsachenkonstellation, auf deren Darstellung wegen der Komplexität des Sachverhalts hier verzichtet sei, gab es dennoch Anhaltspunkte für diesen Vorwurf. Auch wenn der Vorwurf nicht berechtigt war, so war er doch im Rahmen des

---

[410] Siehe Walker, (1995) 17 Syd LR 43, 54; oben, Fußnote 234.

[411] Bates, (1994) 26 Gazette of Law & Journalism 13, 13; Burrows, [1996] NZLR 342, 347f; Burrows, [1998] NZLR 229, 234; Coleman, (1994) 26 Gazette of Law & Journalism 14, 14; Deamer, (1994) 26 Gazette of Law & Journalism 3, 7; Evatt, (1994) 26 Gazette of Law & Journalism 13, 13; Walker, (1995) 17 Syd LR 43, 54f; vgl. den in *Reynolds* v. *Times Newspapers* [1999] 3 WLR 1010, 1053f zitierten Fall sowie *Peterson* v. *Advertiser Newspapers* (1995) 64 SASR 152 für derartige taktische Entscheidungen seitens der Medien, die mißlungen sind.

[412] Siehe oben, Fußnote 346.

[413] (1995) 64 SASR 152.

[414] (1995) 64 SASR 152, 160; Cassimatis, (1997) 5 Torts LJ 103, 106.

[415] (1995) 64 SASR 152, 187.

politischen Diskurses vertretbar. Man schien immer noch davon auszugehen, daß Zeitungen die Wahrheit jeder politischen Äußerung zu beweisen hatten.[416] Wie unter § 22 des Gesetzes des Landes New South Wales — unter Berufung auf die gleichen Präjudizien über dessen Auslegung[417] — hat man die „reasonableness"-Voraussetzungen streng gehandhabt.[418]

ee. Keine Begründung

Sehr auffällig ist, daß die Richter des High Court in *Theophanous* ihre Äußerungen über den „chilling effect" kaum bzw. nur durch Anekdoten oder Behauptungen ohne Begründung in der Forschung oder Literatur untermauerten.[419] Die wenigen empirischen Untersuchungen des Diffamierungsrechts in Australien sind zu dem Schluß gekommen, daß Politikern keine erheblichen Vorteile durch das Diffamierungsrecht zukommen und daß sie im Vergleich mit anderen Berufsgruppen weder häufiger als Kläger auftreten noch größere Schadensersatzsummen erhalten.[420] Dagegen kann jedoch eingewendet werden, daß der politische Bereich für den Fortbestand der demokratischen Staatsform viel wichtiger ist als alle anderen Lebensbereiche und daß die dort geltenden Regeln deswegen besonders streng sein müssen.

d. Mindermeinung

Der erste der drei Richter des High Court, die sich den Entscheidungsgründen in *Theophanous* und *Stephens* nicht anschloßen, war *Brennan* J. Er stellte seinen Gründen im ersten Fall Ausführungen über die Grenzen der richterlichen Rechtsfortbildung voran. Ihm zufolge könnten Richter die nicht im Gesetzesinhalt stehenden Werte nur dann heranziehen, wenn es sich um das Common

---

[416] (1995) 64 SASR 152, 191.

[417] (1995) 64 SASR 152, 187-189, 198.

[418] Siehe oben, Fußnote 341; Bates, (1994) 26 Gazette of Law & Journalism 13, 13; Burrows, [1996] NZLR 342, 348; Evatt, (1994) 26 Gazette of Law & Journalism 13, 13; Huscroft, [1997] NZLJ 112, 112; O'Brien, (1994) 26 Gazette of Law & Journalism 13, 14; O'Meara, (1995) 3 Torts LJ 105, 114f; Polden, (1994) 26 Gazette of Law & Journalism 14, 14; Rares, (1995) 13 Aust Bar Rev 209, 215; Todd, (1994) 26 Gazette of Law & Journalism 11, 11f; Walker, (1995) 17 Syd LR 43, 51-53; Waterford, (1994) 26 Gazette of Law & Journalism 10, 10f. Vgl. aber Chesterman, (1995) 13 Aust Bar Rev 218, 219. Zu dieser Voraussetzung im amerikanischen Recht siehe Sanford, *Libel and Privacy*, S. 380-430.

[419] Siehe z.B. (1994) 182 CLR 104, 174.

[420] Edgeworth/Newcity, (1992) 10 Law in Context 39, 40, 52-54, 57-61; Loveland, [1996] PL 126, 130, 134; vgl. *Ballina Shire Council* v. *Ringland* (1994) 33 NSWLR 680, 726; Barendt u.a., *Chilling Effect*, S. 58 Fußnote 4, 63f, 68f, 87-91, 110-114, 131, 140, 149, 152f, 188 (in England sind es eher Polizisten, Sportler, Schauspieler und der Medieneigentümer Robert Maxwell, die das Diffamierungsrecht ausnutz(t)en); Maher, (1995) 3 Torts LJ 116, 124.

Law handelte, denn dies sei eine Schöpfung der Richter und deren Wertvorstellungen. Anders sei es dagegen mit der Verfassung und mit Gesetzen, in denen man nur bereits vorhandene Implikationen entdecken, aber keine neuen hineinlesen könne. Andernfalls setzte man sich über den Verfassungs- bzw. Gesetzgeber hinweg, dem die Verfassungs- bzw. Gesetzgebungsgewalt alleine zustehe.[421]

Brennan J. hatte 1992 die Existenz der verfassungsimmanenten Kommunikationsfreiheit befürwortet, 1994 aber betrachtete er diese genauer und kam zu dem Schluß, daß die Freiheit kein persönliches Recht des einzelnen auf freie Kommunikation, sondern eine Immunität von Gesetzen darstellte. Sie sei daher lediglich eine Beschränkung der legislativen und vollziehenden Gewalten, die die Meinungsbildung im politischen Bereich nicht verhindern dürfe, aber keine Quelle unmittelbar geltender Rechte und Pflichten. Mehr sei für den Schutz der repräsentativen Staatsform nicht erforderlich.[422] Die Bundesverfassung sei dazu da, die staatliche Macht unter den verschiedenen Regierungsorganen aufzuteilen, nicht aber um das Common Law durch Hinzufügung neuer Regeln zu ändern.[423] Das Common Law habe bereits ein Gleichgewicht zwischen Meinungsfreiheit und dem Schutz des Rufes erzielt, das die Verfassung nicht antaste. Es sei richtig, den „chilling effect" auf Tatsachenbehauptungen auszuüben, die dem Ruf des einzelnen in nach dem Common Law unzulässigem Maß schaden.[424]

Dawson und *McHugh* JJ. kamen aus ähnlichen Gründen zum gleichen Schluß.[425] Interessant ist, daß im zweiten Fall, *Stephens* v. *West Australian Newspapers*,[426] *McHugh* J. doch einen weiteren Spielraum für das „qualified privilege" anerkannte. Ihm zufolge hätten sich die Gesellschaft und die Medien am Ende des 20. Jahrhunderts so entwickelt, daß alle Bürger ein berechtigtes Interesse an der Art und Weise hätten, wie öffentliche Einrichtungen, Politiker und Behörden ihre Funktionen ausübten. Das gegenseitige Pflichtverhältnis zwischen den Medien und der Bevölkerung sei also nunmehr vorhanden, wenn Personen mit besonderem Wissen über „the exercise of public functions or

---

421 (1994) 182 CLR 104, 141-144; Lindell, (1998) 5 Agenda 83, 92f; Miller, (1996) 1:2 Newc LR 39, 46-48.

422 (1994) 182 CLR 104, 146-150. Zum Demokratiebegriff von *Brennan* J. siehe Patmore, (1998) 7 Griffith LR 97, 111f.

423 (1994) 182 CLR 104, 153.

424 (1994) 182 CLR 104, 154f; vgl. *Stephens* v. *West Australian Newspapers* (1994) 182 CLR 211, 255f. Für eine Kritik dieser Ansicht siehe Loveland, [1996] PL 126, 135-138.

425 (1994) 182 CLR 104, 191, 195-201; Miller, (1996) 1:2 Newc LR 39, 48-50; Patmore, (1998) 7 Griffith LR 97, 112-116; Williams, (1995) 17 Syd LR 62, 71-74.

426 (1994) 182 CLR 211.

powers[,] or the performance of their duties by public representatives or officials invested with those functions and powers"[427] berichteten. Bei der zweiten Änderung des Diffamierungsrechts in den 90er Jahren wurde diese Ansicht vom Gericht einhellig vertreten.[428]

4. *Lange* v. *Australian Broadcasting Corporation*[429]

a. Revision der Revolution

Die vielen Unsicherheiten und Mängel von *Theophanous*, die für sich eine Quelle des „chilling effect" des Diffamierungsrechts darstellten,[430] führten 1997 zur Verkündung einer neuen Regel durch den High Court im Fall *Lange*.

In diesem Fall handelte es sich um Vorwürfe einer der staatlichen australischen Fernsehgesellschaften gegen einen ehemaligen neuseeländischen Premierminister, den Kläger im Ausgangsverfahren. Am 06. August 1996, schon vor der mündlichen Verhandlung vor dem High Court, hatten einige Richter, vor allem *Dawson* J., während der mündlichen Verhandlung in einem anderen Fall, der das allgemeine Thema Kommunikationsfreiheit, wenngleich nicht das Diffamierungsrecht betraf, die Unzufriedenheit einiger Mitglieder des Gerichts mit der Argumentation in *Theophanous* deutlich gemacht. *Dawson* J. ermunterte dazu, Argumente gegen die Richtigkeit der Entscheidungsgründe für die Erwägung des Gerichts zu präsentieren.[431]

Das Urteil im Fall *Lange* wies (nach der Darstellung des Prozeßverlaufs und anderer Förmlichkeiten) an erster Stelle darauf hin, daß es weder in *Theophanous* noch in *Stephens* eine eindeutige Mehrheit der sieben Richter für

---

[427] (1994) 182 CLR 211, 265. Vgl. *Levy* v. *Victoria* (1997) 189 CLR 579, 623; *International Financing & Investment* v. *Kent* (Landgericht Westaustralien, *Anderson* J., 09. April 1998, 2475/1996); *Heytesbury Holdings* v. *Subiaco Corp* (Landgericht Westaustralien, *Steytler* J., 12. Juni 1998, 1340/1996), S. 72-74; Chesterman, (1995) 18 UNSWLJ 300, 320; Chesterman, (1997) 19 Adel LR 155, 174f; Law Reform Commission, *Defamation*, S. 156f; Loveland, (1997) 46 ICLQ 561, 580-582; Richardson, (1996) 34 Torts LJ 242, 247 Fußnote 40; Walker, (1995) 17 Syd LR 43, 57f.

[428] Zum Status der Bemerkungen von *McHugh* J. vor dem fraglichen Zeitpunkt siehe *Hart* v. *Wrenn* (1995) 124 FLR 135, 138-141.

[429] (1997) 189 CLR 520.

[430] Siehe oben, Fußnote 233.

[431] *Levy* v. *Victoria* (1997) 189 CLR 579, 583-585. Vgl. *McGinty* v. *Western Australia*, unten, Fußnote 441; Aroney, (1997) 13:1 Policy 26, 28; Bronitt/Williams, (1996) 18 Adel LR 289, 298; Lindell, (1997) 20 UNSWLJ 195; Richardson, (1996) 4 Torts LJ 242, 250; Trindade, (1998) 114 LQR 1, 2f; Walker, (1997) 22 Alt LJ 179, 179; Williams, *Human Rights*, S. 186; Williams, (1996) 20 MULR 848, 863-866; Zines, *High Court*, S. 385f.

ein bestimmtes Verständnis der Auswirkungen der verfassungsrechtlichen Freiheit auf das Diffamierungsrecht gegeben hatte. Lediglich durch die Bereitschaft von *Deane* J., sich der von ihm für nicht weitgehend genug gehaltenen Meinung dreier anderer Richter anzuschließen, konnte eine Mehrheit gebildet und der Fall entschieden werden.[432] Das berechtigte den High Court dazu, die früheren Fälle nicht als bindende Präjudizien zu betrachten.

Die Entschlossenheit, solche Unsicherheiten nicht weiter bestehen zu lassen, kam bereits am Anfang der Urteilsgründe unverkennbar zum Ausdruck. Diese Entscheidungsgründe wurden im Namen aller sieben Richter[433] veröffentlicht, ein recht seltenes Ereignis im australischen Verfassungsrecht — ein Kommentar spricht von einem Wunder,[434] da es nach englischem Muster normalerweise mehrere Entscheidungsgründe in jedem Fall gibt.[435] Diesmal aber war es anders. Aus Form und Inhalt der Entscheidungsgründe kann man jedoch annehmen, daß diese hauptsächlich aus der Feder von *McHugh* J. stammen,[436] wenn man das Folgende mit seiner oben geschilderten Meinung in *Stephens* vergleicht.[437]

Im Fall *Lange* wurde die verfassungsimmanente Kommunikationsfreiheit weder abgelehnt noch abgeschafft, sondern deren Auswirkungen und Begründung lediglich verdeutlicht und präzisiert. In den *Lange*-Urteilsgründen nicht erwähnte Grundsätze von *Theophanous*, etwa die Beschränkung des Schutzes auf politisch relevante Äußerungen,[438] bleiben daher bestehen, auch wenn das Gericht dies nicht ausdrücklich bestätigt hat. Aus den Bestimmungen der Bundesverfassung über die Wahl des Bundesparlaments sei nach wie vor zu

---

432 (1997) 189 CLR 520, 554-556: Bartlett/Edwards, (1997) 32:8 Aust Lawyer 12, 12; Chesterman, (1998) 6 Tort LR 9, 9; Mullaly, (1997) 134 Communications Update 16, 16; Potter, (1997) 44 Gazette of Law & Journalism 8, 8; Tilbury, "Uniformity", S. 261; Walker, (1998) 6 Torts LJ 9, 14.

433 *Brennan* C.J., *Dawson, Toohey, Gaudron, McHugh, Gummow* und *Kirby* JJ. Seit der Entscheidung in *Theophanous* hatten die zwei letztgenannten Richter *Mason* C.J. und *Deane* J. ersetzt.

434 Walker, (1997) 22 Alt LJ 179, 181. Vgl. auch Chesterman, (1997) 19 Adel LR 155, 156; Mullaly, (1997) 134 Communications Update 16, 16.

435 Für eine Verteidigung dieser Praxis vgl. Reid, (1972) 12 JSPTL (N.S.) 22, 28f.

436 Bartlett/Edwards, (1997) 32:8 Aust Lawyer 12, 12; Stone, (1998) 21 UNSWLJ 117, 124. Dies schließt jedoch nicht aus, daß andere Richter beigetragen haben. Wer seine Ansichten und Interessen kennt, könnte annehmen, daß *Kirby* J. für die Erwähnung der UNO verantwortlich sein könnte: siehe unten, Fußnote 454. Außerdem muß *McHugh* J. zu Kompromissen bereit gewesen sein: vgl. *Theophanous* (1994) 182 CLR 104, 203f mit *Lange* (1997) 189 CLR 520, 561: Patmore, (1998) 7 Griffith LR 97, 118.

437 Siehe oben, Fußnote 427.

438 Siehe oben, Fußnote 396; Chesterman, (1997) 19 Adel LR 155, 161f, 177.

schließen, daß die für die Ausübung des Wahlrechts erforderliche Kommunikation geschützt sei.[439] Dieser Schutz sei kein Recht des Individuums, sondern eine Einschränkung der Gesetzgebungsgewalt des Gesetzgebers — eine negative Implikation gegen den Gesetzgeber und keine positive Freiheit des Bürgers.[440] Ferner wurde festgestellt, daß sich derartige Implikationen in Grenzen halten müssen. Nicht wie vorher aus dem allgemeinen Begriff der repräsentativen Staatsform im Abstrakten dürften Implikationen abgeleitet werden. Man dürfe nunmehr, so das Gericht, solche rechtsverbindlichen Implikationen nur dann annehmen, wenn sie sich eindeutig aus den genauen Bestimmungen und dem Wortlaut der Verfassung im Gegensatz zu ungeschriebenen Verfassungsprinzipien ergeben.[441]

b. Neues und Altes

aa. Drittwirkung

Was ergibt sich aber aus diesen Grundsätzen für das Diffamierungsrecht nach dem Common Law? Obwohl das Common Law nicht vom Gesetzgeber erlassenes Recht ist, wird es doch von verfassungsrechtlichen Prinzipien beeinflußt. Es gebe, so die Urteilsgründe, ein gegenseitiges Verhältnis zwischen der Bundesverfassung und dem Common Law: sie beeinflussen sich wechselseitig, da sie im vereinten System der australischen Jurisprudenz Wirkung entfalten. Letzte Instanz für Common Law und Verfassungsrecht in Australien ist der High Court — im Gegensatz zu den U.S.A., in denen das Common Law ausschließlich der Gerichtsbarkeit der Bundesländer

---

[439] Chesterman, (1997) 19 Adel LR 155, 163-166.

[440] (1997) 189 CLR 520, 557-562; *Levy* v. *Victoria* (1997) 189 CLR 579, 622, 644; *McClure* v. *Australian Electoral Commission* (1999) 73 ALJR 1086, 1090f; *Titelius* v. *Public Service Appeal Board* (1999) 21 WAR 201, 221f; Aroney, *Freedom of Speech*, S. 144; Bartlett/Edwards, (1997) 32:8 Aust Lawyer 12, 12; Bronitt/Williams, (1996) 18 Adel LR 289, 304-306; Butler, (1997) 18 Qld Lawyer 39, 39; Chesterman, (1997) 19 Adel LR 155, 157f, 165f, 180; Chesterman, (1998) 6 Tort LR 9, 10; Cutler/Dick, (1997) 1 TeleMedia 57, 58; Gillooly, *Defamation*, S. 193; Mullaly, (1997) 134 Communications Update 16, 17; Tilbury, "Uniformity", S. 265; Trindade, (1998) 114 LQR 1, 4; Walker, (1997) 22 Alt LJ 179, 180; Walker, (1998) 6 Torts LJ 9, 14f; Williams, (1997) 19 Syd LR 76, 88-92.

[441] (1997) 189 CLR 520, 566f; *McGinty* v. *Western Australia* (1996) 186 CLR 140, 168-170, 188, 231-236; *Levy* v. *Victoria* (1997) 189 CLR 579, 606; Aroney, (1995) 18 U Qld LJ 249, 259, 264-267; Aroney, (1997) 13:1 Policy 26, 30f; Chesterman, (1997) 19 Adel LR 155, 161f; Chesterman, (1998) 6 Tort LR 9, 10; Kennett, (1994) 19 MULR 581, 605; Miller, (1996) 1:2 Newc LR 39, 40, 42-48; Richardson, (1996) 4 Torts LJ 242, 243; Tilbury, "Uniformity", S. 261f; Walker, (1997) 22 Alt LJ 179, 180; Williams, (1995) 17 Syd LR 62, 81f; Williams, (1996) 20 MULR 848-851, 854, 860, 863. Zum Demokratiebegriff der Richter in diesem Fall siehe Patmore, (1998) 7 Griffith LR 97, 116-120.

unterliegt.[442] Das bedeutet, daß sich Common Law und Verfassungsrecht in Australien parallel zueinander entwickeln können.[443]

Im symbiotischen Verhältnis von Common Law und Verfassung durchdringen die Werte der Verfassung das Common Law und umgekehrt. Das Common Law war vor der Verfassung des 1901 geschaffenen Bundes in Kraft, und die Bestimmungen der Verfassungen gehen davon aus, daß das Common Law in Australien gilt, während die Verfassung das ranghöchste Gesetz Australiens ist.[444]

Dieses Verhältnis der wechselseitigen Beeinflussung erinnert an die Drittwirkungsdoktrin bzw. Wechselwirkungslehre des Bundesverfassungsgerichts, wie man sie etwa im *Lüth*-Urteil[445] festgelegt hat. Allerdings spricht nichts dafür, daß diese deutschen Doktrinen den australischen Richtern bekannt waren;[446] in der angelsächsischen Welt, in der alles, was nicht in der englischen Sprache verfaßt ist, als nicht existent gilt, überrascht das nicht.

bb. Die neuste Regel

Im Endergebnis müsse sich aber das Common Law von den Bestimmungen der ihm, wenn nicht zeitlich, so doch hierarchisch überlegenen australischen Bundesverfassung beeinflussen lassen. Seit deren Inkrafttreten 1901 hätten, wie *McHugh* J. in *Stephens* behauptet hatte, die vielen Änderungen in der Gesellschaft und die viel wichtigere Stellung der Medien im politischen Leben ein neues Gleichgewicht zwischen Kommunikationsfreiheit und dem Schutz

---

[442] *Erie Railroad* v. *Tompkins* (1937) 304 US 64; 82 L Ed 1188.

[443] Chesterman, (1997) 19 Adel LR 155, 161.

[444] (1997) 189 CLR 520, 562-566; *Australian Capital Television* v. *Commonwealth* (1992) 177 CLR 106, 217f; *Levy* v. *Victoria* (1997) 189 CLR 579, 634; Chesterman, (1997) 19 Adel LR 155, 161; Patmore, (1998) 7 Griffith LR 97, 120; Tilbury, "Uniformity", S. 263f; Walker, (1997) 22 Alt LJ 179, 180; Walker, (1997) 8 PLR 216, 216f. Man denke zum Beispiel in dieser Hinsicht an den Art. 80 der Bundesverfassung, der davon ausgeht, daß Geschworene nach den herkömmlichen Regeln des Common Law die Schuldfrage im Strafverfahren entscheiden: *Cheatle* v. *R* (1993) 177 CLR 541. Zur gleichen Frage in Kanada siehe Doody, (1983) 61 Can Bar Rev 124, 136-139.

[445] BVerfGE 7, 198, 204-207.

[446] Im Gegensatz zum südafrikanischen Verfassungsgerichtshof, der sich mit diesen Fragen unter Berücksichtigung des *Lüth*-Urteils und seiner Nachfolger auseinandergesetzt hat: *du Plessis* v. *de Klerk* [1996] 3 S Af 850, 860-862, 870-888, 891-906, 908-919, 921-935.

des Rufs erforderlich gemacht. Das Common Law könne also die Kommunikation nicht derart einschränken, daß ein Verfassungsverstoß entsteht.[447]

Rechtsnormen sind nach diesen Grundsätzen nur dann verfassungswidrig und nichtig, wenn sie die Kommunikationsfreiheit im politischen Bereich einschränken, ohne einem legitimen, mit dem Weiterbestehen der repräsentativen Staatsform vereinbaren Ziel zu dienen.[448] Diese Frage muß man auch in bezug auf das Common Law im Bereich des Diffamierungsrechts stellen, und zwar vollständig. In *Theophanous* und *Stephens* hatte man sich nicht gefragt, ob das Diffamierungsrecht einem Ziel besagter Art dienen könnte. Eine neue Entscheidung des High Court sei deswegen notwendig.[449]

Dem Gericht zufolge sei wegen der Existenz des § 22 in New South Wales das dortige Recht mit den Erfordernissen der Bundesverfassung vereinbar. In anderen Bundesländern sei es anders, weil das nach § 22 abgeschaffte, aber nach dem Common Law erforderliche gegenseitige Pflichtverhältnis zwischen Zeitung und Lesern fast nie den Rechtfertigungsgrund des „qualified privilege" gelten lasse und Äußerungen über das politische System und Politiker mit Schadensersatzansprüchen belege.[450]

Der Meinung von *McHugh* J. in *Stephens* folgend verkündete der High Court 1997 folgende neue Regel:

> „Accordingly, this Court should now declare that each member of the Australian community has an interest in disseminating and receiving information, opinions and arguments concerning government and political matters that affect the people of Australia. The duty to disseminate such information is simply the correlative of the interest in receiving it. The

---

[447] (1997) 189 CLR 520, 565f, 570f; O'Donahoo/Batt, (1997) 44 Gazette of Law & Journalism 11, 11 Ziff. 2; Walker, (1997) 44 Gazette of Law & Journalism 12, 12; Williams, *Human Rights*, S. 189.

[448] (1997) 189 CLR 520, 567f; *Hammersley Iron* v. *Lovell* (1998) 19 WAR 316, 323-325, 342-344; Chesterman, (1997) 19 Adel LR 155, 166; Chesterman, (1997) 44 Gazette of Law & Journalism 5, 5; Groves, (1997) 44 Gazette of Law & Journalism 3, 4; Mullaly, (1997) 134 Communications Update 16, 16; Tilbury, "Uniformity", S. 264; Walker, (1997) 44 Gazette of Law & Journalism 12, 12.

[449] (1997) 189 CLR 520, 569; Butler, (1997) 18 Qld Lawyer 39, 39; Cutler/Dick, (1997) 1 TeleMedia 57, 59; Patmore, (1998) 7 Griffith LR 97, 118f.

[450] (1997) 189 CLR 520, 569f; Butler, (1997) 18 Qld Lawyer 39, 41f; Patmore, (1998) 7 Griffith LR 97, 118f; Walker, (1998) 6 Torts LJ 9, 16. Zu der zulässigen Höhe der Schadensersatzsummen in Australien siehe *Carson* v. *John Fairfax & Sons* (1993) 178 CLR 44; *Chakravati* v. *Advertiser Newspapers* (1998) 72 SASR 361, 370f, 377f.

common convenience and welfare of Australian society[451] are advanced by discussion — the giving and receiving of information — about government and political matters. The interest that each member of the Australian community has in such a discussion extends the categories of qualified privilege. Consequently, those categories now must be recognised as protecting a communication made to the public on a government or political matter."[452]

cc. Reichweite

Dem Gericht zufolge gelte diese Ausdehnung des „qualified privilege" auch in Länderangelegenheiten aufgrund deren Verflechtung mit Bundesangelegenheiten im heutigen Australien.[453]

Darüber hinaus könne die Kommunikation über die Politik(er) anderer Länder oder sogar die UNO den gleichen Schutz nach dem Common Law, nicht jedoch verfassungsrechtlich genießen, weil solche Kommunikation die australische Politik nur in Ausnahmefällen beeinflussen könne.[454] Das bestätigt das neue Verhältnis zwischen Verfassungsrecht und Common Law. Der privatrechtliche Rechtfertigungsgrund des „qualified privilege" besteht weiterhin im Common Law. Die Rolle der negativen Freiheit des Verfassungsrechts ist — wo anwendbar — jetzt darauf beschränkt, die mit der Kommunikationsfreiheit nicht vereinbaren Änderungen des Common Law außer Kraft zu setzen, unabhängig davon, ob sie durch Bundes- oder Landesgesetz zustande kommen.[455]

---

451 „Qualified privilege" dient im Prinzip nach dem klassischen Fall *Toogood* v. *Spyring* „the common convenience and welfare of society": (1834) 1 CM & R 181, 193; 149 ER 1044, 1050.

452 (1997) 189 CLR 520, 571; dazu auch Butler, (1997) 18 Qld Lawyer 39, 40; Chesterman, (1997) 19 Adel LR 155, 175f, 180; Cutler/Dick, (1997) 1 TeleMedia 58, 59; Mullaly, (1997) 134 Communications Update 16, 16; Trindade, (1998) 114 LQR 1, 4; Walker, (1997) 22 Alt LJ 179, 180.

453 (1997) 189 CLR 520, 571f; Bartlett, (1997) 44 Gazette of Law & Journalism 2, 3; Butler, (1997) 18 Qld Lawyer 39, 40; Chesterman, (1997) 19 Adel LR 155, 162; Cutler/Dick, (1997) 1 TeleMedia 57, 59; Milmo/Rogers, *Gatley*, S. 398f; O'Donahoo/Batt, (1997) 44 Gazette of Law & Journalism 11, 11 Nr. 3; Walker, (1997) 22 Alt LJ 179, 180; Walker, (1998) 6 Torts LJ 9, 17f.

454 (1997) 189 CLR 520, 571f; *Levy* v. *Victoria* (1997) 189 CLR 579, 643f; Bartlett, (1997) 44 Gazette of Law & Journalism 2, 3; Chesterman, (1998) 6 Tort LR 9, 13f; Cutler/Dick, (1997) 1 TeleMedia 57, 59; Gillooly, *Defamation*, S. 195; Groves, (1997) 44 Gazette of Law & Journalism 3, 4; Loveland, [1998] PL 633, 640; Milmo/Rogers, *Gatley*, S. 398f; Patmore, (1998) 7 Griffith LR 97, 120; Tilbury, "Uniformity", S. 261f; Walker, (1997) 22 Alt LJ 179, 180; Walker, (1998) 6 Torts LJ 9, 17f.

455 Für eine Analyse der anwendbaren Kriterien vgl. Chesterman, (1997) 19 Adel LR 155, 177-180, 211-215; Chesterman, (1998) 6 Tort LR 9, 14.

Ob in Länderangelegenheiten — das heißt, in bezug auf die Politik der Bundesländer — nicht nur das „qualified privilege" nach dem Common Law, sondern auch das dieses Privileg zum Teil beschützende verfassungsrechtliche Prinzip der Kommunikationsfreiheit gilt, bleibt also offen — und braucht erst dann entschieden zu werden, wenn ein Landesgesetz das Diffamierungsrecht so ändert, daß der Spielraum für politische Kommunikation in für den Bund irrelevanten Landessachen enger wird, als die verfassungsrechtliche Kommunikationsfreiheit zuließe.[456]

Im Fall *Lange* hielt das Gericht es für möglich, daß die Diskussion der fraglichen neuseeländischen Angelegenheiten zur politischen Meinungsbildung in Australien beitragen könnte.[457] Die genaue Grenze zwischen politischen und anderen Formen der Kommunikation wurde jedoch nicht weiter erörtert.[458] Auch wenn nichts darauf hinweist, daß das Gericht seine diesbezüglichen knappen Ausführungen in *Theophanous*[459] außer Kraft setzen wollte, wurden diese weder ausdrücklich bestätigt noch weiter ausgelegt.[460] Allerdings läßt sich unzweideutig sagen, daß nach den Urteilsgründen die Ansicht richtig ist, daß lediglich der Gegenstand der Kommunikation, nicht aber der Status des Klägers entscheidend ist.[461] Darüber hinaus hatte die Rechtslage in *Lange* dadurch an Klarheit und Eindeutigkeit gewonnen, daß sich die Richter auf die Urteilsgründe einigen konnten und daß das Verhältnis zwischen Common Law und Verfassungsrecht geklärt wurde.[462]

dd. Tod und Verklärung

In *Lange* verkündete das Gericht im Einklang mit dem festgestellten Verhältnis zwischen Verfassung und Common Law das Ende des selbständigen, verfassungsrechtlichen *Theophanous*-Rechtfertigungsgrunds. Das „qualified

---

456 Chesterman, (1997) 19 Adel LR 155, 162; Chesterman, (1997) 44 Gazette of Law & Journalism 5, 5; Walker, (1997) 22 Alt LJ 179, 181; Walker, (1998) 6 Torts LJ 9, 14f; Williams, (1996) 20 MULR 848, 866f.

457 (1997) 189 CLR 576; Trindade, (1998) 114 LQR 1, 5; Twomey, (1997) 19 Syd LR 79, 92f.

458 Chesterman, (1997) 44 Gazette of Law & Journalism 5, 5; Chesterman, (1998) 6 Tort LR 9, 10; Walker, (1998) 6 Torts LJ 9, 17. Behauptet wird auch, daß die Angelegenheiten der Minister, ihrer Behörden und öffentlicher, vom Gesetz ins Leben gerufener Körperschaften eingeschlossen sind: (1997) 189 CLR 520, 561; Bartlett/Edwards, (1997) 32:8 Aust Lawyer 12, 12f.

459 Siehe oben, Fußnote 399.

460 Butler, (1997) 18 Qld Lawyer 39, 41; Chesterman, (1997) 19 Adel LR 155, 163.

461 Siehe oben, Fußnote 397 sowie Walker, (1998) 6 Torts LJ 9, 17; Williams, (2000) 63 MLR 748, 754.

462 Chesterman, (1998) 6 Tort LR 9, 11.

privilege" dagegen besteht fort, wurde sogar in der schon beschriebenen Form ausgedehnt.[463]

Paradoxerweise führte das „Ableben" des *Theophanous*-Rechtfertigungsgrunds zu keiner sehr großen Änderung in der Praxis oder im Gleichgewicht zwischen Redefreiheit und Schutz des Rufes. Erstens sind die Unterschiede zwischen dem reformierten „qualified privilege" und dem *Theophanous*-Rechtfertigungsgrund unerheblich.[464] Die wichtigste Änderung für die Praxis[465] war, daß „reasonableness" als zusätzliche Voraussetzung des ausgedehnten „qualified privilege" anerkannt wurde. „Reasonableness" war jedoch schon früher im *Theophanous*-Rechtfertigungsgrund und nach § 22 des Gesetzes von New South Wales erforderlich und ist deswegen keine allzu große Innovation.[466] Ferner war das „qualified privilege" schon unter *Theophanous* wichtiger als das verfassungsrechtliche Prinzip.[467] Auch unter diesem Gesichtspunkt ist die Entscheidung im Fall *Lange* zu begrüßen, denn es wurde dadurch auf eine nicht nur rechtswissenschaftlich schlecht begründete, sondern auch in der Praxis überflüssige Doktrin verzichtet.

c. Ausnahmen

aa. „Reasonableness"

Um das herkömmliche „qualified privilege" außer Kraft zu setzen, mußte der Kläger nach der alten Rechtslage „malice", das heißt in den meisten Fällen den mangelnden Glauben an die Wahrheit der Äußerung, ins Feld führen.[468] Nun aber können privilegierte Äußerungen durch die Massenmedien Millionen von Menschen erreichen.[469] Auch wenn das neue Privileg nicht exklusiv für die Medien geschaffen wurde — es ist für jeden da[470] —, werden die Medien

---

[463] (1997) 189 CLR 520, 565f; Chesterman, (1997) 19 Adel LR 155, 160; Chesterman, (1998) 6 Tort LR 9, 10f; George, (1997) 44 Gazette of Law & Journalism 8, 8; Hattam, (1997) 44 Gazette of Law & Journalism 9, 9; O'Donahoo/Batt, (1997) 44 Gazette of Law & Journalism 11, 11; Patmore, (1998) 7 Griffith LR 97, 118.

[464] Chesterman, (1998) 6 Tort LR 9, 9-11; Tilbury, "Uniformity", S. 264.

[465] Vgl. zu den angeblich weitergehenden theoretischen Änderungen Chesterman, (1997) 19 Adel LR 155, 177-180.

[466] Chesterman, (1998) 6 Tort LR 9, 10, 12; Groves, (1997) 44 Gazette of Law & Journalism 3, 4; Mullaly, (1997) 134 Communications Update 16, 17; O'Donahoo/Batt, (1997) 44 Gazette of Law & Journalism 11, 12; Walker, (1997) 22 Alt LJ 179, 181; Walker, (1997) 44 Gazette of Law & Journalism 12, 12; Walker, (1998) 6 Torts LJ 9, 16f.

[467] Siehe oben, Fußnote 407.

[468] Siehe oben, Fußnote 104.

[469] Vgl. die Argumentation von Siebert, NJW 1958, 1369, 1369.

[470] Chesterman, (1997) 19 Adel LR 155, 166.

zweifellos den weitaus größten Nutzen daraus ziehen.[471] Unter diesen Bedingungen muß der erforderliche Maßstab etwas strenger sein, weil der erlittene Schaden eines zu Unrecht Beschuldigten wegen der größeren Auswirkungskraft viel größer sein könnte.[472] In bezug — nur[473] — auf die neue „qualified privilege"-Kategorie sei der „reasonableness"-Maßstab im § 22 des Gesetzes von New South Wales auch im Common Law anzuwenden.[474] Das sei ein angemessener und ausreichender Schutz für den Ruf angeblich Diffamierter[475] und mache außerdem das in *Theophanous* verkündete[476] Erfordernis, man dürfe nicht in bezug auf die Wahrheit der Äußerung rücksichtslos handeln, überflüssig: wer rücksichtslos handelt, entspricht nicht der „reasonableness"-Anforderung.[477]

Die „reasonableness"-Anforderung erklärte das Gericht so:

> „as a general rule, a defendant's conduct in publishing material giving rise to a defamatory imputation will not be reasonable unless the defendant had reasonable grounds for believing that the imputation was true, took proper steps, so far as they were reasonably open, to verify the accuracy of the material and did not believe the imputation to be untrue. Furthermore, the defendant's conduct will not be reasonable unless the defendant has sought a response from the person defamed and published the response made (if any) except in cases where the seeking or publication of a response was

---

[471] Chesterman, (1995) 18 UNSWLJ 300, 321; George, (1997) 44 Gazette of Law & Journalism 8, 9.

[472] Außerdem verfügen die Massenmedien bereits über viel Macht in der Gesellschaft und müssen irgendwie beschränkt werden: Chesterman, (1995) 18 UNSWLJ 300, 321f. Das Gegenargument von *Deane* J. ((1994) 182 CLR 104, 186) vermag nicht zu überzeugen.

[473] (1997) 189 CLR 520, 573; Butler, (1997) 18 Qld Lawyer 39, 41; Milmo/Rogers, *Gatley*, S. 399; Nicholas, (1997) 44 Gazette of Law & Journalism 7, 7; Trindade, (1998) 114 LQR 1, 5f; Walker, (1998) 6 Torts LJ 9, 20.
Hier gibt es folglich weitere Abgrenzungsschwierigkeiten: Applegarth, (1997) 44 Gazette of Law & Journalism 6, 7.

[474] Zur Frage, ob diese Anforderung allzusehr vom Common Law abweicht, vgl. *Blackshaw* v. *Lord* [1984] 1 QB 1, 26 und *Lange* v. *Atkinson* [1998] 3 NZLR 424, 469, 473-477 mit *Reynolds* v. *Times Newspapers* [1998] 3 WLR 862, 910; [1999] 3 WLR 1010, 1034, 1047 sowie Burrows, [1998] NZLR 229, 234; Loveland, [1998] PL 633, 643-645. Für einen interessanten Vergleich mit dem Common Law einer Minderheit der U.S.-Bundesländer vor *Sullivan*, vgl. Morris, (1937) 110 ALR 412, 441.

[475] (1997) 189 CLR 520, 574; Tilbury, "Uniformity", S. 263.

[476] Siehe oben, Fußnote 384.

[477] (1997) 189 CLR 520, 572f; Patmore, (1998) 7 Griffith LR 97, 119.

> not practicable or it was unnecessary to give the plaintiff an opportunity to respond."[478]

Wenn sich das vom Fahrlässigkeitsmaßstab unterscheiden läßt, dann nur mit erheblichen Schwierigkeiten.[479] Dies stellt eine wichtige Einschränkung der Rechte der Medien dar und ist außerdem speziell auf sie zugeschnitten[480] — was jedoch nicht bedeutet, daß es ungerechtfertigt ist.[481] Man denke an den amerikanischen Fall *Ocala Star-Banner* v. *Damron*,[482] den Fall, in dem ein unschuldiger Amtskandidat durch grobe Fahrlässigkeit eines schweren Verbrechens bezichtigt wurde. Das dürfte unter den in Australien entwickelten, selbständigen Regeln nicht geschehen.[483] Auch wenn den Medien nicht immer viel Zeit vor der Veröffentlichung zur Verfügung steht, darf man von ihnen dennoch eine angesichts ihrer Position und ihres Schadenspotentials angemessene Sorgfalt verlangen.[484] Nach wie vor[485] müssen aber die Medien oft schwierige Entscheidungen darüber treffen, ob sie im Rechtsstreit ihre Quellen verraten oder aber eine Quelle, die nicht vor Gericht erscheinen würde, überhaupt benutzen können.[486]

Es stellt sich wieder die Frage, ob die Auslegung der „reasonableness"-Voraussetzung nach § 22 des Gesetzes von New South Wales nun auch unter dem Common Law für ganz Australien gilt, da „reasonableness" jetzt auch eine Voraussetzung des Common Law ist. Wie bereits dargestellt[487] hat man das Gesetz nicht immer großzügig ausgelegt, man ist allem Anschein nach in einigen Fällen davon ausgegangen, daß § 22 vom Wahrheitsbeweiserfordernis des alten Common Law nicht erheblich abweiche, denn eine Veröffentlichung kann nur „reasonable" sein, wenn sie der Wahrheit entspricht. Wie die neue

---

478 (1997) 189 CLR 520, 574. Für weitere Tips dieser Art, siehe Bartlett, (1994) 29:11 Aust Lawyer 22, 24; Bartlett/Edwards, (1997) 32:8 Aust Lawyer 12, 13; Burke/Svilans, (1994) 26 Gazette of Law & Journalism 12, 12.

479 Zu den Vorteilen des Fahrlässigkeitsmaßstabs siehe Gounalakis, *Privacy and the Media*, S. 22, 37, 70.

480 Chesterman, (1998) 6 Tort LR 9, 12f; Gillooly, *Defamation*, S. 196.

481 *Contra* Walker, (1997) 8 PLR 216, 217f.

482 Siehe oben, Fußnote 218.

483 Milmo/Rogers, *Gatley*, S. 400.

484 Walker, (1998) 6 Torts LJ 9, 28.

485 Siehe oben, Fußnote 410.

486 Bartlett/Edwards, (1997) 32:8 Aust Lawyer 12, 13; Butler, (1997) 18 Qld Lawyer 39, 41; Cutler/Dick, (1997) 1 TeleMedia 57, 59; Hattam, (1997) 44 Gazette of Law & Journalism 9, 10; Trindade, (1998) 114 LQR 1, 7.

487 Siehe oben, Fußnote 341.

Anforderung des Common Law in der Praxis angewandt wird, wird sich erst nach Jahren der Erfahrung zeigen.[488]

Beachtenswerterweise ist die in *Lange* vom Gericht verkündete Voraussetzung von „reasonableness" nach dem neuen Common Law, daß in der Regel[489] der Vorwurf dem Betroffenen mitgeteilt und seine Stellungnahme schon vor der Veröffentlichung berücksichtigt worden sein muß, nicht ausdrücklich im § 22 normiert (wie auch nicht in anderen gesetzlichen Vorschriften).[490] Das begründet den Schluß, daß Gerichtsentscheidungen bei der „reasonableness"-Prüfung nach *Lange* durch die Erwiderungsmöglichkeit des Betroffenen statt des Wahrheitsbeweises nach der Rechtsprechung zu § 22 maßgeblich beeinflußt werden.[491] Letzten Endes wollte der High Court die Möglichkeiten der politischen Kommunikation ausdehnen und nicht einschränken, was sich hoffentlich auch in der Handhabung des „reasonableness"-Kriteriums widerspiegeln wird.[492] In diesem Zusammenhang ist unter anderem relevant, wie schnell ein Bericht veröffentlicht werden mußte, bevor er zu sehr an Aktualität verlor, und ob es sich um ein Ereignis der Tagespolitik oder aber um eine langwierige Untersuchung handelte, die nach einer angemessenen Erwiderungsfrist zugunsten des Betroffenen genauso aktuell bleiben würde.[493] Mit der objektiven Wahrheit des Berichts hat diese Voraussetzung jedoch nichts zu tun.

Allerdings ist eindeutig, daß unter dem neuen Common Law nach *Lange* der Wahrheitsbeweis nicht erforderlich ist.[494] Ob dagegen der Beklagte an die Wahrheit der Behauptung glauben muß, was bei Leserbriefen und der Wiedergabe der Äußerungen anderer problematisch ist, bleibt fraglich. Man kann nur

---

488 Bartlett/Edwards, (1997) 32:8 Aust Lawyer 12, 13; Chesterman, (1997) 44 Gazette of Law & Journalism 5, 5f; Coleman, (1997) 44 Gazette of Law & Journalism 10, 11; Hattam, (1997) 44 Gazette of Law & Journalism 9, 10; O'Donahoo/Batt, (1997) 44 Gazette of Law & Journalism 11, 12; Stone, (1998) 26 Fed LR 219, 237; Tilbury, "Uniformity", S. 268f; Trindade, (1998) 114 LQR 1, 7; Williams, *Human Rights*, S. 189. Vgl. aber Groves, (1997) 44 Gazette of Law & Journalism 3, 5.

489 Für eine mögliche Ausnahme siehe Groves, (1997) 44 Gazette of Law & Journalism 3, 4f; Henskens, (1990) 6 Aust Bar Rev 267, 275 Ziff. 5.

490 Chesterman, (1997) 19 Adel LR 155, 176; Chesterman, (1998) 6 Tort LR 9, 12; Mullaly, (1997) 134 Communications Update 16, 17.

491 Bartlett/Edwards, (1997) 32:8 Aust Lawyer 12, 13; Chesterman, (1997) 19 Adel LR 155, 176; Chesterman, (1998) 6 Tort LR 9, 12. Zum englischen Recht vgl. *G.K.R. Karate (U.K.)* v. *Yorkshire Post Newspapers* [2000] 1 WLR 2571, 2578f.

492 Mullaly, (1997) 134 Communications Update 16, 17.

493 *Moriarty* v. *Advertiser Newspapers* (1998) 198 Law Society Judgment Scheme (South Australia) 31, 54.

494 *Rann* v. *Olsen* (2000) 76 SASR 450, 453-456, 463f, 466f, 515; Bartlett/Edwards, (1997) 32:8 Aust Lawyer 12, 13; Tilbury, "Uniformity", S. 268f; Walker, (1998) 6 Torts LJ 9, 25f.

hoffen, daß dies nicht zur Voraussetzung wird, weil es in vielen Fällen für die Medien durchaus vernünftig, ja erforderlich ist, die Behauptungen anderer lediglich weiterzugeben.[495]

bb. „Malice"

Der Begriff „malice" wurde nicht aus dem australischen Recht getilgt. Er sollte nun in dem Sinne verstanden werden, daß lediglich die Veröffentlichung nicht zwecks öffentlicher Meinungsbildung, sondern aus anderen Gründen den „malice"-Vorwurf begründen würde. „Malice" muß bei der Veröffentlichung nicht nur vorhanden, sondern auch der Beweggrund des Beklagten gewesen sein; überdies genügt es nicht, wenn er lediglich dem politischen Ansehen des Klägers als Teil der politischen Willensbildung schaden wollte.[496]

d. Fazit

Das Ergebnis der zwei grundsätzlichen Änderungen des australischen Diffamierungsrechts der 90er Jahren besteht also vor allem darin, daß die alte Beschränkung des „qualified privilege" auf Fälle, in denen ein gegenseitiges Pflichtverhältnis zwischen Medien und Bürgern besteht, so aufgelockert worden ist, daß in allen Fällen, in denen es sich um politische Angelegenheiten handelt, dieses Verhältnis nunmehr angenommen wird.

Damit entfällt die vorherige Regel, daß lediglich die Wähler im Wahlkreis an Informationen über die dortigen Kandidaten interessiert seien. Die Medien haben aber dieses Zugeständnis nicht ohne Nachteile ihrerseits erhalten. Sie müssen nicht nur wie schon vorher im „qualified privilege" den Mangel an „malice" beweisen, sondern auch die Voraussetzung von „reasonableness" erfüllen. Was das bedeutet, bleibt teilweise unklar, auch wenn der High Court einige Hinweise dazu gegeben hat und man sich auf das nicht völlig befriedigende Beispiel des § 22 berufen kann. Diese Grundsätze werden auf

---

[495] Applegarth, (1997) 44 Gazette of Law & Journalism 6, 7; Schauer, (1978) 58 Boston ULR 685, 699; Walker, (1997) 44 Gazette of Law & Journalism 12, 12. Vgl. Hill, (1976) 76 Columbia LR 1205, 1219f.

[496] (1997) 189 CLR 520, 574; *Rann* v. *Olsen* (2000) 76 SASR 450, 467; Bartlett/Edwards, (1997) 32:8 Aust Lawyer 12, 13; Butler, (1997) 18 Qld Lawyer 39, 41; Chesterman, (1998) 6 Tort LR 9, 12; Milmo/Rogers, *Gatley*, S. 399f; Mullaly, (1997) 134 Communications Update 16, 17; O'Donahoo/Batt, (1997) 44 Gazette of Law & Journalism 11, 12; Patmore, (1998) 7 Griffith LR 97, 119; Tilbury, "Uniformity", S. 263; Trindade, (1998) 114 LQR 1, 7f; Walker, (1997) 22 Alt LJ 179, 180f; Walker, (1997) 44 Gazette of Law & Journalism 12, 12.
Zur Beweislast siehe Hattam, (1997) 44 Gazette of Law & Journalism 9, 10.

Bundes-, möglicherweise auch auf Landesniveau durch die verfassungsrechtliche Implikation zugunsten der politischen Kommunikation geschützt.

IV. Deutschland

1. Rahmen des Vergleichs[497]

In diesem Abschnitt wird die Rechtsprechungsänderung bei der Auslegung des § 193 StGB im Rahmen des deutschen Diffamierungsrechts in politischen Angelegenheiten dargestellt — auf dem gleichen Rechtsgebiet also, auf dem in Australien die zwei geschilderten Änderungen des Diffamierungsrechts erfolgt sind. Dabei wird sich herausstellen, daß sowohl nach gesetzestechnischen als auch nach inhaltlichen Kriterien die Unterschiede relativ gering sind. Auch wenn man die unterschiedlichen Traditionen im Privatrecht der beiden Länder in Erwägung zieht, überrascht das wenig. Letzten Endes handelt es sich um zwei demokratische Länder, in denen die Meinungsfreiheit für die Existenz der Demokratie unerläßlich ist.[498]

Der Wandel in der Auslegung des Begriffs vom „berechtigten Interesse" nach § 193 StGB ist ein anschauliches und aufschlußreiches Beispiel der richterlichen Rechtsfortbildung.

2. Gesetze

a. Grundsätze

Das deutsche Diffamierungsrecht wird in erster Linie und am auffälligsten im Strafgesetzbuch geregelt,[499] dessen §§ 185ff die Straftatbestände der Beleidigung, der üblen Nachrede und der Verleumdung enthalten.[500] § 188 StGB[501] enthält darüber hinaus eine — verfassungsmäßige[502] — Strafvorschrift, die die üble Nachrede und Verleumdung begangen an Personen des öffentlichen Lebens in dort näher geregelten Umständen mit Freiheitsstrafen von bis zu fünf

---

[497] Für rechtsvergleichende Arbeiten auf dem hier behandelten Gebiet, die sich mit dem deutschen und englischen oder amerikanischen Recht beschäftigen, vgl. Danziger, (1986) 19 NY J Int L & Pol 171; Eberle, (1997) 47 Case Western LR 797; Gounalakis, *Privacy and the Media*; Kommers, (1980) 53 Southern Cal LR 657; Markesinis, *Comparative German Law of Torts*; Markesinis, (1999) 115 LQR 47; Quint, (1989) 48 Maryland LR 247.

[498] Siehe z.B. BVerfGE 5, 85, 204f für eine Beschreibung der Wichtigkeit der Meinungsfreiheit im demokratischen Staat, in dem die Würde des Menschen den höchsten Wert darstellt.

[499] Siehe dazu aus angelsächsischer Sicht Riesman, (1942) 42 Columbia LR 727, 737-745.

[500] Zum Unterschied zwischen § 185 und § 186 vgl. BGHSt 12, 287, 291f; OLG Stuttgart, JZ 1969, 77, 78.

[501] Bis zum Inkrafttreten des Sechsten Gesetzes zur Reform des Strafrechts vom 26. Januar 1998 (BGBl I S. 164) § 187a StGB.

[502] BVerfGE 4, 352.

Jahren belegt.[503] Zivilrechtliche Ansprüche bestehen in den §§ 823, 824, 826, 847 und 1004[504] BGB. Von Belang sind desweiteren die Pressegesetze der Bundesländer.[505] Schließlich ist der Ehrenschutz Bestandteil des allgemeinen Persönlichkeitsrechts; es wird sich in Teil C herausstellen, daß trotz § 253 BGB ein Recht auf Schadensersatz dem Kläger auch für immaterielle Schäden zustehen kann.

b. Rechtfertigung

Wie im anglo-australischen Diffamierungsrecht werden die anscheinend sehr weitgehenden Bestimmungen des Strafgesetzbuches, die als „Überbleibsel" aus der vor- bzw. frühdemokratischen Zeit dem Wortlaut nach eine politische Diskussion über manche Angelegenheiten beinahe unmöglich machen müßten,[506] durch einen Rechtfertigungsgrund gemildert. Einschlägig ist hier die „Wahrnehmung berechtigter Interessen" nach § 193 StGB.[507] Schon 1902 wurde vom Reichsgericht entschieden, daß diese Bestimmung zum Tatbestand der Straftat und nicht zu deren Schuldbereich gehört, was zur Folge hat, daß sie auch im Zivilrecht gilt, wenn versucht wird, die Haftung etwa nach § 823 BGB zu

---

503 Siehe dazu Kübler, NJW 1999, 1281, 1286; Pelckmann, AfP 1972, 206, 207; Schwenk, NJW 1962, 1321, 1323; Schwinge, MDR 1973, 801, 802; Seibert, MDR 1951, 709, 711; Steffen, in: Löffler, *Presserecht*, S. 300f; Uhlitz, NJW 1967, 129, 130. Ähnliche Straftatbestände, die Nachfolger der Straftat „seditious libel", sind auch in den Ländern des Common Law vorhanden. Das südaustralische Beispiel besteht aus einer Übertragung des Common Law ins Gesetzesrecht unter gewissen Änderungen (§ 257 des *Criminal Law Consolidation Act* 1935), nach dem alle Rechtfertigungsgründe, die im Zivilrecht vorhanden sind, auch im Strafrecht gelten. Für den wohl letzten und erfolglosen Versuch, diese Vorschrift ins Feld zu führen, siehe Inglis, *The Stuart Case*, Kap. 21. Im Bundesland Victoria sind seit 1950 zwei Fälle vor Gericht gekommen: Johnson, [April 2000] Law Inst Jo (Vic.) 66, 67. Der Versuch einer Privatperson, den entsprechenden Straftatbestand nach dem Recht des Bundeslandes New South Wales in einem privaten Rechtsstreit geltend zu machen, wurde 1992 vom High Court als „Prozeßmißbrauch" für unzulässig erklärt: *Williams* v. *Spautz* (1992) 174 CLR 509. Für englische Statistiken siehe Gounalakis/Glowalla, AfP 1997, 771, 772; Younger, *Privacy*, S. 288; für ein englisches Beispiel, Goodman, (1960) 13 Current Leg Probs 135, 146; für einen englischen Kommentar Calcutt, *Privacy*, S. 26f.

504 RGZ 60, 6, 7; Helle, NJW 1958, 1524; Helle, NJW 1961, 1896, 1897.

505 Gounalakis, *Privacy and the Media*, S. 59.

506 Heinemann, NJW 1962, 889, 892.

507 OLG Stuttgart, JZ 1969, 77, 78; Gounalakis, *Privacy and the Media*, S. 57. Zur Frage, ob diese Vorschrift auch bei Verleumdung (§ 187 StGB) in Frage kommen kann, vgl. BGHSt 14, 48, 51; Rudolphi, in: Rudolphi u.a., *SK-StGB*, § 193 Nr. II; Tröndle, *StGB*, § 193 Rn. 3f. Vgl. schließlich auch den ähnlichen Ausdruck in § 824 II BGB.

begründen.[508] Es stellt sich also die Frage, unter welchen Umständen die Wahrnehmung berechtigter Interessen von den Gerichten angenommen wird. Auf diesem Gebiet findet man den für diese Arbeit aufschlußreichen Rechtsprechungswandel.

3. Rechtsprechung

a. Frühere Verfassungsepochen

aa. Ausgangsposition

Der Begriff der Wahrnehmung berechtigter Interessen war beim Inkrafttreten des Strafgesetzbuches im neu gegründeten Kaiserreich völlig neu.[509] Es gab keine feste Bedeutung dieses Ausdrucks, auf die sich die Gerichte bei der Auslegung hätten berufen können. Maßgebend waren vielmehr im Fall der Presse deren Aufgaben nach damaligem rechtlichem Verständnis. Hinzu kamen die Verfassungsvorschriften über die Rolle der Presse bei der Meinungsbildung. Unter der Verfassung des Kaiserreiches bestand kein Grundrechtskatalog und daher keine verfassungsrechtliche Gewährleistung der Pressefreiheit. Art. 22 der Reichsverfassung und § 12 RStGB bestimmten lediglich, daß wahrheitsgetreue Berichte über parlamentarische Debatten straflos waren. Schon damals fand aber die politische Debatte nicht nur im Parlament statt.

Nach dieser Verfassungs- und Gesetzeslage war es nur folgerichtig, wenn das preußische Königliche Ober-Tribunal[510] und nach seiner Gründung im Jahre 1879 auch das Reichsgericht[511] nach anfänglicher Unsicherheit über die Reichweite des § 193 RStGB im allgemeinen[512] eine öffentliche Aufgabe der Presse verneinte. Trotz diesbezüglicher Unsicherheiten der frühesten Rechtsprechung[513] bestand das Gericht relativ schnell auf der Existenz eines Interesses, das den Zeitungsredakteur persönlich nahe anging, sollte ihm und seinem Blatt die Wahrnehmung berechtigter Interessen zuerkannt werden. Die

---

[508] RGZ 51, 369, 376-378. Vgl. BVerfGE 99, 185, 196; RGZ 60, 6, 7; BGH, NJW 1970, 187, 189; Hager, AcP 196, 168, 173f; Herdegen, in: Jescheck u.a., *LK-StGB* § 193 Rn. 1; Steffen, in: Löffler, *Presserecht*, S. 301; Soehring, *Presserecht*, S. 285f; Wenzel, *Recht*, S. 282-285.

[509] Zur Geschichte der „Wahrnehmung berechtigter Interessen" im Reichstag vgl. RGSt 23, 144, 145f; von Bülow, Gerichtssaal 46, 261, 278-284; Seibert, MDR 1951, 709, 709.

[510] Rechtspr. des Kgl. Ober-Tribunals in Strafs. (Oppenhoff) 15, 678; dass., 18, 282; dass., 18, 307.

[511] RGSt 1, 19 (Gerichtsverhandlung — auf den Beweggrund des Veröffentlichenden wurde abgestellt); RGSt 5, 239, 240; RGSt 25, 67, 68; RGSt 25, 285, 286; RGSt 25, 422, 423; RGSt 30, 41, 42f; RGSt 39, 311, 312f; RG, GA 43 (1895), 384.

[512] Vgl. hierzu vor allem Kohler, GA 47, 1, 108f.

[513] Vgl. RGSt 2, 252, 253; RGSt 5, 121, 123.

Presse hatte keine allgemeine Befugnis, die Interessen der Allgemeinheit wahrzunehmen.[514]

Im Einklang mit der herkömmlichen englischen Theorie,[515] die auch in Australien bis in die 90er Jahre galt, verneinte man in Deutschland auf dieser Basis in der Regel die Möglichkeit einer Wahrnehmung berechtigter Interessen durch die Tagespresse, wenn sie sich mit allgemeinen politischen Berichten an das Publikum wandte. Das galt auch für die politische Presse. Politische Angelegenheiten waren von allgemeinem Interesse und gingen also niemanden **nahe** an.[516] Lediglich in bezug auf Tatsachenbehauptungen, die in der Fachpresse an einen engen Kreis etwa von Händlern gerichtet waren oder den wirtschaftlichen Interessen der Zeitung (etwa der Auflagenerhöhung) dienten,[517] konnte ein solches Interesse bestehen.[518] Das erinnert sehr stark an die Entscheidung über den „Racing Calendar“ im Vergleich mit den Londoner Times in *Chapman* v. *Ellesmere*.[519] Wie auch in England führte die deutsche Regel zu gelegentlich absurden Schlüssen: zum Beispiel, daß die Zulässigkeit einer Kritik der öffentlichen Straßenbahn davon abhängig war, ob der Journalist selbst die fragliche Einrichtung benutzte.[520]

Gelegentlich wurde jedoch etwas großzügiger verfahren: einen Redakteur gingen unlautere Handlungen eines Stadtbeamten an, weil er in der fraglichen Stadt wohnte;[521] sogar ein Wahlaufruf konnte, so das Reichsgericht, unter Umständen straffrei sein, wenn dieser zur Wahrung eigener berechtigter Interessen oder der Interessen der Wahlberechtigten veröffentlicht wurde.[522] Solche Fälle blieben aber Ausnahmen: einem — wahlberechtigten — Parteimitglied stand beispielsweise kein Recht zu, auf Angriffe gegen seine Partei zu erwidern.[523]

---

[514] Dies wird auch nicht vom kritischen — und sehr lesenswerten — Beitrag von von Bülow, Gerichtssaal 46, 261, 294-294, in Frage gestellt.

[515] Vgl. Erdsiek, NJW 1966, 1385, 1388; Weitnauer, NJW 1960, 1142, 1143.

[516] RGSt 41, 277, 285.

[517] RGSt 24, 223, 224; vgl. aber RGSt 38, 251, 253.

[518] RGSt 24, 304; RGZ 83, 362, 364f; von Bülow, Gerichtssaal, 46, 261, 296-298; Hager, AcP 196, 168, 190; Klee, „Recht auf Wahrheit“, S. 384f. Für die Grenzen dieses Prinzips vgl. Rechtspr. des RG in Strafs. 5, 490, 492; dass., 6, 615; dass., 8, 714; dass., 9, 395, 398f; RG, GA 37 (1890), 443; RG, GA 43 (1895), 384, 385.

[519] Siehe oben, Fußnote 63.

[520] RGSt 64, 10.

[521] RGSt 25, 363.

[522] RGSt 39, 399, 401. Weniger großzügig RG, GA 36 (1888), 165, 166.

[523] RGSt 40, 101, 103f.

Im allgemeinen galt: wenn das Recht dem einzelnen nicht zustand, einen Bericht zu veröffentlichen, stand es auch der Presse nicht zu.[524] Das schloß allerdings nicht aus, daß eine öffentliche Versammlung zur Wahrnehmung berechtigter Interessen der Wähler durch die Erörterung von die Öffentlichkeit berührenden Angelegenheiten benutzt werden konnte;[525] für den Pressebericht über eine solche Versammlung galten jedoch die oben dargestellten Maßstäbe. Die irrige Auffassung etwa eines Redakteurs, in Wahrnehmung berechtigter Interessen zu handeln, war überdies als Rechtsirrtum anzusehen und deswegen belanglos.[526] Das Recht der freien Meinungsäußerung, das in Artikel 27 der preußischen Verfassung gewährleistet wurde, bestand „nur unter der Voraussetzung der Beachtung der allgemeinen Strafgesetze";[527] von einer Wechselwirkungslehre war noch nicht die Rede.

bb. Weimarer Republik

Die Ausrufung der Republik führte zunächst zu keinerlei Änderung der Rechtsprechung auf dem hier behandelten Gebiet, da das obrigkeitsstaatliche Denken 1918 — und zwar ganz besonders nicht innerhalb der Justiz — beseitigt worden war.[528] 1922 bestätigte das Reichsgericht seine bisherige Rechtsprechung; es gab nach wie vor weder Sonderrechte der Presse noch eine Auflockerung der Voraussetzung, daß zur Wahrnehmung berechtigter Interessen nach § 193 StGB eine Angelegenheit vorliegen mußte, die den Berichterstattenden nahe anging. Das Gericht lehnte das Argument, daß das Volk — nunmehr Träger der Souveränität im Staat — befugt sei, Kritik an Politikern und Beamten zu üben, ab, anders als der U.S. Supreme Court der 60er Jahren, bei dem dieses Argument auf Erfolg stieß. Dem Reichsgericht zufolge sei das Volk weder der zu Kritik berechtigte Arbeitgeber der Beamten noch unmittelbarer Inhaber der gesamten Staatsgewalt, die außer bei Wahlen den verfassungsmäßigen Organen zustehe.[529] Das Recht der freien Meinungsäußerung nach Art. 118 der Weimarer Reichsverfassung, der die Presse nicht ausdrück-

---

[524] RGSt 3, 303, 305; RGSt 15, 15, 15; RGSt 25, 285, 286; RGSt 25, 422, 425; RGSt 40, 101, 102; Rechtspr. des RG in Strafs. 5, 490, 493; RG, GA 41 (1893), 269, 270. Mit Recht kritisch dazu Kohler, GA 47, 1, 111-113.
[525] RGSt 5, 379, 380; RGSt 23, 144, 146.
[526] RGSt 6, 405, 409; RGSt 15, 15, 17, 19; RGSt 56, 380, 385 (Weimarer Zeit); RGZ 40, 101, 104; von Bülow, Gerichtssaal, 46, 291, 290. Vgl. RGSt 24, 223, 224; RGSt 24, 304, 307 (Tatsachenirrtum); RGSt 25, 363, 365; RGSt 59, 414, 415; RGZ 51, 369, 379; RG, JW 1928, 360, 360; OLG Hamburg, NJW 1967, 213, 214f; Kohler, GA 47, 1, 117.
[527] RGSt 15, 15, 19; vgl. auch RGSt 41, 277, 285.
[528] Ridder, JZ 1961, 537, 538.
[529] RGSt 56, 380, 383f. Vgl. Bullinger, in: Löffler, *Presserecht*, S. 183.

lich erwähnte,[530] wurde nur in den Grenzen der allgemeinen Gesetze, darunter die des Strafgesetzbuches, anerkannt.[531] Wie zuvor konnte sich eine Zeitung nur dann auf § 193 StGB berufen, wenn — wie etwa bei Vereinsblättern — eine Angelegenheit ihre Leser nahe anging.[532] Für einen Politiker gab es im gleichen Maße wie für andere Bürger den Schutz gegen unwahre rufschädigende Tatsachenbehauptungen.[533]

Dennoch gab es Anhaltspunkte dafür, daß auf längere Sicht die Bedeutung der öffentlichen politischen Diskussion in der Demokratie und die diesbezügliche Rolle der Presse doch anerkannt werden konnten. Das Reichsgericht bestätigte die großzügigste Entscheidung auf diesem Gebiet aus der Monarchie,[534] nach der es Fälle gab, in denen das betroffene Interesse „nur durch die Öffentlichkeit gewahrt werden kann".[535] Das Gericht vertrat ferner die Meinung, daß zu den berechtigten Interessen „die durch Stellung in Gemeinde oder Staat, [... oder nach] Gemeindegesetzgebung oder Verfassung"[536] existierenden Interessen gehörten. In Verbindung mit der beschränkten Volkssouveränität bei Wahlen, die vom Reichsgericht anerkannt wurde, könnte man analog schließen, daß nunmehr bei Ausübung des Wahlrechts nach der Verfassung berechtigte Interessen vorlagen.

Diesen Schluß zog schon 1923 das Landgericht Berlin I unter ausdrücklicher Ablehnung der reichsgerichtlichen Rechtsprechung. Es sah das Problem mit Recht als ein verfassungsrechtlich beeinflußtes an und verkündete, schon vierzig Jahre vor dem U.S. Supreme Court: „dem Gedanken der Volkssouveränität entspricht das Recht jedes Volksgenossen, sich selbst um die öffentlichen Angelegenheiten zu kümmern und öffentliche Mißstände zu rügen".[537] Diese Befugnis werde nicht nur durch die Volksvertretungen, sondern auch durch die Presse in Erfüllung ihrer öffentlichen Aufgabe wahrgenommen.[538] Allerdings diente dem Gericht zufolge „die Verfolgung sonstiger, insbesondere partei-

---

[530] Vgl. auch Bullinger, in: Löffler, *Presserecht*, S. 178-181; Heinemann, NJW 1962, 889, 891; Koebel, NJW 1950, 673, 673.

[531] RGSt 56, 380, 384f; RGZ 115, 74, 81.

[532] RGZ 115, 74, 80f; RG, DRiZ 1924, 261.

[533] RGZ 115, 74, 78.

[534] RGSt 25, 363.

[535] RGSt 59, 414, 416. Vgl. auch RGSt 61, 400, 401; RG, Recht 1923, 306; RG, JW 1928, 360, 360.

[536] RGZ 115, 74, 80.

[537] JW 1925, 83, 83. Vgl. auch Koebel, NJW 1950, 673, 673 m.w.N.; Marcuse, JW 1925, 1474, 1474 m.w.N.

[538] JW 1925, 83, 84.

politischer oder sensationeller Zwecke"[539] nicht der politischen Meinungsbildung und dadurch auch der Wahrnehmung berechtigter Interessen. Dieser sowie andere rechtstechnische Mängel der Entscheidung waren Gegenstand der berechtigten Kritik.[540] Dennoch war die Entscheidung ein großer Fortschritt, da durch sie zum ersten Mal der Rolle der Öffentlichkeit in der Demokratie gebührend Rechnung getragen wurde.

Trotz der grundsätzlich überzeugenden Entscheidung des Landgerichts Berlin I hielt das Reichsgericht an seiner früheren Rechtsprechung im Prinzip fest;[541] die Zeichen einer sich anbahnenden Liberalisierung häuften sich dennoch. Zum ersten Mal erschien der Gedanke einer Güterabwägung zwischen Meinungsfreiheit und Ehre, wobei besonders die Sorgfalt der Presse in Erwägung zu ziehen war.[542] Es wurde zwar betont, daß die Ehre eines Politikers ein für ihn besonders wichtiges Gut darstellte und deswegen einen besonders intensiven Schutz genoß,[543] und zwar vor allem gegen Veröffentlichungen in der Presse.[544] In der früheren Rechtsprechung war aber betont worden, daß das Gesetz das notwendige Gleichgewicht durch die Anerkennung lediglich eigener Interessen als schutzwürdig erreicht hatte;[545] nun war von einer Abwägung innerhalb des Rahmens des § 193 StGB die Rede. Dieser Wandel erklärte sich aus der Erkenntnis, daß § 193 StGB Fälle der Interessenkollision wie zum Beispiel bei Notwehr regelte.[546] Das war trotz des Gedankens des besonderen Ehrenschutzes für Politiker auch ein Fortschritt, der aber erst in der Bundesrepublik Früchte tragen sollte.

Zusammenfassend läßt sich feststellen, daß bis zum „dritten Reich" das Recht unverändert geblieben war. Jedoch war Anfang 1933 eine Rechtsprechungsänderung zugunsten der Pressefreiheit in absehbarer Zeit nicht mehr auszuschließen.

---

[539] JW 1925, 83, 84.

[540] Der überzeugenden Anmerkung von Bendix, JW 1925, 83, ist nichts hinzuzufügen. Zur Ausschließlichkeitsanforderung vgl. ferner BayObLG, NJW 1956, 354, 355.

[541] Vgl. zusätzlich zu den in den anderen Fußnoten dieses Absatzes erwähnten Fällen RGSt 56, 361, 362f.

[542] RGSt 62, 83, 92-95; RGSt 63, 92, 92f; RGSt 63, 202, 204; vgl. auch RGZ 142, 116, 121; Klee, „Recht auf Wahrheit", S. 385-387.

[543] RGSt 62, 83, 94.

[544] RGSt 66, 1, 2f.

[545] RGSt 41, 277, 285.

[546] RGSt 64, 10, 13f.

cc. „Drittes Reich“

Die nationalsozialistischen Machthaber waren sich der Bedeutung der Presse durchaus bewußt und erkannten ihr nur allzu gerne eine öffentliche Aufgabe zu, um sie kontrollieren zu können.[547] Das geschah schon am 04. Oktober 1933 durch § 1 des Schriftleitergesetzes,[548] zumindest in bezug auf den Beruf des Schriftleiters[549] (das Wort „Redakteur“ war einer Sprachreinigung zum Opfer gefallen), dem das Gesetz eine öffentliche Funktion zusprach. Überdies wurde zum Beispiel bestimmt, daß der Schriftleiter „arischer“ Abstammung sein mußte und keine Ehe mit „einer Person von nichtarischer Abstammung“ eingegangen sein durfte (§ 5 Nr. 3). Das Gesetz enthielt ferner Bestimmungen über den Ehrenschutz (§ 14 Nr. 3 und 4). Jedoch liegt auf der Hand, daß im „dritten Reich“ keine Abwägung zwischen diesem Rechtsgut und dem Recht der freien Meinungsäußerung in politischen Angelegenheiten erforderlich war. Denn von der gleichgeschalteten Presse des „dritten Reiches“ konnte man selbstverständlich keine Regierungskritik erwarten. Das Schriftleitergesetz wurde entweder in völlig unpolitischen Fällen angewandt[550] oder zugunsten des nationalsozialistischen Weltbildes ausgenutzt.

Herausragendes Beispiel dafür ist die Entscheidung des Oberlandesgerichts Frankfurt am Main vom 04. März 1937.[551] Der Fall betraf einen Akt der „Rassenschande“, der durch den „Stürmer“, das Blatt Julius Streichers, ans Licht gebracht worden war. Der Fall soll in einer Pension „verübt“ worden sein, deren Eigentümerin einige Details des „Stürmer“-Berichts bestritt, auch wenn es sich dabei hauptsächlich um den Vorwurf der Judenfreundlichkeit handelte. Nach Auffassung des Gerichts hatte § 1 SchrLG die Presse „auf eine durchaus neue Grundlage gestellt“,[552] so daß ihr nunmehr die Wahrnehmung berechtigter Interessen zustand, es sei denn, es handelte sich um leichtfertige Ehrverletzungen.[553] Das sei aber, so das Gericht, im vorliegenden Fall zu verneinen, da sich der „Stürmer“ mäßig ausgedrückt habe.[554] Eine solche Rechtsprechung verdient Ablehnung, zumal der „Stürmer“ sich nicht gerade durch

---

[547] Wenzel, *Recht*, S. 290.

[548] RGBl I S. 713. Zur Gültigkeit dieses Gesetzes nach dem Krieg vgl. Leinveber, GRUR 1960, 17, 18.

[549] RGZ 162, 7, 14.

[550] OLG Stuttgart, JW 1934, 1373 („Naturheilkunde“ — auch hier berief man sich trotz des unpolitischen Kontextes darauf, „daß auch die Naturheilkunde sich des Schutzes der neuen Regierung erfreue“ — jedoch ohne Erfolg).

[551] JW 1937, 1261.

[552] JW 1937, 1261, 1262.

[553] Siehe dazu auch RGZ 162, 7, 14f.

[554] JW 1937, 1261, 1262.

Mäßigkeit oder Besonnenheit auszeichnete. Erfreulich ist nur, daß diese Verfassungsepoche so kurz war, daß sich keine gefestigte Rechtsprechung entwickeln konnte. Es ist kein Wunder, daß nach der Befreiung Deutschlands vom Faschismus der Bundesgerichtshof vorerst zur alten Rechtsprechung des Reichsgerichts zurückkehrte und eine Sonderrolle der Presse wie unter dem SchrLG ablehnte.

b. Unter dem Grundgesetz[555]

Die frühere Rechtsprechung[556] des Bundesgerichtshofs knüpfte an die des Reichsgerichts an, wonach ein berechtigtes Interesse nach § 193 StGB nur dann anzunehmen sei, „wenn der besprochene Gegenstand den Täter selbst wegen einer besonderen Beziehung angehe".[557]

In den späten 50er und 60er Jahren kam der Bundesgerichtshof unter Berufung auf Art. 5 GG[558] zu dem Schluß, daß dem Verfassungsauftrag der Meinungs- und Pressefreiheit in der Demokratie nur dann gebührend Rechnung getragen würde, wenn der Rechtfertigungsgrund des § 193 StGB im „geistigen Meinungskampf in einer die Öffentlichkeit[559] wesentlich berührenden Frage"[560] weit ausgelegt wird, weil in der freiheitlichen Demokratie „die Vermutung für die Zulässigkeit der ‚freien Rede' streitet".[561] (Das gilt im Prinzip auch für Berichte über historische Ereignisse von Bedeutung, etwa den Vorwurf in einem Fall, daß der Kläger an dem Reichstagbrand beteiligt gewesen

---

[555] Für ein sehr hilfreiches Prüfungsschema vgl. Grimm, NJW 1995, 1697, 1705. Vgl. auch Seyfarth, NJW 1999, 1287, 1292.

[556] BGHZ 3, 270; BGHZ 24, 200, 212; BGH, NJW 1952, 194, 194; ähnlich LG Nürnberg-Fürth, MDR 1951, 565; Erdsiek, NJW 1966, 1385, 1386; Quint, (1989) 48 Maryland LR 247, 284; Wenzel, *Recht*, S. 289f. Vgl. auch BGHSt 3, 73, 75; BGHSt 7, 385, 388.

[557] RGZ 51, 369, 378 (Beispiel einer Entscheidung, in der es sogar „nahe angeht" heißt); RGZ 83, 362, 364-366; Erdsiek, NJW 1966, 1385, 1386; Helle, NJW 1961, 1896, 1896; Riesman, (1942) 42 Columbia LR 1085, 1107; Stark, *Ehrenschutz*, S. 144f.

[558] Vgl. z.B. BGHSt 12, 287, 293f. Noch im Sinne der älteren Rechtsprechung — auch unter Berufung auf Art. 5 — BGHSt 12, 364, 366.

[559] Vgl. zu diesem Begriff Ladeur, AfP 1993, 531, 532f.

[560] Hier tauchen die erwarteten Grenzziehungsprobleme zwischen Politischem und Unpolitischem auf: Hoffmann, NJW 1996, 1200, 1203f.

[561] BVerfGE 7, 198, 212; BVerfGE 60, 234, 241; BVerfGE 61, 1, 8, 11; BVerfGE 62, 230, 247f; BVerfGE 66, 116, 139, 150; BVerfGE 68, 226, 232; BVerfGE 85, 1, 16; BVerfGE 85, 23, 34; BVerfGE 90, 241, 249, 254; BVerfGE 93, 266, 290-295; BVerfG, NJW 1991, 95, 96; BGHZ 31, 308, 312; BGHZ 45, 296, 308; BGHZ 65, 325, 331f; BGH, NJW 1956, 799=MDR 1956, 397; BGH, GRUR 1971, 529, 530; BGH, NJW 1981, 2117, 2120; Eberle, (1997) 47 Case Western LR 797, 819; Erdsiek, NJW 1966, 1385, 1386; Giegerich, RabelsZ 63, 471, 488f; Grimm, NJW 1995, 1697, 1703; Kiesel, NVwZ 1992, 1129, 1130; Seyfarth, NJW 1999, 1287, 1289f; Uhlitz, NJW 1966, 2097, 2099 Ziff. 10.

sei.)[562] Auf der Staatsrechtslehrertagung im Jahre 1963 wurde der Wandel zutreffend in dem Sinne zusammengefaßt, daß nunmehr durch § 193 StGB die öffentliche Funktion der Medien bei der Bildung der öffentlichen Meinung anerkannt wurde, während sie in früheren Verfassungsepochen verneint worden war.[563] Dieser Auffassung entsprechen schließlich auch die Landespressegesetze, die seit 1949 allmählich die öffentliche Aufgabe der Presse bejaht haben,[564] obwohl die Rechtsprechungsänderung nicht ausschließlich daraus erklärt werden kann, denn die Gerichte haben sich auf die Gesetze recht selten berufen und die Rechtsprechungsänderung ist in vielen Ländern der Neufassung des Landespressegesetzes vorausgegangen. Der Rechtsprechungswandel wurde — wenn nicht ausnahmslos[565] — doch allgemein begrüßt.[566]

Die Rechtsprechungsänderung des Bundesgerichtshofs hatten die Oberlandesgerichte vorweggenommen. Schon vor Inkrafttreten des Grundgesetzes kam das Oberlandesgericht Celle 1948 zu dem Schluß, daß an der alten Rechtsprechung des Reichsgerichts nicht mehr festgehalten werden könne. Im demokratischen Staat sei die Teilnahme des einzelnen Bürgers an politischen Angelegenheiten unverzichtbar. Der Staat brauche sogar die Kritik des Bürgers. Sorgfaltsanforderungen würden Mißbräuche des Rechts ausschließen.[567] Dem schlossen sich bis Ende der 50er Jahren[568] das Bayerische Oberste Landesgericht[569] sowie die Oberlandesgerichte Tübingen,[570] Hamburg,[571] Stuttgart,[572] Köln[573] und Hamm[574] an, obwohl die beiden letztgenannten Gerichte die Sorgfaltsanforderungen an die Medien wegen ihres besonderen Wirkungspotentials unangemessen hoch einstufte und insbesondere die Arbeitsbedingungen der Medien wegen des Aktualitätsbedarfs und der damit

---

562 BGH, NJW 1966, 647, 648 Ziff. 2 Absatz 1; OLG Karlsruhe, AfP 1987, 614, 615.

563 Lewald, NJW 1964, 25, 25. Vgl. auch Heinemann, NJW 1962, 889; Koebel, NJW 1950, 673, 673f; Wenzel, *Recht*, S. 293 (Begriff der „öffentlichen Aufgabe“ überflüssig geworden).

564 Nachweise mit Entstehungsdaten bei Fuhrmann, JuS 1970, 70, 73 Fußnote 35; Wenzel, *Recht*, S. 290f; heutige Fassungen bei Bullinger, in: Löffler, *Presserecht*, S. 166-168, siehe weiter S. 184f.

565 Neumann-Duesberg, DRZ 1949, 106, 107; Rehbinder, NJW 1969, 1616; Rehbinder, NJW 1963, 1387, 1388f. Vgl. auch Scheuner, VVDStRL 22, 1, 74-76.

566 Fuhrmann, JuS 1970, 70, 73.

567 NiedersRechtspfl 1948, 236. Vgl. auch OLG Celle, NJW 1953, 1764, 1764.

568 Siehe auch OLG München, NJW 1963, 493, 494.

569 BayObLGSt 1951, 515, 517f.

570 DRZ 1948, 495, 498 (Güterabwägung); vgl. auch KG, JZ 1953, 91; LG Rottweil, DRZ 1950, 421.

571 NJW 1954, 1297, 1297f.

572 JZ 1960, 126, 127.

573 GA 1957, 61.

574 MDR 1953, 310.

verbundenen Eile außer Acht ließen.[575] All diese Entscheidungen wurden, wie bereits erwähnt, durch die Anerkennung der öffentlichen Aufgabe der Presse durch eine immer wachsende Zahl von Landesgesetzgebern besonders kräftig, wenn auch nachträglich unterstützt.[576]

Die neu ausgedehnte Freiheit gilt sowohl für den Inhalt der Rede als auch für deren Form und mögliche Übertreibungen und Schärfen, denn auch diese Aspekte gehören zur Selbstbestimmung des Sich-Äußernden.[577] Ohne allerdings die englische Redewendung zu benutzen, beruft sich das Bundesverfassungsgericht auf das, was der amerikanische Supreme Court gerne den „chilling effect“[578] nennt. Das Gericht will den Bürger nicht von der Teilnahme am öffentlichen Leben durch das Diffamierungsrecht abschrecken.[579] Das Bundesverfassungsgericht fügt hinzu, daß bei der Zahlung von Schmerzensgeld (im Common Law im Gegensatz zum deutschen Recht[580] der übliche Ausgang einer erfolgreichen Diffamierungsklage) der „chilling effect“ besonders stark sein kann.[581] (Er ist selbstverständlich noch größer im Strafverfahren.)[582] Dabei kann von Belang sein, ob die staatlichen bzw. gerichtlichen Maßnahmen nur eine besonders anstößige oder sonstwie zu beanstandende Form der Äußerung oder aber auch die Verbreitung des Gedankeninhalts als solchen verbieten.[583]

---

[575] Vgl. dazu auch BGH, MDR 1954, 335; OLG Stuttgart, NJW 1972, 2320, 2321.

[576] BayObLGSt 1951, 515, 517f; OLG Stuttgart, JZ 1960, 126, 127; von Holstein, MDR 1951, 565, 565f.

[577] BGHZ 45, 296, 308; siehe dazu auch BVerfGE 12, 113, 125f; BVerfGE 24, 278, 285f; BVerfGE 47, 198, 233; BVerfGE 54, 129, 138f; BVerfGE 60, 234, 241; BVerfG, NJW 1991, 95, 96; BGH, NJW 1982, 2117, 2119; BGH, NJW 1987, 1398, 1398; OLG Braunschweig, NJW 2001, 160, 161; OLG Frankfurt/M., NJW 1984, 1128, 1130; Uhlitz, NJW 1967, 129, 133. Vgl. aber unten, Fußnote 583.

[578] Zu dieser Redewendung siehe Schauer, (1978) 58 Boston ULR 685, 685.

[579] BVerfGE 54, 129, 139; BVerfGE 60, 234, 241; BVerfGE 85, 23, 34; BVerfGE 86, 1, 10; BVerfGE 86, 122, 131f; BVerfGE 90, 241, 248, 254; BVerfGE 93, 266, 295; BVerfGE 99, 185, 197; BVerfG (Kammer), NJW 2000, 1209, 1210; BGHZ 143, 199, 204; OLG Brandenburg, NJW 1999, 3339, 3341; Gounalakis, NJW 1995, 809, 815; Grimm, NJW 1995, 1697, 1699, 1703f. Vgl. auch BGHZ 90, 113, 125f.

[580] BGHZ 95, 212, 214f; Ricker, NJW 1990, 2097, 2098f.

[581] BVerfGE 54, 129, 135f; Eberle, (1997) 47 Case Western LR 797, 849.

[582] BVerfGE 34, 130, 136.

[583] BVerfGE 42, 143, 151-153; BVerfGE 47, 198, 233; BVerfGE 85, 1, 14; BVerfG (Vorprüfungsausschuß), NJW 1985, 263, 264; BVerfG (Kammer), NJW 1990, 1980; OLG Frankfurt/M., NJW 1984, 1128, 1130; Eberle, (1997) 47 Case Western LR 797, 844f, 847; Grimm, NJW 1995, 1697, 1698-1700, 1703; Ladeur, AfP 1993, 531, 531f; Quint, (1989) 48 Maryland LR 247, 323f. Vgl. aber BVerfGE 60, 234, 241; BVerfGE 90, 241, 247; BVerfGE 93, 266, 289; BVerfGE 97, 391, 398.

Die Vermutung zugunsten der Kommunikationsfreiheit gilt vor allem im Wahlkampf, in dem der Kampf der Meinungen besonders intensiv ist: „nur in äußersten Fällen" können die Gerichte einschreiten.[584] Politische Angelegenheiten gehen heute alle Staatsbürger nahe an.[585] Den äußersten Fall[586] stellen bestimmt auch nicht polemische Reden und Vereinfachungen zwecks Überzeugung dar.[587] Dennoch ist die Meinungsfreiheit keineswegs auf Politisches im engsten Sinne beschränkt. Denn der Bundesgerichtshof und das Bundesverfassungsgericht stellen in ihren Entscheidungen darauf ab, ob eine „die Öffentlichkeit wesentlich berührende Frage" behandelt wird.[588] Dieser Begriff wird nicht eng gefaßt, sondern schließt zum Beispiel auch eine Kontroverse unter Zahnärzten[589] sowie eine Auseinandersetzung in der Fußballwelt[590] ein.

Politiker müssen sich nach dieser Rechtsprechung damit abfinden, daß ihr Verhalten im Amt und auch ihr Privatleben zwar nicht grenzenlos, aber doch in mancher Hinsicht zum öffentlichen Thema wird.[591] Ein Beispiel dafür ist der Politiker, der vor seiner politischen Tätigkeit ein Kriegsverbrecher gewesen sein soll.[592] Auf diese Spannung zwischen Privatleben und öffentlichem Interesse wird in Teil C der Arbeit näher eingegangen. Darüber hinaus gewähren das Bundesverfassungsgericht[593] und der Bundesgerichtshof[594] der Presse aufgrund ihrer öffentlichen Aufgabe bei der öffentlichen Meinungsbildung[595]

---

584 BVerfGE 61, 1, 7f; BVerfGE 66, 116, 150f; BGH, NJW 1959, 636, 636; OLG Brandenburg, NJW 1996, 1002; OLG Hamburg, NJW 1967, 2314, 2316; OLG München, NJW 1963, 493, 494; Helle, NJW 1961, 1896, 1901; vgl. BVerfGE 42, 133, 139. Damit unzufrieden sind Stark, *Ehrenschutz*, S. 113-116; Tettinger, *Die Ehre*, S. 31; Uhlitz, NJW 1967, 129, 130-132.

585 OLG Hamburg, NJW 1967, 2314, 2314; Stark, *Ehrenschutz*, S. 146.

586 OLG Koblenz, NJW 1978, 1816, 1816f.

587 BVerfGE 61, 1, 7f; BVerfGE 85, 1, 14f; BVerfGE 86, 122, 131 (Jugendliche); BVerfG (Kammer), NJW 1992, 2815, 2816; BGH, NJW 1984, 1102, 1103; OLG Bremen, NJW-RR 1995, 726, 727; OLG Hamburg, NJW 1967, 2314, 2317; vgl. Arndt, NJW 1964, 1310, 1312f; zur Sportwelt vgl. OLG Saarbrücken, NJW-RR 1996, 1048, 1049.

588 BVerfGE 61, 1, 11; BVerfGE 66, 116, 139; BVerfGE 68, 226, 232; BVerfGE 85, 23, 34; BVerfGE 90, 241, 249, 254; BVerfGE 93, 266, 292-295.

589 BVerfG, AfP 1991, 387, 389.

590 OLG Saarbrücken, NJW-RR 1996, 1048, 1049.

591 Kritisch dazu Wenzel, *Recht*, S. 286, der sich auf § 188 (vormals § 187a) StGB beruft.

592 BGHZ 95, 212, 219f; BGHZ 139, 95, 107; BGH, NJW 1959, 636, 636f; BGH, NJW 1965, 1476, 1476f. Vgl. auch OLG Braunschweig, NJW 2001, 160, 161.

593 BVerfGE 12, 113, 125f; BVerfGE 60, 234, 240.

594 BGHZ 31, 308, 312f.

595 BVerfGE 20, 163, 174-177; BVerfGE 62, 230, 246; BVerfGE 85, 1, 12; BVerfGE 90, 27, 32; BVerfGE 91, 125, 134; BGHZ 51, 236, 247f; von Caemmerer, „Privatrechtlicher Persönlichkeitsschutz", S. 34; von Caemmerer, *Gesammelte Schriften*, S. 143; Groß, *Presserecht*, S. 26-33.

„den ihr gebührenden Schutz".[596] Für den Gegenschlag — man denke in diesem Zusammenhang an die anglo-australischen Entscheidungen über den Gegenschlag[597] — gibt es auch einen großzügig, aber nicht grenzenlos[598] auszulegenden Spielraum.[599]

Lediglich dann, wenn eine Schmähkritik,[600] eine Formalbeleidigung oder ein sonstiger Angriff[601] auf den durch Art. 1 I GG geschützten Kern der Menschenwürde vorliegt, darf „regelmäßig"[602] die Rechtsordnung trotz der Vermutung zugunsten der freien Rede einschreiten, um die Menschenwürde des so Angegriffenen, die um keinen Preis preisgegeben werden darf, zu schützen.[603] Wenn die Vermutung zugunsten der freien Rede nicht gilt, findet eine Güter- und Pflichtenabwägung statt, um die Reichweite des § 193 StGB im konkreten Fall zu bestimmen.

4. Grundgesetz

Wie auch in Australien führen mit der oben geschilderten Rechtsprechung die Gerichte einen verfassungsrechtlichen Auftrag aus. Im Gegensatz zu Australien bedarf es in Deutschland keiner Implikation, um den relevanten Verfassungswert zu finden. Es handelt sich um die ausführlichen Bestimmungen

---

596 BGHZ 31, 308.

597 Siehe oben, Fußnoten 70 und 322.

598 BVerfGE 75, 369, 380f; BVerfGE 86, 1, 13f.

599 BVerfGE 54, 129, 138; BVerfGE 66, 116, 150f; BGH, NJW 1971, 1655, 1657; BGH, GRUR 1971, 529, 530f; Degenhart, JuS 1992, 361, 365; Eberle, (1997) 47 Case Western LR 797, 828f, 838; Grimm, NJW 1995, 1697, 1703; Hager, AcP 196, 168, 211f; Mackeprang, *Ehrenschutz*, S. 106-108. Kritisch Schwinge, MDR 1973, 801, 808; Soergel, *Presserecht*, S. 293f; Tettinger, JZ 1983, 317, 324; Tröndle, *StGB*, § 193 Rn. 14a.

600 Dieser Begriff ist im Interesse der Meinungsfreiheit relativ eng auszulegen: BGHZ 143, 199, 209; BGH, NJW 2000, 3421, 3422.

601 Die Fälle, in denen keine Schmähkritik oder Formalbeleidigung vorliegt, aber die Menschenwürde dennoch betroffen ist, sind selten. Vgl. BVerfGE 93, 226, 293; OLG Hamburg, NJW-RR 1994, 1373; OLG Köln, AfP 1998, 647, 648 (im Licht der gerade zitierten BVerfG-Entscheidung wohl zu weitgehend). Vgl. weiter Grimm, „Persönlichkeitsschutz im Verfassungsrecht", S. 23f; Nolte, EuGRZ 1988, 253, 257-259; unten, Fußnote 1321.

602 BVerfGE 82, 43, 51; BVerfGE 85, 1, 14; BVerfGE 99, 185, 196f; BVerfG (Kammer), NJW 1999, 204, 206; BVerfG (Kammer), NJW 1999, 2358, 2359; BVerfG (Kammer), NJW 2001, 61, 62; OLG Brandenburg, NJW 1999, 3339, 3342.

603 BVerfGE 66, 1, 12; BVerfGE 90, 241, 248 m.w.N.; BVerfGE 93, 266, 293f; BGHZ 24, 278, 286; BGH, NJW 1971, 1655, 1657; BGH, NJW 1974, 1722, 1722f; BGH, NJW 1980, 1685, 1685f; OLG Hamburg, NJW 1967, 2314, 2317. Die freie Entfaltung der Persönlichkeit (Art. 2 I GG) dagegen unterliegt den Grenzen der verfassungsmäßigen Ordnung: BVerfGE 97, 391, 401.

des Art. 5 I[604] des Grundgesetzes, nach dem die Meinungsfreiheit und, im Gegensatz zur Weimarer Reichsverfassung, die Freiheit des Rundfunks und der Presse[605] ausdrücklich gewährleistet werden. Nach der Rechtsprechung der Gerichte schließt der Begriff der Presse auch die Unterhaltungspresse ein.[606] Die engagierte Kunst genießt den Schutz des Grundgesetzes als eine Form der Kunst im Sinne des Art. 5 III GG.[607]

Diese verfassungsrechtlichen Werte üben ihren Einfluß auf das Zivilrecht anhand der berühmten Wechselwirkungs- und Drittwirkungslehren aus, die sich auf das *Lüth*-Urteil[608] vom Jahre 1958 gründen. Nicht nur §§ 185ff StGB,[609] sondern auch andere Vorschriften, die die Kommunikationsfreiheit bei weitgehender Auslegung derart einschränken könnten, daß ein Verfassungsverstoß vorläge, werden auch so angewandt, daß kein solcher Verstoß entsteht.[610] Ohne es zu wissen, haben 1997 die sieben Richter des australischen High Court in *Lange* eine erstaunlich ähnliche Lehre verkündet.[611]

---

604 Zum Verhältnis zwischen dem ersten und dem zweiten Satz des Art. 5 I siehe BVerfGE 85, 1, 11f; BVerfGE 86, 122, 128; BVerfGE 95, 28, 34; BVerfG (Kammer), NJW 1993, 916, 916.

605 Zum Pressebegriff vgl. BVerfGE 85, 1, 12f; BVerfGE 95, 28, 35; BVerfGE 97, 391, 400. Siehe zum Begriff und Umfang der Rundfunk- und Pressefreiheit im allgemeinen BVerfGE 91, 125, 134f; BVerfGE 97, 125, 144; BVerfGE 100, 313, 365; Bullinger, in: Löffler, *Presserecht*, S. 176f; Ossenbühl, JZ 1995, 633, 635. Kritisch dazu Herzog, in: Maunz/Dürig, *GG*, Art. 5 Rn. 153-155.

606 Siehe weiter unten, Fußnote 1361.

607 BVerfGE 67, 213, 228f. Vgl. weiter BVerfGE 81, 298, 306; BVerfG (Kammer), NJW 1988, 328; AG Kempten, NJW 1985, 987.

608 BVerfGE 7, 198, 204-207; siehe auch z.B. BVerfGE 10, 118, 121; BVerfGE 12, 113, 124f; BVerfGE 20, 162, 176f; BVerfGE 47, 198, 232; BVerfGE 66, 116, 135, 138f; BVerfGE 74, 297, 323; BVerfGE 82, 43, 50; BVerfGE 85, 1, 16; BVerfGE 85, 23, 33; BVerfGE 86, 1, 10f; BVerfGE 90, 241, 248; BVerfGE 91, 125, 136; BVerfGE 97, 125, 145; BVerfG, NJW 1983, 1181, 1181; BVerfG, NJW 1991, 95, 95; BGHSt 12, 287, 293f; BGH, NJW 1974, 1762, 1763; LG Frankfurt/M., NJW 1962, 64, 65; von der Decken, NJW 1983, 1400, 1401-1403 (kritisch); Eberle, (1997) 47 Case Western LR 797, 808-817; Grimm, NJW 1995, 1697, 1697; Kommers, (1980) 53 Southern Cal LR 657, 687-689; Markesinis, (1999) 115 LQR 47, 49-54; Ossenbühl, JZ 1995, 633, 640; Quint, (1989) 48 Maryland LR 247, 258-265, 283; Redeker, NJW 1972, 409, 412; Stein, NJW 1964, 1745, 1751.

609 Siehe dazu BVerfGE 93, 266, 290-292; BayObLG, NJW 1999, 1982, 1984.

610 BVerfGE 42, 133, 141; BVerfGE 96, 171, 184; BVerfG (Kammer), NStZ 1994, 357, 358; BGH, NJW 1979, 266, 267. Vgl. auch BVerfG (Kammer), NJW 1995, 1477.

611 Siehe oben, Fußnote 444; Pittrof, *Grundrechtsschutz*, S. 267.

5. Tatsachenbehauptungen und Meinungsäußerungen

a. Allgemein

aa. Verfassungsrechtlicher Unterschied

Das deutsche Recht zieht wie auch das anglo-australische Privatrecht[612] bei „qualified privilege“ und „fair comment“ eine oft undeutliche[613] Grenze zwischen Tatsachenbehauptungen und Meinungsäußerungen,[614] was daraus herrührt, daß im Art. 5 I des Grundgesetzes nur die Meinungsfreiheit ausdrücklich erwähnt wird. Fragen (echte Fragen im Gegensatz zu rhetorischen Fragen, die schon eine Antwort in sich tragen) stehen in dieser Hinsicht Meinungsäußerungen gleich.[615]

Eine Haftung für Tatsachenbehauptungen nach den Bestimmungen der allgemeinen Gesetze (Art. 5 II) können die Gerichte leichter rechtfertigen als eine Haftung für Meinungsäußerungen, die in der pluralistischen Staatsordnung nicht als „falsch“, „irrational“ oder „wertlos“ betrachtet werden können;[616] Tatsachenbehauptungen können dagegen falsch sein.[617] Diese werden jedoch in Art. 5 I GG nicht erwähnt und sind daher nicht unmittelbar geschützt. Sie

---

612 Das australische Verfassungsrecht kennt dagegen keinen solchen Unterschied: vgl. Pittrof, *Grundrechtsschutz*, S. 240.

613 Soehring, *Presserecht*, S. 273-279; Stadler, JZ 1989, 1084, 1091.

614 Siehe z.B. BGHZ 65, 325, 328-330, 336; BGH, NJW 1959, 636, 636; BGH, NJW 1961, 152, 152; BGH, NJW 1985, 1621, 1622; OLG Frankfurt/M., NJW 1980, 597, 597; von Gamm, NJW 1979, 513, 514; Gounalakis, *Privacy and the Media*, S. 20-22; Pärn, NJW 1979, 2544, 2544-2547.

615 BVerfGE 85, 23, 32; vgl. auch OLG Hamburg, NJW-RR 1995, 541; LG Göttingen, NJW 1996, 1138, 1139; Grimm, NJW 1995, 1697, 1699f; Soehring, NJW 1994, 16, 17; Stark, *Ehrenschutz*, S. 66f.

616 BVerfGE 33, 1, 14f; BVerfGE 66, 116, 151; BVerfGE 85, 1, 14f, 17; BVerfGE 90, 241, 254; BGH, NJW 1982, 2246, 2247; Eberle, (1997) 47 Case Western LR 797, 846, 876-878, 892.

617 Deswegen können sie im Gegensatz zu Meinungsäußerungen Gegenstand einer Widerrufs- oder Gegendarstellungsklage sein. Vgl. z.B. BVerfGE 97, 125, 147; BGH, GRUR 1974, 797, 798; Ehmann, JuS 1997, 193, 202f; Kübler, JZ 1984, 541, 547; Schwerdtner, JuS 1978, 289, 298f; Seyfarth, NJW 1999, 1287, 1293; Soehring, *Presserecht*, S. 273f; Stürner, JZ 1994, 865, 876f (zur Verfassungsmäßigkeit dieser Regeln). Zur Unterlassungsklage vgl. OLG München, AfP 1992, 78, 79.

verdienen nach bewiesener Falschheit keinen weiteren Schutz durch die Rechtsordnung.[618]

bb. Kriterien zum Unterschied

Meinungsäußerungen sind nach der Rechtsprechung durch „das Element der Stellungnahme, des Dafürhaltens, des Meinens im Rahmen einer geistigen Auseinandersetzung", pauschale Meinungsäußerungen oft auch durch Substanzarmut gekennzeichnet.[619] Meinungen enthalten eine subjektive Einstellung des Sich-Äußernden zum Gegenstand der Äußerung.[620] Dabei kommen die Gerichte im Interesse der Meinungsäußerungsfreiheit leicht zu dem Schluß, daß eine Äußerung (auch eine kräftige, tatsachenbezogene) in der Tat eine Meinungsäußerung ist.[621] Das gilt etwa für den Vorwurf strafbaren Handelns, es sei denn, der Vorwurf schließt konkrete tatsächliche Anhaltspunkte für die Begehung einer Straftat ein.[622]

Gelegentlich wird darauf abgestellt, ob eine Äußerung beweisbar ist oder nicht, wobei beweisbare Äußerungen Tatsachenbehauptungen, unbeweisbare Meinungsäußerungen sein sollen.[623] Dieses Kriterium ist in zweierlei Hinsicht

---

[618] BVerfGE 54, 208, 219; BVerfGE 61, 1, 7; BVerfGE 85, 1, 16f; BVerfG (Kammer), NJW 1993, 916, 917; BGHZ 90, 113, 116; BGH, NJW 1987, 1398, 1398f; OLG Karlsruhe, AfP 1987, 614, 617f; Eberle, (1997) 47 Case Western LR 797, 892f.

[619] BVerfGE 61, 1, 8; vgl. auch BVerfGE 66, 116, 149; BVerfGE 85, 1, 15f; BGHZ 132, 14, 21f; BGH, NJW 1994, 2614, 2615. Vgl. auch OLG München, AfP 1992, 78, 79; Grimm, NJW 1995, 1697, 1698f.

[620] BVerfGE 90, 241, 247; BVerfGE 93, 266, 289.

[621] BVerfGE 61, 1, 8f; BVerfGE 85, 1, 15f, 18-20 („bespitzeln", „unter Druck setzen"); BVerfGE 86, 122, 129-132; BVerfGE 90, 241, 248; BVerfGE 93, 266, 294-296, 303; BVerfG, AfP 1991, 387, 388; BVerfG (Kammer), NJW 1993, 916, 916; BVerfG (Kammer), NJW 1999, 204, 206; BGH, NJW 1971, 1665, 1666 („Sabotage"); BGH, NJW 1987, 1398, 1399; OLG Brandenburg, NJW 1996, 1002 („Nichtstun"). Dieser Satz gilt auch für die Einordnung einer Frage als echt (Meinungsäußerung) oder rhetorisch (Tatsachenbehauptung): BVerfGE 85, 23, 33, 35; BGHZ 132, 14, 21; OLG Brandenburg, NJW 1999, 3339, 3341.

[622] BVerfGE 93, 266, 296; BVerfG (Kammer), NJW 1994, 2943, 2943f; BGH, NJW 1982, 2246, 2247; BGH, NJW 1982, 2248, 2249 (Ausnahme — nach heutiger Rechtsprechung fragwürdig); OLG Brandenburg, NJW 1996, 666, 667; OLG München, AfP 1984, 169, 169f; OLG München, AfP 1992, 78, 79f; OLG Saarbrücken, NJW-RR 1996, 1048, 1050; OLG Saarbrücken, NJW 1997, 1376, 1378f (Ausnahme); Soehring, *Presserecht*, S. 280f. Mit Recht kritisch Gounalakis, NJW 1996, 481, 483-485.

[623] Vgl. dazu BVerfGE 94, 1, 8; BVerfGE 99, 185, 200; BGHZ 132, 14, 21; BGHZ 139, 95, 102, 104; BGH, NJW 1994, 2614, 2615 m.w.N.; BGH, NJW 1997, 1148, 1149; OLG Brandenburg, NJW 1996, 1002 (der Vorwurf des „Nichtstuns" muß doch dem Beweis zugänglich sein, ist dennoch mit Recht als Meinungsäußerung eingestuft worden); OLG Brandenburg, NJW 1999, 3339, 3341; OLG Bremen, AfP 1994, 145, 146 („eine dem Beweis

(Fortsetzung nächste Seite ...)

fragwürdig. Erstens muß man die Art der zu unternehmenden Beweisführung (nach der ZPO? nach naturwissenschaftlichen Grundsätzen? nach den der Presse zur Verfügung stehenden Quellen?) näher definieren und die Wahl einer Beweismethode begründen, was in der Rechtsprechung bisher nicht geschehen ist.[624] Zweitens sind viele Äußerungen aus technischen Gründen nicht annähernd beweisbar (nach welcher Methode auch immer),[625] sind aber dennoch Tatsachenbehauptungen.

cc. Vermischtes

Tatsachenbehauptungen sind aber oft notwendig, um eine Meinungsäußerung in den richtigen Kontext zu setzen.[626] In diesem Fall genießen sie den gleichen Schutz wie Meinungsäußerungen, es sei denn, die Tatsachen sind erwiesen[627] oder bewußt unwahr.[628] Im Abwägungsprozeß zwischen Meinungsfreiheit und

---

nicht zugängliche hypothetische Tatsache"); OLG Frankfurt/M., NJW-RR 1996, 1050, 1052; OLG München, AfP 1992, 78, 79; OLG Saarbrücken, NJW 1997, 1376, 1377f; Seyfarth, NJW 1999, 1287, 1289.

[624] Vgl. auch Hager, AcP 196, 168, 213.

[625] Vgl. Soehring, *Presserecht*, S. 270; Wenzel, *Recht*, S. 96f.

[626] BVerfGE 61, 1, 8; BVerfGE 85, 1, 15; BVerfGE 85, 23, 31; BVerfGE 93, 266, 289; BVerfGE 94, 1, 7; BVerfGE 97, 391, 397; Hager, AcP 196, 168, 214-217; Hoffmann, NJW 1966, 1200, 1200; Wenzel, *Recht*, S. 99. Dennoch besteht kein Zwang, bei der Verkündung einer Meinung die ihr zugrundeliegenden Tatsachen zu nennen: BGH, NJW 1974, 1762, 1763; BGH, NJW 1987, 1398, 1399; OLG Bremen, NJW-RR 1993, 726, 728; OLG Bremen, AfP 1994, 145, 147.

[627] Zur Beweislast in diesen Fällen siehe BVerfGE 99, 185, 198f; RGZ 95, 339, 342f; BGHZ 37, 187, 189-192; BGHZ 132, 14, 23-27; BGHZ 139, 95, 104; BGH, NJW 1959, 2011, 2012f; BGH, NJW 1979, 266, 267; BGH, NJW 1985, 1621, 1622f; OLG Frankfurt/M., NJW 1980, 597, 597f; OLG Karlsruhe, AfP 1987, 614, 615f; OLG Saarbrücken, NJW-RR 1996, 1048, 1050; OLG Stuttgart, NJW 1950, 703, 703; LG Berlin, NJW 1997, 1373, 1374; LG Köln, NJW 1959, 389, 390; Brandner, JZ 1983, 681, 695; Erdsiek, NJW 1966, 1385, 1386f; Gounalakis, AfP 1998, 10, 21; Helle, DRiZ 1963, 334, 335, 338; Helle, NJW 1961, 1896, 1896-1898, 1901; Hoffmann, NJW 1966, 1200; Kriele, NJW 1994, 1897, 1899f; Kübler, JZ 1984, 541, 546; Kübler, NJW 1999, 1281, 1287; Ossenbühl, JZ 1995, 633, 639; Peters, NJW 1997, 1334, 1340; Schwerdtner, JuS 1978, 289, 298f; Seyfarth, NJW 1999, 1287, 1291f; Soehring, NJW 1994, 16, 18; Stürner, JZ 1994, 865, 867; Tettinger, JZ 1983, 317, 322.

[628] BVerfGE 42, 143, 160; BVerfGE 54, 208, 219; BVerfGE 61, 1, 8f; BVerfGE 85, 1, 15; BVerfGE 90, 241, 247-250, 253f; BGHZ 139, 95, 101; BGH, NJW 1977, 1288, 1289; BGH, NJW 1979, 266, 267; BGH, NJW 1997, 1148, 1149; vgl. BGH, NJW 1985, 1621, 1622f (bei angemessener Sorgfalt — gewerblich). Vgl. auch BVerfGE 12, 113, 130 („im Rahmen des Möglichen zutreffend", „unzulässig, leichtfertig unwahre Nachrichten weiterzugeben"); BVerfGE 54, 208, 219f (unrichtige Zitate); BVerfG (Kammer), AfP 2000, 351, 351 (Äußerungszeitpunkt maßgeblich); BVerfG (Kammer), NJW 2000, 1209, 1210; OLG Saarbrücken, NJW-RR 1996, 1048, 1049 (hier scheint das Gericht übersehen zu haben, daß die fragliche Tatsachenbehauptung der Meinungsäußerung dienen oder mit ihr irgendwie

(Fortsetzung nächste Seite ...)

Ehrenschutz kann es den Medien unter Umständen, und zwar ganz besonders unter Wahrnehmung der noch zu erörternden Sorgfaltspflicht, gestattet sein, Vorwürfe zu veröffentlichen, die nicht eindeutig bewiesen sind. Das hängt vor allem von der Schwere des Vorwurfs und dem vorhandenen Beweismaterial ab.[629]

Wegen des unterschiedlichen Schutzniveaus nach Art. 5 I GG ist schon die inkorrekte Bewertung einer Äußerung als Schmähkritik oder als Tatsachenbehauptung statt als Meinungsäußerung sowie auch ein erhebliches Mißverständnis einer Äußerung durch die Instanzgerichte ein verfassungsrechtlich erheblicher Fehler, den das Bundesverfassungsgericht kontrollieren und korrigieren kann.[630] „Anders läßt sich ein wirksamer Schutz der Meinungsfreiheit nicht gewährleisten“,[631] oder mindestens kein wirksamer Schutz nach den Vorstellungen des Bundesverfassungsgerichts.[632]

b. Im öffentlichen Leben

Überdies ist auch nach der Rechtsprechung des Bundesgerichtshofes[633] wie nach der des Bundesverfassungsgerichts[634] für die in Art. 5 I GG separat erwähnte Presse[635] — ja, auch für alle Staatsbürger,[636] denn es gibt kein Sonderrecht für die Presse, das über das Recht des einzelnen Staatsbürgers zur

---

verbunden sein muß); OLG Saarbücken, NJW 1997, 1376, 1378; Gounalakis, NJW 1995, 809, 813; Grimm, NJW 1995, 1697, 1702; Grimm, ZRP 1994, 276, 277; Hager, AcP 196, 168, 186-188; Stürner, JZ 1994, 865, 867f (kritisch); Tettinger, *Die Ehre*, S. 30 (kritisch).

[629] BGH, NJW 1977, 1288, 1289; OLG Karlsruhe, VersR 1989, 65, 65 m.w.N.

[630] BVerfGE 61, 1, 10; BVerfGE 82, 43, 51f; BVerfGE 85, 1, 14; BVerfGE 86, 1, 10; BVerfGE 93, 266, 294; BVerfG, NJW 1991, 95, 96; BVerfG, AfP 1991, 387, 388; BVerfG (Kammer), NJW 1998, 1386, 1387f; Gounalakis, NJW 1996, 481, 482f; Grimm, NJW 1995, 1697, 1700; Seyfarth, NJW 1999, 1287, 1288. Zum Umfang der revisionsgerichtlichen Prüfung vgl. BGHZ 132, 14, 21; BGHZ 139, 95, 102-104; BGH, NJW 1994, 2614, 2615; BayObLG, NJW 1999, 1982, 1984.

[631] BVerfG (Kammer), NJW 1994, 2943, 2943; vgl. auch Grimm, NJW 1995, 1697, 1701; Gounalakis/Rösler, *Ehre, Meinung und Chancengleichheit*, S. 138f.

[632] Grasnick, JR 1995, 162, 162; Kiesel, NVwZ 1992, 1129, 1132f. Siehe weiter unten, Fußnoten 669, 674.

[633] BGHZ 139, 95, 102, 104-107; BGH, NJW 1977, 1288, 1289; BGH, NJW 1980, 1685, 1685; BGH, NJW 1997, 1148, 1149f. Vgl. auch OLG München, NJW 1963, 493, 494.

[634] BVerfGE 54, 208, 219f; BVerfGE 82, 43, 51f; BVerfG, NJW 1991, 95, 96; Steffen, in: Löffler, *Presserecht*, S. 301f.

[635] Herzog, in: Maunz/Dürig, *GG*, Art. 5 Rn. 145, 148-151; Roth-Stielow, NJW 1963, 1860, 1861; Schwenk, NJW 1962, 1321, 1321-1323; Soehring, NJW 1994, 16, 18f. Zum Begriff der Pressefreiheit siehe BVerfGE 21, 271, 278-280.

[636] LG Köln, NJW 1959, 389, 390; Hager, AcP 196, 168, 190f; Uhlitz, NJW 1967, 129, 134. Vgl. auch BVerfG (Kammer), NJW 2000, 3196 (§ 193 im Gerichtssaal).

Teilname am öffentlichen Leben hinausgeht[637] — ein etwas weitergehender, verfassungsrechtlich fundierter Spielraum im öffentlichen Leben vorgesehen. In diesem Lebensbereich dürfen die Medien angebliche Tatsachen veröffentlichen, wenn ausreichende Anhaltspunkte im Rahmen des erwähnten Prozesses der Güter- und Pflichtenabwägung für deren Wahrheit ersichtlich sind. Dies trägt der großen Bedeutung der Bildung der öffentlichen Meinung in der Demokratie sowie der Tatsache Rechnung, daß im öffentlichen Leben unrichtige Behauptungen nicht immer vermeidbar sind und, wie schon in der Diskussion des amerikanischen Rechts dargestellt wurde,[638] unter Umständen auch zur Meinungsbildung in wertvoller Weise beitragen können.[639]

Die Medien dürfen auch in einer Angelegenheit von öffentlichem Interesse Partei ergreifen und sich der „Vergröberung zum Zwecke einer kurzgefaßten ‚pressegerechten' Darstellung"[640] bedienen, solange die damit verbundenen Tatsachenbehauptungen „im Kern wahr"[641] bleiben. Damit wird auch in verfassungsrechtlich nicht zu beanstandender Weise[642] der in den Medien oft notwendigen Eile bei der Berichterstattung Rechnung getragen.[643]

Durch diese Regeln wird erreicht, daß die öffentliche Meinungsbildung nicht so sehr belastet wird, daß Schaden für das demokratische Staatswesen entsteht.[644] Man will mit anderen Worten im öffentlichen Bereich den „chilling effect" vermeiden. Die Prinzipien erinnern an die *New York Times*-Regel mit dem in den U.S.A. fehlenden Zusatz der jetzt darzustellenden Sorgfaltspflicht und sind ein wenig großzügiger als die Voraussetzung des „fair comment" nach dem australischen Common Law, wonach in der Regel die einer Meinungsäußerung

---

[637] BGHSt 18, 182, 187; Rudolphi, in: Rudolphi u.a., *SK-StGB*, § 193 Rn. 16; Tröndle, *StGB*, § 193 Rn. 16; Wenzel, *Recht*, S. 292f.

[638] Siehe oben, Abschnitt B II 1 b bb.

[639] BVerfGE 61, 1, 11f; BVerfGE 97, 125, 149; BVerfGE 99, 185, 197f; Erdsiek, NJW 1966, 1385, 1387; Giegerich, RabelsZ 63, 471, 493f; Hoffmann, NJW 1966, 1200, 1201-1203. Kritisch Schmitt Glaeser, AöR 97, 276, 290-295; Schmitt Glaeser, JZ 1983, 95, 96-98 (wobei die Verwandlungsfähigkeit von Tatsachenbehauptungen in Meinungsäußerungen überschätzt wird).

[640] OLG Brandenburg, NJW 1999, 3339, 3342 m.w.N. Vgl. auch von Caemmerer, „Privatrechtlicher Persönlichkeitsschutz", S. 34; Forkel, JZ 1994, 637, 638; Grimm, NJW 1995, 1697, 1702; Ossenbühl, JZ 1995, 633, 637; Soehring, NJW 1997, 360, 364.

[641] OLG Brandenburg, NJW 1999, 3339, 3342.

[642] Herzog, in: Maunz/Dürig, *GG*, Art. 5 Rn. 145, 148-151.

[643] Koebel, NJW 1950, 673, 674.

[644] BVerfGE 54, 208, 220; OLG Karlsruhe, AfP 1987, 614, 616; Tettinger, JZ 1983, 317, 322f.

zugrundeliegenden Tatsachenbehauptungen nicht nur für wahr gehalten werden, sondern auch tatsächlich wahr sein müssen.[645]

Schließlich ist darauf hinzuweisen, daß nach deutschem Recht das öffentliche Leben Vorwürfe eines Hoheitsträgers gegen eine Privatpersonen nicht einschließt. Folglich gelten für solche Vorwürfe die oben geschilderten großzügigeren Regeln nicht.[646]

6. Sorgfaltspflicht[647]

a. Allgemeine Äußerungen

Es besteht weder für die Medien noch für andere Rechtssubjekte eine Pflicht, der objektiven Wahrheit bei Tatsachenbehauptungen zu entsprechen.[648] Wie auch in Australien (man denke an das „reasonableness"-Kriterium von *Lange*) prüft das deutsche Gericht dennoch im Rahmen der „Wahrnehmung berechtigter Interessen" die Sorgfalt, die der Beklagte vor der Veröffentlichung der fraglichen Tatsachenbehauptungen ausgeübt hat. Besonders durch diesen Ausdruck der nach § 193 StGB erforderlichen Abwägung[649] wird der größte Mangel des U.S.-amerikanischen Rechts vermieden.[650]

Die Sorgfaltspflicht gilt in besonders strikter Form für die Medien, da sie in der Demokratie eine wesentliche Rolle bei der öffentlichen Meinungsbildung erfüllen und diese Rolle folglich verantwortungsbewußt auszuüben haben.[651] In bezug auf Behauptungen, die keine ehrenrührigen Auswirkungen auf einzelne Bürger haben können, sondern lediglich allgemeine Kommentare zu allgemeinen Fragen öffentlichen Interesses darstellen, ist diese Prüfung den-

---

645 Siehe oben, Fußnote 93.

646 VG Düsseldorf, NJW 1982, 2331, 2332. Vgl. auch BGHZ 90, 113, 117f. Selbstverständlich ist kein Umkehrschluß zulässig; die öffentliche Gewalt muß sich im Rahmen der oben dargestellten Regeln die Kritik des Bürgers gefallen lassen: BVerfGE 93, 266, 291-293; BVerfG (Kammer), NJW 1992, 2815, 2186; VGH München, NVwZ 1995, 502, 503.

647 Zur Tätigkeit des Gesetzgebers auf diesem Gebiet vgl. Hesse, *Rundfunkrecht*, S. 229; Steffen, in: Löffler, *Presserecht*, S. 240-243. Eingehend zur Sorgfaltspflicht Peters, NJW 1997, 1334.

648 Groß, Presserecht, S. 22; Hager, AcP 196, 168, 193f; Peters, NJW 1997, 1334, 1334f; Scheuner, VVDStRL 22, 1, 76; Soehring, *Presserecht*, S. 11f, 20; Soehring/Seelmann-Eggebert, NJW 2000, 2466, 2470f; vgl. aber Tröndle, *StGB*, § 193 Rn. 16.

649 Tröndle, *StGB*, §193 Rn. 8; Wenzel, *Recht*, S. 285-295.

650 Vgl. auch Stadler, JZ 1989, 1084, 1095.

651 BVerfGE 12, 113, 130; BVerfGE 20, 162, 212; BVerfG (Kammer), NJW 1992, 2815, 2816; BVerfG (Kammer), NJW 2000, 1209, 1210; Groß, *Presserecht*, S. 22-24 m.w.N.; Herzog, in: Maunz/Dürig, *GG*, Art. 5 Rn. 145-147.

noch relativ oberflächlich. Es ist in einer Demokratie davon auszugehen, daß der Bürger imstande ist, sich ein eigenes Urteil zu bilden. Der Hilfe der Gerichte bedarf er dazu in der Regel nicht.[652]

b. Personenbezogene Äußerungen

In bezug auf Tatsachenbehauptungen, die den einzelnen unmittelbar betreffen, reicht es dagegen nicht aus, wenn unzureichende Recherchen, tendenziös gefärbte Behauptungen oder lediglich die Suche nach sensationellen Berichten den fraglichen Vorwurf begründen. „Das gilt wegen der großen Breitenwirkung in besonderem Maß für die Medien".[653] Wenn die Medien der Pflicht zur Prüfung der Wahrheit nicht nachkommen, handeln sie dementsprechend nicht in Wahrnehmung **berechtigter** Interessen.[654] Gleichzeitig wird damit dem Gebot des Art. 5 II GG gedient, nach dem auch die allgemeinen Gesetze[655] und das Recht der persönlichen Ehre in der Demokratie von Belang sind.

Außerdem ist eine Prüfung durchzuführen, um festzustellen, ob die Beeinträchtigung der Ehre des einzelnen im oft großen Lesepublikum bei der ausgeübten Sorgfalt durch die Vorteile für das Publikum gerechtfertigt werden kann:[656]

---

[652] BGHZ 45, 296, 308.

[653] BVerfG (Kammer), NJW 1999, 3326, 3327. Vgl. auch BVerfGE 99, 185, 197f. Diese Rechtsprechung wird von Kriele, NJW 1994, 1897, 1902f, nicht berücksichtigt. Das gilt auch für die Tatsache, daß eine Verletzung der Sorgfaltspflicht oft eine Haftung der Medien begründet (statt vieler OLG Hamburg, NJW-RR 1996, 90).

[654] BVerfGE 86, 122, 128f; BGHSt 14, 48, 51; BGHSt 18, 182, 184-187; BGHZ 31, 308, 316; BGHZ 95, 212, 220; BGHZ 132, 14, 26; BGH, NJW 1953, 1722, 1722; BGH, NJW 1963, 665, 667; BGH, NJW 1979, 1041, 1041; OLG Düsseldorf, NJW 1980, 599, 600f; OLG Frankfurt/M., NJW 1980, 597, 598; OLG Hamburg, NJW 1967, 213 (für das Ergebnis siehe BGH, DRiZ 1968, 203); OLG Hamburg, NJW-RR 1996, 90, 91; OLG Köln, NJW 1987, 2682, 2683; OLG München, WRP 1957, 91; OLG Stuttgart, NJW 1972, 2320, 2321; LG Berlin, NJW 1997, 1373, 1374; von Caemmerer, „Privatrechtlicher Persönlichkeitsschutz", S. 34; Hager, AcP 196, 189, 194f; Helle, DRiZ 1963, 334, 338; Neumann-Duesberg, JR 1957, 85, 86-88; Rudolphi, in: Rudolphi u.a., *SK-StGB* § 193 Rn. 24; Schneider, NJW 1963, 665, 665f; Soehring, *Presserecht*, S. 21, 294; Steffen, in: Löffler, *Presserecht*, S. 302. Vgl. auch Koebel, NJW 1950, 673, 674; Wenzel, *Recht*, S. 286.

[655] Vgl. z.B. BVerfGE 44, 197, 201; BVerfGE 47, 198, 231; BVerfGE 91, 125, 136f; BVerfGE 97, 125, 146; BVerfG, NJW 1983, 1181, 1181; Gornig, JuS 1988, 274, 274-276; Ladeur, AfP 1993, 531, 531.

[656] BVerfGE 34, 130, 139; BVerfGE 85, 1, 16 m.w.N.; BVerfGE 99, 185, 197f; BGHZ 143, 199, 203; BGH, NJW 1961, 32, 34; BGH, NJW 1966, 647, 648; BGH, NJW 1966, 1213, 1215; BGH, NJW 1977, 1288, 1289; OLG Saarbrücken, NJW 1997, 1376, 1378; OLG Stuttgart, JZ 1960, 126, 127f; Eberle, (1997) 47 Case Western LR 797, 822; Erdsiek, NJW

(Fortsetzung nächste Seite ...)

> „[D]ie Presse [ist] besonders gehalten, die Informationsquellen sorgfältig auf ihre Zuverlässigkeit zu prüfen, von ungerechtfertigten Übergriffen in die private Sphäre abzusehen, Übertreibungen zu vermeiden und ferner zu erwägen, ob ein vertretbares Verhältnis zwischen dem mit der Veröffentlichung erstrebten Zweck und der für den Betroffenen eintretenden Beeinträchtigung seiner Ehre besteht."[657]

Die Presse muß — wie auch nach den Grundsätzen der *Lange*-Entscheidung — im Rahmen des Zumutbaren dem Betroffenen Gelegenheit zur Stellungnahme zu den Vorwürfen geben.[658] Es ist natürlich auch bei der Sorgfaltsprüfung relevant, wenn eine Sache erörtert wird, die die Öffentlichkeit wesentlich berührt, und Eile geboten ist, um den Bericht ans Licht zu bringen.

Der einzelne dagegen kann sich sogar auf Presseberichte verlassen, soweit sie zuverlässig zu sein scheinen und vom einzelnen im guten Glauben weitergegeben werden. Das entspricht auch der öffentlichen Funktion der Presse.[659]

Selbstverständlich werden auch die in Art. 5 II GG enthaltenen Schranken im Sinne der Wechselwirkungslehre ausgelegt. Die im Art. 5 II GG erwähnten allgemeinen Gesetze werden nicht beliebig angewandt, sondern anhand des Grundsatzes, daß die Meinungsfreiheit für die demokratische Gesellschaft konstituierend ist. Dadurch wird sichergestellt, daß die allgemeinen Gesetze sowie die anderen Schranken des Art. 5 II GG den Prozeß der demokratischen Meinungsbildung nicht übermäßig hindern können.[660]

1966, 1385, 1388f (kritisch); von Gerlach, JZ 1998, 741, 750f; Hager, AcP 196, 168, 195-197; Helle, NJW 1961, 1896, 1901; Kommers, (1980) 53 Southern Cal LR 657, 689-691; Larenz/Canaris, *Methodenlehre*, S. 228-232; Markesinis, *Comparative German Law of Torts*, S. 365-370; Markesinis, (1999) 115 LQR 47, 58-63; Quint, (1989) 48 Maryland LR 247, 284-288, 312-314; Roth-Stielow, NJW 1963, 1860, 1860f (kritisch); Seyfarth, NJW 1999, 1287, 1289-1291; Soehring, *Presserecht*, S. 12-19, 288-294; Uhlitz, NJW 1966, 2097, 2097.

657 BGHZ 31, 308, 313; vgl. auch BayObLGSt 1951, 515, 518f; OLG Stuttgart, JZ 1969, 77, 78f.

658 BGHZ 132, 14, 25f m.w.N.; Hager, AcP 196, 168, 195f; Peters, NJW 1997, 1334, 1338; Soehring, *Presserecht*, S. 17-19.

659 So schon Koebel, NJW 1950, 673, 675; BVerfGE 85, 1, 22f; BVerfG (Kammer), NJW 2000, 1209, 1211; BGHZ 90, 113, 125-127; vgl. auch BVerfGE 90, 27, 52; BVerfGE 99, 185, 199; Gounalakis/Rösler, *Ehre, Meinung und Chancengleichheit*, S. 120f; Grimm, NJW 1995, 1697, 1702f; Hager, AcP 196, 168, 196f; kritisch Kriele, NJW 1994, 1897, 1901f; vgl. auch Seyfarth, NJW 1999, 1287, 1291.

660 Siehe z.B. BVerfGE 7, 198, 208f; BVerfGE 12, 113, 125; BVerfGE 42, 133, 139; BVerfGE 54, 129, 136; BVerfGE 60, 234, 239f; BVerfGE 85, 1, 15; BVerfG, AfP 1991, 387,

(Fortsetzung nächste Seite ...)

c. Die engagierte Kunst

Die engagierte Kunst genießt den Schutz des Art. 5 III GG und ist deswegen Art. 5 II GG nicht unterworfen. Für sie ergeben sich Grenzen aus anderen Bestimmungen des Grundgesetzes, vor allem aus dem Persönlichkeitsschutz des Art. 2 I in Verbindung mit Art. 1 I;[661] eine Güterabwägung (eigentlich: die Erzielung einer praktischen Konkordanz durch Abwägung) ist auch hier erforderlich.[662] Dennoch gibt es einen untastbaren Kernbereich der Menschenwürde, in den auch nicht durch die Kunst eingegriffen werden darf.[663]

7. Stellungnahme zur Kritik der Rechtsprechung

Diese Rechtsprechung ist besonders im letzten Jahrzehnt in Verbindung mit den *„Soldaten sind Mörder"*-Urteilen[664] oft kritisiert worden.[665] Ein Zeichen der Ablehnung seitens eines ordentlichen Gerichts gegen die Rechtssätze des Bundesverfassungsgerichts ist auch im *„Reichsparteitags-OLG"*-Fall erkennbar.[666] Die Kritiker behaupten, daß der Ehrenschutz zu kurz komme, weil insbesondere das Bundesverfassungsgericht den Versuch aufgegeben habe, angemessene Grenzen für den (politischen) Meinungskampf zu bestimmen.[667] Auch Befürworter der Prinzipien der Rechtsprechung sind der Ansicht, daß in bestimmten Fällen die Grenzen der Schmähkritik zu eng gezogen werden.[668] Aber auch die Prinzipien werden kritisiert: die Menschenwürde der Kritisierten

---

388; BGHZ 132, 14, 24; OLG Frankfurt/M., NJW 1984, 1128, 1129f; Quint, (1989) 48 Maryland LR 247, 283.

661 BVerfGE 67, 213, 228; BVerfGE 81, 278, 292-298; BVerfGE 90, 241, 247; BayObLG, NVwZ-RR 1994, 65, 67 (unwahre Tatsachenbehauptungen); BayObLG, NJW 1999, 1982, 1984; OLG Karlsruhe, AfP 1987, 614, 618; OLG Saarbrücken, NJW-RR 1996, 1048, 1049; Gounalakis, NJW 1995, 809, 813f; Larenz/Canaris, *Methodenlehre*, S. 229f. Fragwürdig aus dieser Perspektive BVerfG (Kammer), NJW 1988, 328.

662 Tröndle, *StGB*, § 193, Rn. 14t.

663 BVerfGE 75, 369, 380; OLG Hamburg, NJW-RR 1994, 1373.

664 BVerfGE 93, 266; BVerfG, NJW 1994, 1943; zu den Entscheidungen der ordentlichen Gerichte vgl. Brammsen, JR 1992, 82, 82; Hager, AcP 196, 168, 170.

665 Für Zusammenfassungen der Kritik vgl. Gounalakis/Rösler, *Ehre, Meinung und Chancengleichheit*, S. 110-112; Kube, AöR 125, 341, 354-359; Kübler, NJW 1999, 1281, 1281; Mager, Jura 1996, 405, 408.

666 Vgl. BVerfG, NJW 1995, 1477, 1477; Sendler, ZRP 1994, 343, 347. Ein weiteres, aber taktvolleres Beispiel bietet wohl auch das BayObLG, NVwZ-RR 1994, 65, 68-70.

667 Forkel, JZ 1994, 637, 641; Grasnick, JR 1995, 162, 165; Kiesel, NVwZ 1992, 1129, 1129f, 1137; Kriele, NJW 1994, 1897, 1898; Ladeur, AfP 1994, 147, 148; Ossenbühl, JZ 1995, 633, 636; Schwinge, MDR 1973, 801, 809; Stark, JuS 1995, 689, 691; Tröndle, *StGB*, § 193 Rn. 14k.

668 Benda, NJW 1994, 2266, 2267; Soehring, NJW 1994, 2926, 2929; Soehring, NJW 1997, 360, 367f.

sei verletzt, weil das Bundesverfassungsgericht ehrverletzende Äußerungen so großzügig auslege oder sie als Werturteile so betrachte, daß zu beanstandende Äußerungen nicht verboten oder als diffamierend eingestuft werden könnten.[669] Dadurch werde die Menschenwürde der Kritisierten verletzt, welcher der Ehrenschutz in seinem Kernbereich diene.[670] Die Rechtsprechung diskriminiere Politiker, trage zum Verfall der politischen Kultur bei und schrecke anständige Menschen von der aktiven Teilnahme am politischen Leben ab.[671] Schließlich komme auch dem in Art. 5 II erwähnten **Recht** der persönlichen Ehre ein hoher Verfassungsrang zu.[672] Es wird sogar, wie in England Mitte des 19. Jahrhunderts, die Meinung vertreten, daß Politiker eines besonderen Schutzes bedürfen.[673] Hinzu kommen Einwände, die das Verfassungsprozeßrecht angehen und die Prüfungskompetenzen des Bundesverfassungsgerichts in bezug auf die Prüfung der Verfassungsmäßigkeit der Entscheidungen ordentlicher Gerichte einschränkend auslegen.[674]

Bei all dieser Kritik wird aber nicht nur oft übersehen, daß die Gerichte, einschließlich des Bundesverfassungsgerichts, gelegentlich Äußerungen als unzulässig beanstanden.[675] Wer derartige Kritik äußert, geht von einem grundsätz-

---

[669] Herdegen, NJW 1994, 2933, 2934; Kriele, NJW 1994, 1897, 1900f; Ossenbühl, JZ 1995, 633, 640f; Sendler, NJW 1993, 2157, 2157f; Sendler, NJW 1994, 1938, 1939; Sendler, ZRP 1994, 343, 347-349; Soehring, NJW 1997, 360, 362f; Stark, *Ehrenschutz*, S. 69-72; Stark, JuS 1985, 689, 692; Stürner, JZ 1994, 865, 868; Tröndle, *StGB*, § 193 Rn. 14l, 14n; Zuck, JZ 1996, 364, 365.

[670] Brammsen, JR 1992, 82, 85; Forkel, JZ 1994, 637, 641; Kriele, NJW 1994, 1897, 1897f; Redeker, NJW 1993, 1835, 1836; Tettinger, *Ehrenschutz*, S. 27; Zuck, JZ 1996, 364, 365.

[671] Forkel, JZ 1994, 637, 642; Kriele, NJW 1994, 1897, 1898, 1901; Ladeur, AfP 1993, 531, 533-536; Schmitt Glaeser, JZ 1983, 95, 99; Stark, *Ehrenschutz*, S. 115f; Stark, JuS 1995, 689, 690f; Tettinger, JZ 1983, 313, 325; Tettinger, *Die Ehre*, S. 27f; Tröndle, *StGB*, § 193 Rn. 14k.

[672] von der Decken, NJW 1983, 1400; Gornig, JuS 1988, 274, 278; Hager, AcP 196, 168, 178f (zusammenfassend); Kriele, NJW 1994, 1897, 1898f; Mackeprang, *Ehrenschutz*, S. 120-133 m.w.N.; Ridder, JZ 1961, 537, 539; Schmitt Glaeser, JZ 1983, 95, 98f; Schmitt Glaeser, AöR 97, 276, 289f; Schmitt Glaeser, AöR 113, 52, 96-98; Starck, JZ 1996, 1033, 1036; Stark, *Ehrenschutz*, S. 40f, 106-109; Stark, JuS 1995, 689, 689f; Tettinger, *Die Ehre*, S. 11-15; Tettinger, JZ 1983, 317, 320; Tröndle, *StGB*, § 193 Rn. 14h. Vgl. auch das Sondervotum der Richterin *Haas*, BVerfGE 93, 266, 317f; Forkel, JZ 1994, 637, 641. A.A. Gounalakis/Rösler, *Ehre, Meinung und Chancengleichheit*, S. 113-117, 135f; Kübler, NJW 1999, 1281, 1285.

[673] Stark, *Ehrenschutz*, S. 119.

[674] Mager, Jura 1996, 405, 409; Schwerdtner, „Persönlichkeitsschutz", S. 46; Sendler, ZRP 1994, 343, 346f; Starck, JZ 1996, 1033, 1036f; Stark, JuS 1995, 689, 691; Tettinger, *Die Ehre*, S. 29f; Tröndle, *StGB*, § 193 Rn. 14m; Zuck, JZ 1994, 364, 365.

[675] So etwa BVerfGE 75, 369 (Strauß; kritisch Gounalakis, NJW 1995, 809, 814); BVerfGE 85, 1, 13 („Krüppel"); BVerfG (Kammer), NJW 1993, 1462, 1462 (verschiedene Äußerungen über Heinrich Böll; mit Recht kritisch dazu Gounalakis, NJW 1995, 809, 811-814; siehe auch

(Fortsetzung nächste Seite ...)

lich falschen Begriff des Ehrenschutzes und der Funktion der Gerichte in der freiheitlichen Demokratie aus. Der Ehrenschutz wird im demokratischen Staatswesen nicht durch gerichtliche Feststellungen der „Wahrheit“ sichergestellt,[676] die besonders in bezug auf Meinungsäußerungen überhaupt nicht feststellbar ist, sondern in erster Linie durch den Meinungskampf im politischen Bereich und die dadurch verbundenen Möglichkeiten zur Feststellung der Tatsachen und zur Meinungsbildung.[677] Der politische Prozeß erlaubt nicht nur eine schnellere Feststellung von Tatsachen als der gerichtliche; im politischen Bereich sind weitergehende Untersuchungsmöglichkeiten vorhanden. Nur in Ausnahmefällen, wie etwa beim Verstoß gegen die Menschenwürde oder dem Vorliegen einer Schmähkritik oder einer Formalbeleidigung, darf eine politische Auseinandersetzung durch nichtpolitische Mittel, die Gerichte, gelöst werden. Daß die Redefreiheit von den Gerichten außer Kraft gesetzt wird, muß in der freiheitlichen Demokratie eine seltene Ausnahme bleiben. Dieser Gedanke liegt den Rechtsprechungsänderungen des 20. Jahrhunderts auf diesem Gebiet nicht nur in Deutschland, sondern auch in Australien und den U.S.A. zugrunde, wobei Deutschland und Australien den U.S.-amerikanischen Fehler des Verzichts auf eine Sorgfaltspflicht vermieden haben. Auf internationalem Niveau gewährleistet die Rechtsprechung des Bundesverfassungsgerichts, daß keine Abweichung zwischen dem deutschen Recht und den Grundsätzen des Europäischen Gerichtshofs für Menschenrechte entsteht.[678]

Für Politiker und andere, die freiwillig am öffentlichen Leben teilnehmen, gilt der Grundsatz: „Wer die Hitze nicht verträgt, sollte nicht in der Küche arbeiten“.[679] Die politische Meinungsbildung ist nicht nur eine Debatte über Politik und staatliche Maßnahmen im Vakuum, ohne die Erwägung der im politischen Leben bedeutsamen Charaktermängel der Machthaber.[680] Die

---

Hager, AcP 196, 168, 171; Ladeur, AfP 1993, 531, 535f; Sendler, NJW 1993, 2157, 2157f; Sendler, NJW 1994, 1938, 1938; Sendler, ZRP 1994, 343, 351 Fußnote 61); BGH, GRUR 1977, 801, 803f („Halsabschneider“); BayObLG, NVwZ-RR 1994, 65, 69f (verschiedene Vergleiche heutiger mit N.S.-Politikern); OLG Frankfurt/M., NJW-RR 1996, 1050 („Nazi“); LG Göttingen, NJW 1996, 1138, 1139 („Neo-Nazi“ u.Ä.). Siehe auch Grimm, ZRP 1994, 276, 276; Kübler, NJW 1999, 1281, 1287; Soehring, NJW 1994, 2926, 2926f; Wenzel, *Recht*, S. 158f.

676 Kübler, NJW 1999, 1281, 1286.

677 Gounalakis, NJW 1995, 809, 816; Grimm, ZRP 1994, 276, 276.

678 Giegerich, RabelsZ 63, 471, 485.

679 Benda, NJW 1994, 2266, 2267 (H.S Truman zitierend); vgl. auch Gounalakis, NJW 1995, 809, 816; Kübler, NJW 1999, 1281, 1285f.

680 OLG Braunschweig, NJW 2001, 160, 161; anders Kiesel, NVwZ 1992, 1129, 1133; Kriele, NJW 1994, 1897, 1897f; vgl. Kübler, NJW 1999, 1281, 1283; Nolte, EuGRZ 1988, 253, 257f.

Gefahr besteht nicht, daß die angeblich gravierendsten Folgen der Ehrverletzung — Zurückziehen von, und Verzicht auf Grüße seitens, Freunden und Nachbarn, was zur Verzweiflung und Verlust an Lebensfreude führen kann — etwa durch die politischen Vorwürfe gegen Franz-Josef Strauß herbeigeführt werden könnten, wie etwa *Kriele*[681] die Ansicht vertritt, weil seine Freunde und Nachbarn wissen, daß es sich dabei lediglich um politische Vorwürfe handelt. Die persönlichen Freunde des Politikers werden solche Vorwürfe nicht berücksichtigen. Er wird weiterhin in der Gesellschaft nicht isoliert.

Es wird also auf keinen Mangel der Rechtsprechung hingewiesen, wenn vom „Tribunal der Öffentlichkeit"[682] die Rede ist. Wenn es sich dagegen nicht um öffentliche Angelegenheiten, sondern um das für die öffentliche Meinungsbildung irrelevante Privatleben einer öffentlich tätigen Person handelt, gelten andere Maßstäbe,[683] wie im Teil C erörtert wird.

Es trifft zwar zu, daß in bestimmten Fällen der durch eine Meinungsäußerung Verletzte nicht am öffentlichen Leben teilnimmt. Man denke an all die wegen der „Mörder"-Vorwürfe empörten Soldaten. Dem trägt der Abwägungsprozeß zum Teil Rechnung, wenn erwogen wird, inwiefern dem Verletzten der im Teil C behandelten Privatlebensschutz zugute kommt. Ansonsten kann man nur darauf bestehen, daß das Leben in der freiheitlichen Demokratie nicht kostenlos ist. Zu den Kosten gehören die negative Beurteilung anderer über den selbst gewählten Beruf und die Toleranz der Meinungen anderer.[684] Eine Kritik der eigenen Person im Gegensatz zu einer Gruppe, der man angehört, muß im Rahmen der Güterabwägung weniger großzügig behandelt werden,[685] eben deswegen, weil eine solche Kritik im Gegensatz zur Kritik des Soldatenberufs nicht zum öffentlichen Leben gehört.[686]

---

681 NJW 1994, 1897, 1897.

682 Forkel, JZ 1994, 637, 641; vgl. auch Kübler, NJW 1999, 1281, 1283f; Kübler, JZ 1984, 541, 545f („Öffentlichkeit als Forum").

683 Vgl. auch Grimm, ZRP 1994, 276, 276; Hager, AcP 196, 168, 191f.

684 Giegerich, RabelsZ 63, 471, 492; Gounalakis/Rösler, *Ehre, Meinung und Chancengleichheit*, S. 131; Koebel, NJW 1950, 673, 674.

685 Vgl. Gounalakis, NJW 1996, 481, 486. Deswegen ist freilich jede Konkretisierung des „Mörder"-Vorwurfs („auch Sie, Herr W.") zu beanstanden: Ladeur, AfP 1993, 531, 535. Daß dies vom LG Frankfurt nicht eingesehen wurde, kann dem Bundesverfassungsgericht nicht zum Vorwurf gemacht werden.

686 In dieser Hinsicht ist es zweifellos bedauerlich, daß das deutsche Recht überhaupt die Diffamierung von Gruppen als möglich ansieht: Gounalakis, NJW 1996, 481, 483f; Gounalakis/Rösler, *Ehre, Meinung und Chancengleichheit*, S. 126f; Mager, Jura 1996, 405, 409; Soehring, NJW 1994, 16, 16; Soehring, NJW 1997, 360, 362.

Es wird von Kritikern der Rechtsprechung darauf bestanden, daß der Ehrenschutz der Menschenwürde dient. Das ist aber erstens nur im Kernbereich des Ehrenschutzes der Fall, etwa beim Vorliegen einer Schmähkritik oder einer Formalbeleidigung, denn nicht jeder Vorwurf im politischen Bereich stellt gleichzeitig einen Verstoß gegen den höchsten Verfassungswert dar.[687] Zweitens übersieht man bei dieser Kritik, daß auch die freie Meinungsäußerung der freien Entfaltung der Persönlichkeit und dadurch auch der Menschenwürde dient.[688]

Einige Kritiker der *„Soldaten-sind-Mörder"*-Entscheidungen scheinen, die Entscheidung mit der Billigung derartiger Meinungen über den Soldatenberuf durch den Staat gleichzusetzen, was zur Folge haben soll, daß etwa die Wehrpflicht als Dienst in einer Mörderbande vom Staat angesehen wird und daher verfassungswidrig ist.[689] Der Staat billigt jedoch derartige Äußerungen in keiner Weise, wenn er sie zuläßt. Vielmehr billigt er die freie Meinungsäußerung. Da verschiedene Meinungen zur gleichen Frage möglich sind und unter verfassungsrechtlichem Schutz stehen, könnte der Staat nicht alle Meinungen widerspruchsfrei billigen.

Außerdem werden von der Kritik satirische Äußerungen („geborene Mörder") völlig aus dem Kontext gerissen und dann einer Kritik unterworfen, die eher der Sprache eines wissenschaftlichen Gutachtens gebührte.[690]

Gelegentlich wird das Schicksal der Weimarer Republik in Erinnerung gerufen, um zu beweisen, daß der fehlende Ehrenschutz zum Scheitern der Weimarer Reichsverfassung beigetragen hat.[691] Es mag sein, daß der politische Kampfstil der extremen Parteien der ersten deutschen Demokratie erheblich geschadet

---

687 BVerfG (Kammer), NJW 2001, 61, 63.

688 BVerfGE 90, 27, 31f; BVerfGE 95, 163, 172; BVerfGE 97, 391, 398; BVerfG (Kammer), NJW 1994, 2943, 2943; Giegerich, RabelsZ 63, 471, 475 (zum Einfluß der EMRK); Gounalakis/Rösler, *Ehre, Meinung und Chancengleichheit*, S. 136; Grimm, NJW 1995, 1697, 1698.

689 Z.B. Ehmann, JuS 1997, 193, 198. Berechtigt dagegen ist der Einwand *Helle*s (JZ 1984, 416, 417) gegen die *Greenpeace*-Entscheidung, in der das Gericht das Anliegen der Lobbygruppe „Greenpeace" durchaus zu billigen scheint.

690 Gounalakis/Rösler, *Ehre, Meinung und Chancengleichheit*, S. 117-119. Ein gutes Beispiel der besagten Verzerrung liefert Kiesel, NVwZ 1992, 1129, 1136. Zum Begriff der Satire im allgemeinen vgl. BGHZ 143, 199, 210f; Brauneck, ZUM 2000, 137.

691 BVerfGE 93, 266, 318 (Sondervotum); Kiesel, NVwZ 1992, 1129, 1137; Schmitt Glaeser, JZ 1983, 95, 99; Sendler, NJW 1993, 2157, 2157; Sendler, ZRP 1994, 343, 349f; Stark, *Ehrenschutz*, S. 72, 115, 119; Stark, JuS 1995, 689, 691f.

hat.[692] Diese Gefahr besteht aber in der zweiten deutschen Demokratie kaum.[693] Letzten Endes hat ein Viertel der Bevölkerung gerade eine Diktatur in einer gewaltfreien Revolution durch ein demokratisches Staatswesen ersetzt. Wenn die deutsche Demokratie nur durch Gerichtsentscheidungen zu retten wäre, wäre sie ohnehin schon verloren.

Schließlich ist auch für den Juristen die Bescheidenheit eine Tugend. Man darf den Einfluß der Gerichte auf den Stil des Meinungskampfs nicht zu sehr überschätzen.[694]

Trotz alledem kann die Rechtsprechung in einer Hinsicht der gerechtfertigten Kritik unterzogen werden. Wenn gelegentlich darauf abgestellt wird, ob eine Kränkungsabsicht bestand,[695] kommt der Persönlichkeitsschutz in der Rechtsprechung zu kurz. Zweifellos muß im Interesse der Meinungsfreiheit, vor allem im öffentlichen Leben, der Begriff der Schmähkritik eng gefaßt werden.[696] Es ist trotzdem zu einseitig, lediglich die Absicht des Kritisierenden zu erwägen. Es kann durchaus Fälle geben, in denen eine dem Betroffenen unzumutbare Kritik geäußert wird, obwohl die Kränkung des Klägers nicht beabsichtigt war, sondern etwa die Kränkung eines anderen, die Verfolgung eines allgemeinen politischen Zieles, oder die Bloßstellung von öffentlichen Mißständen in grob anstößiger Weise, wie etwa im *Engholm*-Fall, in dem ein Foto von der Leiche eines (anderen) Politikers veröffentlicht wurde.[697]

---

[692] Riesman, (1942) 42 Columbia LR 1085, 1092-1111. Vgl. auch Kriele, NJW 1994, 1897, 1900; Sendler, ZRP 1994, 343, 345 (*Tucholsky* als geborener Republikmörder). Zur Rolle der Presse vgl. Bullinger, in: Löffler, *Presserecht*, S. 181. Sehr interessant Schwinge, MDR 1973, 801, 801f.

[693] Pelckman, AfP 1972, 206, 208.

[694] Benda, NJW 1994, 2266, 2267; Degenhart, JuS 1992, 361, 365; Gounalakis, NJW 1995, 809, 816; Gounalakis, NJW 1996, 481, 487; Gounalakis/Rösler, *Ehre, Meinung und Chancengleichheit*, S. 134; Grimm, ZRP 1994, 276, 277; Ladeur, AfP 1993, 531, 533.

[695] Etwa BGH, NJW 1987, 1398, 1398; OLG Brandenburg, NJW 1996, 666, 667; OLG Köln, AfP 1998, 647, 647f; OLG München, AfP 1984, 169, 170; OLG München, NJW 1992, 1323, 1324f; LG Arnsberg, NJW 1987, 1412.

[696] BVerfG, NJW 1991, 95, 96; BVerfG (Kammer), NJW 1993, 1462, 1462; BVerfG (Kammer), NJW 1999, 204, 206; OLG München, NJW 1992, 1323, 1324.

[697] OLG Hamburg, NJW-RR 1994, 1373. Vgl. Gounalakis, NJW 1995, 809, 809, 814. Auch wenn es zutrifft, daß die fragliche Montage nach der Rechtsprechung des BVerfG keine Schmähkritik oder Verletzung der Menschenwürde war, weil nicht das, sondern eine Auseinandersetzung in der Sache beabsichtigt war, halte ich das Ergebnis für richtig. Denn die Darstellung war so anstößig, daß ein eklatanter Angriff auf die Menschenwürde des Verstorbenen und Engholms vorlag — auch wenn das nicht beabsichtigt war. Für ein anderes Beispiel vgl. BayObLG, NVwZ-RR 1994, 65, 69.

Die Absicht des Sich-Äußernden ist zweifellos wichtig. Wichtig sind aber auch die Auswirkungen der Kritik auf den Kritisierten.

Deswegen ist der Formel des Bundesverfassungsgerichts der Vorzug zu geben, nach der eine Schmähkritik dann besteht, wenn nicht die Auseinandersetzung in der Sache, sondern die Diffamierung in den Vordergrund tritt.[698] Damit kommen alle Einzelheiten des konkreten Falles, nicht nur die Absicht des Beklagten in Betracht.

8. Fazit

Aus dieser Darstellung ergibt sich, daß die Struktur und der Inhalt des deutschen Diffamierungsrechts im politischen Bereich nicht erheblich von dem australischen abweichen. Es besteht ein allgemeines Verbot der Diffamierung, das jedoch in der Politik durch einen Rechtfertigungsgrund — hier „Wahrnehmung berechtigter Interessen", dort „qualified privilege" — modifiziert wird. In beiden Ländern ist, im Gegensatz zu den U.S.A., mit dem Rechtfertigungsgrund ein gewisses Sorgfaltsniveau verbunden, damit die persönliche Ehre Unschuldiger nicht allzusehr beeinträchtigt wird. Das erforderliche Sorgfaltsniveau ist in beiden Ländern höher, wenn es sich um Medienberichte handelt, und zwar in beiden Fällen wegen der größeren Breitenwirkung der Medien.

Dennoch kann weder dabei noch in bezug auf die Anerkennung der öffentlichen Funktion der Presse von einem Sonderrecht der Presse bzw. der Medien die Rede sein. Nach dem deutschen wie nach dem australischen Recht genießen die Medien keine Vor- oder Nachteile, die sich nicht aus ihrer Funktion ergeben. Es besteht also kein Sonderrecht für die Medien, es werden vielmehr lediglich ihr Zweck und ihre möglichen Wirkungen anerkannt. Die Presse unterscheidet sich vom durchschnittlichen Bürger dadurch, daß Äußerungen in der Presse in der Regel ein viel größeres Publikum ansprechen; daß die Äußerungen der Presse zum Teil anders behandelt werden als die eines Bürgers, begründet keinen Vorwurf des Sonderrechts. Nach dem einheitlichen Recht werden vielmehr unterschiedliche Fälle unterschiedlich behandelt.[699]

Dieser Freiraum der Kommunikation wird in Deutschland wie in Australien und in den U.S.A. durch Verfassungsprinzipien unterstützt, denn in allen drei Ländern übt das Verfassungsrecht, das die Kommunikationsfreiheit verlangt,

---

[698] Siehe z.B. BVerfGE 93, 266, 294, 303; BVerfG, NJW 1991, 95, 96; BVerfG (Kammer), NJW 1993, 1462, 1462. Vgl. auch BayObLG, NJW 1999, 1982, 1984; OLG Brandenburg, NJW 1999, 3339, 3342.

[699] Vgl. schon Kohler, GA 47, 1, 111-113.

seinen Einfluß auf den Inhalt des strenggenommen privatrechtlichen, aber für den Fortbestand der Demokratie wichtigen Rechtsgebiets des Diffamierungsrechts aus.

Die Rechtsvergleichung auf dem Gebiet des Persönlichkeitsschutzes, der der folgende Teil der Arbeit gewidmet ist, wird mangels Änderungen des australischen Rechts in diesem Jahrhundert größere Unterschiede aufweisen.

C. PERSÖNLICHKEITSSCHUTZ

I. Rahmen des Vergleichs

1. Zum Begriff „Persönlichkeitsschutz“

Fast jedes Rechtsgut und fast alle Rechtsnormen jedes Rechtssystems können als Ausfluß des Schutzbedarfs der Persönlichkeit betrachtet werden.[700] Auf diesem Gebiet denkt der Rechtswissenschaftler in erster Linie an die Bestimmungen des Verfassungsrechts,[701] die zum Schutz der Persönlichkeit erheblich beitragen. Man denke hier vor allem an das Recht auf die Unverletzlichkeit der Wohnung und an die auf die Freiheit der Person bezogenen Rechte, etwa das Recht auf Freizügigkeit und das Recht darauf, ohne gerichtlichen Schuldspruch nicht inhaftiert zu werden. Auch der Schutz der Ehe, der Ehre und des Glaubens betreffen Bereiche, die eng mit der Persönlichkeit und der Privatsphäre des einzelnen verbunden sind.

Auch das Strafrecht schützt diese Rechtsgüter. Die Bestimmungen des Strafgesetzbuches, die den einzelnen gegen Mord, Totschlag, Körperverletzung und Taten gegen seine sexuelle Selbstbestimmung schützen, schützen nicht nur die körperliche Unversehrtheit, sondern auch die freie Entfaltung der Persönlichkeit im weitesten Sinne, denn sie wird verhindert bzw. erschwert, wenn der einzelne Opfer einer Straftat wird. Wer nicht mehr lebt oder körperlich verletzt wird, kann sein Leben nicht mehr bzw. nicht mehr im vollen Umfang genießen und seine Persönlichkeit in entsprechendem Maße auch nicht mehr entfalten.[702] Die Schwere der Folgen einer Straftat gegen die sexuelle Selbstbestimmung für die Persönlichkeit bedürfen keiner Erörterung.

Auch das Privatrecht enthält Bestimmungen, die für das Privatleben des einzelnen wichtig sind. Man denke zum Beispiel an die Ehe, an die Vorschriften über die Scheidung oder an die Vormundschaft über Minderjährige bzw. die Betreuung anderer Personen, bei denen dieses Rechtsverhältnis erforderlich ist.[703] Auch Bestimmungen des Eigentumsrechts können unter

---

700 Baston-Vogt, *Sachlicher Schutzbereich*, S. 14; Groß, (1967) 42 NYULR 34, 44; Parent, "Privacy, Morality and the Law", S. 94f; Reinhardt, *Persönlichkeitsrecht*, S. 8; von Savigny, *System des heutigen Römischen Rechts*, 1. Bd S. 226f; Scheyhing, AcP 158, 503, 523; Swanton, (1974) 48 ALJ 91, 94; Swanton, [1975] Justice 13, 13-15; Taylor, (1971) 34 MLR 288, 292; Thomson, (1975) 4 Philosophy & Public Affairs 295, 295; Wieruszowski, DRiZ 1927, 225, 227; Younger, *Privacy*, S. 17f; vgl. Davis, (1959) 4 South Dakota LR 1, 18f.

701 Vgl. Bußmann, *Gutachten*, S. 9f.

702 von der Decken, NJW 1983, 1400, 1401.

703 Jarass, NJW 1989, 857, 859.

Umständen Immobilien oder Sachen betreffen, die für das Privatleben des einzelnen wichtig sind und ihn als Person recht nahe angehen: man denke hier an das Verbot, die Wohnung eines anderen ohne seine Zustimmung zu betreten, was nicht nur im Strafgesetzbuch (§ 123), sondern auch im Zivilrecht (§§ 858ff BGB)[704] geregelt ist. Ferner steht jeder vor der höchstpersönlichen Entscheidung, wie nach dem Tod über seinen Besitz verfügt wird, und wer unter den Hinterbliebenen glaubt, bei dieser letzten Entscheidung vernachlässigt worden zu sein, empfindet das oft als eine schwere persönliche Beleidigung.

Ohne allzu große Schwierigkeiten könnte man in jeder Rechtsnorm mindestens eine mögliche Verbindung mit der Persönlichkeit sehen. Der Philosophin Thomson zufolge seien alle Rechte, die herkömmlich als Persönlichkeitsrechte betrachtet werden, lediglich Ausflüsse oder Unterfälle anderer Güter und Interessen.[705] Diese extreme Ansicht wird hier aus eingangs kurz erwähnten Gründen nicht vertreten, die mit der Aufgabe der vorliegenden Arbeit verbunden sind. Diese Gründe muß man näher erörtern, um den Verzicht auf eine philosophische Erörterung des Persönlichkeitsbegriffes sowie auf eine Definition davon zu begründen.

Es existieren in Deutschland Rechtsnormen, die wegen ihrer besonders engen Beziehung mit der Persönlichkeit — vielleicht auch wegen ihres Mangels an klar ersichtlichen, in der Regel vorhandenen Beziehungen zu anderen allgemein anerkannten Rechtsgütern — als Auswirkungen eines Persönlichkeitsschutzes im unmittelbaren Sinne verstanden werden. Die Persönlichkeit wird durch diese Normen unmittelbar geschützt, nicht lediglich als Nebenprodukt des Schutzes anderer Rechtsgüter wie etwa der körperlichen Unversehrtheit. Das gilt auch für die meisten Bundesländer der U.S.A., deren Recht im Anschluß kurz erörtert wird.

Ein Beispiel stellt der Schutz des eigenen Bildes dar. Wenn eine Rechtsordnung die Veröffentlichung auch eines schmeichelhaften (und deswegen nicht diffamierenden bzw. rufschädigenden) Bildes der Person ohne ihre Zustimmung mit einigen Ausnahmen verbietet, dient dies, wenn das Urheberrecht nicht relevant ist, keinem anderen Interesse als dem Schutz der Persönlichkeit. Diesen Schluß rechtfertigt nicht nur der Mangel an anderen durch diese Bestimmung geschützten Rechtsgütern, sondern auch die Tatsache,

---

[704] LG Düsseldorf, NJW 1959, 629, 629.

[705] Thomson, (1975) 4 Philosophy & Public Affairs 295; dagegen: Marshall, (1988) 5 Journal of Applied Philosophy 147; Rachels, (1975) 4 Philosophy & Public Affairs 322, 332f; Scanlon, (1975) 4 Philosophy & Public Affairs 315; Seipp, (1983) 3 Oxf J Leg Stud 325, 332.

daß das Bild des einzelnen als sofort erkennbare, mit ihm eng identifizierbare Darstellung seiner Person mit seiner Persönlichkeit sehr nahe verbunden ist.

Aufgabe dieser Einführung in den dritten Teil dieser Arbeit ist es, den Rahmen des vorzunehmenden Rechtsvergleichs abzustecken. Der Versuch kann hier nicht unternommen werden, eine für alle Zeiten gültige Liste der tatsächlich mit dem Schutz der Persönlichkeit verbundener Interessen zu erstellen.[706] In einer rechtsvergleichenden Arbeit wäre das überflüssig, auch wenn eine derartige Definition möglich ist, was von vielen Gelehrten diskutiert und von einigen bezweifelt wird.[707]

Ausgehend davon, daß trotz aller Unsicherheiten und Grenzfälle ein Bereich identifizierbar ist, in dem es unmittelbar um den Schutz der Persönlichkeit geht,[708] haben die australischen wie auch die englischen Gerichte den Satz verkündet: in unseren Rechtsordnungen gibt es keinen Schutz des Privatlebens als solchen. Es wird wenn überhaupt nur mittelbar geschützt, das heißt, nur durch den Schutz anderer, in der Rechtsordnung anerkannter Rechtsgüter.[709]

---

[706] Für derartige Versuche siehe Emerson, (1979) 14 Harv CR-CL LR 329, 338-340; Skala, (1977) 10 U Qld LJ 127, 130; Swanton, [1975] Justice 13, 15-21.

[707] Archard, "Privacy, the Public Interest and a Prurient Public", S. 84; Baxter, (1977) 8 Camb LR 7, 8f; Brittan, (1963) 37 Tulane LR 235, 235; Calcutt, *Privacy*, S. 6f, 48f; Dworkin, (1973) 36 MLR 399, 400; Emerson, (1979) 14 Harv CR-CL LR 329, 339; Frazer, (1983) 99 LQR 281, 295-297; Fried, (1968) 77 Yale LJ 475, 482f; Groß, (1967) 42 NYULR 34, 34-36; Kimbrough, (1940) 138 ALR 22, 24f; Kimbrough, (1944) 168 ALR 446, 448; Laster, (1989) 7 Otago LR 31, 60f; Löffler, NJW 1959, 1, 3; Markesinis, (1990) 53 MLR 802, 806f; Markesinis, (1992) 55 MLR 118, 118; McQuoid-Mason, *Privacy in South Africa*, S. 91-100; Parent, "Privacy, Morality and the Law", S. 92-96; Phillipson/Fenwick, (2000) 63 MLR 660, 662f; Redmond-Cooper, (1985) 34 ICLQ 769, 771 (französisches Recht); Samuels, (1996) 17 Statute LR 115; Seipp, (1983) 3 Oxf J Leg Stud 325, 328-335; Shipley, (1949) 14 ALR (2nd) 750, 755; Storey, (1973) 47 ALJ 498, 499f; Swanton, (1974) 48 ALJ 91, 91f; Swanton, [1975] Justice 13, 13; Thompson, (1898) 47 Central LJ 148, 148; Thomson, (1975) 4 Philosophy & Public Affairs 295, 295, 304 Fußnote 1, 310, 312f; Todd (Hrsg.), *Torts in New Zealand*, S. 755f; Wacks, (1980) 96 LQR 73, 75-77; Winfield, (1931) 47 LQR 23, 24; Yang, (1966) 15 ICLQ 175, 176f; Younger, *Privacy*, S. 17.

[708] Todd (Hrsg.), *Torts in New Zealand*, S. 755f.

[709] Anonym, (1961) 35 ALJ 61, 61; Bailey, *Human Rights*, S. 273; Burns, "Privacy and the Common Law", S. 21f; Cram, "Beyond Calcutt", S. 99; Evans, [1968] Justice 37, 37f; Frazer, (1983) 99 LQR 281, 294; von Gerlach, JZ 1998, 741, 746; Koomen, (1993) 17 U Qld LJ 234, 234; Law Reform Commission, *Unfair Publication*, S. 133; Markesinis, *Comparative German Law of Torts*, S. 416-419; Meurer, „Ausgenutzte Persönlichkeit", S. 110; Neill, (1962) 25 MLR 393, 394, 400-402; Prescott, (1991) 54 MLR 451, 453-455; Redmond-Cooper, (1985) 34 ICLQ 769, 769; Storey, (1973) 47 ALJ 498, 503; Todd (Hrsg.), *Torts in New Zealand*, S. 757; Wacks, (1980) 96 LQR 73, 73f; Yang, (1966) 15 ICLQ 175, 175; Younger, *Privacy*, S. 287.

Damit bekennen sich die australischen und englischen Gerichte zum Common Law, wie es sich vor dem Anbruch des modernen Zeitalters und der Schaffung neuer Gefahren für die Privatsphäre des einzelnen entwickelt hat.[710] (Die damit entstehenden Lücken im Schutz der Persönlichkeit, die weiter unten dargestellt werden, widerlegen die These, daß alle Rechte der Persönlichkeit lediglich Ausflüsse anderer Rechte sind, es sei denn, der Schutz auch dieser Rechte ist im anglo-australischen Recht nicht vollkommen.)

Dagegen haben die meisten amerikanischen und deutschen Gerichte die Persönlichkeit als unabhängig geschütztes Rechtsgut anerkannt. Die Persönlichkeit wird in den Rechtsordnungen als unmittelbar zu beschützendes Gut betrachtet, auch wenn dadurch keinem anderen rechtlich anerkannten Interesse gedient wird. Dieser deutliche Gegensatz zwischen anglo-australischem Recht einerseits und dem Recht Deutschlands und der U.S.A. andererseits stellt die Basis dieses Vergleichs dar. Das Recht der U.S.A. sei auch in diesem Teil der Arbeit kurz behandelt, um zu zeigen, daß auch in einem Land des Common Law dieser Schutz entstanden ist.

Es trüge nichts zu dem hier unternommenen Vergleich bei, wenn nun vorgeschlagen würde, daß eine Regel des deutschen oder U.S.-amerikanischen Persönlichkeitsrechts (zum Beispiel das Urheber- oder Urheberpersönlichkeitsrecht) eigentlich nicht als Ausfluß des Persönlichkeitsschutzes zu betrachten sei.[711] Genauso irrelevant wäre eine Feststellung, daß die Prinzipien des Persönlichkeitsschutzes in einer der Rechtsordnungen zu eng oder zu weit ausgelegt werden.[712] Es handelt sich hier nicht um eine Analyse der Vor- und Nachteile und der Mängel des deutschen und amerikanischen Persönlichkeitsrechts oder seiner tatsächlichen Grenzen, sondern um die Frage, weshalb es in diesen beiden Ländern diesen Schutz gibt, in Australien wie in England dagegen nicht. Um auf diese Frage einzugehen, bedarf es der Schilderung vor allem der Ursprünge des Persönlichkeitsschutzes im Richterrecht in Deutschland sowie in den U.S.A., denn auf diese Weise wird sich zeigen, welche Gründe die Richter zu der Einführung dieses Rechts bewogen haben.

Dabei wird auch das Gleichgewicht zwischen Meinungsfreiheit und Schutz der Persönlichkeit kurz erwähnt werden, weil dies die im letzten Teil der Arbeit behandelten Probleme in einem neuen Licht erscheinen läßt, ein Bindeglied

---

[710] Hofstadter, *Development in New York*, S. 4f.

[711] Für einen Vergleich des deutschen und amerikanischen Rechts auf dieser Ebene vgl. Malmström (Hrsg.), *Right of Privacy and Rights of the Personality*, S. 58.

[712] Vgl. Swanton, (1974) 48 ALJ 91, 92f.

darstellt und die Möglichkeiten und Schwierigkeiten bei der Einführung eines Rechts zum Schutz des Privatlebens zeigt.

Um die Möglichkeiten der Einführung eines unmittelbaren Persönlichkeitsschutzes in die anglo-australische Rechtsprechung durch die Ausdehnung schon bestehender Rechtsinstitute sowie die schon bestehenden Schutzmöglichkeiten für die Persönlichkeit unter anderen Rubriken darzustellen, wird auch untersucht, welche Interessen, denen in Deutschland und den U.S.A. der unmittelbare Persönlichkeitsschutz dient, über andere Wege im anglo-australischen Recht geschützt werden. Könnte es zum Beispiel sein, daß sich aus den schon vorhandenen Normen die Persönlichkeit als unabhängiges Rechtsgut behaupten wird? Oder lehrt die deutsche und amerikanische Erfahrung, daß weitere, in Australien nicht vorhandene Elemente erforderlich sind, ohne die der Persönlichkeitsschutz nicht zustande kommen wird?

2. Die Persönlichkeit in der Demokratie

Wer George Orwells Roman *Nineteen Eighty-Four* gelesen hat, erkennt die Wichtigkeit eines Schutzes der Persönlichkeit in einer freiheitlichen demokratischen Gesellschaft. In der Totaldiktatur des Großen Bruders werden seine Untertanen teilweise dadurch ihrer Freiheit beraubt, daß ein Fernsehapparat ständig angeschaltet ist, der nicht nur vom einzelnen beobachtet werden kann, sondern ihn in jeder Minute seines Lebens gleichfalls observiert. Der totale Wissensanspruch des Staates läßt keinen Raum für unabhängiges Denken und greift selbst ins Gehirn des einzelnen ein, in den letzten und privatesten Privatbereich also.[713]

Das ist selbstverständlich ein extremes Beispiel, es hat dennoch einen wahren Kern. In einer Diktatur findet man häufig,[714] daß die Interessen des einzelnen denen der Gemeinschaft — und damit der Herrschenden — nicht nur in einigen, sondern in allen Fällen zu weichen haben: „Du bist nichts, Dein Volk ist alles"[715] hieß es sogar einmal in Deutschland. In der Demokratie dagegen ist nicht nur die öffentliche Meinungsbildung von Belang, sondern auch die Interessen des einzelnen: er hat gewisse Rechte, die unter anderem seine Privatsphäre und dadurch seine Unabhängigkeit vom Staat gewährleisten. Die Demokratie unterscheidet sich von der Diktatur zum Teil dadurch, daß in jener

---

[713] Cowen, *The Private Man*, S. 9; Koomen, (1993) 17 U Qld LJ 234, 243.

[714] Wenn China als „Diktatur" gilt, dann entsteht dort vielleicht eine Ausnahme: Zhu, (1997) 18 Statute LR 208.

[715] Zitiert in Gounalakis/Rösler, *Ehre, Meinung und Chancengleichheit*, S. 103; Lücke, (1982) 98 LQR 29, 82.

ein Kern des Privatlebens und dadurch der Menschenwürde schlechthin[716] unantastbar ist. Zu den geschützten Rechten des einzelnen gehören zum Beispiel die Unverletzlichkeit der Wohnung, der Schutz der Ehe, das Recht der Gründung einer Familie und der Berufswahl sowie die Freiheit des Glaubens, des Gewissens und der Religion. Auf diesen Lebensgebieten, nicht nur im politischen Bereich, entfaltet der einzelne seine Persönlichkeit.[717] Die Rolle des Staates ist auf das Minimum beschränkt.

In der Diktatur werden dagegen nach ihrem Gewissen Handelnde regelmäßig diskriminiert und ausgegrenzt, selbst wenn das einen Eingriff in höchstpersönliche Entscheidungen darstellt wie etwa die Wahl der Konfession. Man gewährt dem Individuum keine private, das heißt unpolitische Sphäre.[718] In das Privatleben wird auf gröbste Weise eingedrungen, wenn der Schutzbedarf des Staates diese Eingriffe rechtfertigt; man denke zum Beispiel an die Akten des Staatssicherheitsdienstes im Osten Deutschlands.[719] Einen Verfassungsschutz gibt es bekanntlich auch in der Demokratie, und die Polizei ergreift regelmäßig Maßnahmen, wodurch sie in den Privatraum des Bürgers eindringt.[720] Man darf dennoch hoffen,[721] daß dies in den Grenzen des Gesetzes und der Verhältnismäßigkeit bleibt und die Freiheit fast aller Bürger von Bespitzelung nicht beeinträchtigt. Kein Recht ist absolut und ausnahmslos, in der früheren DDR dagegen hatte man das Recht auf ein Privatleben praktisch außer Kraft gesetzt,[722] wenn dies für die Staatsräson erforderlich erschien.

Wenn in Teil B dieser Arbeit die Wichtigkeit der Rede- und Meinungsfreiheit für die demokratische Staatsform betont wurde, darf diese offensichtliche Tatsache den weniger offensichtlichen, aber doch zweifellos vorhandenen Bedarf an einem Privatleben und am wirksamen Persönlichkeitsschutz in der freiheitlichen Rechtsordnung nicht verdrängen.[723] Gerade deswegen wird das Recht auf die Achtung des Privat- und Familienlebens in Artikel 8 der

---

716 Bloustein, (1964) 39 NYULR 962, 973-975.

717 Cowen, *The Private Man*, S. 10; Cram, "Beyond Calcutt", S. 98; Greenleaf, (1995) 69 ALJ 90, 91; Westin, *Privacy and Freedom*, S. 24-26.

718 Bloustein, (1964) 39 NYULR 962, 974; Cowen, *The Private Man*, S. 9f; Hofstadter, *Development in New York*, S. vii; Kalven, (1966) 31 Law & Contemp Probs 326, 326; Malmström (Hrsg.), *Right of Privacy and Rights of the Personality*, S. 18; Westin, *Privacy and Freedom*, S. 23f; Younger, *Privacy*, S. 5.

719 Weitnauer, NJW 1959, 313, 315.

720 Belsey, "Privacy, Publicity and Politics", S. 78f; Cowen, *The Private Man*, S. 33.

721 Vgl. dazu Cowen, *The Private Man*, S. 33, 51f.

722 Allerdings dem Staat gegenüber. Zum Persönlichkeitsschutz nach dem geschriebenen Zivilrecht der DDR, vgl. ZGB-DDR §§ 7, 327, 337; Westen, *Zivilrecht der DDR*, S. 245f.

723 Fried, (1968) 77 Yale LJ 475, 477, 489-493.

Europäischen Menschenrechtskonvention sowie in anderen Menschenrechtserklärungen, etwa in Artikel 12 der Allgemeinen Erklärung der Menschenrechte vom 10. Dezember 1948, unter Schutz gestellt.

Diese internationalen Instrumente binden in erster Linie nur die öffentlichen Gewalten, aber Gefahren für die Privatsphäre gehen heutzutage nicht nur von der Regierung aus. Insbesondere — aber nicht ausschließlich — haben die Medien die Möglichkeit, durch die Verbreitung von Tatsachen über Privatpersonen deren Privatsphäre in einem Maße erbarmungslos bloßzustellen, wie es in früheren Epochen unvorstellbar gewesen wäre.[724] Gleichzeitig halten sich die Medien für befugt und verpflichtet, gesellschaftliche Mißstände ans Licht zu bringen; Boulevardzeitungen dehnen diesen Anspruch auf alle Themen aus, die für das neugierige Publikum von Interesse, aber nicht unbedingt im öffentlichen Interesse, im Interesse der *res publica*,[725] sind.[726] Es fehlen in bezug auf solche Unternehmen die Möglichkeiten der quasi-offiziellen Kontrolle, etwa der Zugang zum Ombudsmann oder Fragen im Parlament und beim zuständigen Minister. Die privaten Unternehmen verfügen oft über die gleichen Technologien und Angriffsmöglichkeiten wie Behörden, ohne aber den auf diese zugeschnittenen Kontrollmöglichkeiten und gesetzlichen Regelungen unterworfen zu sein.[727] Solche Probleme existieren selbstverständlich nicht nur in Deutschland und den U.S.A., sondern auch in England und Australien. Auch dort besteht also Bedarf an Schutz des Privatlebens durch die Rechtsordnung (Gesetz und Richterrecht).[728]

Auch wenn Journalisten immer wieder hören, daß sie die Privatsphäre anderer zu respektieren haben, wo kein hinreichendes öffentliches Interesse dem entgegensteht,[729] gibt es immer noch einige Journalisten, die dieser Forderung nicht nachkommen wollen.[730] Andere vergessen diese Forderung in der Hitze

---

724 Archard, "Privacy, the Public Interest and a Prurient Public", S. 90f; Belsey, "Privacy, Publicity and Politics", S. 78f; Hurst/White, *Ethics and the Australian News Media*, Kap. 5; Malmström (Hrsg.), *Right of Privacy and Rights of the Personality*, S. 18; Weitnauer, NJW 1959, 313, 315; Younger, *Privacy*, S. 5.

725 Archard, "Privacy, the Public Interest and a Prurient Public", S. 90; Bedingfield, (1992) 55 MLR 111, 117; Calcutt, *Privacy*, S. 8f.

726 Markesinis, "Subtle Ways", S. 733; Younger, *Privacy*, S. 6-8.

727 *Ballina Shire Council* v. *Ringland* (1994) 33 NSWLR 680, 724f; Shapo, (1968) 46 Texas LR 650, 653-658.

728 Paterson, (1998) 26 Fed LR 371.

729 Hurst/White, *Ethics and the Australian News Media*, S. 133; Meyer, *Ethical Journalism*, Kap. 6; Olen, *Ethics in Journalism*, S. 61.

730 Bußmann, GRUR 1962, 107, 107; Bußmann, Ufita 37, 1, 2; Forkel, JZ 1997, 43, 44; Markesinis, "Subtle Ways", S. 727 Fußnote 40.

des Gefechts[731] oder gehen zu weit, weil sie einen einzelnen zu Unrecht für eine öffentliche Person halten oder den öffentlichen Informationsbedarf, im Gegensatz etwa zur Neugier des Publikums, falsch einschätzen. Wie sich herausstellen wird, läßt sich ein angemessenes Gleichgewicht auf diesem Gebiet wegen der vielen gegensätzlichen Interessen nur sehr schwer erzielen.

3. Grenzen des Vergleichs

Wie in Abschnitt 1 dargestellt wurde, handelt es sich in dieser Arbeit nicht um einen Versuch, alle Einzelheiten des rechtlichen Persönlichkeitsschutzes in Deutschland und den U.S.A. darzustellen. Den obigen Gründen dafür kann hinzugefügt werden, daß eine Darstellung schon des Persönlichkeitsrechts in den U.S.A. den Rahmen dieser Arbeit bei weitem übersteigen würde. Die Regeln sind nicht nur recht kompliziert, sondern auch zum Teil in jedem der fünfzig Bundesländer unterschiedlich.[732]

Auf eine genaue Festlegung und Abgrenzung der Persönlichkeitsrechte von allen anderen Rechten wird ebenfalls verzichtet. Dies ist eine Aufgabe, der sich bereits mehrere Wissenschaftler gestellt haben, ohne daß sich ein Konsens gebildet hat. Für die Zwecke dieser Arbeit sei lediglich festgestellt, daß in Deutschland und den U.S.A. die Persönlichkeit als solche geschützt wird, während die Lage in Australien anders ist: sie wird nur dann geschützt, wenn ein anderes Rechtsgut zu Hilfe gezogen werden kann. Nur in dieser Bedeutung kann man im anglo-australischen Bereich mit Recht von „the common law's protection of privacy“[733] reden. Die Unterschiede in den betreffenden Rechtsordnungen seien weiter untersucht, um diese Tatsache zu erklären.

Bevor der Vergleich beginnt, sei noch ein weiterer Vorbehalt geäußert. Der Begriff „Persönlichkeitsschutz“ ist an sich zweideutig, denn er kann sich entweder auf den Schutz im verfassungsrechtlichen oder im privatrechtlichen Bereich beziehen.[734] In dieser Arbeit werden nicht die Normen des Verfassungsrechts an sich,[735] sondern deren Einfluß auf das Privatrecht geschildert. Mit

---

[731] Belsey, "Privacy, Publicity and Politics", S. 92.

[732] Vgl. z.B. Bergmann, (1999) 19 Loy LA Ent LJ 479, 482, 497f.

[733] *Grollo* v. *Palmer* (1995) 184 CLR 348, 367.

[734] Leebron, (1991) 41 Case Western LR 769, 779f.

[735] Im deutschen Recht etwa das Recht auf Kenntnis der eigenen Abstammung (BVerfGE 79, 256); das aus dem Persönlichkeitsrecht auf verfassungsrechtlicher Ebene entwickelte Recht auf informationelle Selbstbestimmung gegen den Staat (BVerfGE 27, 1; BVerfGE 65, 1; vgl. auch BVerfGE 67, 100, 142f); das Recht auf das Aktengeheimnis (BVerfGE 32, 373); das Recht des Post- und Fernmeldegeheimnisses etwa im Strafverfahren (vgl. Art. 10 GG, BGHSt

(Fortsetzung nächste Seite ...)

anderen Worten: nicht die Abwehrrechte des einzelnen gegen den Staat, sondern die Rechte und Pflichten der Staatsbürger untereinander werden dargestellt.[736] (Als Staatsbürger gelten in diesem Sinne selbstverständlich auch Körperschaften, soweit sie ihrem Wesen nach Persönlichkeitsrechte geltend machen oder solche Rechte gegen sie geltend gemacht werden können,[737] und Medienkonzerne, auch solche des öffentlichen Rechts.[738] Denn in dieser Hinsicht sind solche Körperschaften Staatsbürgern gleichgestellte rechtsfähige Personen.)

Das entspricht dem Zweck und dem Verfahren im Teil B dieser Arbeit: es wurden nicht in erster Linie die Rechte der Staatsbürger der Regierung gegenüber, sondern die Rechte der Staatsbürger untereinander bei Diffamierungsklagen untersucht. In diesem Teil der Arbeit handelt es sich dementsprechend um den Persönlichkeitsschutz im Privatrecht, etwa gegen die Medien, wenn versucht wird, ohne die Zustimmung des einzelnen Details über sein Privatleben oder sein Bild zu veröffentlichen, sowie um den Schutz gegen Versuche durch Privatpersonen, Tatsachen über das Leben anderer herauszufinden.

Die Wahl dieses Schwerpunktes beruht auf folgenden Gründen: in bezug auf die Abwehrrechte gegen den Staat hängt sehr viel von den geschriebenen Worten der jeweiligen Verfassung ab. Für das Richterrecht gibt es natürlich, und ganz besonders in den U.S.A.,[739] einen Platz, die großen Entscheidungen werden dennoch in der Regel nicht durch richterliche Rechtsfortbildung, sondern durch den Verfassunggeber getroffen. Daß in Australien kein

---

34, 39, 50); das Recht des Tagebuchgeheimnisses im Strafverfahren (BVerfGE 80, 367, 373f; BGHSt 19, 325, 326f).

[736] Zum Unterschied vgl. Ehmann, JuS 1997, 193, 197; Emerson, (1979) 14 Harv CR-CL LR 329, 329f; von Gerlach, JZ 1998, 741, 743; Jarass, NJW 1989, 857, 858; Schopler, (1975) 43 L Ed (2nd) 871, 875f; Zimmerman, (1991) 41 Case Western LR 823, 828f; für ein anschauliches Beispiel siehe Lebel, (1991) 41 Case Western LR 811, 817f.

[737] BVerfG (Kammer), NJW 1994, 1784; BGHZ 80, 25, 32f; BGHZ 81, 75, 87; BGHZ 98, 94, 97; BGH, NJW 1981, 2117, 2118f; OLG Frankfurt/M., NJW 1982, 648, 648; Brandner, JZ 1983, 689, 695; Ehmann, JuS 1997, 193, 201f; Habermann/Weick, in: Coing u.a., *Staudinger-BGB*, vor § 1 Rn. 30; Leinveber, GRUR 1960, 17, 23; Nipperdey, Ufita 30, 1, 29; Schwerdtner, „Persönlichkeitsrecht", S. 33f; Schwerdtner, JuS 1978, 289, 292; Soehring, NJW 1994, 16, 16; Soehring, NJW 1997, 360, 361; Soergel, *Presserecht*, S. 565; anders von Gamm, NJW 1955, 1826, 1826. Vgl. aber BGH, NJW 2000, 3421, 3421.

[738] BGHZ 66, 182, 185-187; von Gamm, NJW 1979, 513, 517; Jarass, NJW 1989, 857, 860. Vgl. auch BGHZ 32, 103; BGHZ 90, 113, 117f; vgl. aber BVerfGE 69, 257, 266; Brandner, JZ 1983, 689, 695.

[739] *Griswold* v. *Connecticut* (1965) 381 US 479, 483, 495f; 14 L Ed (2nd) 510, 514, 522; Stokes, (1994) 16 Syd LR 250, 262f; Zimmerman, (1983) 68 Cornell LR 291, 297-299.

verfassungsrechtlicher Privatsphäreschutz gegen den Staat besteht, erklärt sich zum großen Teil aus dem völligen Mangel an entsprechenden Anhaltspunkten in den Worten der Verfassung.[740]

In bezug auf den Schutz des Privatlebens im Privatrecht hat es in Deutschland und den U.S.A. anders ausgesehen. Hier wurden neue Rechte für Staatsbürger durch Richterrecht ins Leben gerufen. In Australien haben die Richter diesen Schritt abgelehnt.

Interessanterweise haben die großen Fortschritte in Deutschland wie in den U.S.A., die den Schutz der Persönlichkeit des einzelnen gegen die Angriffe seiner Mitbürger einschließlich der Medien herbeigeführt haben, zwar rechtstechnisch auf privatrechtlichem Gebiet stattgefunden. Dennoch sind sie in beiden Ländern fast ausschließlich aus verfassungsrechtlichen Erwägungen zustande gekommen. Wir haben es also praktisch — wie auch im Teil B — mit Verfassungsrecht und mit Fragen der Drittwirkung zu tun.

---

[740] *Carbone* v. *Police* (1997) 68 SASR 200, 209; Swanton, (1974) 48 ALJ 91, 98-100. Zum Einfluß internationaler Menschenrechtsverträge auf diesem Gebiet vgl. "*G.S.*" v. *News* [1998] Aust Torts Rep 64,897, 64,913-64,915.

II. England und Australien

1. Die Australier bleiben treu

Im Teil B dieser Arbeit war es erforderlich, das australische und das englische Recht getrennt darzustellen, da in Australien mit den *Theophanous-* und *Lange-*Entscheidungen ein klarer Bruch mit dem überlieferten englischen Recht gemacht wurde. In diesem Teil der Arbeit ist nun eine solche getrennte Darstellung überflüssig, denn auf diesem Gebiet sind die Australier ihrem englischen Erbe treu geblieben. Sie erkennen kein Rechtsgut des Privatlebens oder des Persönlichkeitsschutzes an.

Australische Gerichte haben diese Rechtslage mehrmals bestätigt. Schon 1904, im zweiten Jahr nach seiner Gründung, hatte der High Court den Rechtssatz verkündet, daß wohl soziale, jedoch keine rechtlichen Hindernisse gegen Fragen über das Privatleben anderer bestehen.[741] Herausragend ist insofern die berühmte Entscheidung *Victoria Park Racing and Recreation Grounds* v. *Taylor* vom Jahre 1937.[742] Klägerin in diesem Fall war eine Gesellschaft, die Eigentümerin einer Pferderennbahn war. Eine Rundfunkgesellschaft ließ in der Nähe dieser Rennbahn auf dem Privatgelände des Herrn Taylor, eines Hauseigentümers, einen Turm mit einer Höhe von etwa sechzehn Fuß (4,8 m) bauen, von wo aus man über den Zaun auf die Rennbahn sehen konnte. Die Rundfunkgesellschaft ließ ohne die Zustimmung der Eigentümerin der Rennbahn Beschreibungen der dortigen Pferderennen über Rundfunk live senden, mit dem Ergebnis, daß einige Leute, die sonst den Eintrittspreis bezahlt und dadurch die Eigentümerin der Rennbahn bereichert hätten, zu Hause oder in der Gaststätte blieben und dem Radio zuhörten.

Zu dieser Zeit hatte sich in vielen Bundesländern der U.S.A. das Recht auf Privatleben etabliert. Die australischen Gerichte mußten sich daher die Frage stellen, ob sie diesem Weg folgen wollten. Der Fall *Victoria Park* war vielleicht für eine derartige Entscheidung durch die australischen Gerichte nicht völlig geeignet, denn es handelte sich hier in der Tat nicht um die Interessen des einzelnen, sondern um kommerzielle Belange;[743] so werden Fälle dieser Art in den U.S.A. behandelt.[744] Dennoch kann man die Verbindung zwischen dem

---

[741] *Clough* v. *Leahy* (1904) 2 CLR 139, 157.
[742] (1937) 58 CLR 479.
[743] Cowen, *The Private Man*, S. 22f; Law Reform Commission, *Unfair Publication*, S. 113; Skala, (1977) 10 U Qld LJ 127, 135f.
[744] *International News Service* v. *Associated Press* (1918) 248 US 215; 63 L Ed 211; *Rudolph Mayer Pictures* v. *Pathe News* (1932) 255 NYS 1016; *National Exhibition Co.* v. *Teleflash* (1936) 24 F Supp 488; *Twentieth Century Sporting Club* v. *Transradio Press Service* (1937)

(Fortsetzung nächste Seite ...)

vorliegenden Fall und dem Schutz des Privatlebens klar erkennen.[745] Generell ging es hier darum, ob der Eigentümer eines Grundstücks anderen den Blick in sein Grundstück verwehren kann. Körperliche Eingriffe wurden natürlich durch die Rechtsordnung schon als „trespass" verboten, die Frage hier richtete sich nach der Zulässigkeit des nichtkörperlichen Eindringens, das vom zivilrechtlichen Delikt „trespass" nicht erfaßt wird.[746] Die Antwort könnte durch Analogie etwa zu Fällen, in denen jemand ein Haus baut, wodurch er in den Garten oder sogar in das Haus seines Nachbarn hineinschauen kann, gefunden werden.

Der High Court — oder vielmehr drei der fünf Richter, denn zwei verkündeten abweichende Meinungen — lehnten unter Berufung auf solche Nachbarstreitigkeiten (die in Abschnitt 3 näher behandelt werden) die Existenz eines Schutzes der Privatsphäre ab.[747] *Latham* C.J. betonte, es gebe nach englischem Recht kein Prinzip, das die Beschreibung von Ereignissen durch einen Augenzeugen verbieten würde. Es gebe kein allgemeines Recht auf eine Privatsphäre nach anglo-australischem Recht. Kein früherer Fall habe das Eindringen in private Geschehnisse durch „Hineinschauen" als Rechtsbruch anerkannt, insofern existiere das Recht nicht. Die Klägerin könne zum Schutz ihrer Interessen allenfalls einen höheren Zaun errichten.[748] *Dixon* J. hielt die gegenteilige Meinung für eine unzulässige Ausdehnung des Rechtsschutzes auf ein neues Gebiet,[749] obwohl er diese Meinung eher behauptete als begründete. *Mc-Tiernan* J. stellte auf den Mangel an einem anerkannten Rechtsgut ab, das die Interessen der Klägerin beschützte.[750]

In der Minderheit wollten *Rich* und *Evatt* JJ. die Nutzung des Grundstücks von Herrn Taylor für den besagten Zweck als „nuisance", das heißt als Beeinträchtigung des Besitzes der Pferderennbahn, anerkennen, da die Pferderennbahn durch die Rundfunkausstrahlungen für ihren Zweck weniger gewinnbringend

---

300 NYS 159; *Pittsburgh Athletic Co.* v. *K.Q.V. Broadcasting Co.* (1938) 24 F Supp 490; *Loeb* v. *Turner* (1953) 257 SW (2nd) 800; *National Exhibition Co.* v. *Faß* (1955) 143 NYS (2nd) 767; Cooper, (1986) 6 Communications Law Bulletin 16, 17; Gordon, (1960) 55 NWULR 553, 587f; Nimmer, (1954) 19 Law & Contemp Probs 203, 211, 220; Richardson, (1994) 19 MULR 673, 675. Vgl. für die australische Ablehnung eines zivilrechtlichen Delikts „unfair competition" *Moorgate Tobacco* v. *Philip Morris [No. 2]* (1984) 156 CLR 414.

[745] Swanton, [1975] Justice 13, 16.

[746] Malmström (Hrsg.), *Right of Privacy and Rights of the Personality*, S. 88f.

[747] (1937) 58 CLR 479, 495f, 507-509, 523.

[748] (1937) 58 CLR 479, 494-496.

[749] (1937) 58 CLR 479, 510.

[750] (1937) 58 CLR 479, 527.

wurde.[751] Die fehlenden Präjudizien erklärte *Evatt* J. dadurch, daß der Fall und die Technologie nie zuvor vor Gericht gekommen waren.[752] Diesem Argument begegneten die Richter in der Mehrheit mit dem Hinweis darauf, daß die Rundfunksendungen die Nutzung der Pferderennbahn nicht beeinträchtigten. Die dort Anwesenden wußten nichts von dem Kommentar des Rundfunks.[753] Man könne auch weiterhin Pferderennen auf dem fraglichen Grundstück veranstalten; in keiner Weise wurden diese, anders als die kommerziellen Ziele der Klägerin, durch die Errichtung des Turms verhindert oder erschwert.[754] Außerdem gab es schon einen englischen Fall, in dem entschieden worden war, daß unabhängig von einem entsprechenden Vertrag oder anderen traditionell anerkannten Rechtsgütern kein Recht existiert, auf Privatgelände das Fotografieren zu verbieten.[755]

Der Fall *Victoria Park* wird als Ausfluß und Bestätigung des Prinzips verstanden, daß in Australien kein allgemeines Recht auf Wahrung der Privatsphäre existiert: man muß in der anglo-australischen Rechtsordnung beweisen, daß ein anderes rechtlich anerkanntes Interesse beeinträchtigt wird, falls man den Schutz der Privatsphäre erreichen will. Gerade diesen Beweis konnte die Klägerin jedoch nicht erbringen; es wäre anders gewesen, wenn sie zum Beispiel hätte beweisen können, daß ihre durch Eigentumsverhältnisse[756] oder Vertrag[757] gesicherten Rechte oder daß (wie sie es auch ohne Erfolg versuchte) die Prinzipien des Urheberrechts[758] durch den Beklagten verletzt worden waren.

Auch die Richter der Minderheit haben dieses allgemeine Prinzip dadurch anerkannt, daß sie die Existenz eines Rechtsguts „Privatleben" ablehnten,[759] auch wenn sie unabhängig davon zu dem Schluß kamen, daß der Beklagte eine „nuisance" begangen hatte und daß damit der Klägerin ein anerkanntes Recht herkömmlicher Art zustand. Für die These, daß nach anglo-australischem Recht die Privatsphäre als solche nicht geschützt ist, sprachen sich alle fünf

---

751 (1937) 58 CLR 479, 502-505, 515-522.
752 (1937) 58 CLR 479, 519.
753 Paton, (1938) 16 Can Bar Rev 425, 426.
754 (1937) 58 CLR 479, 493, 506-509, 524-526.
755 *Sports & General Press Agency* v. *"Our Dogs" Publishing Company* [1916] 2 KB 880, 884 (Berufung: [1917] 2 KB 125); vgl. auch *Hickman* v. *Maisey* [1900] 1 QB 752, 759.
756 Vgl. *Hickman* v. *Maisey* [1900] 1 QB 752; *Lincoln Hunt Australia* v. *Willesee* (1986) 4 NSWLR 457, 461f.
757 (1937) 58 CLR 479, 526f; *Sports & General Press Agency* v. *"Our Dogs" Publishing Company* [1917] 2 KB 125, 128.
758 Vgl. in dieser Hinsicht *Mirror Newspapers* v. *Queensland Newspapers* [1982] Qd R 305 für einen Fall, der just auf der anderen Seite der Grenze liegt.
759 (1937) 58 CLR 479, 502, 517, 521.

Richter aus, und zwar auf der Basis des überlieferten englischen Rechts.[760] Damit war der englische Privy Council (damals (bis auf hier irrelevante Ausnahmen) zweite Revisionsinstanz für australische Fälle) offensichtlich zufrieden, denn er weigerte sich, den Fall zur Revision zuzulassen.[761] *Victoria Park* bleibt, obwohl das Ergebnis gelegentlich kritisiert wird,[762] auch heute gültiges Recht. Der High Court in der Person von *Deane* J. bestätigte 1984, acht Jahre vor dem Ausbruch der Revolution in der Rechtsprechung im Jahre 1992, den Ansatz von *Victoria Park*. Auch wenn die Tatsachenkonstellation im betreffenden Fall, *Moorgate Tobacco* v. *Philip Morris [No. 2]* (1984),[763] mit dem Schutz der Privatsphäre nichts zu tun hatte, sondern einen Fall des unlauteren Wettbewerbs betraf, hatte das Gericht in dem Fall den Gedanken der Schöpfung eines neuen zivilrechtlichen Delikts durch die Gerichte abgelehnt, und zwar unter ausdrücklicher Berufung auf *Victoria Park*. Daher wurde der Fall vom Jahre 1984 mit Recht vom Landgericht New South Wales auch als Ablehnung eines Persönlichkeitsschutzes im australischen Common Law verstanden.[764]

2. Der Gesetzgeber

a. Kein allgemeines Gesetz zum Schutz des Privatlebens

Es wurde im Abschnitt C I 2 dieser Arbeit hervorgehoben, daß unter anderem die Wahrung eines gewissen Privatbereichs die demokratische von der diktatorischen Staatsform unterscheidet. In der freiheitlichen Demokratie Australiens wäre es deshalb erstaunlich, wenn der Gesetzgeber die lückenhaften, auf anderen rechtlichen Interessen basierenden Schutzmöglichkeiten der Persönlichkeit nicht ergänzt hätte; denn der entsprechende Bedarf besteht selbstverständlich.[765] Obwohl die wenigen australischen Gesetze zum Schutz von Teilbereichen der Privatsphäre zum Hauptthema dieser Arbeit ebensowenig wie die im Abschnitt B III 2 b und c erörterten Landesgesetze über das

---

[760] Für weitere allgemeine Behauptungen besagter Art aus Australien und England siehe Re *X* [1975] Fam 47, 58; *Malone* v. *Metropolitan Police Commissioner* [1979] Ch 344, 357f; *10th Cantanae* v. *Shoshana* (1987) 79 ALR 299, 300; *Kaye* v. *Robertson* [1991] FSR 62, 66, 70f; *Khorasandjian* v. *Bush* [1993] QB 727, 744; *Cruise* v. *Southdown Press* (1993) 26 IPR 125, 125; *R* v. *Central Independent Television* [1994] Fam 192, 204; *R* v. *Khan* [1997] AC 558, 581; Kentridge, (1996) 45 ICLQ 253, 256.

[761] Paton, (1938) 54 LQR 319, 319f.

[762] Gibson, "Common Law Protection of Privacy", S. 353-357; Paton, (1938) 54 LQR 319, 320f; Paton, (1938) 16 Can Bar Rev 425, 426f.

[763] (1984) 156 CLR 414, 444-446.

[764] *Bathurst City Council* v. *Saban* (1985) 2 NSWLR 704, 706f.

[765] Law Reform Commission, *Unfair Publication*, S. 118-121.

Diffamierungsrecht beitragen, seien sie nun an dieser Stelle der Vollständigkeit halber kurz erwähnt.

Im Gegensatz zu Kanada[766] hat in keinem der australischen Bundesländer der Landtag ein allgemeines Recht auf den Schutz der Privatsphäre eingeführt. Sämtliche Versuche[767] sind bisher gescheitert. Es gibt lediglich Gesetze, die bestimmte Bereiche des Persönlichkeitsschutzes regeln.

b. Gesetze für einzelne Bereiche

Zum einen gibt es in Australien[768] Gesetze des Bundes (*Privacy Act* 1988)[769] sowie der Bundesländer New South Wales (*Privacy and Personal Information Act* 1998)[770] und Queensland (*Invasion of Privacy Act* 1971), deren Titel jedoch in die Irre führen,[771] da es sich in diesen Fällen fast ausschließlich[772] um Vorschriften handelt, die lediglich die jeweilige Bundes- oder Landesregierung binden und keinen Schutz gegen Eingriffe auf die Privatsphäre durch Privat-

---

[766] Calcutt, *Privacy*, S. 13, 88-92; Gibson, "Common Law Protection of Privacy", S. 343-348; Moen, (1995) 6 AIPJ 30, 34-36; Seipp, (1983) 3 Oxf J Leg Stud 325, 367.

[767] Z.B. *Privacy Bill* 1974 (Südaustralien), von der Opposition im Oberhaus des Landesparlaments verworfen; für eine kurze Beschreibung seines Schicksals, siehe Dunstan, *Felicia*, S. 222; für den Hintergrund, siehe Anonym, (1974) 48 ALJ 457; Hurst/White, *Ethics and the Australian News Media*, S. 121; Law Reform Committee, *Privacy*. Vgl. auch Gounalakis/Glowalla, AfP 1997, 771, 771f; Gounalakis/Glowalla, AfP 1997, 870, 874f. Für Listen der Kommissionen und Gesetzentwürfe siehe Bingham, [1996] EHRLR 450, 452; Brittan, (1963) 37 Tulane LR 235, 261-265; Calcutt, *Privacy*, S. 1, 19f, 46, 48; Cowen, *The Private Man*, S. 14f, 23-25, 36f, 49f; Craig/Nolte, [1998] EHRLR 162, 162; Dworkin, (1967) 2 U Tas LR 418, 430f; Dworkin, (1973) 36 MLR 399; Frazer, (1983) 99 LQR 281, 310; Law Reform Commission, *Unfair Publication*, S. 113-116; Markesinis, (1992) 55 MLR 118, 119; McQuoid-Mason, *Privacy in South Africa*, S. 54f; National Heritage, *Privacy and Media Intrusion*, S. 1f; Neill, (1962) 25 MLR 898, 898f; Samuels, (1996) 17 Statute LR 115, 123-125; Seipp, (1983) 3 Oxf J Leg Stud 325, 345-350; Storey, (1973) 47 ALJ 498, 506-509, 512; Swanton, (1974) 48 ALJ 91, 97; Taylor, (1971) 34 MLR 288. Zum englischen *Calcutt Report* (Calcutt, *Privacy*) und die Folgen siehe insbesondere Gounalakis/Glowalla, AfP 1997, 771, 771f; Gounalakis/Glowalla, AfP 1997, 870, 870-875; Markesinis, "Subtle Ways", S. 723-735.

[768] Für das jüngste englische Gesetz, das im Vergleich mit den hier erwähnten australischen Gesetzen einen relativ weitgehenden Schutz bietet, siehe *Data Protection Act* 1998.

[769] Zum Hintergrund siehe Bailey, *Human Rights*, S. 274f.

[770] Für einen Kommentar siehe McConnachie, (1999) 37:2 Law Society Journal 58. Vorher galt das Gesetz *Privacy Committee Act* 1975 (N.S.W.). Für eine Übersicht über die Tätigkeit des Privacy Committee bis 1983 siehe Law Reform Commission, *Privacy*, S. 59-62; siehe auch Bailey, *Human Rights*, S. 276f.

[771] Richardson, (1994) 19 MULR 673, 678; Swanton, [1975] Justice 13, 19.

[772] Die Gesetze regeln zugegebenermaßen auch einige Tätigkeiten von Kreditschutzvereinen: Storey, [1975] Justice 1, 6-12. Vgl. auch Magnusson, (1999) 27 Fed LR 33, 34f, 68-70.

personen bzw. durch die Medien anbieten.[773] Ferner gibt es Gesetze, die einzelne Gebiete regeln, wie etwa das Gesetz des Bundeshauptstadtterritoriums über Krankenhaus- und ärztliche Akten auch in privaten Krankenhäusern (*Health Records (Privacy and Access) Act* 1997)[774] oder der 5. Abschnitt des Teils VIIIC des Bundesgesetzes *Crimes Act* 1914, nach dem dem einzelnen nach Ablauf einer gewissen Frist das Recht auf die Geheimhaltung seiner Vorstrafen zusteht.[775]

Vom Bundesgesetz, dem *Copyright Act* 1968 (Teil IX), wird auch das Recht anerkannt, die Veröffentlichung eines Werkes unter falschem Namen zu verbieten und im Fall einer Übertretung auf Schadensersatz zu klagen. Dieses Gesetz ist entweder fast überflüssig oder aber als Abschreckungsmaßnahme ziemlich erfolgreich, denn Übertretungen scheinen recht selten die Gerichte zu erreichen.[776] Schließlich verbietet § 115 des Bundesgesetzes *Broadcasting Act* 1942 Fernsehkanälen — jedoch nicht dem Rundfunk[777] — das, was in *Victoria Park* das Common Law nur zulassen konnte:

> **„Televising of sporting events and entertainment**
> **115.** The [...] holder of a television licence shall not televise, either directly, or by means of any recording, film or other material or device or otherwise, the whole or a part of a sporting event or other entertainment held in Australia [...] in a place to which a charge is made for admission, if the images of the sporting event or other entertainment originate from the use of equipment outside that place.“

Der Schutz der Privatsphäre durch die verschiedenen australischen Gesetzgeber ist gering. Die Verabschiedung eines allgemeinen Gesetzes zum Schutz der Privatsphäre von Staatsbürgern durch australische Parlamente schien im Jahre 1998 unwahrscheinlich, als sich die Bundesregierung ausdrücklich für die Selbstkontrolle durch private Interessen entschieden hat.[778] (In diesem Rahmen mußte man sich fragen, ob die Gerichte die demokratische Legitimation besaßen, diese Entscheidung der Exekutive und damit des Gesetzgebers gegen

---

[773] McConnachie, (1999) 37:2 Law Society Journal 58, 60; für weitere Einschränkungen siehe Paterson, (1998) 26 Fed LR 371, 378, 382.
[774] Paterson, (1998) 26 Fed LR 371, 372, 378. Vgl. auch das Bundesgesetz *Aged Care Act* 1997 § 86.
[775] Zu diesem Gesetz vgl. auch Magnusson, (1999) 27 Fed LR 33, 65f.
[776] Für die wenigen Beispiele siehe *Moore* v. *News of the World* [1972] 1 QB 441 (England); *Crocker* v. *Papunya Tula Artists* (1985) 61 ALR 529 (Klage abgewiesen); *Clark* v. *Associated Newspapers* [1998] 1 WLR 1558 (England).
[777] Siehe weiter zu den Grenzen dieser Vorschrift in der Praxis Duncan, "Negotiating Media Contracts", S. 4-7.
[778] Paterson, (1998) 26 Fed LR 371, 372, 380-382.

ein allgemeines Persönlichkeitsrecht dadurch außer Kraft zu setzen, daß sie ein ähnliches Recht durch Richterrecht einführten.)

Die Entscheidung der Bundesregierung wurde 1999 rückgängig gemacht; das Bundesgesetz *Privacy Act* 1988 sollte von nun an auf sämtliche Rechtssubjekte ausgedehnt werden — außer den Medien in ihren journalistischen Tätigkeiten. Dabei wird es sich lediglich um ein Datenschutzgesetz handeln. Andere Bereiche des Persönlichkeitsschutzes, etwa das Recht am eigenen Bild und Namen, werden von dem Gesetzentwurf, der am 21. Dezember 2000 vom australischen Parlament verabschiedet wurde aber erst am 21. Dezember 2001 in Kraft tritt, nicht erfaßt.[779] Darüber hinaus sind die Legislativbefugnisse des Bundes unter der Verfassung beschränkt; er kann allenfalls einen Teilschutz verordnen: gegen Privatpersonen im Gegensatz zu Gesellschaften könnte er nach Artikel 51 der Verfassung nur einige Bereiche, aber nicht alle Tätigkeiten regeln. Auf die Schaffung weiterer Schutzbereiche durch die Parlamente der Länder oder durch richterliche Rechtsfortbildung kann daher nicht verzichtet werden.

c. Eine neue Entwicklung

Aus diesem Blickwinkel interessant ist ein Gesetz des Bundeslandes Westaustralien mit dem Titel *Surveillance Devices Act* 1998. Es wurde am 11. Januar 1999 verabschiedet und trat am 22. November 1999 in Kraft.[780] § 6 (1) bestimmt:

> „**6. Regulation of use, installation and maintenance of optical surveillance devices**
> (1) Subject to subsections (2) and (3), a person shall not install, use, or maintain, or cause to be installed, used, or maintained, an optical surveillance device —
>> (a) to record visually or observe a private activity to which that person is not a party; or
>> (b) to record visually a private activity to which that person is a party.
>
> Penalty:
> (a) for an individual: $5 000 or imprisonment for 12 months, or both;
> (b) for a body corporate: $50 000."

[779] *Privacy Amendment (Private Sector) Act* 2000 (Clth); Siehe zum Gesetzentwurf Attorney-General's Department, *A Privacy Scheme*; Attorney-General's Department, *Government's Proposed Legislation*.
[780] *West Australian Government Gazette* vom 21. November 1999, S. 5843.

§ 9 verbietet die Veröffentlichung von rechtswidrig beobachteten Vorkommnissen. Diese Paragraphen stellen keinen allgemeinen Schutz der Privatsphäre dar; sie regeln jedoch ein Gebiet, auf dem das anglo-australische Common Law und Gesetzesrecht bisher einen sehr beschränkten Schutz gewährt haben. Insofern hat sich ein neues Schutzgebiet im Recht eines australischen Bundeslandes entwickelt, auch wenn andere Paragraphen des Gesetzes Einschränkungen des Schutzes, etwa bei Veröffentlichung eines Bildes im öffentlichen Interesse, zum Inhalt haben.

Es ist noch zu früh, um die Auswirkungen dieses Gesetzes und seine Folgen zu beurteilen. Falls aber das Gesetz auf Erfolg und Anerkennung stößt, auch in anderen Bundesländern zustandekommt — wie schon im Bundesland Victoria geschehen ist[781] —, und weitere derartige Gesetze zum Schutz des Privatlebens verabschiedet werden, könnten die bestehenden Lücken im Common Law, mit dem sich der folgende Abschnitt beschäftigt, verschwinden.

3. Das Common Law[782]

a. Diffamierung/Malicious Falsehood

Nach den Erörterungen im Teil B dieser Arbeit denkt man in erster Linie an das zivilrechtliche Delikt der Diffamierung, wenn vom Schutz der Persönlichkeit nach dem Common Law die Rede ist.

In gewissen Fällen kann das Diffamierungsrecht einen angemessenen Schutz der Persönlichkeit erzielen. Dafür ist der Fall *Tolley* v. *J.S. Fry & Sons*[783] ein

---

[781] *Surveillance Devices Act* 1999 § 7 (vom westaustralischen § 6 (1) kaum zu unterscheiden). Im Bundesland New South Wales erstreckt sich der Schutz lediglich auf den Arbeitsplatz : *Workplace Video Surveillance Act* 1998.

[782] Für Zusammenfassungen des Schutzes der Privatsphäre im Common Law, siehe Bailey, *Human Rights*, Kap. 10; Bingham, [1996] EHRLR 450, 453f; Brittan, (1963) 37 Tulane LR 235, 256-261; Burns, "Privacy and the Common Law"; Cram, "Beyond Calcutt", S. 99-102; Dworkin, (1967) 2 U Tas LR 418; Frazer, (1983) 99 LQR 281, 284-294; Gibson, "Common Law Protection of Privacy"; Gounalakis/Glowalla, AfP 1997, 771, 772f; Jacob/Jacob, (1969) 119 NLJ 157; Katz, [1995] EIPR 6; Law Reform Committee, *Privacy*, S. 5-7; McQuoid-Mason, *Privacy in South Africa*, S. 49-57; Neill, (1962) 25 MLR 393, 394-396; Neill, "Privacy: A Challenge for the Next Century", in: Markesinis (Hrsg.), *Protecting Privacy*, S. 4-17; Ohly, RabelsZ 65, 39, 42-50; Pannam, (1966) 40 ALJ 4; Paton, (1938) 16 Can Bar Rev 425, 428-437; Pember, *Privacy*, S. 42-56; Seipp, (1983) 3 Oxf J Leg Stud 325; Skala, (1977) 10 U Qld LJ 127, 133-138; Stallard, (1998) 18 Loyola LA Ent LJ 565; Storey, (1973) 47 ALJ 498, 503-505; Todd (Hrsg.), *Torts in New Zealand*, S. 757-764; Wacks, *Privacy and Press Freedom*, Kap. 3; Winfield, (1931) 47 LQR 23; Younger, *Privacy*, S. 287-307. Zum schottischen Recht siehe Kilbrandon, (1971) 2 Camb LR 35; Seipp, (1983) 3 Oxf J Leg Stud 325, 366f.

Beispiel.[784] Aus einem Gedicht, das ohne dessen Einwilligung den Namen des Klägers Tolley, eines Amateur-Golfspielers, erwähnte, konnte, so das House of Lords, das Publikum schließen, er hätte Geld für eine Beteiligung an kommerzieller Werbung bekommen, was seinem Ruf als Gentleman und Golfspieler abträglich war. Auf diese Weise wurde das Ziel des Namensschutzes über das Diffamierungsrecht erreicht.

Diesen nur durch großzügige Rechtsauslegung[785] möglichen Schluß könnte man heute in vielen Fällen nicht mehr gewähren, denn es ist heutzutage gebräuchlich, daß Sportler, auch Amateure, ihre Namen in kommerzieller Werbung nutzen, ohne daß heutzutage diese Tatsache an sich Folgen für den Ruf der fraglichen Person hat. Darauf haben australische Gerichte bereits seit den 60er Jahren aufmerksam gemacht.[786] Trotzdem könnten weiterhin Vorwürfe, man habe auf eine mit seinem Beruf unvereinbare Weise gehandelt oder sei unfähig im Beruf, eine Haftung begründen;[787] die Frage ist lediglich, welche Tätigkeiten mit dem Beruf unvereinbar sind oder den Unfähigkeitsvorwurf begründen.[788] In bezug auf Künstler gewährte zum Beispiel das Common Law bereits vor Inkrafttreten des oben erwähnten Teils IX des Bundesgesetzes *Copyright Act* 1968 und dessen Vorläufer Schutz, wenn Künstlern das Verfassen eines Werkes unterstellt wurde, das ihrem üblichen Qualitätsniveau nicht entsprach: es gleiche einer Beleidigung, wenn behauptet werde, ein renommierter Künstler hätte ein minderwertiges Werk verfaßt.[789]

---

[783] [1931] AC 333. Für einen ähnlichen deutschen Fall vor der Anerkennung des allgemeinen Persönlichkeitsrechts vgl. Gareis, JZ 1902, 412, 413. Vgl. auch RGZ 74, 308.

[784] Für ein weiteres, sehr ähnliches Beispiel aus England siehe Brittan, (1963) 37 Tulane LR 235, 259f.

[785] Gounalakis/Rösler, *Ehre, Meinung und Chancengleichheit*, S. 98f.

[786] *Henderson* v. *Radio Corporation* (1960) 60 SR (NSW) 576, 602f; *Pacific Dunlop* v. *Hogan* (1989) 23 FCR 553, 566; *Honey* v. *Australian Airlines* (1989) 11 ATPR 50.484, 50.486; (1990) 18 IPR 185, 193. Vgl. aber *Kaye* v. *Robertson* [1991] FSR 62, 67 und dazu Markesinis, "Subtle Ways", S. 722; Markesinis, (1990) 53 MLR 802, 804.
Eine ähnliche Entwicklung geschah in den 60er Jahren in Deutschland: BGHZ 49, 288, 289.

[787] Siehe z.B. *Pryce & Son* v. *Pioneer Press* (1925) 42 TLR 29; *Boyd* v. *Mirror Newspapers* [1980] 2 NSWLR 449, 453; *Nixon* v. *Slater* (2000) 175 ALR 15; Pannam, (1966) 40 ALJ 4, 5.

[788] Vgl. für ein Beispiel einer solchen Frage Lloyd, (1961) 14 Current Leg Probs 39, 39f.

[789] *Byron (Lord)* v. *Johnston* (1816) 2 Mer 29; 35 ER 851 (Basis des gewährten Schutzes aus den Urteilsgründen nicht klar ersichtlich); *Archbold* v. *Sweet* (1832) 5 Car & P 219, 226f; 172 ER 947, 949f; *Lee* v. *Gibbings* (1892) 67 LT (N.S.) 263; *Ridge* v. *"English Illustrated Magazine"* (1913) 29 TLR 592, 593. Fälle, in denen die Namen von Ärzten in Verbindung mit unwirksamen Drogen mißbraucht werden, werden unten (Abschnitt f) besprochen.

Von diesem Spezialfall abgesehen ergeben sich die gravierendsten Grenzen des Diffamierungsrechts als Schutzmittel für die Persönlichkeit aus dem Tatbestand des Delikts: es muß ein Vorwurf vorliegen, der den einzelnen lächerlich oder verachtenswert erscheinen läßt, zu Haßgefühlen Anlaß gibt oder aber andere dazu veranlaßt, die Person zu meiden.[790] Die Veröffentlichung von Tatsachen über das Privatleben oder eines Bildes des einzelnen ist nur dann diffamierend, wenn die Umstände diese Voraussetzungen erfüllen. Das ist nicht immer der Fall. Wenn etwa einem Menschen, der kein Amateur-Golfspieler und Gentleman ist, zugemutet wird, daß sein Bild von einer sonst hochangesehenen Firma zu Werbezwecken ohne seine Zustimmung benutzt wird, ist das nicht diffamierend.[791] Das gleiche Ergebnis wird erzielt, wenn Tatsachen veröffentlicht werden, die privater aber nicht rufschädigender Natur sind.[792]

Darüber hinaus gibt es im Common Law den Rechtfertigungsgrund der Wahrheit, auch wenn das Gesetz in einigen aber nicht allen australischen Bundesländern im Gegensatz zu England zusätzlich den Beweis verlangt, daß ein öffentliches Interesse an der Veröffentlichung wahrer Tatsachen besteht.[793] Wo das „reine“ Common Law gilt, etwa in Südaustralien, darf man zum Beispiel auch die Jugendsünden eines Menschen ans Licht bringen, denn es reicht zur Rechtfertigung aus, daß die Vorwürfe wahr sind.[794] Dazu kommt die Tatsache, daß im Diffamierungsrecht keine Prozeßkostenhilfe gewährt wird.[795]

Unter diesen Teilbereich fällt auch das sehr seltene zivilrechtliche Delikt des „malicious falsehood“, das die Gewerbeausübung durch den Kläger gegen falsche und böswillige Tatsachenbehauptungen schützt. Durch dieses Delikt konnte dem Kläger im Fall *Kaye* v. *Robertson*[796] sein Recht auf Unterlassung der Veröffentlichung eines Fotos von ihm im begrenzten Umfang zuerkannt werden, nicht jedoch ohne großzügige Rechtsanwendung zugunsten des Klägers. Entscheidend war hier der Mangel an bewußter Zustimmung durch

---

[790] Siehe oben, Fußnoten 38 und 39; Warren/Brandeis, (1890) 4 Harv LR 193, 197; Watterson, (1993) 67 ALJ 811, 825.

[791] Mathieson, (1961) 39 Can BR 409, 412f; Pannam, (1966) 40 ALJ 4, 5.

[792] Anonym, (1898) 12 Harv LR 207, 207; Walker, (1994) 19 MULR 729, 738f.

[793] Siehe z.B. *Defamation Act* 1974 (N.S.W.) § 15; Dworkin, (1967) 2 U Tas LR 418, 441; Gibson, "Common Law Protection of Privacy", S. 362; Koomen, (1993) 17 U Qld LJ 234, 242f; Storey, (1973) 47 ALJ 498, 504; Tilbury, "Uniformity", S. 251.

[794] *Wright* v. *Lewis* (1990) 53 SASR 416, 421f; Barendt, "Privacy and the Press", S. 27f; Cram, "Beyond Calcutt", S. 100; Gounalakis/Glowalla, AfP 1997, 771, 772f; Tilbury, "Uniformity", S. 249f.

[795] *Access to Justice Act* 1999 (U.K.), Schedule 2, § 1 (f); Gounalakis/Glowalla, AfP 1997, 771, 772. Für weitere prozeßrechtliche Mängel des Verfahrens in England vgl. Gounalakis/Rösler, *Ehre, Meinung und Chancengleichheit*, S. 107f.

[796] [1991] FSR 62, 67f. Siehe dazu Markesinis, "Subtle Ways", S. 719-723.

den Kläger zu den Tätigkeiten der Reporter des „Sunday Sport", die ihn in seinem Krankenhauszimmer fotografiert hatten. In dieser Tatsachenkonstellation konnte der Court of Appeal feststellen, daß die Tatbestandsvoraussetzungen dieses Delikts erfüllt waren.

Es ist verständlich, daß die Empörung des Gerichts über das Verhalten der Reporter diese Feststellung erheblich erleichtert hat und daß dieser Schluß nicht unbedingt einer besonnenen Prüfung standhält.[797] Auffällig an dem Urteil ist der Mangel an eingehender Begründung, daß der Tatbestand des Delikts erfüllt sei. Außerdem könnte der Normalbürger kaum behaupten, einen Vermögensschaden dadurch erlitten zu haben, daß man ihn auch ohne sein Einverständnis fotografiert und interviewt hat. Das konnte jedoch unter diesen Umständen der Kläger beweisen, weil er ein berühmter Schauspieler war, auch wenn kein Beweis dafür vorhanden war, daß er die kommerzielle Ausbeutung seines Unfalls überhaupt vorhatte.[798]

Schließlich konnte die fragliche Zeitung das „Interview" und die Fotos immer noch veröffentlichen, nur jedoch ohne die angeblich für seine Gewerbeausübung schädliche Behauptung, die Zustimmung des Klägers bekommen zu haben.[799]

b. Nuisance (Beeinträchtigung des Besitzes)

Das zivilrechtliche Delikt „nuisance" und dessen Grenzen wurden bereits in der Diskussion des *Victoria Park*-Falls angesprochen. Einklagbar sind danach Forderungen aus Handlungen, die den Besitz von Immobilien stören (als Besitzer in diesem Sinne gilt auch ein Eigentümer, der gleichzeitig das fragliche Grundstück besitzt). Folglich schützt dieses zivilrechtliche Delikt die Privatsphäre, soweit sie mit dem Besitz eines Grundstücks identifiziert werden kann. Gefragt werden muß also nach den Grenzen dessen, was mit dem Besitz eines Grundstücks identifiziert werden kann.

Mit dem *Victoria Park*-Fall verwandt ist die bis ins 17. Jahrhundert zurückgehende[800] Regel, daß dann kein Delikt vorliegt, wenn man ein Gebäude

---

[797] Vgl. *Lincoln Hunt Australia* v. *Willesee* (1986) 4 NSWLR 457, 459; Calcutt, *Privacy*, S. 26; Gounalakis, *Privacy and the Media*, S. 40; Markesinis, (1990) 53 MLR 802, 804f; Markesinis, "Subtle Ways", S. 723.

[798] Cram, "Beyond Calcutt", S. 101.

[799] *Kaye* v. *Robertson* [1991] FSR 62, 66; Craig/Nolte, [1998] EHRLR 162, 179.

[800] Für kurze Skizzen ihrer Geschichte, vgl. Neill, (1962) 25 MLR 393, 394f; Seipp, (1983) 3 Oxf J Leg Stud 325, 336f; Winfield, (1931) 47 LQR 23, 28. Zum jüdischen Recht siehe Hofstadter, *Development in New York*, S. 1f.

so baut, daß es möglich ist, in den Garten oder sogar ins Haus (oder in die Pferderennbahn) des Nachbarn hineinzuschauen, denn das Rechtssystem schützt die Privatsphäre in diesem Fall nicht.[801] Vielmehr obliegt es dem betroffenen Nachbarn, binnen zwanzig Jahren von seinem Recht Gebrauch zu machen, einen höheren Zaun oder eine Mauer zu errichten, um den Blick in seine Privatsphäre zu versperren.[802] Eine entsprechende Regel besteht im Mietrecht: das bloße Eindringen in die Privatsphäre des Mieters durch Schaffung einer Möglichkeit des Hineinschauens durch den Vermieter ist (im Gegensatz selbstverständlich zum körperlichen Eindringen) kein Rechtsbruch, wenn dies nicht ausdrücklich im Mietvertrag geregelt ist.[803]

Dagegen kann es jedoch rechtswidrig sein, wenn nicht nur die Möglichkeit, sondern auch die Tatsache des ständigen Hineinschauens bewiesen wird. Rechtstechnisch begeht der Beklagte nach dem Common Law einen Fall des „trespass", wenn er körperlich in das Grundstück anderer eindringt,[804] und einen Fall von „nuisance", wenn er einen anderen so lange und andauernd von fremdem Boden[805] oder sogar vom Flugzeug[806] aus beobachtet, daß er dadurch

---

[801] *Cross* v. *Lewis* (1824) 2 B & C 686, 689, 691; 107 ER 538, 539f; *Turner* v. *Spooner* (1860) 30 LJ Ch (N.S.) 801, 803; *Tapling* v. *Jones* (1865) 11 HLC 290, 305, 317; 11 ER 1344, 1350, 1355; *Atkinson* v. *Long* (1885) 2 QLJ 99, 102.

[802] *Knowles* v. *Richardson* (1670) 1 Mod 55; 86 ER 727; 2 Keble 611, 642; 84 ER 384, 404; *Chandler* v. *Thompson* (1811) 3 Camp 80; 170 ER 1312. Vgl. *Cherrington* v. *Abney* (1709) 2 Vern 646; 23 ER 1022. Zum amerikanischen Recht vgl. Shipley, (1949) 14 ALR (2nd) 750, 773.

[803] *Browne* v. *Flower* [1911] 1 Ch 219, 227f; *Kelly* v. *Battershell* [1949] 2 All ER 830, 836; *Owen* v. *Gadd* [1956] 2 QB 99, 107.

[804] *Merest* v. *Harvey* (1814) 5 Taunt 442; 128 ER 761; Seipp, (1983) 3 Oxf J Leg Stud 325, 335. In bezug auf Körperverletzungen beim Eindringen siehe *Parry* v. *Crooks* (1981) 27 SASR 1, 9, 19; Piotrowicz, (1993) 1 Torts LJ 207, 212f.

[805] *J. Lyons & Sons* v. *Wilkins* [1899] 1 Ch 255, 267, 271; *Torquay Hotel* v. *Cousins* [1969] 2 Ch 106, 119; *Hubbard* v. *Pitt* [1976] QB 142, 174-177, 180, 183, 188f; *Thomas* v. *National Union of Mineworkers (South Wales Area)* [1986] Ch 20, 62-64; *Khorasandjian* v. *Bush* [1993] QB 727, 742-744; *Raciti* v. *Hughes* (1995) 7 BPR 14.837; Magnusson, (1994) 2 Torts LJ 126, 167f. Zum englischen Gesetzesrecht siehe *Protection from Harassment Act* 1997; Calcutt, *Privacy*, S. 18. Zum schottischen Recht siehe das Gesetz von 1997 sowie *Graham* v. *Keith* [1936] SC 29; Calcutt, *Privacy*, S. 18f; National Heritage, *Privacy and Media Intrusion*, S. 19. Zum amerikanischen Recht siehe Pember/Teeter, (1974) 50 Washington LR 57, 77 Fußnote 112.

[806] *Bernstein of Leigh (Baron)* v. *Skyviews & General* [1978] 1 QB 479, 489; Koomen, (1993) 17 U Qld LJ 234, 240; Richardson, (1994) 19 MULR 673, 675. Für einen ähnlichen deutschen Fall (Hubschrauber statt Flugzeug) mit ähnlichem Ergebnis vgl. OLG Oldenburg, NJW-RR 1988, 951.

in seinem Besitz gestört wird.[807] Gerade diese Störung des Besitzes im Gegensatz zu rein kommerziellen Interessen konnte die *Victoria Park*-Klägerin nicht beweisen, obwohl hier keine feste Grenze, sondern eher ein Kontinuum besteht[808] und die gegenteilige Meinung in *Victoria Park* durchaus vertretbar ist.[809]

Von Interesse ist in dieser Hinsicht ein Fall aus dem Jahr 1904, der zwar in keiner Fallsammlung erscheint aber vom Gericht in *Victoria Park* und einigen Autoren erwähnt wird: Der Zahnarzt der englischen Ortschaft Balham fand eines Tages, daß Nachbarn Spiegel in ihrem Garten so aufgestellt hatten, daß sie die Vorgänge in der Zahnarztpraxis beobachten konnten. Im Vergleich mit der Pferderennbahn soll das nicht nur die Rentabilität betroffen haben, sondern auch die Nutzung des Grundstücks für den vom Zahnarzt gewählten Zweck, denn kein Zahnarzt könne unter derartigen Bedingungen arbeiten, und kein Patient könne sich eine zahnärztliche Behandlung auf einem so beobachteten Grundstück zumuten. Dem Zahnarzt stand also eine Unterlassungsverfügung zu, allerdings nach der Meinung aller, die sich mit dieser Frage beschäftigt haben, außer dem erkennenden Gericht, dessen Urteilsgründe uns leider unbekannt sind.[810]

Da es aber kein allgemeines Recht auf den Schutz der Privatsphäre vor dem nicht steten, den „nuisance"-Vorwurf rechtfertigenden Hineinschauen gibt, wurde in Zeiten des Ausbaus der Eisenbahn entschieden, daß Grundstückseigentümern kein Recht auf Schadensersatz zusteht, wenn von einer neuen Eisenbahnstrecke aus Vorbeifahrende in die Wohnung hineinsehen können. Dies sei eine Last, die im öffentlichen Interesse jeder für sich zu tragen habe, verkündeten die englischen Gerichte.[811] Im Gegensatz dazu begeht „nuisance",

---

[807] Vgl. zum deutschen Recht OLG Celle, MDR 1980, 311, 311. Zu diesem Fall siehe aber weiter unten, Fußnote 1364.

[808] Burns, "Privacy and the Common Law", S. 28f. Der dort erwähnte Fall *Motherwell* (unten, Fußnote 816) wird — wie unten erörtert — in England abgelehnt.

[809] Dworkin, (1967) 2 U Tas LR 418, 423f.

[810] *Victoria Park Racing & Recreation Grounds* v. *Taylor* (1937) 58 CLR 479, 504, 520f; *Bathurst City Council* v. *Saban* (1985) 2 NSWLR 704, 708; *Raciti* v. *Hughes* (1995) 7 BPR 14.837, 14.840; Dworkin, (1967) 2 U Tas LR 418, 423; Paton, (1938) 16 Can Bar Rev 425, 427; Seipp, (1983) 3 Oxf J Leg Stud 325, 337; Todd (Hrsg.), *Torts in New Zealand*, S. 758f; Winfield, (1931) 47 LQR 23, 27.

[811] Re *Penny* (1857) 7 El & Bl 660; 119 ER 1390; 26 LJQB (N.S.) 225; *Buccleuch (Duke)* v. *Metropolitan Board of Works* (1870) LR 5 Ex 221, 237. Das Recht in Indien (*Prasannakumar* v. *Secretary of State* [1934] AIR (Calcutta) 525; Winfield, (1931) 47 LQR 23, 29f, 40 Fußnote 85; vgl. auch Seipp, (1983) 3 Oxf J Leg Stud 325, 369), den U.S.A. (Kacedan, (1932) 12 Boston ULR 600, 613f; Thompson, (1898) 47 Central LJ 148, 151) und Irland (Re *Ned's Point Battery* [1903] 2 IR 192; vgl. auch *Blundell* v. *The King* [1905] 1 KB

(Fortsetzung nächste Seite ...)

wer eine lärmende Menge von Leuten dazu veranlaßt, regelmäßig vor der Haustür des Klägers an Festen teilzunehmen, wodurch Lärm entsteht und die Straßen unpassierbar werden[812] oder die gewerbsmäßige Unzucht in der Nähe von Privathäusern regelmäßig und auffällig betreibt.[813] Die Grenzen zwischen unerlaubter und erlaubter Besitzstörung sind also recht fließend, was zugegebenermaßen zum Teil lediglich der Vielzahl der möglichen Fälle und der betroffenen Rechtsgüter entspricht.

„Nuisance" liegt auch dann vor, wenn der Beklagte den Kläger ständig anruft und seine Ruhe auf seinem Grundstück dadurch erheblich stört, denn man bewohnt ein Haus teilweise deswegen, um dort Ruhe zu genießen.[814] Wenn aber der Kläger das Grundstück nicht besitzt, entfällt der Schutz, denn „nuisance" schützt nur den Besitz. Wer also bloß als Mitbewohner ohne rechtlichen Anspruch geduldet wird, etwa als (erwachsenes) Kind, kann sich auf „nuisance" nicht berufen.[815] Gegenteilige Vorschläge aus Kanada[816] sowie dem englischen Court of Appeal[817] wurden 1997 vom obersten englischen Gericht, dem House of Lords, abgewiesen: man dürfe nicht durch Richterrecht die ganze Basis einer Klageart ändern, eine Ausdehnung der „nuisance" auf Nichtbesitzer stellte dies und nicht nur die Abschaffung einer überholten technischen Regel dar.[818] Das ist ein weiteres anschauliches Beispiel der Grenzen der Änderung des Common Law sowie des bruchstückhaften Schutzes der Privatsphäre im englischen Recht lediglich durch den Schutz anderer Interessen.

c. Briefe und Manuskripte

aa. Briefe

Der Schutz eines Brief- oder Manuskriptschreibenden im englischen Recht gehört zu den befriedigenderen Rechtsbereichen für diejenigen, die den Schutz

---

516, 523f) war anders. In Queensland meinte ein Richter, die Beeinträchtigung der Privätsphäre müßte sehr erheblich sein, bevor überhaupt erwogen werden könnte, ob wegen Vorbeifahrender ein rechtswidriges Eindringen in die Privatsphäre vorlag: *Atkinson* v. *Long* (1885) 2 QLJ 99, 102.

812 *Walker* v. *Brewster* (1867) LR 5 Eq 25.

813 *Thompson-Schwab* v. *Costaki* [1956] 1 WLR 335; vgl. auch *Laws* v. *Florinplace* [1981] 1 All ER 659 (Sexladen; einstweilige Verfügung. Der Kläger, damals Rechtsanwalt, wurde später Richter; er wird in dieser Eigenschaft in Abschnitt e erwähnt).

814 *Stoakes* v. *Brydges* [1958] QWN 9, 10; *Alma* v. *Nakir* [1966] 2 NSWR 396.

815 Prescott, (1991) 54 MLR 451, 456.

816 *Motherwell* v. *Motherwell* (1976) 73 DLR (3rd) 62.

817 *Khorasandjian* v. *Bush* [1993] QB 727; Piotrowicz, (1993) 1 Torts LJ 207.

818 *Hunter* v. *Canary Wharf* [1997] AC 655, 691f, 696-698, 707, 725; Singh, [1998] EHRLR 712, 714.

der Privatsphäre als solche befürworten, denn hier wird die Privatsphäre als schutzwürdig anerkannt. Die Gerichte verbieten die Veröffentlichung privater Briefe und ähnlicher Kommunikationen, wenn es sich dabei um ein ungerechtfertigtes Eindringen in die Privatsphäre des Autors handelt.

Zwar wurde der Schutz vor der Veröffentlichung von Briefen ohne die Zustimmung des Autors im 18. und dem frühen 19. Jahrhundert dadurch erklärt, daß der Schreiber und der Empfänger gleichzeitig Eigentumsrechte an dem Brief genossen.[819] Dieser Grund wurde im Laufe der Zeit aber nicht mehr erwähnt. Lediglich der sich daraus ergebende Schutz vor der Veröffentlichung ohne das Einverständnis beider Briefpartner wurde von den Gerichten als Urteilsgrund angeführt.[820] Die Frage, inwieweit Eigentumsrechte vorliegen müssen, wurde 1813 in *Perceval (Lord)* v. *Phipps*[821] ausdrücklich offengelassen; gleiches geschah auch in den 80er Jahren des 19. Jahrhunderts.[822]

1874 dagegen wurde gerichtlich anerkannt, daß nicht die Wahrung von Eigentumsrechten, sondern die Geheimhaltung Sinn und Zweck dieses Rechtsschutzes ist;[823] diese Entscheidung wurde 1905 wiederholt, wobei bestätigt wurde, daß Schadensersatzansprüche auch den durch den Verlust des privaten Status des Briefes entstandenen Schaden einschließen dürfen.[824] Dem entspricht eine Entscheidung des Jahres 1867, wonach der Absender (oder dessen Erben) selbst den Empfänger (oder dessen Erben) verklagen muß, um diesen Schutz zu erreichen; andere können diese persönlichen Rechte nicht geltend machen.[825] Auch wenn rechtshistorisch die Unterlassungsklage gegen die Veröffentlichung privater Briefe ihren Ursprung im Eigentumsrecht findet, entstand daraus ein fast unabhängiges, vom Common Law geschütztes Recht auf Wahrung des Briefgeheimnisses.[826]

---

[819] *Pope* v. *Curl* (1741) 2 Atk 342; 26 ER 608; *Gee* v. *Pritchard* (1818) 2 Swans 402, 415f, 424f; 36 ER 670, 674f, 678.
[820] *Thompson* v. *Stanhope* (1774) Amb 737; 27 ER 476.
[821] (1813) 2 V & B 19, 28f; 35 ER 225, 229. Vgl. auch Kohler, ArchBürgR 7, 94, 107.
[822] *Lytton (Earl)* v. *Devey* (1884) 54 LJ (N.S.) 293, 295; vgl. *Labouchere* v. *Hess* (1898) 77 LT (N.S.) 559, 562.
[823] *Andrew* v. *Raeburn* (1874) LR 9 Ch App 522, 523f; vgl. *Scott* v. *Scott* [1913] AC 417, 443.
[824] *Thurston* v. *Charles* (1905) 21 TLR 659, 660.
[825] *Hopkinson* v. *Burghley (Lord)* (1867) LR 2 Ch App 447.
[826] *MacMillan & Co.* v. *Dent* [1907] 1 Ch 107, 121.

bb. Manuskripte

In bezug auf unveröffentlichte Manuskripte hat sich das Recht auf ähnliche Weise entwickelt. In den frühen Fällen wurde ein Eigentumsrecht ausdrücklich als Grund dafür angeführt, daß dem Verfasser das Recht zustand, die Veröffentlichung seines Manuskriptes zu verbieten.[827]

Als 1825 ein Chirurg vor Gericht mit dem Anspruch erschien, die Veröffentlichung seiner ohne festes Manuskript gehaltenen, angeblich für einen privaten Zuhörerkreis beabsichtigten Vorlesungen zu verbieten, verzichtete Lord *Eldon* L.C. auf die Behauptung, ein Eigentumsrecht durchsetzen zu können. Statt dessen handele es sich um einen implizierten Vertrag mit den Zuhörern, die Bemerkungen des Vortragenden nicht zu veröffentlichen. Das Gericht vertrat die Auffassung, daß der Vertrag, soweit überhaupt vorhanden, auch für Dritte bindend war, obwohl auf die rechtliche Grundlage dieses Befunds nicht eindeutig hingewiesen wurde und die Rechtslage folglich unklar blieb.[828]

Eine Umkehr erfolgte im Jahre 1849 im berühmten Fall *Albert (Prince)* v. *Strange.*[829] Gegenstand des Rechtsstreits war ein Katalog von Bildern und Kupferstichen, die von Königin Victoria und ihrem Gatten Albert hergestellt worden waren. Der Beklagte Strange war auf unbefugte Weise[830] in den Besitz der Kunstwerke gelangt und beabsichtigte nun, damit eine öffentliche Ausstellung zu veranstalten und zusätzlich einen Katalog darüber zu veröffentlichen. Das Gericht verbot die Veröffentlichung auch des Katalogs mit dem Hinweis darauf, daß er Kenntnis vom Inhalt der Kunstwerke vermittelte, deren Inhalt durch das gleiche Prinzip geschützt wurde, das auch unveröffentlichte Briefe und Manuskripte schützte. Es müsse ferner davon ausgegangen werden, so das Gericht, daß der Beklagte durch Vertrags-, Vertrauens- oder Treuhandschaftsbruch von der Existenz und dem Inhalt der Kunstwerke erfahren habe, da er keinerlei Rechtfertigung seiner Kenntnisse vorbringen konnte; der sich aus diesen Tatsachen ergebende Schutz sei unabhängig von jeglichem

---

[827] *Queensberry (Duke)* v. *Shebbeare* (1758) 2 Eden 329, 330; 28 ER 924, 925; *Macklin* v. *Richardson* (1770) Amb 694, 697; 27 ER 451, 452; *Southey* v. *Sherwood* (1817) 2 Mer 435, 439f; 35 ER 1006, 1008.

[828] *Abernethy* v. *Hutchinson* (1825) 3 LJ Ch (O.S.) 209, 217-219; 1 H & Tw 28, 35-41; 47 ER 1313, 1316-1318; Steel, (1998) 4 Aust J Leg Hist 185, 196, 205, 219f. Siehe zum weiteren Verlauf des Rechtsstreits *Caird* v. *Sime* (1887) 12 App Cas 326, 357-359; Steel, (1998) 4 Aust J Leg Hist 185, 197-199; und, für einen ähnlichen Fall, *Nicols* v. *Pitman* (1884) 26 Ch D 375, 381.

[829] (1849) 1 H & Tw 1; 47 ER 1302. Für einen irischen Fall, in dem es sich auch um ein Kunstwerk handelte, siehe *Turner* v. *Robinson* (1860) 10 Ir Ch 121, 132.

[830] Pratt, [1975] PL 161, 166.

Eigentumsrecht.[831] Der Unterlassungsklage wurde stattgegeben, denn ohne eine entsprechende Verfügung müßte das Recht auf Geheimhaltung — „privacy is the right invaded“[832] — dem Kläger praktisch verwehrt bleiben.

Nach diesem Richterspruch könnte man annehmen, das englische Recht kenne ein allgemeines Recht auf die Wahrung der Privatsphäre an. Als 1887 ein weiterer Fall vor Gericht kam, in dem der Kläger ein Veröffentlichungsverbot begehrte, wurde festgestellt, daß ein Verbot auch ohne jegliche anderweitige rechtliche Beziehung zwischen Kläger und Beklagtem angeordnet werden könne: dieses Recht ergebe sich unmittelbar aus dem Status des Empfängers.[833] Wer aber glaubte, in diesem Fall den Ursprung eines allgemeinen Persönlichkeitsschutzes im englischen Recht zu sehen, irrte sich grundsätzlich.

d. Namensschutz

Zu den Besonderheiten des Common Law — auch in den U.S.A., die insoweit den englischen Ursprüngen gefolgt sind[834] — zählt die Tatsache, daß es kein Namensrecht enthält. Es gibt keine Bestimmung, die § 1616 BGB oder dem deutschen *Gesetz über die Änderung von Familiennamen und Vornamen* vom 05. Januar 1938[835] entspricht. Man hat im Common Law den Namen, den man als den eigenen anerkennt. Bis auf wenige, für diese Arbeit irrelevante Ausnahmen, die im 19. Jahrhundert obsolet wurden,[836] schreibt das Common Law, wie einst auch das deutsche gemeine Recht,[837] keinen Namen vor.

Dementsprechend verbietet das Common Law niemandem, den Namen eines anderen oder einen völlig frei erfundenen Namen zu führen,[838] es sei denn, dies findet in betrügerischer Absicht[839] oder aus anderen rechtlich zu mißbilligenden Gründen statt, wozu der Schutz anderer vor der Verwechslung mit einem

---

[831] (1849) 1 H & Tw 1, 22-25; 47 ER 1302, 1310f; vgl. *Gilbert* v. *Star Newspaper* (1894) 11 TLR 4, 5.
[832] (1849) 1 H & Tw 1, 26; 47 ER 1302, 1312.
[833] *Caird* v. *Sime* (1887) 12 App Cas 326, 348.
[834] *Restatement (Second) Torts*, S. 382; Kimbrough, (1940) 138 ALR 22, 91; Malmström (Hrsg.), *Right of Privacy and Rights of the Personality*, S. 129; Prosser, (1960) 48 Cal LR 383, 403.
[835] RGBl I S. 9.
[836] Young, (1999) 73 ALJ 536.
[837] Coing, „Entwicklung“, S. 84.
[838] Siehe z.B. *Cowley (Earl)* v. *Cowley (Countess)* [1901] AC 450; Stallard, (1998) 18 Loyola LA Ent LJ 565, 566f; vgl. *Pryce & Son* v. *Pioneer Press* (1925) 42 TLR 29.
[839] Siehe z.B. *Harrods* v. *R. Harrod* (1923) 41 RPC 74, 81f; Pannam, (1966) 40 ALJ 4, 12f.

anderen Menschen nicht gehört. Das gilt auch für den Namen eines Hauses,[840] einer Personengesellschaft[841] und sogar einer politischen Partei.[842]

Nur dann, wenn durch die Benutzung des Namens eines anderen diesem die Rechtshaftung für bestimmte Schulden oder ähnliche Verbindlichkeiten zugemutet werden könnte, darf die Unterlassungsklage des so Gefährdeten erfolgreich sein. Das kann etwa dann geschehen, wenn der Eindruck entstehen könnte, daß der Kläger und der Beklagte gemeinsam eine Firma leiten, wodurch der Kläger in einen Rechtsstreit, der eigentlich nichts mit ihm zu tun hat, unfreiwillig verwickelt werden könnte oder sich sogar den Vorwurf gefallen lassen müßte, er habe sich durch andere als Mithaftender ausgeben lassen und dürfe der insofern berechtigten Annahme anderer, daß er in der Tat für Schulden haftet, nicht mehr widersprechen.[843]

e. Bildschutz[844]

Der Bildschutz im anglo-australischen Recht ist ein sehr deutliches Beispiel dafür, daß die Privatsphäre nicht unmittelbar, sondern nur mittelbar durch den Schutz anderer Rechtsgüter anerkannt wird.

Es besteht kein allgemeines Prinzip, nach dem die Veröffentlichung des Bildes eines anderen rechtlich unzulässig wäre. Wenn dadurch keine Diffamierung etwa durch die Umstände der Veröffentlichung[845] oder die Lächerlichkeit der Darstellung[846] und kein Vertrags-, Urheber- oder anderweitiger Rechtsbruch[847]

---

[840] *Day* v. *Brownrigg* (1878) 10 Ch D 294.

[841] Siehe z. B. *Leather Cloth Co.* v. *American Leather Cloth Co.* (1863) 4 De G J & S 137, 143; 46 ER 868, 871 (Berufung: (1865) 11 HLC 523, 542f; 11 ER 1435, 1444); *Levy* v. *Walker* (1879) 10 Ch D 436; *Chappell* v. *Griffith* (1885) 53 LT (N.S.) 459; *Burchell* v. *Wilde* [1900] 1 Ch 551; vgl. Rogers, *Winfield*, S. 672 Fußnote 21.

[842] *Kean* v. *McGivan* [1982] FSR 119, 120 („Social Democratic Party").

[843] *Routh* v. *Webster* (1847) 10 Beav 561; 50 ER 698; *Dixon* v. *Holden* (1869) LR 7 Eq 488; *Walter* v. *Ashton* [1902] 2 Ch 282; *Clerk* v. *Motor-Car Co. (1905)* (1905) 49 Sol Jo 418; *Harrods* v. *R. Harrod* (1923) 41 RPC 74, 81f, 86f; Mathieson, (1961) 39 Can BR 409.

[844] Für Hinweise auf unveröffentlichte englische Gerichtsentscheidungen auf diesem und verwandten Gebieten, siehe Frazer, (1983) 99 LQR 281, 283 Fußnote 11.

[845] *Monson* v. *Tussauds* [1894] 1 QB 671; Anonym, (1894) 7 Harv LR 492, 492f.

[846] *Dunlop Rubber Company* v. *Dunlop* [1921] 1 AC 367 (siehe zum Endergebnis dieses Falles Winfield, (1931) 47 LQR 23, 32); *Bathurst City Council* v. *Saban* (1985) 2 NSWLR 704, 708.

[847] Für ein recht erfinderisches, aber doch erfolgloses Argument, siehe *Kaye* v. *Robertson* [1991] FSR 62, 68f.

stattfindet, kann weder der berühmte noch der Durchschnittsbürger die Veröffentlichung verbieten.[848]

Wenn es aber möglich ist, in einem anderen Zusammenhang die Privatsphäre des Abgebildeten zu schützen, wird die Hilfe des Gerichts nicht verweigert. Kann zum Beispiel festgestellt werden, daß ein Foto dadurch entstanden ist, daß der Abgebildete einen entsprechenden Vertrag mit dem Fotografen abgeschlossen hat, dann finden die Gerichte ohne weiteres eine implizierte Vertragsbedingung, daß das Foto für nichtprivate Zwecke nicht benutzt werden darf.[849] In eklatanten Fällen steht dem Kläger sogar ein Recht darauf zu, den Beklagten durch erhöhte Schadensersatzansprüche („punitive damages") wegen der Verletzung seiner Gefühle und der seiner Angehörigen gerichtlich bestrafen zu lassen, wenn zum Beispiel nach der Ermordung eines Angehörigen des Klägers der Fotograf Familienbilder, die er vor einigen Jahren bei einer Hochzeit vertragsgemäß gemacht hat, an die Presse verkauft.[850]

Darüber hinaus ist von einem englischen Richter, *Laws* J.,[851] vorgeschlagen worden, daß es als Vertrauensbruch gelten könnte, wenn ein Fotograf ein ohne die Zustimmung des Abgebildeten aufgenommenes Foto veröffentlichen läßt, das diesen bei einer zur Privatsphäre gehörenden Tätigkeit zeigt. Das sei analog zu den oben behandelten Fällen, in denen ein Tagebuch oder ein Brief mit vertraulichem Inhalt gestohlen worden ist.[852] *Young* J. hat im Landgericht New South Wales in Anlehnung an U.S.-amerikanische Präjudizien ein ähnliches *obiter dictum* über „anstößige"[853] Fotos gemacht, ohne aber die Grenzen dieses angeblichen Prinzips näher auszuführen oder dessen Existenz

---

848 *Corelli* v. *Wall* (1906) 22 TLR 532, 533; *Palmer* v. *National Sporting Club* [1905-10] Macgillivray's Copyright Cases 55; *Newton-John* v. *Scholl-Plough (Australia)* (1985) 11 FCR 233; *Honey* v. *Australian Airlines* (1990) 18 IPR 185; *Cruise* v. *Southdown Press* (1993) 26 IPR 125; Calcutt, *Review*, S. 32 (Herzogin von York); Pannam, (1966) 40 ALJ 4, 5; Harvey, (1996) 1 Media & Arts LR 182, 188-191.

849 *Tuck & Sons* v. *Priester* (1887) 19 QBD 629, 635, 638; *Pollard* v. *Photographic Co.* (1888) 40 Ch D 345, 349f; *Stedall* v. *Houghton* (1901) 18 TLR 126; Fenwick/Phillipson, [1996] CLJ 447, 449f; Kohler, ArchBürgR 5, 77, 89; vgl. Jarass, NJW 1989, 857, 862. Auch das Urheberrecht kann hier relevant sein: Dworkin, (1961) 24 MLR 185, 187 (hier wird aber übersehen, daß die Veröffentlichung auch und in erster Linie einen **Vertrags**bruch darstellt); Pannam, (1966) 40 ALJ 4, 6.

850 *Williams* v. *Settle* [1960] 1 WLR 1072, 1081-1083, 1086-1088.

851 Seit 12. Januar 1999 *Laws* L.J. am Court of Appeal. Siehe auch oben, Fußnote 813.

852 *Hellewell* v. *Chief Constable of Derbyshire* [1995] 1 WLR 804, 807; vgl. Bingham, [1996] EHRLR 450, 461; Storey, (1973) 47 ALJ 498, 510f.

853 „offensive": *Bathurst City Council* v. *Saban* (1985) 2 NSWLR 704, 708. *Young* J. wiederholte seinen Vorschlag im Fall *Raciti* v. *Hughes* (1995) 7 BPR 14.837, 14.840.

nach vorhandenen australischen Präjudizien zu begründen.[854] Diese Vorschläge sind jedoch noch nicht der Prüfung eines höheren Gerichts oder aber einer den aufgestellten Tatsachen zugrundeliegenden Gerichtsentscheidung unterzogen worden.[855] Der Haupteinwand besteht darin, daß in einem solchen Fall keine vertrauliche Mitteilung geschehen ist — worin besteht also der **Vertrauens**bruch?[856]

In einem Fall in den 90er Jahren wurden ein australischer Bundesminister und seine Frau auf dem Gelände ihres Privathauses im Laufe eines privaten Gesprächs fotografiert. Der Fotograf stand acht Stunden lang auf dem Dach eines Wagens und schaute von dort aus ins Privatgelände des Ministers hinein, um ihn und seine Frau fotografieren zu können. Diese durchaus fragwürdige Tätigkeit ergab sich daraus, daß Anhaltspunkte für die Annahme eines gespannten Eheverhältnisses zu dieser Zeit wegen gewisser Ereignisse im öffentlich-politischen Bereich vorlagen. Mangels klaren Rechtsbruchs wurden kurz danach die so entstandenen Bilder des privaten Gesprächs unter Ehepartnern in vielen Zeitungen veröffentlicht.[857] Die Thesen von *Laws* und *Young* JJ. wurden in diesem Fall nicht gerichtlich geprüft, da der betroffene Minister auf eine Klage verzichtete. Daß die Vorschläge von *Laws* und *Young* JJ. keineswegs nach australischem Recht anerkannt wurden, muß zu diesem Verzicht sowie zu der Entscheidung mehrerer Zeitungen, die Fotos zu veröffentlichen, erheblich beigetragen haben.

---

[854] Koomen, (1993) 17 U Qld LJ 234, 245f.

[855] Naismith, [1996] EHRLR 150, 158 Fußnote 39; Neill, "Privacy: A Challenge for the Next Century", in: Markesinis (Hrsg.), *Protecting Privacy*, S. 10. Dennoch gewährt unter diesen Umständen das englische Gesetz *Broadcasting Act* 1996 einen gewissen Schutz gegen die Medien: *R* v. *Broadcasting Standards Commission;* ex parte *British Broadcasting Corporation* [2000] 3 WLR 1327. Der Schutz ist vor allem deswegen beschränkt, weil die Befugnisse der Broadcasting Standards Commission lediglich denen eines Presserats entsprechen (Veröffentlichung der Ergebnisse ihrer Untersuchung, keine Schadensersatz- oder Unterlassungsansprüche).

[856] Cram, "Beyond Calcutt", S. 102; Gounalakis/Glowalla, AfP 1997, 771, 773; Loon, [1996] EIPR 307, 310f; Younger, *Privacy*, S. 297. Vgl. auch Laster, (1989) 7 Otago LR 31, 54f, 64; Markesinis, "Subtle Ways", S. 731; Phillipson/Fenwick, (2000) 63 MLR 660, 671f; Taylor, (1971) 34 MLR 288, 293f. Im Fall *Creation Records* v. *News Group Newspapers* (1997) 39 IPR 1 wurde die Veröffentlichung eines Fotos wegen Vertrauensbruchs untersagt; in diesem Fall machten Sicherheitsmaßnahmen deutlich, daß es sich um geheime Informationen handelte.

[857] Mullaly, (1997) 16 Communications Law Bulletin 10, 10f (mit weiteren Beispielen).

Für denjenigen, dessen Foto etwa auf der Straße oder sonst im öffentlichen Bereich aufgenommen worden ist, besteht auch der von den beiden Richtern vorgeschlagene Schutz natürlich nicht.[858]

f. Passing Off (Falsche Behauptungen über Geschäftsverbindungen)[859]

aa. Englisches Recht

Das zivilrechtliche Delikt „passing off", das — in Australien, untermauert durch das Bundesgesetz *Trade Practices Act* 1974 § 53 (c) und (d)[860] sowie durch entsprechende Landesgesetze[861] — in erster Linie Behauptungen über die Existenz einer nicht vorhandenen Verbindung zwischen Gütern oder Dienstleistungen zweier nicht miteinander in Beziehung stehender Händler oder Hersteller[862] verbietet, wird gelegentlich im Zusammenhang mit Persönlichkeitsschutz erwähnt. Dieses zivilrechtliche Delikt hat in den letzten 200 Jahren einige Änderungen und Entwicklungen erfahren und gehört zudem zu den wenigen Rechtsbereichen, in denen das australische Common Law vom englischen Recht abweicht.

Für den Schutz der Persönlichkeit schien dieses Delikt wenig nützlich, als in den 40er Jahren des 19. Jahrhunderts ein gewisser Freeman, Inhaber einer Firma in der Nähe von London, dem angesehenen Arzt Sir James Clark — allerdings in der leicht getarnten Form „Sir James Clarke" — die Herstellung von Arzneimitteln gegen Tuberkulose zuschrieb. Tatsächlich waren die fraglichen Arzneimittel weder eine Erfindung von Sir James noch wirksam. Im Fall *Clark* v. *Freeman*[863] vermochte es Lord *Langdale* M.R. jedoch nicht, der Unterlassungsklage von Sir James stattzugeben. Dafür wurden viele Gründe und Erwägungen angegeben, von denen zwei besonders entscheidend waren:

---

[858] Vgl. Craig/Nolte, [1998] EHRLR 162, 175.

[859] Da das mit „passing off" verwandte Urheberrecht in England und Australien kodifiziert ist und am Rande des Persönlichkeitsschutzes liegt, wird auf seine Darstellung in dieser Arbeit verzichtet. Vgl. dazu Stallard, (1998) 18 Loyola LA Ent LJ 565.

[860] „A corporation shall not, in trade or commerce, in connexion with the supply or possible supply of goods or services or in connexion with the promotion by any means of the supply or use of goods or services - (c) represent that goods or services have sponsorship [or] approval [...] they do not have; (d) represent that the corporation has a sponsorship, approval or affiliation it does not have". Vgl. Corones, (1990) 18 ABLR 5, 17f, 22-24; Harvey, (1996) 1 Media & Arts LR 182, 192f.

[861] Z.B. *Fair Trading Act* 1987 (S.A.) § 58 (e) & (f) — aus verfassungsrechtlichen Gründen gilt dieser Abschnitt im Gegensatz zu § 53 (c) & (d) des Bundesgesetzes nicht nur für „corporations", sondern für alle Personen.

[862] In diesem Abschnitt schließt nunmehr „Händler" auch „Hersteller" ein.

[863] (1848) 11 Beav 112; 50 ER 759.

erstens, daß in Diffamierungssachen die Unterlassung der Behauptung recht selten angeordnet wird; zweitens, daß Sir James selber keine Arzneimittel herstellte und deswegen keine Verwechslung zwischen etwaigen Produkten des Klägers und denen des Beklagten möglich war. Aus diesen Gründen lag kein „passing off" vor. Obwohl der Richter das Verhalten des Beklagten aufs schärfste verurteilte, fühlte er sich gezwungen, die Klage abzuweisen.[864]

Dieses Ergebnis war offensichtlich im 19. Jahrhundert sehr umstritten, denn es wurde in einer Reihe späterer Fälle diskutiert und mißbilligt.[865] Obwohl sogar im darauffolgenden Jahr in *Albert (Prince)* v. *Strange*[866] betont wurde, daß das Ergebnis anders gewesen wäre, wenn Sir James Arzneimittel hergestellt hätte, war diese Feststellung unter den gegebenen Tatsachen kaum befriedigend. Weiter unbefriedigend war der Lösungsvorschlag von *Cairns* L.J. in *Maxwell* v. *Hogg*,[867] nach dem anerkannt werden sollte, daß Sir James eine Form des Eigentumsrechts an seinem Namen zustand, denn für eine solche Doktrin fehlt im namensrechtslosen englischen Rechtssystem jeglicher Anhaltspunkt.[868] *Malins* V.-C. schloß sich in *Springhead Spinning Co.* v. *Riley*[869] diesem Vorschlag an, aber mit dem Hinweis, daß durch die Unterlassung der Behauptungen über die Beteiligung von Sir James an der Herstellung der Arzneimittel der Ruf des Sir James — ein rechtlich anerkanntes Interesse — geschützt würde.[870] Das würde aber den Kläger, der kein Opfer der Diffamierung ist, ohne jeglichen Rechtsschutz lassen, wenn derartige falsche Behauptungen verbreitet werden.[871] Nach anderer Ansicht lag die Lösung in der Erkenntnis, daß Sir James keinen wirtschaftlichen Schaden erlitten hatte, weil er kein

---

[864] (1848) 11 Beav 112, 117-119; 50 ER 759, 761f.

[865] Zusätzlich zu den in den folgenden Fußnoten zitierten Fällen, siehe auch *Prudential Assurance* v. *Knott* (1875) LR 10 Ch App 142, 145; *Williams* v. *Hodge & Co.* (1887) 4 TLR 175, 175; *Walter* v. *Ashton* [1902] 2 Ch 282, 292f; *Henderson* v. *Radio Corporation* (1960) 60 SR (NSW) 576, 598; Frazer, (1983) 99 LQR 281, 284-286; Mathieson, (1961) 39 Can BR 409, 417f.

[866] (1849) 1 H & Tw 1, 18; 47 ER 1302, 1309.

[867] (1867) LR 2 Ch App 307, 310.

[868] *Dockerell* v. *Dougall* (1899) 80 LT (N.S.) 556, 558; Mathieson, (1961) 39 Can BR 409, 422; McLelland, (1961) 3 Syd LR 525, 529; Pannam, (1966) 40 ALJ 4, 12f.

[869] (1868) LR 6 Eq 551, 561f; vgl. auch *Dixon* v. *Holden* (1869) LR 7 Eq 488, 493f; *Lee* v. *Gibbings* (1892) 67 LT (N.S.) 263, 265.

[870] Re *Riviere's Trade Mark* (1884) 26 Ch D 48, 53; *Dockerell* v. *Dougall* (1899) 80 LT (N.S.) 556, 557f.

[871] *Dockerell* v. *Dougall* (1899) 80 LT (N.S.) 556. Auf die Idee, daß schon die Benutzung seines Namens für kommerzielle Zwecke diffamierend sein könnte, weil mit seinem Berufsstand als Arzt nicht vereinbar (vgl. *Tolley* v. *J.S. Fry & Sons*, oben, Fußnote 783), kam zwar der Kläger (siehe (1899) 80 LT (N.S.) 556, 556 3. Absatz) aber nicht das Gericht in seinen Urteilsgründen.

Pharmahersteller war,[872] was für ihn wohl keinen Trost dargestellt hätte — soll er nun diese Tätigkeit aufnehmen, um den Mißbrauch seines Namens zu verhindern? Und aus welchen Gründen wird die Rufschädigung durch die Verbindung mit fragwürdigen Arzneimitteln nicht als Schaden anerkannt?[873]

Auch wenn man von der Diffamierung und dem Namensschutz als solchem absieht, scheint die Voraussetzung, in der gleichen Branche (etwa: Arzneimittelherstellung) wie der Beklagte tätig zu sein, überflüssig. Die falsche Behauptung über eine Verbindung mit einem Außenstehenden liegt vor, wenn lediglich behauptet wird, die fraglichen Güter hätten die Billigung eines anerkannten Experten. Auch wenn im Regelfall die Verwechslung zwischen den Gütern eines Händlers und denen eines anderen Händlers stattfinden mag, wäre es zu erwarten, daß der Experte in den meisten Fällen ein nichtkommerzielles Interesse an den fraglichen Gegenständen haben und außerhalb der Geschäftswelt tätig sein würde. Andernfalls gelte er nicht als Experte, sondern als Händler. Und eine falsche Behauptung über die Billigung eines Produktes durch einen Experten kann genauso schädlich für die konkurrierenden Händler sein wie eine Behauptung, die zu einer Verwechslung zwischen ihren Produkten und denen des die Verbindung behauptenden Händlers führt.[874] Damit liegt der unlautere Wettbewerb durch Verwechslung vor, gegen den das zivilrechtliche Delikt grundsätzlich schützen soll.[875]

Dennoch verkündete *Wynn-Parry* J. 1947 in *McCulloch* v. *Lewis May (Produce Distributors)*[876] die Voraussetzung, es müsse ein gemeinsames Feld geben, auf dem Kläger und Beklagter tätig sind, bevor der Kläger Schutz durch „passing off“ finden kann. Damit berief sich der Richter auf eine Reihe älterer Fälle, darunter *Clark* v. *Freeman*, jedoch ohne diese angebliche Voraussetzung auf diese Weise überzeugend begründen zu können,[877] wie man in einer rechtshistorischen Analyse anhand vieler Präjudizien dargestellt hat.[878] Trotzdem

---

[872] *Leather Cloth Co.* v. *American Leather Cloth Co.* (1863) 4 De G J & S 137, 140; 46 ER 868, 870 (Berufung: (1865) 11 HLC 523; 11 ER 1435); *British Medical Association* v. *Marsh* (1931) 48 RPC 565, 572-574; Brittan, (1963) 37 Tulane LR 235, 238; Kimbrough, (1940) 138 ALR 22, 77; McLelland, (1961) 3 Syd LR 525, 528-530; Pannam, (1966) 40 ALJ 4, 7 Fußnote 28. Vgl. OLG Frankfurt/M., AfP 1988, 62, 63.

[873] Mathieson, (1961) 39 Can BR 409, 416f, 421.

[874] Phillips/Coleman, (1985) 101 LQR 242, 248.

[875] Siehe dazu *Erven Warnink Besloten Vennootschap* v. *Townend & Sons (Hull)* [1979] AC 731, 742.

[876] [1947] 2 All ER 845, 851.

[877] *Totalisator Agency Board (Victoria)* v. *Turf News* [1967] VR 605, 608f.

[878] Phillips/Coleman, (1985) 101 LQR 242. Siehe auch Mathieson, (1961) 39 Can BR 409, 415f.

wurde diese 1947 erfundene[879] Voraussetzung in England jahrelang anerkannt.[880]

Heutzutage aber haben die englischen Richter eingesehen, daß die Frage nach dem gemeinsamen Berufsfeld nicht entscheidend sein kann, sondern nur dann eine relevante Tatsache darstellt, wenn festgestellt werden muß, ob die Verwechslung zwischen Gütern überhaupt stattfinden kann.[881] Wenn etwa eine Schule den Namen eines renommierten Hausrats- und Lebensmittelgeschäfts übernimmt, besteht diese Gefahr nicht, weil die Tätigkeitsfelder so sehr unterschiedlich sind, daß niemand auf den Gedanken einer Verbindung kommen und dadurch zu der irrigen Annahme einer Verbindung geführt werden könnte.[882] Auf diese Weise sind die jeweiligen Tätigkeitsfelder von Kläger und Beklagtem relevant, aber, wie im Fall von Sir James Clark, nicht allein entscheidend.

In Australien dagegen hat man das zivilrechtliche Delikt des „passing off" nicht nur von der Voraussetzung des gemeinsamen Tätigkeitsfeldes, sondern auch von jeglicher Verbindung mit konkurrierenden Händlern derart losgelöst, daß es nunmehr ausreicht, wenn der Kläger beweisen kann, daß der Beklagte die Existenz einer Verbindung zwischen seinen Produkten und einem Gewerbeausübenden beliebiger Art behauptet hat, wodurch sich der Beklagte auf unlautere Weise einen Vorteil erhofft. Der Beweis einer Verwechslungsgefahr ist nicht mehr erforderlich. Diesen Schritt hat man in England (noch) nicht unternommen,[883] obwohl die Ablehnung des gemeinsamen Tätigkeitsfelds als Voraussetzung Gründe für die Annahme gibt, daß dieser Schritt nicht mehr ausgeschlossen ist.[884] Damit verwandelte man ein Delikt, das sich heutzutage mit einer Verwechslung zwischen den Gütern zweier Händler beschäftigt, endgültig in ein Delikt, dessen Tatbestand auch die unwahre Behauptung einer Verbindung zwischen den Produkten eines Händlers und einer gewerbe-

---

879 Phillips/Coleman, (1985) 101 LQR 242, 254.

880 Siehe z.B. *Sim* v. *H.J. Heinz Co.* [1959] 1 WLR 313, 319.

881 *Annabel's (Berkeley Square)* v. *Schock* [1972] FSR 261, 269; *Lyngstad* v. *Anabas Products* [1977] FSR 62, 66f; *Lego System Aktieselskab* v. *Lego M. Lemelstrich* [1983] FSR 155, 186-188; *Nice and Safe Attitude* v. *Piers Flook* [1997] FSR 15, 20f; Corones, (1990) 18 ABLR 5, 7; Frazer, (1983) 99 LQR 281, 290 Fußnote 50; Hylton/Goldson, [1996] CLJ 56, 58f; Rogers, *Winfield*, S. 673f.

882 *Lyngstad* v. *Anabas Products* [1977] FSR 62, 67f; *Harrods* v. *Harrodian School* [1996] RPC 697, 712-715.

883 *Kaye* v. *Robertson* [1991] FSR 62, 69; Brazier (Hrsg.), *Clerk & Lindsell*, S. 1407; Frazer, (1983) 99 LQR 281, 287.

884 Siehe dazu Corones, (1990) 18 ABLR 5, 7f; Harvey, (1996) 1 Media & Arts LR 182, 186.

ausübenden Drittpartei einschlösse.[885] Man würde mit anderen Worten *Clark* v. *Freeman* endgültig für überholt erklären.

bb. Australisches Recht

Dieser Schritt ist, wie schon erwähnt, in Australien geschehen, und es ist davon auszugehen, daß in Australien *Clark* v. *Freeman* heutzutage mit einem anderen Ergebnis entschieden würde;[886] der Kläger im Fall *Tolley* bekäme ebenfalls einen angemessenen Schutz unter der Rubrik des „passing off".[887]

Ausgangspunkt dieser Entwicklung ist der Fall *Henderson* v. *Radio Corporation*,[888] in dem die beklagte Gesellschaft ein Bild der beiden Kläger auf einer Schallplattenhülle ohne deren Zustimmung benutzt hatte. Die Kläger waren Ehepartner, die renommierte klassische Tänzer waren, und die Schallplatte enthielt entsprechende Musik. Neben der Ablehnung des gemeinsamen Tätigkeitsfelds begründete das Oberlandesgericht New South Wales seine Unterlassungsverfügung mit dem Hinweis darauf, daß im „passing off" die Verwechslung zwischen zwei Geschäftsleuten erforderlich war, was aber auch Berufsausübende einschloß. Ausreichend war es also, wenn Kläger und Beklagter irgendeine Art Gewerbe oder Beruf ausübten, wie zum Beispiel den Beruf des klassischen Tänzers.[889] In diesem Fall hatte sich die beklagte Gesellschaft den Ruf der Kläger für kommerzielle Zwecke angeeignet, was die Unterlassungsverfügung rechtfertigte.[890]

Nach dieser und darauffolgenden Entscheidungen[891] war klar, daß der Kläger lediglich beweisen mußte, daß durch die Ausnutzung seines Status in irgendeinem Beruf der Beklagte den falschen Eindruck erweckt hatte, der Kläger billige die Produkte des Beklagten. So wurde — mit einer Ausnahme,[892] die als Versehen zu erklären ist und deswegen keinen Status als Präjudiz hat[893] — das

---

[885] *Hogan* v. *Koala Dundee* (1988) 20 FCR 314, 323.

[886] Pannam, (1966) 40 ALJ 4, 12. Das wäre auch in England möglich: Rogers, *Winfield*, S. 676.

[887] *10th Cantanae* v. *Shoshana* (1987) 79 ALR 299, 313.

[888] (1960) 60 SR (NSW) 576. Für einen ähnlichen deutschen Fall aus dieser Periode vgl. OLG München, Ufita 38 (1962), 186.

[889] (1960) 60 SR (NSW) 576, 592-594; Frazer, (1983) 99 LQR 281, 289; McLelland, (1961) 3 Syd LR 525, 531f.

[890] (1960) 60 SR (NSW) 576, 595, 603f.

[891] *Hutchence* v. *South Seas Bubble* (1986) 64 ALR 330, 339f; *10th Cantanae* v. *Shoshana* (1987) 79 ALR 299, 300f, 313, 318f; *Hogan* v. *Koala Dundee* (1988) 20 FCR 314, 323-327.

[892] *Wickham* v. *Associated Pool Builders* (1988) 12 IPR 567, 577.

[893] Corones, (1990) 18 ABLR 5, 17; Harvey, (1996) 1 Media & Arts LR 182, 189; Simpson, (1989) 63 ALJ 281, 282.

Delikt in den folgenden Fällen verstanden. Das schließt natürlich nicht aus, daß sich Gewerbetreibende in herkömmlicher Weise nach wie vor auf das Zivilrecht berufen können.[894] 1984 billigte der australische High Court diese Entwicklung und die Ausdehnung des Delikts auf die unwahre Behauptung einer Billigung von Produkten durch Berufsausübende.[895] Demnach kann beispielsweise ein Schauspieler, dessen Ruf von einem Schuhhersteller in seiner Werbung mißbraucht wird, unter „passing off" die Benutzung seines Namens verhindern.[896]

Der Schutzbereich des Delikts ist also größer geworden. Einen umfassenden Schutz gegen die unbefugte Ausnutzung der Persönlichkeit für kommerzielle Zwecke bietet es jedoch nicht.[897] Zum einen reicht es nicht aus, wenn beispielsweise eine Firma ein Poster eines Sportlers, der in Australien zweifellos als Berufsausübender gilt, veröffentlicht, nicht jedoch um die Nachfrage für ihre Produkte steigern zu lassen, sondern lediglich als Kunstwerk oder als Mahnung an Nichtsporttreibende, sich vom Sessel zu bewegen, denn in diesem Fall[898] bestehen keine Gründe für eine Annahme, daß der Sportler die Produkte der Firma billigt. Ob der Kläger aus dem Fall *Kaye* v. *Robertson*[899] in Australien den Schutz des Delikts beanspruchen könnte, bleibt also fraglich: zwar müßte er nicht wie in England beweisen, daß er ein Händler ist;[900] er müßte jedoch beweisen, daß ihm durch sein unfreiwilliges Auftreten im „Sunday Sport" die Billigung dieser Zeitung unterstellt würde, was freilich in der Tatsachenkonstellation (angebliches Exklusivinterview) nicht auszuschließen wäre. Entscheidend wäre der genaue Inhalt des Artikels (was leider auch zu dem Schluß führt, daß durch relativ geringfügige Änderungen seines Inhalts, durch Beseitigung also jedes Anhaltspunkts für den Vorwurf der behaupteten Billigung durch den Kläger, die Zeitung der Haftung entkommen könnte).[901]

Die zweite Begrenzung dieses Schutzes ist mit der gerade behandelten verwandt: wenn keine Billigung in der Eigenschaft eines Berufsausübenden vorliegt, wenn zum Beispiel das Foto einer dem Publikum unbekannten Person eine Werbung ziert, liegt kein „passing off" vor. Insofern schützt „passing off"

---

[894] *Paracidal* v. *Herctum* (1983) 4 IPR 201.

[895] *Moorgate Tobacco* v. *Philip Morris [No. 2]* (1984) 156 CLR 414, 445. Vgl. auch *Campomar Sociedad, Limitada* v. *Nike International* (2000) 169 ALR 677, 707.

[896] *Pacific Dunlop* v. *Hogan* (1989) 23 FCR 553, 565f, 570, 578-581.

[897] Trotz der Vorschläge von McLelland, (1961) 3 Syd LR 525, 532 und Phillips/Coleman, (1985) 101 LQR 242, 267f, hat das Delikt also (noch) nicht alle Grenzen gesprengt.

[898] *Honey* v. *Australian Airlines* (1990) 18 IPR 185, 191f.

[899] Siehe oben, Fußnote 796.

[900] *Kaye* v. *Robertson* [1991] FSR 62, 69; Markesinis, (1990) 53 MLR 802, 803.

[901] Vgl. Markesinis, "Subtle Ways", S. 720f.

nur bekannte Persönlichkeiten, von deren Verbindung mit einem Produkt man sich einen Vorteil versprechen könnte.[902] Tote sowie Menschen, die zwar berühmt sind aber völlig außerhalb bzw. oberhalb der Geschäftswelt stehen (etwa Ihre Majestät die Königin oder der Premierminister) können sich auch nicht auf diesen Schutz berufen, wenn ihre Persönlichkeit in der Werbung karikiert wird, da kein glaubwürdiges Risiko besteht, daß man die Billigung von Produkten durch diese hohen Personen irrtümlich annehmen könnte.[903]

g. Trespass (Unbefugtes Betreten)

Abgesehen von dem eingangs behandelten zivilrechtlichen Delikt „nuisance" (Beeinträchtigung des Besitzes ohne Betreten) ist das Betreten eines fremden Grundstücks[904] ein weiteres zivilrechtliches Delikt.

In Australien[905] haben die Gerichte in einigen Fällen Unterlassungsklagen gegen die Medien stattgegeben, wenn deren Reporter unbefugterweise in Grundstücke anderer eingedrungen sind. (Obwohl im Fall *Kaye* v. *Robertson* nicht der Kläger, sondern das Krankenhaus Grundstücksbesitzer war,[906] muß man sich fragen, weswegen diese Fälle von den Anwälten des Klägers durch die Einbeziehung des Krankenhauses als weiterer Kläger nicht ausgenutzt wurde;[907] dies um so mehr, als man auf den weitaus abwegigeren[908] Gedanken der unbefugten Berührung seiner Person durch Lichtausstrahlung („trespass to the person" im Gegensatz zu „to land") gekommen ist.)[909]

---

[902] *10th Cantanae* v. *Shoshana* (1987) 79 ALR 299, 300. Vgl. *Anderson* v. *Fisher Broadcasting Co.* (1986) 712 P (2nd) 803, 813; Harvey, (1996) 1 Media & Arts LR 182, 183; Law Reform Commission, *Unfair Publication*, S. 134 (ansonsten sind die dort geäußerten Meinungen über die Reichweite von „passing off" überholt); Pannam, (1966) 40 ALJ 4, 8, 11.

[903] Cooper, (1986) 6 Communications Law Bulletin 16, 16. Vgl. auch Stallard, (1998) 18 Loyola LA Ent LJ 565, 587.

[904] Zu den Grenzen dieses Begriffs gen Himmel siehe *Bernstein of Leigh (Baron)* v. *Skyviews & General* [1978] 1 QB 479, 485-488.

[905] Zur Lage in England siehe Gardiner, (1995) 145 NLJ 225, 226; Katz, [1995] EIPR 6, 15f; Seipp, (1983) 3 Oxf J Leg Stud 325, 361f; Todd (Hrsg.), *Torts in New Zealand*, S. 758; für einen kanadischen Fall, vgl. Craig/Nolte, [1998] EHRLR 162, 170.

[906] Cram, "Beyond Calcutt", S. 99f; Koomen, (1993) 17 U Qld LJ 234, 239.

[907] Calcutt, *Privacy*, S. 20; Prescott, (1991) 54 MLR 451, 452f; vgl. Markesinis, (1992) 55 MLR 118, 119f.

[908] Markesinis, (1990) 53 MLR 802, 803f.

[909] *Kaye* v. *Robertson* [1991] FSR 62, 68f. Diese Möglichkeit wird auch von Leigh, (1999) 48 ICLQ 57, 61 völlig verkannt, aber schon 1972 von Younger, *Privacy*, S. 290, erkannt. Für weitere Vorschläge, vgl. Fenwick/Phillipson, [1996] CLJ 447, 454; Markesinis, "Subtle Ways", S. 720f; Richardson, (1994) 19 MULR 673, 677; Wacks, *Privacy and Press Freedom*,

(Fortsetzung nächste Seite ...)

Zwar kann man gelegentlich das Grundstück eines anderen zu verschiedenen Zwecken betreten. Im Falle eines Gewerbebetriebs hat man beispielsweise bis auf weiteres die implizierte Zustimmung des Inhabers, zu kommerziellen Zwecken hereinzukommen; man bedarf also nicht seiner expliziten Zustimmung, bevor man das Grundstück betreten darf. Das ergibt sich aus der Natur eines Gewerbebetriebs sowie der Existenz einer offenen Tür und Aufforderungen zum Eintreten in der Form von Schildern und Werbung auf dem fraglichen Grundstück. Entsprechendes gilt für Privathäuser.[910] Die Medien dagegen haben keine implizierte Einladung, zwecks Verhörs des Inhabers einzutreten, und können auch nicht einem Irrtum darüber erliegen, wenn, wie im Regelfall, der Inhaber ihnen klarmacht, daß sie dort nicht willkommen sind.

Schon das Betreten erfüllt aber den Tatbestand des Delikts in einem Fall, in dem, wie gelegentlich in Australien,[911] die Medien mit Kameras hineinstürzen und mit dem Verhör des Inhabers anfangen, denn dazu lädt er das Publikum nicht ein. Unter diesen Umständen kann das Gericht auf Schadensersatz und, wenn weiterer Schutz erforderlich ist und kein öffentliches Interesse diesem Schritt entgegensteht, auch auf die Unterlassung der Ausstrahlung des Verhörs erkennen.[912] Ähnliches gilt, wenn ein verstecktes Mikrophon ohne die Zustimmung des Eigentümers hinterlassen wird.[913]

Auch der Schutz dieses Deliktes ist selbstverständlich nicht umfassend. Erstens schützt es — wie „nuisance" — nicht Beklagte, die rechtstechnisch keine Besitzer, sondern lediglich sogenannte „Inhaber einer Anwesenheitslizenz" sind (zum Beispiel Haus- und Hotelgäste).[914] Das Delikt schützt

---

S. 62. Lord *Bingham of Cornhill* L.C.J., als *Bingham* L.J. einer der Richter in *Kaye*, äußert sich dazu in Bingham, [1996] EHRLR 450, 457.

[910] *Halliday* v. *Nevill* (1984) 155 CLR 1, 7f, 18-20; Aberdeen, [1986] Australian Current Law 36.057, 36.057; Calcutt, *Review*, S. 52; Handley, (1988) 62 ALJ 216, 216f. Zu Kirchen siehe Burrows, [1994] NZLR 280, 293.

[911] Storey, (1973) 47 ALJ 498, 502. Dieses Verfahren findet auch in Deutschland statt: vgl. OLG München, AfP 1992, 87. Vgl. auch BGHZ 138, 311, 320.

[912] *Lincoln Hunt Australia* v. *Willesee* (1986) 4 NSWLR 457, 460-465; *Emcorp* v. *Australian Broadcasting Commission* [1988] 2 Qd R 169, 172-179; *Rinsale* v. *Australian Broadcasting Commission* (1993) 15 ATPR 62.377, 62.379-62.382; Aberdeen, [1986] Australian Current Law 36.057, 36.058; Burrows, [1996] NZLR 342, 361f; Burrows, [1998] NZLR 229, 252f (Neuseeland — Parlamentsmitglied — kein Schutz); Handley, (1988) 62 ALJ 216, 217-221; Hudson, (1988) 104 LQR 18, 19f; Hurst/White, *Ethics and the Australian News Media*, S. 120; Katz, [1995] EIPR 6, 12-18; Koomen, (1993) 17 U Qld LJ 234, 235-239.

[913] Younger, *Privacy*, S. 289.

[914] Handley, (1988) 62 ALJ 216, 221f; Koomen, (1993) 17 U Qld LJ 234, 239; Neill, "Privacy: A Challenge for the Next Century", in: Markesinis (Hrsg.), *Protecting Privacy*, S. 6; Younger, *Privacy*, S. 290. Für einen Vergleich mit dem deutschen Recht vgl. OLG Schles-

(Fortsetzung nächste Seite ...)

überdies weder gegen Miteigentümer noch gegen von Miteigentümern oder (wenn die Grenzen des Berechtigungszwecks eingehalten werden)[915] sonstigen Berechtigten Eingeladene.[916] Es schützt nur Grundstücksbesitzer und keine anderen Interessen, etwa die eines Schließfachinhabers.[917]

Darüber hinaus entfällt der Schutz, ähnlich wie im *Victoria Park*-Fall, wenn kein Eindringen in das Grundstück stattfindet,[918] oder wenn der Gast mit der Zustimmung eines Berechtigten eintritt aber ohne dessen Wissen, daß er ein verstecktes Mikrophon mit sich führt,[919] es sei denn, man erzielt durch Betrug (etwa durch die Behauptung, kein Mikrophon bei sich zu führen) die Zustimmung.[920] Schließlich muß der Kläger nach den üblichen Regeln des Common Law (das deutsche Recht ist großzügiger, ihm stehen mehrere Rechtsmittel zur Verfügung)[921] in erster Linie auf Schadensersatz und nicht auf die Unterlassung der Veröffentlichung klagen; ein Anspruch auf Unterlassung steht ihm nur dann zu, wenn bewiesen wird, daß Schadensersatz keinen ausreichenden Schutz bietet. Wie man das beweist, ist zur Zeit nicht deutlich. Durch diese Rechtslage wird das Interesse des Klägers an der Geheimhaltung seiner Intimsphäre praktisch als Gegenstand des Handels behandelt (und zwar durch die Medien, die in der Regel nicht an Geldmangel leiden), während für viele die Privatsphäre unveräußerlich ist.[922]

Obwohl das unbefugte Eindringen nach anglo-australischem Common Law an sich keine Straftat im Gegensatz zu einem zivilrechtlichen Delikt darstellt, kann es natürlich mit einer Straftat verbunden sein. Im Bereich des Schutzes der Privatsphäre ist relevant, daß verschiedene Arten des Eindringens in Privathäuser, darunter beispielsweise das Hineinschauen durch ein Fenster, etwa um eine nackte Frau zu beobachten,[923] einen strafbaren Hausfriedensbruch, in

---

wig, NJW 1980, 352, 353; Malmström (Hrsg.), *Right of Privacy and Rights of the Personality*, S. 92f; für einen Vergleich mit dem römischen Recht vgl. McQuoid-Mason, *Privacy in South Africa*, S. 21f.

[915] *Coles-Smith* v. *Smith* [1965] Qd R 494, 501-503.

[916] *Greig* v. *Greig* [1966] VR 376, 377; Handley, (1988) 62 ALJ 216, 221.

[917] Handley, (1988) 62 ALJ 216, 222.

[918] Calcutt, *Privacy*, S. 20; Gounalakis/Glowalla, AfP 1997, 771, 773; Handley, (1988) 62 ALJ 216, 222; Hurst/White, *Ethics and the Australian News Media*, S. 120; Younger, *Privacy*, S. 289.

[919] *Shiel* v. *Transmedia Productions* [1987] 1 Qd R 199; *Barker* v. *R* (1994) 54 FCR 451, 472-475. Vgl. Belsey, "Privacy, Publicity and Politics", S. 81-83.

[920] Younger, *Privacy*, S. 289.

[921] Vgl. z.B. OLG München, AfP 1992, 87, 80; Giegerich, RabelsZ 63, 471, 478f.

[922] Koomen, (1993) 17 U Qld LJ 234, 238.

[923] *Haisman* v. *Smelcher* [1953] VLR 625; *Roffey* v. *Wennerbom;* ex parte *Wennerbom* [1965] Qd R 42, 59-61; *Greig* v. *Greig* [1966] VR 376, 378; *Hancock* v. *Birsa* [1972] WAR

(Fortsetzung nächste Seite ...)

Fällen von „trespass“ oder „nuisance“ auch ein zivilrechtliches Delikt,[924] darstellen. Schließlich gab es nach herrschender Meinung im Common Law den Straftatbestand „eavesdropping“ (heimliches Belauschen unter den Fenstern von Häusern),[925] obwohl dieser jahrhundertelang nicht mehr verfolgt wurde und in vielen Rechtsordnungen förmlich abgeschafft worden ist.[926]

Dagegen begeht nach dem Common Law — die Rechtslage ist nach australischem Bundesgesetz[927] in der Regel anders — weder eine Straftat noch ein zivilrechtliches Delikt, wer ohne unbefugtes Betreten eines Grundstücks, im Auftrag der Polizei und mit dem Wissen der für Telekommunikation zuständigen Behörde bzw. Firma Abhörgeräte installieren läßt, um den privaten Telefongesprächen eines anderen zuhören zu können, weil in diesem Fall nicht gegen ein Recht des einzelnen (etwa auf Wahrung der Privatsphäre) verstoßen wird.[928] Diese Rechtslage wurde vom Europäischen Gerichtshof für Menschenrechte als Verstoß gegen die Europäische Menschenrechtskonvention wegen der mangelnden Überprüfbarkeit der Entscheidung über das Installieren von

---

177, 178, 181f; *Varney* v. *Kowald* (1976) 14 SASR 12, 14. Vgl. auch *Poznanski* v. *Stosic* [1953] SASR 132, 136, 138; *Grollo* v. *Palmer* (1995) 184 CLR 348, 367. Im Bundesland New South Wales bedarf es keiner gerichtlichen Feststellung der Strafbarkeit dieser Tätigkeit als Friedensbruch, da das Gesetz sie ausdrücklich beim Namen nennt und strafbar macht: *Crimes Act* 1900 § 547C; Koomen, (1993) 17 U Qld LJ 234, 234 Fußnote 2.

[924] Siehe oben, Fußnote 805; Malmström (Hrsg.), *Right of Privacy and Rights of the Personality*, S. 106.

[925] Für die verschiedenen richterlichen Ansichten und weitere Nachweise siehe *Pavesich* v. *New England Life Insurance Co.* (1905) 50 SE 68, 71; *Victoria Park Racing and Recreation Grounds* v. *Taylor* (1937) 58 CLR 479, 503; *R* v. *County of London Quarter Sessions Appeal Committee;* ex parte *Metropolitan Police Commissioner* [1948] 1 KB 670, 675; *Haisman* v. *Smelcher* [1953] VLR 625, 627; *Malone* v. *Metropolitan Police Commissioner* [1979] Ch 344, 357f , 373; Barry, (1960) 2 MULR 443, 443f; Turner, *Russell*, S. 1397f; und, zum schottischen Recht, *Raffaelli* v. *Heatly* [1949] SC (J) 101.

[926] Siehe z.B. *Criminal Law Consolidation Act* 1935 (Südaustralien), Schedule 10, Nr. 1 (24).

[927] *Telecommunications (Interception) Act* 1979; siehe Barry, (1960) 2 MULR 443, 443-446; Cowen, *The Private Man*, S. 33f; Magnusson, (1999) 27 Fed LR 33, 44-58. Relevant sind auch Landesgesetze wie etwa *Surveillance Devices Act* 1999 (Vic.); siehe Cowen, *The Private Man*, S. 39f; Magnusson, (1999) 27 Fed LR 33, 49-51; Storey, (1973) 47 ALJ 498, 510. Zum amerikanischen Recht siehe *Olmstead* v. *United States* (1928) 277 US 438; 72 L Ed 944; *Berger* v. *New York* (1967) 388 US 41; 18 L Ed (2nd) 1040; *Katz* v. *United States* (1967) 389 US 347; 19 L Ed (2nd) 576; Anonym, (1966) 60 NWULR 813, 817-825; Barry, (1960) 2 MULR 443, 446-448; Baxter, (1977) 8 Camb LR 7, 12f; Beaney, [1962] Sup Ct Rev 212; Uglow, [1999] Crim LR 287, 288-292.

[928] *Malone* v. *Metropolitan Police Commissioner* [1979] Ch 344, 372-375, 381. Siehe dazu Bailey, *Human Rights*, S. 280f; Gounalakis/Glowalla, AfP 1997, 870, 874; Lambert, (1980) 43 MLR 59; Michael, (1984) 134 NLJ 646.

Abhörgeräten nach dem Gesetz verurteilt.[929] Unstreitig ist auch, daß das Eindringen in die Privatsphäre anderer durch das Erwecken des falschen Eindrucks, man sei etwa als Bankangestellter oder Beamter zu Erkundigungen über die privaten Angelegenheiten anderer befugt, an sich keine Straftat darstellt. Dazu muß ein zusätzlicher Straftatbestand erfüllt sein, zum Beispiel ein Betrug, der zu Geldverlust führt.[930]

Auch der Rechtsbruch, der begangen wird, wenn ein Abhörgerät an der Hauswand des einzelnen angebracht wird, führt nicht zum Verbot der Benutzung der so abgehörten Gespräche vor Gericht, denn mangels eines zivilrechtlichen Delikts zum Schutz der Privatsphäre ist das unbefugte Betreten an sich trivial.[931] Anders aber liegt der Fall, wenn ein Privatbürger Abhörgeräte benutzt, um privaten Gesprächen anderer zuzuhören, und beabsichtigt, deren Inhalt zu veröffentlichen. In diesem Fall liegt nach den noch zu erörternden Prinzipien ein Vertrauensbruch vor, der durch Unterlassungsklage verhindert werden kann, denn die Gesprächspartner gehen davon aus, daß Privatbürgern im Gegensatz zur Polizei kein Recht zusteht, telefonische Gespräche abzuhören.[932] Ohne die Veröffentlichungsabsicht (wenn etwa zum privaten Vergnügen oder aus reiner persönlicher Neugier bespitzelt wird) gäbe es aber keinen solchen Schutz, denn der Vertrauensbruch liegt nicht in der Sammlung der Informationen, sondern lediglich in deren Verwendung.

In diesen Ergebnissen des Common Law liegen deutliche Lücken im Schutz der Privatsphäre und eine unklare Grenze zwischen Verbotenem und Erlaubtem. Das ergibt sich aus dem Mangel des Schutzes der Privatsphäre als solcher im englischen Recht: es gibt kein allgemeines Prinzip, das eine Ausdehnung, Systematisierung und Erklärung der schon vorhandenen Methoden des Privatsphäreschutzes durch andere Rechtsnormen zuließe.

---

[929] Eur. Court H.R., *Malone Case*, decision of 27 October 1983, Series A no. 82, S. 30-37.
[930] *D.P.P.* v. *Withers* [1975] AC 842, 862f, 872; Baxter, (1977) 8 Camb LR 7, 19.
[931] *R* v. *Khan* [1997] AC 558; kritisch Uglow, [1999] Crim LR 287, 293.
[932] *Francome* v. *Mirror Group* [1984] 1 WLR 892; Katz, [1995] EIPR 6, 8; Wacks, *Privacy and Press Freedom*, S. 67-71. Für einen Vergleich mit dem deutschen Recht siehe BGH, NJW 1964, 165; BGH, NJW, 1982, 1397: in diesen Tatsachenkonstellationen wäre das Ergebnis in England und Australien zweifellos das gleiche wie in den deutschen Fällen, und zwar nicht nur mangels Veröffentlichungsabsicht, sondern wohl auch aus den vom BGH jeweils angeführten Gründen (mit dem Einsatz der fraglichen Technologie auch durch Privatbürger müssen heutzutage alle Telefonbenutzer rechnen): Magnusson, (1999) 27 Fed LR 33, 53-56. Für eine abweichende Meinung siehe LG Frankfurt/M., NJW 1982, 1056. Vgl. weiter OLG Düsseldorf, NJW 2000, 1578.

h. Breach of Confidence (Vertrauensbruch)

Unter gewissen Umständen erkennt das anglo-australische Recht ein Vertrauensverhältnis an, dessen Bruch durch Klage auf Unterlassung und Schadensersatz kompensiert werden kann. Das gilt zum Beispiel in Fällen, in denen firmenvertrauliche Geheimnisse einem Arbeitnehmer mitgeteilt werden, der dann später versucht, diese Geschäftsgeheimnisse zugunsten einer von ihm neu gegründeten Firma zu verwenden. Seit den 60er Jahren haben die Gerichte die einschlägigen Kategorien von Verhältnissen auch auf Situationen so ausgedehnt, daß dadurch auch die Privatsphäre des einzelnen geschützt wird. Dabei handelt es sich lediglich um die Anwendung eines alten Prinzips auf neue Tatsachenkonstellationen, nicht um die Schaffung einer völlig neuen Schutzart.[933]

Der erste und entscheidende Schritt dazu fand 1964 im Fall *Argyll (Duchess)* v. *Argyll (Duke)*[934] statt. Aus dem Titel des Falls ist ersichtlich, daß es sich um ein adeliges Eheverhältnis handelte. Der Herzog von Argyll wollte Behauptungen über seine ehemalige Gattin in einer Zeitung unter Ausnutzung der ihm während glücklicherer Ehetage anvertrauten Geheimnisse veröffentlichen lassen. *Ungoed-Thomas* J. berief sich auf *Albert (Prince)* v. *Strange*, um die Meinung zu untermauern, daß ein Vertrag nicht immer vorhanden sein muß, um den Schutz von Geheimnissen unter Ehepartnern zu rechtfertigen. In beiden Fällen handelte es sich um Geheimnisse (den Inhalt privater Kunstwerke bzw. Gespräche) eines Ehepaares. In einer Ehe, so das Gericht, sei Vertrauen unter den Partnern selbstverständlich. Das hätten bereits Präjudizien auf anderen, wenn auch verwandten Rechtsgebieten betont (vor allem dem des Zeugnisverweigerungsrechts unter Ehepartnern).[935] Es bestehe ferner kein Grund, Ehepartnern den Schutz gegen den Vertrauensbruch, der in kommerziellen Verhältnissen zweifellos besteht, zu verwehren. Wo also vertrauliche[936] Kommunikationen im Laufe einer Ehe vorliegen, so weiter das Urteil in *Argyll*-Fall, genießen sie den Schutz der im Falle eines Vertrauensbruchs angemessenen Rechtsmittel, die auch gegen Drittparteien verfügbar seien.[937]

Diese großzügige Entscheidung wurde nicht durch Berufung oder Revision angefochten, obwohl das sicher möglich gewesen wäre — *Albert (Prince)* v. *Strange* könnte man zum Beispiel lediglich als Ausfluß des Schutzes

---

[933] Dworkin, (1967) 2 U Tas LR 418, 440f.
[934] [1967] 1 Ch 302.
[935] Für eine ähnliche Argumentation, vgl. Helle, NJW 1961, 1896, 1900.
[936] Fehlt die Eigenschaft des Vertrauens, so entfällt selbstverständlich der Schutz: *In the Marriage of Gibb* (1979) 5 Fam LR 694, 702, 704.
[937] [1967] 1 Ch 302, 317-334.

unveröffentlichter Werke (Briefe und Manuskripte) verstehen;[938] in dem Fall gab es keine Geheimnisse über das eigentliche Verhältnis zwischen der Königin und dem Prinzen. Darüber hinaus gab es bereits die Rechtskategorie des Vertrauensbruchs aber keine Fälle, in denen Geheimnisse dieser Art geschützt worden waren. Vorher hatte man lediglich Handelsgeheimnissen und Arbeitgebern den Schutz gewährt.[939] In solchen Fällen gab es außerdem ein schon vor der Einleitung des Rechtsstreits bestehendes rechtliches Verhältnis zwischen Kläger und Beklagtem, in diesem Fall dagegen war das Verhältnis mit der Scheidung erloschen.[940]

Der Fall scheint trotz dieser Erwägungen akzeptiert worden zu sein. Die Adelsfamilie wollte vermutlich die schmutzige Wäsche vor anderen Leuten nicht mehr waschen, und das Urteil, das damals von einem Berufungs- oder Revisionsgericht vermutlich aufgehoben worden wäre, wurde im Laufe der Zeit akzeptiert. In *Stephens* v. *Avery*[941] dehnte Sir *Nicolas Browne-Wilkinson* V.-C. den Schutz gegen die Veröffentlichung von in einer sexuellen Beziehung anvertrauten Geheimnissen auf eine lesbische Beziehung aus: kein eheliches, lediglich ein sexuelles Verhältnis sei also erforderlich, um diesen Schutz beanspruchen zu können.[942] In *Commonwealth* v. *John Fairfax & Sons*[943] billigte *Mason* J. vom High Court of Australia den *Argyll*-Fall, ebenfalls ohne ihn auf Eheverhältnisse zu beschränken.

Auch in strenggenommen vertraglichen Verhältnissen kann dieser Schutz die Privatsphäre des einzelnen gegen Außenstehende abschirmen. Wenn der Vertrag ein Vertrauensverhältnis und damit eine Geheimhaltungspflicht einschließt[944] (wie etwa bei Verträgen für ärztliche Behandlung,[945] mit Apothekern[946] oder Banken[947] oder beim Vertrag der Prinzessin von Wales mit einem Turnhalleneigentümer, der sie heimlich fotografiert hat),[948] kann man sich auch auf den Schutz gegen Vertrauensbruch berufen. Der Schutz besteht nicht, wenn ein schwerwiegendes gegenteiliges öffentliches Interesse

---

938 Laster, (1989) 7 Otago LR 31, 33.
939 Wacks, (1977) 127 NLJ 328, 330.
940 Wacks, (1977) 127 NLJ 328, 328.
941 [1988] 1 Ch 449.
942 Kritisch Wilson, (1990) 53 MLR 43.
943 (1980) 147 CLR 39, 51.
944 Pannam, (1966) 40 ALJ 4, 6.
945 Siehe z.B. *Slater* v. *Bisset* (1986) 69 ACTR 25, 28-30; Re *C.* [1990] Fam 39, 48, 55; Laster, (1989) 7 Otago LR 31, 40f; Wacks, (1977) 127 NLJ 328, 328.
946 *R* v. *Department of Health;* ex parte *Source Informatics* [2000] 2 WLR 940.
947 Siehe z.B. *Winterton Constructions* v. *Hambros* (1992) 39 FCR 97, 114f.
948 Fenwick/Phillipson, [1996] CLJ 447, 449f; Gounalakis/Glowalla, AfP 1997, 870, 874f.

vorliegt,[949] zum Beispiel an der angemessenen psychiatrischen Behandlung Schuldunfähiger vor ihrer Entlassung.[950] In einigen Situationen besteht ein öffentliches Interesse an der Einsicht in geheime Akten, aber nur dann, wenn die Identitäten der Subjekte nicht offenbart werden.[951] Außerdem können die Medien wie auch andere Drittparteien davon abgehalten werden, den Vertrauensbruch anderer durch die Veröffentlichung geschützter Geheimnisse — zum Beispiel, der Namen H.I.V.-infizierter Ärzte[952] — auszunutzen.[953]

Ähnliches gilt für Polizeispitzel,[954] bei denen wiederum kein Vertrag vorhanden ist.[955] In Australien hat das Oberlandesgericht des Nordterritoriums die Geheimnisse eines Stammes von Ureinwohnern unter dieser Rubrik geschützt, die einem Anthropologen anvertraut worden waren.[956]

Wie bereits erwähnt entfällt der Schutz, wenn ein gegenteiliges öffentliches Interesse das Interesse an der Geheimhaltung der Informationen überwiegt.[957]

---

[949] Fenwick/Phillipson, [1996] CLJ 447, 455.
In bezug auf die Reichweite der Ausnahmen bei Banken siehe *Loyd* v. *Freshfield* (1826) 2 Car & P 325, 329; 172 ER 147, 148; *Tournier* v. *National Provincial & Union Bank of England* [1924] 1 KB 461, 470-475, 479-482, 484-488; *Australia & New Zealand Bank* v. *Ryan* (1968) 88 WN (Pt 1) (NSW) 368, 372-374; *Federal Commissioner of Taxation* v. *Australia & New Zealand Banking Group* (1979) 143 CLR 499, 521-523, 532; *Barclays Bank* v. *Taylor* [1989] 1 WLR 1066, 1074-1077; *Robertson* v. *Canadian Imperial Bank of Commerce* [1994] 1 WLR 1493, 1498-1500; *Christofi* v. *Barclays Bank* [2000] 1 WLR 937; Laster, (1989) 7 Otago LR 31, 42-44.
In bezug auf Rechtsanwälte siehe *Parry-Jones* v. *Law Society* [1969] 1 Ch 1; *Brayley* v. *Wilton* [1976] 2 NSWLR 495; *Crowley* v. *Murphy* (1981) 34 ALR 496, 500f, 513, 517-521; *Rogerson* v. *Law Society of the Northern Territory* (1993) 88 NTR 1.

[950] *W.* v. *Edgell* [1990] 1 Ch 359.

[951] *Bayliss* v. *Cassidy* [1995] 2 Qd R 464, 469.

[952] *X.* v. *Y.* [1988] 2 All ER 648.

[953] Fenwick/Phillipson, [1996] CLJ 447, 451f; Laster, (1989) 7 Otago LR 31, 47-51; Richardson, (1994) 19 MULR 673, 689-697.

[954] Für Fälle, in denen die Polizei vorhatte, angeblich vertrauliche Informationen über Publikumsmitglieder zu veröffentlichen, siehe *Hellewell* v. *Chief Constable of Derbyshire* [1995] 1 WLR 804, 807; *R* v. *Chief Constable of the North Wales Police;* ex parte *Thorpe* [1999] QB 396, 412f, 428f; Mullender, [1998] PL 384; Power, [1999] Crim LR 3, 11-16 m.w.N.

[955] *G.* v. *Day* [1982] 1 NSWLR 24; *Falconer* v. *Australian Broadcasting Commission* [1992] 1 VR 662; Burrows, [1998] NZLR 229, 249; Gurry, (1983) 14 MULR 325.

[956] *Foster* v. *Mountford* (1976) 14 ALR 71. Vgl. auch *Coulthard* v. *South Australia* (1995) 63 SASR 531.

[957] Wenn die Regierung Klägerin ist, d.h. diesen Schutz für sich in Anspruch nimmt, sind die Voraussetzungen etwas strenger, was der Tatsache Rechnung trägt, daß sich die Regierung fast immer der öffentlichen Kritik zu unterziehen hat: *Commonwealth* v. *John Fairfax & Sons*

(Fortsetzung nächste Seite ...)

Der Schutz entfällt auch, wenn sich der Kläger selber schon mit Informationen über sein Privatleben an das Publikum gewandt hat; in diesem Fall kann er nicht verhindern, daß das Publikum nicht die halbe, sondern die ganze Wahrheit über ihn und seinen Charakter erfährt. Das ist vor allem für Popstars von Belang.[958]

i. Mündel

Seit Jahrhunderten schützt der englische Court of Chancery Mündel[959] auf verschiedene Weisen.[960] Heutzutage[961] gehört dazu wegen der zunehmenden Veröffentlichungsbereitschaft der Medien in privaten Sachen[962] auch der Schutz gegen schädliche Berichterstattung über das Privatleben von Mündeln durch die Medien.[963] Obwohl die meisten Fälle in England entschieden werden, existiert dieser Schutz zweifellos auch in Australien.[964]

Auch hier handelt es sich nicht um einen völlig neuen Schutz, sondern um die Ausdehnung eines alten Schutzbereiches auf neue Verhältnisse. Bereits im 19. Jahrhundert war es üblich, daß Gerichtsverfahren, die Mündel betrafen, entgegen der herkömmlichen Praxis der Gerichte[965] bei Bedarf unter Ausschluß der Öffentlichkeit stattfanden, um das Mündel zu schützen.[966] Hier mußte das

(1980) 147 CLR 39, 51-53; *Attorney-General* v. *Guardian Newspapers* [1990] 1 AC 109, 283.

958 *Woodward* v. *Hutchins* [1977] 1 WLR 760; *Lennon* v. *News Group Newspapers* [1978] FSR 573; *In the Marriage of Gibb* (1979) 5 Fam LR 694, 704; *Khashoggi* v. *Smith* (1980) 124 Sol Jo 149 (kein Popstar).

959 Sowie auch Kinder im allgemeinen; daß aber kein Schutz ihrer Geheimnisse auf die hier besprochene Weise stattfindet, ergibt sich aus Re Z. [1997] Fam 1, 23 Ziff. (2) (a). Vgl. aber *P.* v. *P.* [1985] 2 NSWLR 401, 404 Ziff. 6; Calcutt, *Privacy*, S. 96.

960 *R.* v. *Central Television* [1994] Fam 192, 196; Re Z. [1997] Fam 1, 12-14.

961 Re *R.* [1994] Fam 254, 270.

962 Re *M. & N.* [1990] Fam 211, 224; *R.* v. *Central Television* [1994] Fam 192, 204.

963 Zu verfahrensrechtlichen Fragen und den Medien siehe Re *F.* [1977] Fam 58, 100f; Re *L.* [1988] 1 All ER 418; Re *C.* [1990] Fam 39, 49, 52f; Re *M. & N.* [1990] Fam 211, 224f; vgl. auch Ex parte *Crook* [1995] 1 WLR 139, 146.

964 *P.* v. *P.* [1985] 2 NSWLR 401, 403; *Bathurst City Council* v. *Saban* [1985] 2 NSWLR 704, 707f; *Lincoln Hunt Australia* v. *Willesee* (1986) 4 NSWLR 457, 462.

965 Pollock, *Expansion*, S. 30-32, 97f.

966 *Ogle* v. *Brandling* (1831) 2 Russ & M 688; 39 ER 557; *Andrew* v. *Raeburn* (1874) LR 9 Ch App 522, 523; Re *Martindale* [1894] 3 Ch 193, 200f; *Scott* v. *Scott* [1913] AC 417, 445, 462; Re *de Beaujeu's Application* [1949] 1 Ch 230, 235; Re *F.* [1977] Fam 58, 89, 92-97; *R.* v. *Central Television* [1994] Fam 192, 197.

Interesse des Publikums an der Transparenz der Justiz dem des Mündels an der Geheimhaltung seiner privaten Angelegenheiten weichen.[967]

Das bedeutet jedoch nicht, daß der Schutz des Mündels umfassend wäre. Im englischen Recht gilt auch hier das Prinzip, daß kein Schutz der Privatsphäre als solcher gewährt wird.[968] Mündel genießen keine Sonderrechte.[969] Es wird mit anderen Worten sichergestellt, daß Mündel keine schlechtere Position genießen dürfen als andere, deren private Angelegenheiten nicht von einem Richter entschieden werden müssen; eine bessere Position haben sie in der Regel nicht. Den Schutz der Justiz kann das Mündel also, abgesehen von gegenteiligen Gesetzen,[970] nicht in Anspruch nehmen, wenn es sich nicht um die Berichterstattung über die Gerichtsverhandlungen im Familiengericht[971] oder Berichte, die der Ausübung der Betreuung des Mündels schaden könnten, geht.[972] Als beispielsweise die Mutter eines Mündels Gegenstand eines aufsehenerregenden Mordprozesses war, verbot das Gericht lediglich die Veröffentlichung der Identität der an der Gerichtsverhandlung beteiligten Personen, nicht aber die Berichterstattung über die Lebensgeschichte der Mutter und des Mündels ohne Angabe ihrer Identität.[973] Schließlich erlischt der Schutz mit der Vormundschaft, in den meisten Fällen also mit der Volljährigkeit.[974]

Dagegen kann die Identität eines Mündels dann veröffentlicht werden, wenn keine anderen Informationen damit verbunden sind und keine Gerichtsverfügung dem entgegensteht.[975] Daß aber die Identität des Mündels normalerweise geheim ist, weil sonst keine weiteren Informationen über es veröffentlicht werden könnten, ergibt sich schon aus den Fußnoten der vorliegenden Arbeit: denn in diesen Fällen werden, entgegen der üblichen Praxis der anglo-

---

[967] *Scott* v. *Scott* [1913] AC 417, 437, 482f.

[968] Re *X.* [1975] Fam 47, 57-62; Re *F.* [1977] Fam 58, 86; *R.* v. *Central Television* [1994] Fam 192, 204. Zur Rechtslage in Neuseeland vgl. Burrows, [1996] NZLR 342, 359.

[969] Re *F.* [1977] Fam 58, 86, 99; Re *X.* [1992] Fam 124, 127; *R.* v. *Central Television* [1994] Fam 192, 197, 207; Re Z. [1997] Fam 1, 24.

[970] Siehe z.B. Re Z. [1997] Fam 1, 25-27, 33.

[971] Auch nicht etwa im Strafgericht, selbst wenn Familienmitglieder dort erscheinen; das ist eine Frage für den Strafrichter nach den dort geltenden Gesetzen: Re *R.* [1994] Fam 254.

[972] Re *X.* [1984] 1 WLR 1422, 1424f; Re *C.* [1990] Fam 39, 53; Re *M. & N.* [1990] Fam 211, 221f, 224, 231; *R.* v. *Central Television* [1994] Fam 192, 200-204, 207f; Re Z. [1997] Fam 1, 18, 23f, 27f, 33.

[973] Re *X.* [1984] 1 WLR 1422; vgl. auch Re *W.* [1992] 1 WLR 100, 103-105; Re *H.-S.* [1994] 1 WLR 1141, 1148.

[974] Markesinis, *Comparative German Law of Torts*, S. 418f; Markesinis, [1986] PL 67, 76; Markesinis, (1990) 53 MLR 802, 805.

[975] Re *W.* [1989] 1 FLR 246, 258; *P.* v. *Liverpool Post* [1991] 2 AC 370, 423.

australischen Gerichte, auch in den Entscheidungssammlungen nur Initialen und keine vollständigen Namen als Falltitel benutzt.

Die Rede- und Informationsfreiheit wiegt etwas schwerer, wenn ein öffentliches Interesse an einer Debatte über das Verhalten der für das Mündel Verantwortlichen[976] oder über die ärztliche Behandlung eines schwerkranken Mündels, dessen Lebensqualität gering ist,[977] besteht. In solchen Fällen wird das Gericht im Regelfall die Veröffentlichung durch die Medien aller für die Debatte relevanten Einzelheiten mit Ausnahme der Identität der Parteien zulassen. Dadurch wird eine Debatte ermöglicht, ohne in die Privatsphäre des Mündels allzusehr einzudringen.

j. Verfahrensrecht

In gewissen Bereichen des Verfahrensrechts wird das Interesse des einzelnen am Schutz der Privatsphäre beachtet.

Oben[978] wurde beispielsweise das „discovery"-Verfahren des angelsächsischen Zivilprozeßrechts erwähnt. In Zivilprozessen müssen die streitenden Parteien sämtliche den Rechtsstreit betreffende Dokumente austauschen. Obwohl gewisse Ausnahmen vorgesehen sind, zum Beispiel für Kommunikationen zwischen Rechtsanwalt und Mandanten, stellt dieser Austausch eine erhebliche Beeinträchtigung der Privatsphäre dar.

Dieses Verfahren ist seit langem Bestandteil des Richterrechts und ließe sich heute nur per Gesetz ändern. Im Rahmen des anglo-australischen Verfahrensrechts hat das „discovery"-Verfahren viele Vorteile für das Gericht und die Prozeßführenden: dadurch werden die Streitpunkte näher definiert, und der Prozeß wird nicht durch gegenseitige Überraschungsmanöver geführt.[979] Wenn sich aber neue Fragen über die Reichweite dieser Austauschpflicht stellen, beachten die Gerichte bei der Entscheidung die Notwendigkeit, die Beeinträchtigung der Privatsphäre durch dieses Verfahren in Grenzen zu halten.

Aus diesem Grund dürfen Dokumente, die eine Partei im „discovery"-Verfahren von einer anderen bekommen hat, nur im relevanten Rechtsstreit, nicht in anderen Streitigkeiten (etwa: im Diffamierungsprozeß aufgrund des Inhalts

---

[976] Re *M. & N.* [1990] Fam 211, 225, 230f; Re *W.* [1992] 1 WLR 100, 103-105; vgl. Re *H.-S.* [1994] 1 WLR 1141, 1148.
[977] Re *C.* [1990] Fam 39.
[978] Abschnitt B II 1 c dd.
[979] Ligertwood, *Australian Evidence*, S. 200f.

des Dokuments) benutzt werden.[980] Solche Dokumente dürfen auch nicht an die Öffentlichkeit bzw. die Medien weitergeleitet werden, selbst wenn sie im Gerichtssaal offen vorgetragen worden sind.[981] Ähnliche Regeln bestehen im Strafverfahren.[982] Eine Ausnahme besteht, wenn die Polizei vorhat, Informationen an die für den Betroffenen zuständigen Behörde oder Kammer (etwa: an die Rechtsanwaltskammer) zwecks Untersuchung weiterzuleiten und dieses Verhalten unter den Umständen des Falls „reasonable" ist.[983]

Außerdem muß die Polizei, wenn sie Dokumente eines Bürgers im Strafverfahren beschlagnahmt hat, ihm ihre Absicht mitteilen, die Dokumente einer Gerichtsverfügung entsprechend einem Zivilgericht zuzuleiten, damit der so Betroffene Gelegenheit hat, die ihm zustehenden Einsprüche gegen diesen Schritt geltend zu machen.[984] Ansonsten muß die Polizei die Dokumente als vertraulich behandeln.[985] Fotos eines Beschuldigten, die die Polizei nur durch gesetzliche Zwangsmaßnahmen anfertigen konnte, darf sie nicht zu nicht-polizeilichen Zwecken mißbrauchen, sonst liegt ein Vertrauensbruch vor.[986]

Einer Partei im Rechtsstreit vor dem Zivilgericht steht auch kein Recht auf Einsicht in vertrauliche Akten des Gerichts (etwa solche, die Mündel betreffen) zu. Die Einsicht darf nur dann gewährt werden, wenn das Interesse der Partei im betreffenden Verfahren die Interessen des Mündels und des Gerichts an der Geheimhaltung überwiegt.[987]

---

[980] *Riddick* v. *Thames Board Mills* [1977] 1 QB 881, 895f.

[981] *Home Office* v. *Harman* [1983] AC 280, 300, 308f, 322f. Diese Regel hat man nun in England abgeschafft: siehe *Bibby Bulk Carriers* v. *Cansulex* [1989] 1 QB 155, 158f.

[982] *Bunn* v. *British Broadcasting Corporation* [1998] 3 All ER 552, 556; *Taylor* v. *Director of the Serious Fraud Office* [1999] 2 AC 177, 208-212.

[983] *Woolgar* v. *Chief Constable of Sussex Police* [2000] 1 WLR 25, 36f.

[984] *Marcel* v. *Commissioner of Police* [1992] Ch 225, 259, 261, 266f; vgl. auch *Woolgar* v. *Chief Constable of Sussex Police* [2000] 1 WLR 25, 36f.

[985] *Marcel* v. *Commissioner of Police* [1992] Ch 225, 255f, 261, 262.

[986] *Hellewell* v. *Chief Constable of Derbyshire* [1995] 1 WLR 804, 810f.

[987] Re *X.* [1992] Fam 124, 137-139.

4. Fazit und Ausblick

Es ist deutlich geworden, daß im anglo-australischen Common Law die Privatsphäre in gewissen Bereichen geschützt wird. In einer modernen Demokratie könnte es kaum anders sein, da die Privatsphäre in ihr von sehr großer Wichtigkeit ist und vielen Gefahren ausgesetzt wird.

Gleichzeitig wurde aufgezeigt, daß der Schutz der Privatsphäre lückenhaft ist[988] und nur dort einschlägig sein kann, wo auch ein anderes Interesse vorliegt. Denn sonst gilt das allgemeine Prinzip, nach dem die Persönlichkeit als solche kein anerkanntes Rechtsgut ist.

Zwar hat man im 20. Jahrhundert in einigen Bereichen den Schutz unter schon vorhandenen Prinzipien des Common Law mit dem Ergebnis ausgedehnt, daß die Persönlichkeit besser geschützt wird. Man denke hier vor allem an „passing off" im australischen, zum Teil auch im englischen Recht und an den Mündelschutz. Auch im Verfahrensrecht beachtet man in neuen Fällen, für die keine Präjudizien entscheidend sind, den Schutzbedarf der Persönlichkeit.

In jedem dieser Fälle gibt es dennoch besondere Gründe, die die Ausdehnung erklären und ihre Folgen zu beschränken scheinen. Bei „passing off" handelt es sich um die Beseitigung eines Rechtsprechungsfehlers über den angeblichen Bedarf eines gemeinsamen Tätigkeitsfeldes[989] sowie um das Einschließen aller Berufsarten als Gewerbe im Sinne dieses zivilrechtlichen Delikts. Das alles ist ein an sich logischer,[990] jedoch nur ein kleiner Schritt in Richtung eines allgemeinen Persönlichkeitsschutzes. Das zivilrechtliche Delikt kann beispielsweise keinen Schutz bieten, wenn keine Billigung durch den Dargestellten als Berufsausübenden vorliegt. Einen umfassenden Namen- und Bildnisschutz gewährleistet es ebenfalls nicht.

Der Mündelschutz ist bloß ein Beispiel der Ausdehnung eines alten Prinzips auf neue Verhältnisse, in diesem Fall den zunehmenden Schutzbedarf vor einer immer neugieriger werdenden Presse. Das Recht wird hier nicht weiterentwickelt, sondern nur altes Recht auf neue Tatsachen angewandt. In bezug auf das „discovery"-Verfahren erkennt man den Schutzbedarf der Persönlich-

---

988 Malmström (Hrsg.), *Right of Privacy and Rights of the Personality*, S. 201.

989 Trotz Anonym, (1961) 34 ALJ 308; McLelland, (1961) 3 Syd LR 525, 530; Pannam, (1966) 40 ALJ 4, 8 — ältere Kommentare aus der Zeit vor der englischen Erkenntnis der 80er Jahren, daß nach den Präjudizien vor dem Zweiten Weltkrieg das gemeinsame Feld lediglich ein relevantes Merkmal und nicht entscheidend ist.

990 Dworkin, (1967) 2 U Tas LR 418, 438; Harvey, (1996) 1 Media & Arts LR 182, 185f.

keit lediglich dort an, wo diesem Schritt keine Präjudizien entgegenstehen, weil die Tatsachenkonstellationen nie zuvor vor Gericht gekommen sind.

In keinem Fall liegt in diesen Entwicklungen der Kern eines allgemeinen Persönlichkeitsrechts. Alle Fälle sind lediglich weitere Beispiele der allmählichen Entwicklung des Common Law in schon vorhandenen Kategorien.[991] Die wahren Grenzen der Fortbildung des Richterrechts zeigt das zivilrechtliche Delikt „nuisance". Eine geringfügige Ausdehnung des Delikts auf Nichtbesitzer wurde eindeutig abgelehnt, denn eine solche Ausdehnung widerspräche der Basis dieses Delikts, die im Schutz des Besitzes liegt; es dient nicht dem Schutz der Privatsphäre jedes auf einem Grundstück Anwesenden.

Es stellt sich also die Frage, ob mit der Befreiung des Common Law aus diesen Schranken gerechnet werden kann. In Großbritannien ist das vermutlich wahrscheinlicher als in Australien, auch wenn in Großbritannien die Möglichkeit gering ist, daß Neues geschieht — man denke an die jüngst verkündete und oben erörterte Entscheidung des House of Lords im Fall *Reynolds* v. *Times Newspapers*,[992] in dem das Gericht eine weitgehende Änderung des Diffamierungsrechts ablehnte. In Großbritannien wird man jedoch mit dem Inkrafttreten des *Human Rights Act* 1998 die Europäische Menschenrechtskonvention, die ein Recht auf die Wahrung der Privatsphäre anerkennt, in unmittelbar geltendes britisches Recht transformieren.[993] Außerdem gibt es in Großbritannien keine vergleichbare Entscheidung des House of Lords, die die Existenz des Persönlichkeitsschutzes so eindeutig und endgültig ablehnt wie die Entscheidung des australischen High Court in *Victoria Park*.[994] *Kaye* v. *Robertson*[995] hat diese höchste Stufe des englischen Gerichtssystems nicht erreicht, sondern lediglich den Court of Appeal, der ein Berufungs-, nicht ein Revisionsgericht ist. Ein Mitglied des obersten englischen Gerichts, Lord *Nicholls of Birkenhead*, hat sogar 1996 in Urteilsgründen ausdrücklich gesagt,

---

[991] Optimistischer Gibson, "Common Law Protection of Privacy", S. 376.

[992] [1999] 3 WLR 1010.

[993] *Human Rights Act* 1998. Vgl. — vor dieser Entwicklung — Gounalakis/Glowalla, AfP 1997, 870, 874.

[994] Brittan, (1963) 37 Tulane LR 235, 240; Evans, [1968] Justice 37, 42; Malmström (Hrsg.), *Right of Privacy and Rights of the Personality*, S. 170f; McQuoid-Mason, *Privacy in South Africa*, S. 49; Yang, (1966) 15 ICLQ 175, 188. Die Ablehnung des Privy Council, dessen Mitglieder mit denen des House of Lords weitgehend identisch sind, den Fall *Victoria Park* zur Revision anzunehmen (siehe oben, Fußnote 761), gilt nicht als bindendes Präjudiz im englischen System: Croß/Harris, *Precedent*, S. 101f; vgl. auch Reid, (1972) 12 JSPTL (N.S.) 22, 28f.

[995] [1991] FSR 62. Vgl. weiter zum Status dieses Falls nach der Einführung des *Human Rights Act* 1998 die Entscheidung von Dame *Elizabeth Butler-Sloss* P. im Fall *Venables* v. *News Group Newspapers* [2001] 1 All ER 908, 932f.

daß es eine offene Frage sei, ob ein allgemeiner Privatsphäreschutz im Fallrecht entwickelt werden könne.[996] *Buxton* L.J. vom englischen Court of Appeal schließt eine solche Entwicklung ebenfalls nicht aus, obwohl er erwartet, daß der Einfluß des *Human Rights Act* 1998 auf das Privatrecht eher bescheiden sein wird.[997]

Der Einfluß der Europäischen Menschenrechtskonvention auf das englische Privatrecht ist derzeit noch ungewiß. Da aber die Menschenrechtskonvention das Recht auf Privatsphäre einschließt, kann die Entwicklung eines neuen Prinzips im englischen Common Law nicht mehr ausgeschlossen werden,[998] wenn die verschiedenen Vorschläge, Abhilfe durch den Gesetzgeber zu schaffen, nicht gelingen.[999]

In Australien dagegen, dessen Recht die vorliegende Arbeit mit dem deutschen vergleicht, hat man keine solchen Verträge in unmittelbar geltendes Recht transformiert. Nicht einmal diese Quelle der Hoffnung, so gering sie auch sein mag, besteht in Australien. Der Entwicklung eines allgemeinen Schutzes der Persönlichkeit steht außerdem die seit mehr als 60 Jahren unangefochtene, 1984 bestätigte Entscheidung im *Victoria Park*-Fall entgegen.[1000] Die Australier müssen sich daher die Einführung eines unmittelbaren Schutzes der Privatsphäre vom Gesetzgeber, nicht den Gerichten erhoffen.[1001] Ansonsten wird es bei der allmählichen Ausdehnung schon vorhandener Rechtsinstitute (und bei Gesetzen für kleine Bereiche nach dem Muster des *Surveillance Devices Act*

---

[996] *R* v. *Khan* [1997] AC 558, 582f; Lester, [1993] PL 269, 284-286; Lester/Pannick, (2000) 116 LQR 380, 383f; Loon, [1996] EIPR 307, 312; Samuels, (1996) 17 Statute LR 115, 122; Singh, [1998] EHRLR 712, 714f; Stallard, (1998) 18 Loyola LA Ent LJ 565, 585. Vgl. auch *Malone* v. *Metropolitan Police Commissioner* [1979] Ch 344, 372; Bingham, [1996] EHRLR 450, 453; Phillipson/Fenwick, (2000) 63 MLR 660, 667-670, 673f.

[997] Buxton, (2000) 116 LQR 48, 64f. Weniger optimistisch, aber sehr amüsant Lord *Bingham of Cornhill* L.C.J.: „This is the argument favoured by those who believe that the Judges should receive a large injection of testosterone to bolster their flagging fertility. The prospects for procreation are, however, discouraging": Bingham, [1996] EHRLR 450, 461. Vgl. schließlich auch die Meinung von *Arden* J., zitiert in Singh, "Privacy and the Media: The Impact of the *Human Rights Bill*" in: Markesinis (Hrsg.), *Protecting Privacy*, S. 172f.

[998] Craig/Nolte, [1998] EHRLR 162, 166f; Cram, "Beyond Calcutt", S. 106-108; Leigh, (1999) 48 ICLQ 57, 57f; Markesinis, [1986] PL 67, 69f; Markesinis, (1999) 115 LQR 49, 72-88; Mullender, [1998] PL 384, 384; Naismith, [1996] EHRLR 150, 156-158 (zurückhaltender); Seipp, (1983) 3 Oxf J Leg Stud 325, 362f; Singh, [1998] EHRLR 712, 723-725.

[999] Calcutt, *Privacy*, S. 23f; Calcutt, *Review*, S. 51-57, 62, 87f; Mullaly, (1997) 16 Communications Law Bulletin 10, 12; National Heritage, *Privacy and Media Intrusion*, S. 9-16.

[1000] Optimistischer in einer Hinsicht — aber nach mehr als 30 Jahren kaum durch Erfahrung bestätigt — Pannam, (1966) 40 ALJ 4, 13.

[1001] Law Reform Commission, *Unfair Publication*, S. 110f, 113; Storey, (1973) 47 ALJ 498, 505f.

1998 von Westaustralien) blieben, das heißt: bei einer Methode, die ihre Grenzen als Rechtsfortbildungsmethode hat. Insbesondere ist in Australien nicht mit der Schöpfung eines völlig neuen Rechtsguts der Persönlichkeit zu rechnen.

III. Die Vereinigten Staaten von Amerika

1. Die Amerikaner weichen ab

a. Der Artikel von *Warren* und *Brandeis*[1002]

Der Schutz der Privatsphäre im U.S.-amerikanischen Recht geht auf das Jahr 1890 zurück. Es existieren zwar vereinzelte Fälle, in denen die U.S.-amerikanischen Gerichte schon zuvor den Begriff der Privatsphäre als entscheidungsrelevant anerkannt hatten.[1003] Im Dezember 1890 erschien jedoch in der Zeitschrift „Harvard Law Review" ein berühmt gewordener Artikel von *Warren* und *Brandeis*, der als Ursprung des Persönlichkeitsschutzes im amerikanischen Recht angesehen wird.[1004]

Die damaligen Rechtsanwälte (*Brandeis* wurde später zum Richter des Supreme Court) versuchten, aus einer Synthese des überlieferten englischen Rechts die These zu untermauern, daß es doch einen verdeckten Schutz der Privatsphäre im englischen Recht gebe und daß es nun analog zu früheren Ausdehnungen des Common Law angemessen sei, diesem Schutz durch die Anerkennung eines allgemeinen Delikts zum Schutz der Privatsphäre zum Durchbruch als

---

[1002] (1890) 4 Harv LR 193. Zum angeblichen Hintergrund im persönlichen Leben von *Warren* und *Brandeis* siehe Barron, (1979) 13 Suffolk ULR 875, 883-922; Leebron, (1991) 41 Case Western LR 769, 774-777; Pember, *Privacy*, S. 20-25, 41f.

[1003] *Restatement (Second) Torts*, S. 376f; Anonym, (1891) 3 Green Bag 524, 525; Barron, (1979) 13 Suffolk ULR 875, 885f; Bloustein, (1964) 39 NYULR 962, 972; Kacedan, (1932) 12 Boston ULR 600, 610-613; Keeton, *Law of Torts*, S. 849; Kimbrough, (1940) 138 ALR 22, 99f, 102; Leebron, (1991) 41 Case Western LR 769, 777f; McQuoid-Mason, *Privacy in South Africa*, S. 35; Pember, *Privacy*, S. 48-52, 55f, 68; Prosser, (1960) 48 Cal LR 383, 389; Yang, (1966) 15 ICLQ 175, 180.

[1004] Anonym, (1961) 35 ALJ 61, 61; Anonym, (1966) 60 NWULR 813, 813; Barron, (1979) 13 Suffolk ULR 875, 876f; Bingham, [1996] EHRLR 450, 450f; Bloustein, (1968) 46 Texas LR 611, 611-613; Brittan, (1963) 37 Tulane LR 235, 236; Davis, (1959) 4 South Dakota LR 1, 3, 23; Dworkin, (1967) 2 U Tas LR 418, 418f; Felcher/Rubin, (1979) 88 Yale LJ 1577, 1581; Frazer, (1983) 99 LQR 281, 295, 307f; Gordon, (1960) 55 NWULR 553, 553; Hill, (1976) 76 Columbia LR 1205, 1255; Kalven, (1966) 31 Law & Contemp Probs 326, 327; Kimbrough, (1940) 138 ALR 22, 25; Larremore, (1912) 12 Columbia LR 693, 693; Leebron, (1991) 41 Case Western LR 769, 769, 802-807; Malmström (Hrsg.), *Right of Privacy and Rights of the Personality*, S. 25f; Moreland, (1931) 19 Kentucky LJ 101, 101, 109, 111-113; Neill, (1962) 25 MLR 393, 396; Nimmer, (1954) 19 Law & Contemp Probs 203, 203; Pember/Teeter, (1974) 50 Washington LR 57, 60; Prosser, (1960) 48 Cal LR 383, 383f, 423; Schopler, (1975) 43 L Ed (2nd) 871, 875; Schwenk, NJW 1962, 1321, 1324 Fußnote 27; Skala, (1977) 10 U Qld LJ 127, 143f; Wright, (1968) 46 Texas LR 630, 631; Yang, (1966) 15 ICLQ 175, 179; Zimmerman, (1983) 68 Cornell LR 291, 292; Zimmerman, (1989) 64 NYULR 364, 365, 375.

selbständiges Rechtsgut zu verhelfen. Die oben angeführten Beispiele des Persönlichkeitsschutzes im englischen Recht bis 1890 seien aus einem allgemeinen Prinzip zu erklären, daß das Common Law die Privatsphäre als solche schützt.[1005] Ein derartiger Schutz sei außerdem notwendig, weil, wie *Warren* und *Brandeis* schon 1890 feststellten, die Presse die Grenzen annehmbaren und sozial adäquaten Verhaltens zunehmend überschreite. Zeitschriften würden veröffentlicht, die lediglich der Klatschsucht dienten. Entwicklungen in der Technologie machten diese Gefahr noch größer.[1006]

Die Verfasser des Artikels versuchten außerdem, Rechtfertigungsgründe (etwa das öffentliche Interesse, Privilege nach dem Diffamierungsrecht und Einverständnis des Betroffenen) sowie die bei Übertretungen des Persönlichkeitsschutzes zur Verfügung stehenden Rechtsmittel zu erörtern.[1007]

Auffällig an diesem Artikel ist, daß das neue Recht auf die Privatsphäre fast ausschließlich durch eine mehr oder weniger[1008] überzeugende Synthese von Präjudizien, etwa *Albert (Prince)* v. *Strange*, begründet wird.[1009] So wurde der Artikel auch von denjenigen Zeitgenossen verstanden, die dessen Argumentation befürworteten bzw. ablehnten: sie bejahten bzw. verneinten, daß die Präjudizien den Schluß von *Warren* und *Brandeis* rechtfertigten.[1010] Obwohl sie die Mißbräuche der Presse erkannten und das Wort „right" gelegentlich benutzen, ist bei *Warren* und *Brandeis* von einer ausführlichen Begründung des Persönlichkeitsschutzes anhand der Grundrechte des Menschen auf Wahrung seiner Privatsphäre oder der Grundrechte der Verfassung kaum die Rede.[1011] Das Argument lautet, daß der Persönlichkeitsschutz schon im altüberlieferten Common Law enthalten ist, nicht daß er aufgrund irgendwelcher Bestimmungen der Verfassung eingeführt werden müßte. Aus dem schon Dargestellten ergibt sich, daß sich dieses Argument ohne großzügige Auslegung der englischen Präjudizien und eine geeignete Auswahl von Zitaten aus früheren Fällen nicht gelingen konnte.

[1005] (1890) 4 Harv LR 193, 193-196, 198-214.
[1006] (1890) 4 Harv LR 193, 196, 211.
[1007] (1890) 4 Harv LR 193, 214-219.
[1008] Pember, *Privacy*, S. 47; Pratt, [1975] PL 161.
[1009] Baxter, (1977) 8 Camb LR 7, 10f; Dworkin, (1967) 2 U Tas LR 418, 419f; Neill, (1962) 25 MLR 393, 396; Prosser, (1960) 48 Cal LR 383, 384; Thompson, (1898) 47 Central LJ 148, 150.
[1010] Hadley, (1894) 3 Northwestern LR 1, 3-13, 18; Thompson, (1898) 47 Central LJ 148, 156.
[1011] Clark, (1991) 41 Case Western LR 921, 922.

b. Ablehnung in New York

Das Argument von *Warren* und *Brandeis* mag gelegentlich recht früh von den unteren Gerichten der Vereinigten Staaten anerkannt, oder wenigstens nicht eindeutig abgelehnt worden sein,[1012] bei der ersten Probe vor einem Gericht der letzten Instanz, im Bundesland New York, stieß es jedoch auf Ablehnung.

Anlaß für den Fall *Roberson* v. *Rochester Folding Box Co.*[1013] war die Veröffentlichung eines Bildes von Fräulein Roberson, der ansonsten der Öffentlichkeit unbekannten Klägerin, in der Werbung der beklagten Firma. Ohne ihre Zustimmung zierte das Gesicht der Klägerin, eines jungen Mädchens, in Verbindung mit dem literarisch abscheulichen[1014] Wortspiel „flour of the family“[1015] die Werbung dieser Firma. Ungefähr 25.000 Abbildungen wurden gedruckt. Die Klägerin wollte durch die Verspottung anderer psychischen Schaden erlitten haben. Im Gegensatz zu dem Fall *Tolley* konnte die Klägerin jedoch nicht behaupten, das Bild oder die begleitenden Worte bzw. Umstände seien diffamierend.[1016]

Eine Mehrheit von vier der sieben Richter des Court of Appeals of New York wies die Klage ab. Zum einen gebe es keine Präjudizien für ein Recht auf die Wahrung der Privatsphäre. In der Tat seien sämtliche von *Warren* und *Brandeis* angeführten Präjudizien — etwa *Albert (Prince)* v. *Strange*, *Pollard* v. *Photographic Co.* und ähnliche Fälle — durch andere Rechtsinstitute zu

---

[1012] Siehe zu der frühen Rezeption des neuen zivilrechtlichen Delikts *Roberson* v. *Rochester Folding Box Co.* (1902) 64 NE 442, 445f; *Pavesich* v. *New England Life Insurance Co.* (1905) 50 SE 68, 74-76; *Henry* v. *Cherry* (1909) 73 Atl 97, 100f; Anonym, (1891) 3 Green Bag 524; Anonym, (1891) 5 Harv LR 148; Anonym, (1893) 7 Harv LR 182; Anonym, (1893) 7 Harv LR 185; Anonym, (1894) 8 Harv LR 280, 281; Anonym, (1895) 9 Harv LR 354; Anonym, (1900) 13 Harv LR 415; Anonym, (1901) 1 Columbia LR 491; Anonym, (1901) 15 Harv LR 227; Anonym, (1902) 50 U Pennsylvania LR 114; Anonym, (1902) 12 Yale LJ 35, 35f; Armstrong, (1902) 50 U Pennsylvania LR 669, 674; Baxter, (1977) 8 Camb LR 7, 12; Hadley, (1894) 3 Northwestern LR 1, 13-20; Hand, (1897) 45 American Law Register (O.S.) 745; Hofstadter, *Development in New York*, S. 8-10; Kacedan, (1932) 12 Boston ULR 600, 613-619; Keeton, *Law of Torts*, S. 850; Kimbrough, (1940) 138 ALR 22, 67; Leebron, (1991) 41 Case Western LR 769, 792-802; McQuoid-Mason, *Privacy in South Africa*, S. 36; Nizer, (1941) 39 Michigan LR 526, 530-533; Pember, *Privacy*, S. 59-64; Prosser, (1960) 48 Cal LR 383, 384f; Schiffres, (1967) 30 ALR (3rd) 203, 248; Thompson, (1898) 47 Central LJ 148, 153f; Winfield, (1931) 47 LQR 23, 35.

[1013] (1902) 64 NE 442.

[1014] Prosser, (1960) 48 Cal LR 383, 385.

[1015] Die gleichlautende Redewendung „flower of the ...“ gleicht im Englischen der deutschen Redewendung „die Blüte des/der ...“.

[1016] (1902) 64 NE 442, 442f, 447f.

erklären als das angebliche Recht auf die Privatsphäre,[1017] was mit den Erkenntnissen im letzten Abschnitt der vorliegenden Arbeit durchaus im Einklang ist. Zum anderen könne man die uferlose Ausdehnung von Rechtsstreiten erwarten, wenn Kränkungen dieser Art nach dem Common Law als klagbar anerkannt würden. Die Schaffung eines neuen Rechtsinstituts sei Sache des Gesetzgebers; die Gerichte könnten insofern keine gesetzgebende Gewalt ausüben.[1018]

Drei Richter verkündeten eine abweichende Meinung. Sie vertraten die Ansicht, daß der Fall zwar neu sei, daß dennoch die Gerichte bereit sein müßten, für neue Bedingungen — hier, die Entwicklung der Fotografie — neue Regeln zu schaffen. Die „equity"- oder Billigkeitsjurisprudenz sei nicht zu alt, um neue Kinder zu gebären. Der Fall sei ähnlich zu *Albert (Prince)* v. *Strange*, und das Prinzip hänge nicht vom Vorhandensein eines durch Vertrag entstandenen Eigentumsrechts ab.[1019]

Diese Entscheidung hat im Bundesland New York eine Protestwelle ausgelöst — interessanterweise nicht nur unter Rechtswissenschaftlern,[1020] sondern auch in der Presse, etwa in den Seiten der „New York Times"[1021] —, mit dem Ergebnis, daß sich einer der Mehrheitsrichter veranlaßt fühlte, entgegen der üblichen Konvention eine Verteidigung seiner Entscheidung in einer juristischen Zeitschrift als Ausfluß der fehlenden Präjudizien für einen Persönlichkeitsschutz veröffentlichen zu lassen.[1022]

Der Landesgesetzgeber führte daraufhin sehr schnell ein Gesetz[1023] ein, um der Persönlichkeit Anerkennung im Rechtssystem zu verschaffen.[1024] Dieses Ziel wurde durch die Schaffung eines Schutzes gegen die Ausnutzung von Bildern durch Werbung oder im Handel[1025] unter Berücksichtigung der Interessen der Öffentlichkeit an der Redefreiheit erreicht.[1026] Mit dieser Entwicklung,[1027] die

---

[1017] Für Gegenargumente siehe Armstrong, (1902) 50 U Pennsylvania LR 669, 672-674.
[1018] (1902) 64 NE 442, 443-445.
[1019] (1902) 64 NE 442, 449-451.
[1020] Anonym, (1902) 2 Columbia LR 486, 486f.
[1021] Siehe für Zitate Cowen, *The Private Man*, S. 18; Kacedan, (1932) 12 Boston ULR 600, 625 Fußnote 306; O'Brien, (1902) 2 Columbia LR 437, 437f.
[1022] O'Brien, (1902) 2 Columbia LR 437. Vgl. Cowen, *The Private Man*, S. 18; Hofstadter, *Development in New York*, S. 11; Kimbrough, (1940) 138 ALR 22, 27f; Larremore, (1912) 12 Columbia LR 693, 694; Pember, *Privacy*, S. 65f; Prosser, (1960) 48 Cal LR 383, 385.
[1023] *New York Civil Rights Law* §§ 50, 51.
[1024] Keeton, *Law of Torts*, S. 850f.
[1025] Schiffres, (1967) 30 ALR (3rd) 203, 209.
[1026] *D'Andrea* v. *Rafla-Demetrious* (1997) 972 F Supp 154, 156f.
[1027] Sie war nicht einzigartig; das Bundesland Kalifornien hatte 1899 ein ähnliches Gesetz eingeführt: Pember, *Privacy*, S. 64; siehe auch S. 75f. Das Gesetz war den Anforderungen

(Fortsetzung nächste Seite ...)

außerhalb des Bereichs des Richterrechts liegt, braucht sich diese Arbeit nicht eingehend zu beschäftigen. Für die Richter in New York blieb nur noch die Feststellung, daß das Gesetz nach der damaligen, heutzutage überholten Rechtsprechung nicht als vertragsschädliche Verfassungsübertretung[1028] nichtig war,[1029] sowie die üblichen richterlichen Funktionen der Interpretation und Anwendung des Gesetzes in konkreten Fällen.[1030] Die Unterschiede zwischen der gerichtlichen Anwendung des Gesetzes aus New York und den ihm entsprechenden, in anderen Bundesländern entwickelten Regeln des Common Law sind in der Tat gering.[1031] Dagegen fehlen in New York immer noch gewisse Arten des Privatsphäreschutzes, etwa ein umfassender Schutz gegen heimliches Belauschen,[1032] weil das Gesetz diesen nicht einschließt, wenn es an der Ausnutzung in der Werbung oder im Handel mangelt[1033] und das Common Law des Bundeslandes New York ein solches Recht nicht kennt.

c. Akzeptanz in Georgia

Der Supreme Court des südlichen Bundeslandes Georgia kam wenige Jahre später im Fall *Pavesich* v. *New England Life Insurance Co.*[1034] bei einer sehr ähnlichen Tatsachenkonstellation einstimmig — und zur großen Freude von Herrn *Brandeis*[1035] — zu einem gegenteiligen Schluß. Das Bild des Klägers wurde auch hier ohne dessen Zustimmung von der beklagten Versicherungsfirma für Werbezwecke benutzt. Das Gericht gestand zu, daß es keine genau vergleichbaren Präjudizien für diesen Fall gab; die Präjudizien vor dem Jahr 1890 seien alle rechtstechnisch von der Existenz eines Eigentumsrechts, eines Vertrags- oder Vertrauensbruchs oder sonstiger Rechte des Klägers abhängig. Obwohl die Gerichte zwar keine neuen Prinzipen schaffen dürften, könnten sie doch alte Prinzipien auf neue Tatsachen ausdehnen. Das Recht auf die Privatsphäre sei ein Naturrecht des Menschen;[1036] zu den Naturrechten gehöre

---

dieses Rechtsgebiets nicht gewachsen und wurde 1915 aufgehoben: Nizer, (1941) 39 Michigan LR 526, 539.

1028 Art. I, § 10 der U.S.-Bundesverfassung bestimmt: „No State shall [...] make any [...] Law impairing the Obligation of Contracts [...]".

1029 *Sperry & Hutchinson Co.* v. *Rhodes* (1911) 220 US 502; 55 L Ed 561; Kimbrough, (1940) 138 ALR 22, 43f; Pember, *Privacy*, S. 67f.

1030 Vgl. z.B. Kimbrough, (1940) 138 ALR 22, 44f, 73-75, 79-81, 87-89; Kimbrough, (1944) 168 ALR 446, 457f; Schiffres, (1966) 23 ALR (3rd) 865; Zimmerman, (1989) 64 NYULR 364, 378f.

1031 Keeton, *Law of Torts*, S. 851; Prosser, (1960) 48 Cal LR 383, 385f.

1032 Swarthout, (1964) 11 ALR (3rd) 1296, 1305; Yang, (1966) 15 ICLQ 175, 181.

1033 Davis, (1959) 4 South Dakota LR 1, 14f; Schiffres, (1967) 30 ALR (3rd) 203, 209.

1034 (1905) 50 SE 68.

1035 Pember, *Privacy*, S. 72.

1036 Vgl. dazu Müller, Ufita 2, 367, 368f.

viel mehr als bloß die körperliche Bewegungsfreiheit. Deswegen gehöre der Schutz der Privatsphäre zum Schutz der Freiheit des Bürgers. Sowohl in der Landes- als auch in der Bundesverfassung werde bestimmt, daß keinem Staatsbürger seine Freiheit ohne rechtliche Maßnahmen entzogen werden könne.[1037] Das stehe nicht in Widerspruch zum First Amendment, denn diese Vorschrift schütze nicht gegen Taten, die einer Freiheitsberaubung gleichkämen.[1038]

Dabei erkannte das Gericht Ausnahmen für Personen des öffentlichen Lebens an.[1039] Es sei auch notwendig, ein angemessenes Gleichgewicht zwischen dem Schutz der Persönlichkeit und der Rede- und Pressefreiheit zu erzielen. Obwohl das Gericht mit Recht einsah, daß im Gegensatz zum Diffamierungsrecht die Wahrheit der Behauptungen keinen Rechtfertigungsgrund darstellen könnte, wenn es sich um den Schutz der Privatsphäre handelte, zog es keine klare Grenze zwischen Redefreiheit und Privatsphäre. Seine Ausführungen zeichneten sich vor allem durch Vagheit aus: zum Beispiel, „all subjects that may be proper matter for discussion“[1040] seien vom Schutz des neuen zivilrechtlichen Delikts Eindringen in die Privatsphäre ausgeschlossen.

In dieser Tatsachenkonstellation mag es verständlich sein, daß das Gericht auf diese Frage nicht näher eingegangen ist, da hier zweifellos keine politische oder öffentliche Diskussion stattgefunden hatte.[1041] Die Unsicherheiten waren dennoch beunruhigend. Das Gericht erwähnte beispielsweise auch die Beweggründe des Sich-Äußernden, so daß man annehmen könnte, daß diese und nicht das Gesprächsthema entscheidend wären — „for no other purpose and with no other motive than to annoy and harass the individual referred to“.[1042] Welcher dieser zwei Maßstäbe der richtige war, wurde nicht entschieden. Mit dieser extrem schwierigen Frage beschäftigen sich die Gerichte der U.S.A. noch heute.

Auffällig an den Urteilsgründen ist, daß das Gericht auf natur- und verfassungsrechtliche Gründe abstellt und zu dem Schluß kommt, daß das zivilrechtliche Delikt des Eindringens in die Privatsphäre existiert, bevor es durch die Erwähnung des Artikels von *Warren* und *Brandeis* und der englischen und amerikanischen Präjudizien wie etwa *Albert (Prince)* v. *Strange* diesen Schluß lediglich untermauert. Es entsteht der Eindruck, daß die natur-

---

[1037] (1905) 50 SE 68, 69-71, 75, 77f; Thompson, (1898) 47 Central LJ 148, 149.
[1038] (1905) 50 SE 68, 80.
[1039] (1905) 50 SE 68, 72. Für weitere frühe Beispiele vgl. Kimbrough, (1940) 138 ALR 22, 40, 49f, 58-61.
[1040] (1905) 50 SE 68, 74. Vgl. auch S. 80.
[1041] (1905) 50 SE 68, 79f.
[1042] (1905) 50 SE 68, 74.

und verfassungsrechtlichen Gründe viel entscheidender waren als die von *Warren* und *Brandeis* angeführten, von ihnen großzügig ausgelegten Präjudizien.[1043] Ähnliche verfassungs- und naturrechtliche Begründungen wurden in anderen Bundesländern,[1044] etwa Kalifornien[1045] und Missouri,[1046] für die Anerkennung der Persönlichkeit als zu schützendes Rechtsgut angegeben.

Das war eine etwas ungewöhnliche Basis für ein zivilrechtliches Delikt,[1047] und es mußte durch eine Gerichtsentscheidung bestätigt werden, daß das Naturrecht seine Existenz nicht so stark untermauerte, daß der Gesetzgeber es nicht abschaffen oder ändern durfte.[1048] Klar ist auch, daß, selbst wenn gewisse Bestimmungen der U.S.-Bundesverfassung in den Augen der Landgerichte die Existenz eines Persönlichkeitsschutzes untermauern mögen, die Bundesverfassung keinen solchen privatrechtlichen Schutz zum Status eines Verfassungsgebots erhebt.[1049]

d. Ablehnung in Rhode Island

Gerade diese Anlehnung an das Natur- und Verfassungsrecht lehnte der Supreme Court of Rhode Island 1909 im Fall *Henry* v. *Cherry*[1050] ab.

Es handelte sich erneut um die unbefugte Verwendung eines Bildes des Klägers in Verbindung mit der Werbung der beklagten Firma. Im Verfassungsrecht von

---

[1043] Leovy, (1939) 13 Southern Cal LR 81, 87; Malmström (Hrsg.), *Right of Privacy and Rights of the Personality*, S. 45; Moreland, (1931) 19 Kentucky LJ 101, 111f; Pannam, (1966) 40 ALJ 4, 10. Vgl. auch Leebron, (1991) 41 Case Western LR 769, 788-790; Pember, *Privacy*, S. 56f.

[1044] Siehe weiter Kimbrough, (1940) 138 ALR 22, 30-32; Kimbrough, (1944) 168 ALR 446, 449f; Pember, *Privacy*, S. 72-74.

[1045] *Melvin* v. *Reid* (1931) 297 P 91, 93; Bloustein, (1964) 39 NYULR 962, 992; Nizer, (1941) 39 Michigan LR 526, 536.

[1046] *Barber* v. *Time* (1942) 159 SW (2nd) 291, 294.

[1047] Davis, (1959) 4 South Dakota LR 1, 18f; Kimbrough, (1940) 138 ALR 22, 31f.

[1048] *Norman* v. *City of Las Vegas* (1947) 177 P (2nd) 442, 446-448; Kimbrough, (1944) 168 ALR 446, 450, 461f; Schiffres, (1967) 30 ALR (3rd) 203, 278; Shipley, (1949) 14 ALR (2nd) 750, 755, 761f.

[1049] *Prudential Insurance Co. of America* v. *Cheek* (1922) 259 US 530, 538, 542f; 66 L Ed 1044, 1052f; *Griswold* v. *Connecticut* (1965) 381 US 479, 486, 523-526; 14 L Ed (2nd) 510, 516, 538-540; *Katz* v. *United States* (1967) 389 US 347, 350f; 19 L Ed (2nd) 576, 581; *Paul* v. *Davis* (1976) 424 US 693, 712f, 735 Fußnote 18; 47 L Ed (2nd) 405, 420f, 434 Fußnote 18; Clark, (1991) 41 Case Western LR 921, 927; Schopler, (1975) 43 L Ed (2nd) 871, 875f. Vgl. auch *Peck* v. *Tribune* (1909) 214 US 185, 190; 53 L Ed 960, 963; Zimmerman, (1983) 68 Cornell LR 291, 298f.

[1050] (1909) 73 Atl 97.

Rhode Island gebe es, so das Gericht, keinen Platz für ein Naturrecht, denn der Landesgesetzgeber sei Nachfolger des britischen Parlaments, das keiner solchen Beschränkung seiner absoluten Macht unterlag. Mit der Ausnahme der verfassungsrechtlich verbürgten Rechte existierten folglich keine weiteren Rechte in Rhode Island. Das Naturrecht sei in Rhode Island kein unmittelbar geltendes Recht, aus dem Rechte und Pflichten des einzelnen abgeleitet werden könnten. Es sei deswegen Sache des Gesetzgebers, einen Schutz der Privatsphäre einzuführen.[1051]

Auch hier wurde also die Frage des Schutzes der Privatsphäre im Zivilrecht als eine verfassungsrechtliche Frage verstanden. Erst nach seinen Ausführungen zum Verfassungsrecht lehnte das Gericht die vorgeschlagenen Analogien mit anderen zivilrechtlichen Delikten und Rechtsinstituten ab.[1052]

e. Zur heutigen Rechtslage[1053]

In den ersten Jahrzehnten des 20. Jahrhunderts wurde, wie schon an den Beispielen New York, Georgia und Rhode Island ersichtlich, das neue zivilrechtliche Delikt von den amerikanischen Gerichten nur lückenhaft anerkannt.[1054] 1930 konnte sogar in der Rechtsprechung — wenn auch in einer abweichenden Meinung — behauptet werden, daß der Trend in den U.S.-Gerichten gegen die Anerkennung des Persönlichkeitsschutzes verlief.[1055] In den späten 30er Jahren erkannte aber das erste *Restatement* die Existenz des zivilrechtlichen Delikts an und verhalf ihm zum Durchbruch in vielen Bundesländern.[1056] 1942 war es soweit, daß der Schutz nach dem Common Law in zwölf und aufgrund von Gesetzen in zwei weiteren Bundesländern existierte, während sechs Bundesländer das Recht abgelehnt hatten und in den restlichen Ländern keine Entscheidung getroffen worden war.[1057] 1951 wurde im Court of Appeals behauptet, die Ablehnung des Privatsphäreschutzes sei

---

[1051] (1909) 73 Atl 97, 104-107.

[1052] (1909) 73 Atl 97, 108f.

[1053] Siehe im allgemeinen *Restatement (Second) Torts*, Kap. 28A.

[1054] Larremore, (1912) 12 Columbia LR 693; Pember, *Privacy*, S. 58, 76.

[1055] *Bazemore* v. *Savannah Hospital* (1930) 155 SE 194, 197. Vgl. auch aus dieser Periode Kacedan, (1932) 12 Boston ULR 353; Lisle, (1931) 19 Kentucky LJ 101, 137f; Moreland, (1931) 19 Kentucky LJ 101, 102f, 122; Winfield, (1931) 47 LQR 23, 36f; vgl. auch Prosser, RabelsZ 21, 401, 402.

[1056] von Gerlach, JZ 1998, 741, 743; Kimbrough, (1940) 138 ALR 22, 29; McQuoid-Mason, *Privacy in South Africa*, S. 37; Prosser, (1960) 48 Cal LR 383, 386.

[1057] *Barber* v. *Time* (1942) 159 SW (2nd) 291, 293. Vgl. auch aus dieser Periode Kimbrough, (1940) 138 ALR 22, 26, 28-30, 35-38; Kimbrough, (1944) 168 ALR 446, 448f; Leovy, (1939) 13 Southern Cal LR 81, 83-85; Nizer, (1941) 39 Michigan LR 526, 529f, 533f.

eine Mindermeinung.[1058] Im Jahre 1967 zählte man im Supreme Court 35 Bundesländer, in denen entweder durch Common Law oder durch Gesetz der Schutz gewährt wurde.[1059]

Heute erkennen trotz gelegentlich kritischer Stimmen[1060] die Gerichte aller Bundesländer außer North Dakota und Wyoming[1061] die Existenz dieses Schutzes lebender Personen[1062] an, obwohl der Schutz in New York und einigen anderen Bundesländern nur nach dem Gesetz, nicht aber nach dem Common Law besteht.[1063]

Im heutigen Recht unterscheidet man nach der bahnbrechenden,[1064] beinahe[1065] allseitig[1066] und auch vom Supreme Court anerkannten[1067] sowie auch in der

---

[1058] *Leverton* v. *Curtis Publishing Co.* (1951) 192 F (2nd) 974, 975; vgl. auch Davis, (1959) 4 South Dakota LR 1, 5; Grodin, (1953) 62 Yale LJ 1123, 1123; Hofstadter, *Development in New York*, S. 53; Nimmer, (1954) 19 Law & Contemp Probs 203, 203; Prosser, RabelsZ 21, 401, 402f; Shipley, (1949) 14 ALR (2nd) 750, 753f.

[1059] *Time* v. *Hill* (1966) 385 US 374, 413; 17 L Ed (2nd) 456, 481. Die gleiche Zahl bei *Restatement (Second) Torts, Appendix, Vol. 5: Reporter's Notes*, S. 268 (Stand: 1977); Schiffres, (1966) 23 ALR (3rd) 865, 876; Schiffres, (1967) 30 ALR (3rd) 203, 209f; siehe um diese Zeit Anonym, (1966) 60 NWULR 813, 814; Brittan, (1963) 37 Tulane LR 235, 237f.

[1060] Kalven, (1966) 31 Law & Contemp Probs 326; Zimmerman, (1983) 68 Cornell LR 291; für eine Verteidigung gegen diese Vorwürfe vgl. Bloustein, (1968) 46 Texas LR 611; vgl. auch Dworkin, (1967) 2 U Tas LR 418, 434f; Prosser, (1960) 48 Cal LR 383, 384 Fußnote 7.

[1061] O'Neil, [1999] 2 U Illinois LR 703, 705. Rhode Island erscheint nicht mehr auf der Liste der ablehnenden Länder, obwohl es bis in die 80er Jahre auch dort erschien: Amen, (1980) 59 Nebraska LR 808, 809f; Donaldson, (1988) 59 ALR (4th) 502, 528; Keeton, *Law of Torts*, S. 851. In Rhode Island wird die Privatsphäre jetzt durch Gesetz geschützt: *General Laws of Rhode Island* § 9-1-28.1.

[1062] Tote genießen in der Regel — wie auch im Diffamierungsrecht — keinen Schutz: Schiffres, (1968) 18 ALR (3rd) 873.

[1063] Felcher/Rubin, (1979) 88 Yale LJ 1577, 1581f; Neill, (1962) 25 MLR 393, 396 Fußnote 20; Prosser, (1960) 48 Cal LR 383, 386-388; Schopler, (1975) 43 L Ed (2nd) 871, 875; Zimmerman, (1983) 68 Cornell LR 291, 365-367.

[1064] Bailey, *Human Rights*, S. 271; Dworkin, (1967) 2 U Tas LR 418, 421; Kalven, (1966) 31 Law & Contemp Probs 326, 331. Für frühere Systematisierungsversuche siehe Gordon, (1960) 55 NWULR 553, 555; Green, (1932) 27 Illinois LR 237; Leovy, (1939) 13 Southern Cal LR 81, 86f.

[1065] Ausnahmen: Bloustein, (1964) 39 NYULR 962; Groß, (1967) 42 NYULR 34, 46-53; Laster, (1989) 7 Otago LR 31, 61; Parent, "Privacy, Morality and the Law", S. 103f; Swanton, (1974) 48 ALJ 91, 94. Vgl. Bedingfield, (1992) 55 MLR 111, 112; Dworkin, (1967) 2 U Tas LR 418, 433f; Emerson, (1979) 14 Harv CR-CL LR 329, 332; Frazer, (1983) 99 LQR 281, 295f; Storey, (1973) 47 ALJ 498, 500; Wacks, (1980) 96 LQR 73, 75f.

[1066] *Restatement (Second) Torts*, S. 377; Barron, (1979) 13 Suffolk ULR 875, 892; Brittan, (1963) 37 Tulane LR 235, 235; Clark, (1991) 41 Case Western LR 921, 922f; Dworkin, (1967) 2 U Tas LR 418, 422; von Gerlach, JZ 1998, 741, 743; Leebron, (1991) 41 Case

(Fortsetzung nächste Seite ...)

Rechtsvergleichung nutzbaren[1068] Analyse von *Prosser*[1069] vier bisher[1070] entwickelte Arten des Persönlichkeitsschutzes.[1071] Erstens verbietet das Zivilrecht die peinliche Bekanntgabe[1072] privater Tatsachen auf grob anstößige Weise, zum Beispiel von Geheimnissen über das sexuelle Leben des Klägers.[1073] Eine Ausnahme besteht für Angelegenheiten von öffentlichem Interesse, die in Verbindung mit der Voraussetzung der groben Anstößigkeit die Reichweite dieses Zweigs des Zivilrechts ziemlich stark einschränkt.[1074]

Zweitens schützt das Zivilrecht gegen die Darstellung des einzelnen im „falschen Licht" auf anstößige Weise,[1075] wenn etwa dem Kläger Meinungen zugeschrieben werden, die er nicht vertritt. Auch hier gelten verfassungsrechtlich begründete Ausnahmen für öffentliche Personen. Diese Fallgruppe des zivilrechtlichen Delikts wird in einigen Bundesländern von der Rechtsprechung und von einigen Rechtswissenschaftlern abgelehnt: sie sei wegen der Existenz des zivilrechtlichen Delikts der Diffamierung in fast allen Fällen überflüssig und deswegen der Systematik und Einheit der Rechtsordnung abträglich. In den meisten, wenn nicht allen Fällen werde eine Darstellung des Klägers im falschen Licht diffamierend sein.[1076] Zugegebenermaßen kann diese Fallgruppe

---

Western LR 769, 808; Malmström (Hrsg.), *Right of Privacy and Rights of the Personality*, S. 46f; McQuoid-Mason, *Privacy in South Africa*, S. 37, 93; Pember/Teeter, (1974) 50 Washington LR 57, 62; Singh, [1998] EHRLR 712, 713; Wade, (1962) 15 Vanderbilt LR 1093, 1095; Yang, (1966) 15 ICLQ 175, 177-179; Zimmerman, (1989) 64 NYULR 364, 365f (siehe auch S. 382f).

[1067] *Zacchini* v. *Scripps-Howard Broadcasting Co.* (1977) 433 US 562, 571-573; 53 L Ed (2nd) 965, 973f.

[1068] Markesinis, [1986] PL 67, 69; Mathieson, (1961) 39 Can BR 409, 428f; McQuoid-Mason, *Privacy in South Africa*, S. 23 (römisches Recht).

[1069] (1960) 48 Cal LR 383. Deutsche Version: Prosser, RabelsZ 21, 401.

[1070] *Restatement (Second) Torts*, S. 377 (weitere Entwicklungen nicht ausgeschlossen).

[1071] Gounalakis, *Privacy and the Media*, S. 48f; Hill, (1976) 76 Columbia LR 1205, 1254; Law Reform Commission, *Unfair Publication*, S. 111; Markesinis, *Comparative German Law of Torts*, S. 421-424; Swanton, [1975] Justice 13, 20f; Todd (Hrsg.), *Torts in New Zealand*, S. 756.

[1072] Siehe zum Begriff „Bekanntgabe" Prosser, (1960) 48 Cal LR 383, 393f; kritisch Zimmerman, (1983) 68 Cornell LR 291, 337-341.

[1073] Keeton, *Law of Torts*, S. 856-859; Prosser, (1960) 48 Cal LR 383, 392-398; Wacks, *Privacy and Press Freedom*, S. 56-59.

[1074] Keeton, *Law of Torts*, S. 856f, 859-863; Markesinis, *Comparative German Law of Torts*, S. 421; Prosser, (1960) 48 Cal LR 383, 395-397, 410-419.

[1075] Donaldson, (1988) 59 ALR (4th) 502 m.w.N.; Keeton, *Law of Torts*, S. 863-865; Prosser, (1960) 48 Cal LR 383, 398-401. Für eine sehr frühe Diskussion siehe Wigmore, (1916) 4:8 Kentucky LJ 3.

[1076] Calcutt, *Privacy*, S. 7, 14; Clark, (1991) 41 Case Western LR 921, 925f; Dworkin, (1967) 2 U Tas LR 418, 426; Keeton, *Law of Torts*, S. 866, Fußnote 78.15; Markesinis, *Comparative*

(Fortsetzung nächste Seite ...)

auch in der *Tolley*-Situation einschlägig sein, wo also behauptet wird, der Kläger billige ein Produkt, mit dem er in Wahrheit nichts zu tun hat. Das gilt, selbst wenn diese Behauptung nicht diffamierend ist.[1077] Auch hier aber fällt jeder solche Fall unter die vierte Fallgruppe des Persönlichkeitsschutzes.[1078]

Gegen das physische Eindringen schützt die dritte Fallgruppe, „intrusion".[1079] Unter dieser Rubrik begeht ein zivilrechtliches Delikt, wer zum Beispiel (wie im Fall *Kaye*) in das Zimmer eines Krankenhauspatienten eindringt und ihn ohne seine Zustimmung fotografiert.[1080] Dennoch hätte im Fall *Kaye* der Kläger den schwierigen Beweis erbringen müssen, daß er keine Person des öffentlichen Lebens, bzw. daß sein Unfall von keinem Neuigkeitswert („newsworthy") war[1081] (das sind lediglich zwei Formen eines Rechtfertigungsgrundes).[1082] Je nach dem Recht des Bundeslandes und dem Grad der Bekanntheit des Klägers wäre ihm also auch in den U.S.A. der Schutz seiner Privatsphäre verwehrt geblieben. In der dritten Fallgruppe findet man auch den Schutz gegen das heimliche Belauschen, etwa durch Abhörgeräte[1083] oder das

---

German Law of Torts, S. 422; Prosser, (1960) 48 Cal LR 383, 401; Storey, (1973) 47 ALJ 498, 500; Swanton, (1974) 48 ALJ 91, 94; Wacks, *Privacy and Press Freedom*, S. 89f; Wacks, (1980) 96 LQR 73, 84; Zimmerman, (1989) 64 NYULR 364; vgl. Pember/Teeter, (1974) 50 Washington LR 57, 90f; Wade, (1962) 15 Vanderbilt LR 1093, 1120-1125; Yang, (1966) 15 ICLQ 175, 185.

[1077] Donaldson, (1988) 59 ALR (4th) 502, 524-528.

[1078] Donaldson, (1988) 59 ALR (4th) 502, 509.

[1079] Keeton, *Law of Torts*, S. 855f; Prosser, (1960) 48 Cal LR 383, 389-392.

[1080] *Barber* v. *Time* (1942) 159 SW (2nd) 291; *Restatement (Second) Torts*, S. 379 Ziff. 1, 387 Ziff. 7, 388 Ziff. 11. Für ähnliche Fälle, von denen aber nicht alle mit einem Sieg des Klägers endeten, siehe *Bazemore* v. *Savannah Hospital* (1930) 155 SE 194; *McDaniel* v. *Atlanta Coca-Cola Bottling Co.* (1939) 2 SE (2nd) 810; *Kelley* v. *Post Publishing Co.* (1951) 98 NE (2nd) 286; *Leverton* v. *Curtis Publishing Co.* (1951) 192 F (2nd) 974; *Anderson* v. *Fisher Broadcasting Co.* (1986) 712 P (2nd) 803; siehe auch Anonym, (1896) 30 American LR 582; Anonym, (1896) 10 Harv LR 179; Barron, (1979) 13 Suffolk ULR 875, 885; Bedingfield, (1992) 55 MLR 111, 113; Brittan, (1963) 37 Tulane LR 235, 247f; Cowen, *The Private Man*, S. 19; Emerson, (1979) 14 Harv CR-CL LR 329, 346; Franklin, (1963) 16 Stanford LR 107, 116-121; Keeton, *Law of Torts*, S. 856; Kimbrough, (1940) 138 ALR 22, 84; Kimbrough, (1944) 168 ALR 446, 458f; Law Reform Commission, *Unfair Publication*, S. 125f; Pember, *Privacy*, S. 55f; Prosser, RabelsZ 21, 401, 405; Schiffres, (1967) 30 ALR (3rd) 203, 281f; Schiffres, (1968) 18 ALR (3rd) 873, 881, 885; Thompson, (1898) 47 Central LJ 148, 151f. Zum deutschen Recht vgl. insbesondere OLG Karlsruhe, NJW-RR 1999, 1700, 1700f.

[1081] Craig/Nolte, [1998] EHRLR 162, 179; Hill, (1976) 76 Columbia LR 1205, 1256-1258; Markesinis, *Comparative German Law of Torts*, S. 422f; Schiffres, (1967) 30 ALR (3rd) 203, 222-237.

[1082] Schiffres, (1967) 30 ALR (3rd) 203, 222; vgl. aber Nimmer, (1954) 19 Law & Contemp Probs 203, 216f.

[1083] Swarthout, (1964) 11 ALR (3rd) 1296, 1304f.

Mitbringen oder Installieren eines versteckten Mikrofons,[1084] auch wenn dies von Reportern in Verbindung mit einem dem Eigentümer und Gesprächspartner bekannten Besuch stattfindet.[1085] Im großen und ganzen schützt diese Fallgruppe also in denjenigen Fällen, in denen rechtstechnisch kein „trespass" vorliegt aber trotzdem eingedrungen wird.[1086]

Schließlich besteht der Schutz gegen die kommerzielle Ausnutzung der Persönlichkeit des Klägers, wie es bereits im Zusammenhang mit *Pavesich* erwähnt wurde. Es gibt viele derartige Fälle in der amerikanischen Rechtsprechung.[1087] Hier schützt man im Gegensatz zum anglo-australischen „passing off" nicht nur den Gewerbe- oder Berufsausübenden, der nur dargestellt werden möchte, wenn ein angemessenes Entgelt dafür entrichtet wird (das Publizitäts- im Gegensatz zum eigentlichen Privatsphärerecht),[1088] sondern auch den Privatbürger, der sein Bild um keinen Preis veröffentlicht sehen will.[1089] In bezug auf Personen des öffentlichen Lebens gibt es hier selbstverständlich weniger Raum für einen Rechtfertigungsgrund, der auf den Status der Person abhebt, denn es sind natürlich gerade Personen des öffentlichen Lebens (etwa Herr Tolley),

---

[1084] Keeton, *Law of Torts*, S. 855f; Swarthout, (1964) 11 ALR (3rd) 1296, 1301-1306.

[1085] *Dietemann* v. *Time* (1971) 449 F (2nd) 245, 249f.

[1086] Markesinis, *Comparative German Law of Torts*, S. 422; Prosser, (1960) 48 Cal LR 383, 392.

[1087] Für eine Fallsammlung siehe Schiffres, (1966) 23 ALR (3rd) 865.

[1088] *Haelan Laboratories* v. *Topps Chewing Gum* (1953) 202 F (2nd) 866, 868f; Bedingfield, (1992) 55 MLR 111, 114f; Bloustein, (1964) 39 NYULR 962, 989; Bußman, *Gutachten*, S. 8f; Bußman, JR 1955, 202, 202; Cowen, *The Private Man*, S. 23, 25; Davis, (1959) 4 South Dakota LR 1, 11f, 16-18; Felcher/Rubin, (1979) 88 Yale LJ 1577, 1588f; Frazer, [1983] EIPR 139, 139f; Frazer, (1983) 99 LQR 281, 299, 308f; Gibson, "Common Law Protection of Privacy", S. 345; Gordon, (1960) 55 NWULR 553, 555-557; Grodin, (1953) 62 Yale LJ 1123, 1124; Hylton/Goldson, [1996] CLJ 56, 60-63; Kalven, (1966) 31 Law & Contemp Probs 326, 331; Law Reform Commission, *Unfair Publication*, S. 134f; Markesinis, *Comparative German Law of Torts*, S. 423; Mathieson, (1961) 39 Can BR 409, 430f; Meurer, „Ausgenutzte Persönlichkeit", S. 105-108; Moen, (1995) 6 AIPJ 30, 38f; Nimmer, (1954) 19 Law & Contemp Probs 203; Pannam, (1966) 40 ALJ 4, 10f; Pember/Teeter, (1974) 50 Washington LR 57, 87-90; Prosser, (1960) 48 Cal LR 383, 406f; Storey, (1973) 47 ALJ 498, 502; Swanton, (1974) 48 ALJ 91, 95; Todd (Hrsg.), *Torts in New Zealand*, S. 756f; Treece, (1973) 51 Texas LR 637, 654; Watterson, (1993) 67 ALJ 811, 825. Vgl. *Kaye* v. *Robertson* [1991] FSR 62, 68, 71; *10th Cantanae* v. *Shoshana* (1987) 79 ALR 299, 300.
Für Vergleiche des U.S.-amerikanischen Publizitätsrechts mit dem deutschen allgemeinen Persönlichkeitsrecht, vgl. Bergmann, (1999) 19 Loy LA Ent LJ 479; Meurer, „Ausgenutzte Persönlichkeit".

[1089] Keeton, *Law of Torts*, S. 851-854; Pannam, (1966) 40 ALJ 4, 5; Prosser, (1960) 48 Cal LR 383, 401-407.

deren Bilder sich als Gegenstände der ungerechtfertigten kommerziellen Ausbeutung am besten eignen.[1090]

2. Ein Gleichgewicht zwischen Meinungsfreiheit und Persönlichkeitsschutz?

a. Anwendung des *New York Times*-Maßstabs

Für beide hier behandelte Bereiche, Diffamierungsrecht und Persönlichkeitsschutz, ist relevant, wie die Amerikaner den Ausgleich zwischen den berechtigten Interessen bzw. der ungerechtfertigten Neugier des Publikums einerseits[1091] und dem Recht des einzelnen auf Wahrung der Privatsphäre andererseits gestalten.[1092] Der U.S. Supreme Court hat Begriffe im Persönlichkeitsschutzrecht aus dem Diffamierungsrecht übernommen, die einigermaßen fehl am Platz sind und den Ausgleich zugunsten der Redefreiheit verzerrt haben.

Der Ursprung dieses Fehlers liegt in der Entscheidung *Time* v. *Hill.*[1093] Der Fall handelte von einer sonst völlig unbekannten Familie, die dadurch Aufsehen erregte, daß sie von einer Gruppe von Geiselnehmern gefangengenommen wurde. Drei Jahre später berichtete die beklagte Zeitschrift unter Erwähnung des Familiennamens über ein Schauspiel, das angeblich diese Ereignisse wiedergab. Entgegen der Wahrheit zeigte man aber einige Szenen, in denen die Familie durch die Geiselnehmer körperlich mißhandelt wurde. Der Fall erreichte den Supreme Court, weil sich die Zeitschrift auf das First Amendment berief; interessanterweise vertrat Herr Rechtsanwalt *Richard Nixon* die Familie. Trotz oder wegen dieser Tatsache unterlag sie im Rechtsstreit.

Der Fall wurde unter dem Recht des Bundeslandes New York geführt, in dem es, wie schon erwähnt, kein Recht auf die Privatsphäre nach dem Common Law gab. Dennoch war hier das nach der Ablehnung dieses Rechtsinstituts als Bestandteil des Common Law verabschiedete, mit den entsprechenden Regeln des Common Law vergleichbare[1094] Gesetz des Landtags einschlägig. Diesem

---

[1090] Nimmer, (1954) 19 Law & Contemp Probs 203, 216f; Schiffres, (1966) 23 ALR (3rd) 865, 904f.

[1091] Für diesen Unterschied siehe Law Reform Commission, *Unfair Publication*, S. 132f.

[1092] Siehe oben, Fußnote 1.

[1093] (1967) 385 US 374; 17 L Ed (2nd) 456. Für weitere ähnliche Beispiele siehe Kalven, (1966) 31 Law & Contemp Probs 326, 336f.

[1094] Hill, (1976) 76 Columbia LR 1205, 1270; Kimbrough, (1940) 138 ALR 22, 44. Das Gesetz beschränkte sich jedoch auf die vierte Art des Schutzes, d.h. auf den Schutz gegen die kommerzielle Ausnutzung der Persönlichkeit, was den eigentlichen Einwänden der Familie

(Fortsetzung nächste Seite ...)

zufolge gab es einen Rechtfertigungsgrund, wenn die beim Eindringen in die Privatsphäre veröffentlichen Tatsachenbehauptungen wahr waren und der Bericht von einer Person mit Neuigkeitswert („newsworthy") handelte.[1095] Hier aber waren die Behauptungen über die körperliche Mißhandlung falsch, auch wenn die Familie wegen ihrer Erfahrung mit den Geiselnehmern als „newsworthy" angesehen wurde.

Anwendbar nach Meinung des Gerichts war dennoch der *New York Times*-Maßstab des „actual malice". Die Frage also war, ob die Zeitschrift von der Falschheit ihrer Behauptungen wußte. Da keine Anhaltspunkte dafür vorlagen, mußte die Klage aus verfassungsrechtlichen Gründen abgewiesen werden. Die *New York Times*-Regel sei auch dann einschlägig, wenn keine politische Diskussion in Gang war.[1096]

Obwohl das Gericht betonte, daß diese Entscheidung aus den Bestimmungen des Gesetzes zu erklären war,[1097] kann man sie unter allgemeinen Gesichtspunkten in zweierlei Hinsicht kritisieren. Erstens ist die Wahrheit einer Behauptung in der Regel nur im Diffamierungsrecht von Belang.[1098] Der Persönlichkeitsschutz schützt nicht vor Verbreitung falscher oder rufschädigender, sondern vor der Verbreitung privater Tatsachen über das Individuum. Ob die Tatsachenbehauptungen wahr sind oder nicht, spielt keine Rolle;[1099] die Verbreitung wahrer aber privater Tatsachen ist in vielen Fällen ein viel anstößigeres Eindringen in die Privatsphäre als die Verbreitung unwahrer Behauptungen,[1100] die übrigens in der großen Mehrheit aller Fälle als diffamierend gelten müßten. Wer diese Tatsache verkennt, verwechselt das Interesse des Bürgers an seinem unbeschädigten, wahrheitsgemäßen Ruf in der äußeren Welt (in der Regel lediglich durch das Diffamierungsrecht geschützt)

Hill gegen ihr Erscheinen im Schauspiel nicht genau entsprach: Swanton, (1974) 48 ALJ 91, 94f.

1095 Siehe dazu Hofstadter, *Development in New York*, S. 37-39.

1096 (1966) 385 US 374, 386-397; 17 L Ed (2nd) 456, 466-472. Vgl. *Cox Broadcasting* v. *Cohn* (1975) 420 US 469, 508f; 43 L Ed (2nd) 328, 357f; Schiffres, (1967) 30 ALR (3rd) 203, 217f.

1097 (1966) 385 US 374, 390f; 17 L Ed (2nd) 456, 468. Vgl. auch Emerson, (1979) 14 Harv CR-CL LR 329, 345.

1098 Wie auch die Sorgfalt, die der Veröffentlichende ausgeübt hat: Bloustein, (1968) 46 Texas LR 611, 616f. Vgl. auch Franklin, (1963) 16 Stanford LR 107, 139f.

1099 Vgl. zum französischen Recht Redmond-Cooper, (1985) 34 ICLQ 769, 771.

1100 Davis, (1959) 4 South Dakota LR 1, 8; Law Reform Commission, *Unfair Publication*, S. 109; Markesinis, "Subtle Ways", S. 731; Wacks, *Privacy and Press Freedom*, S. 48; Wade, (1962) 15 Vanderbilt LR 1093, 1106f, 1109. Vgl. auch Warren/Brandeis, (1890) 4 Harv LR 193, 197f für einen weniger überzeugenden Unterschied.

mit dem an der Wahrung seiner Privatsphäre **vor** der Außenwelt[1101] und verkennt die Unterschiede unter den vier von *Prosser* identifizierten Arten des zivilrechtlichen Delikts.[1102]

Es mag anders sein, wenn es sich um eine Darstellung des Klägers im falschen Licht handelt. Das kann natürlich nicht geschehen, wenn alles, was gesagt wird, wahr ist. Das Delikt setzt also in dieser Form voraus, daß unwahre Behauptungen geäußert worden sind.[1103] Es ist daher zumindest konsequent, wenn gefragt wird, ob dieses bewußt oder unbewußt geschehen ist. Aus den genannten Gründen wäre es aber ein Fehler, daraus zu schließen, daß in allen Schutzbereichen des Persönlichkeitsrechts der Mangel an bewußt geäußerten Unwahrheiten die Haftung automatisch ausschließt. Denn die Wahrheit einer Behauptung, und folglich das Wissen des Beklagten darüber, hat kein Verhältnis zu der Schwierigkeit und der Anstößigkeit der Verletzung der Privatsphäre und deswegen auch nicht zum Vorhandensein eines Delikts.[1104]

Deswegen war zu begrüßen, daß der Supreme Court im Fall *Cantrell*,[1105] in dem die *Time*-Entscheidung auf diejenigen Bundesländer ausgedehnt wurde, in denen die Persönlichkeit unter dem Common Law geschützt wird, ausdrücklich klarstellte, daß die Tatsachen im Fall *Cantrell* zu der Kategorie „Darstellung im falschen Licht“ gehörten.[1106] Den Unterschied zwischen dieser und anderen Schutzarten haben dennoch nicht alle Richter eingesehen,[1107] auch wenn der

---

[1101] Anonym, [1976] Duke LJ 1016, 1032-1038; Barendt, “Privacy and the Press:, S. 33-36; Calcutt, *Privacy*, S. 25; Chemerinsky, (1991) 41 Case Western LR 745, 753; Craig/Nolte, [1998] EHRLR 162, 164; Emerson, (1979) 14 Harv CR-CL LR 329, 333; Nimmer, (1968) 56 Cal LR 935, 958f, 966; Schauer, (1991) 41 Case Western LR 699, 704-713, 724; Wade, (1962) 15 Vanderbilt LR 1093, 1094; Yang, (1966) 15 ICLQ 175, 175f, 185; Zimmerman, (1983) 68 Cornell LR 291, 321-324; Zimmerman, (1989) 64 NYULR 364, 387, 393f; vgl. auch Winfield, (1931) 47 LQR 23, 24; Gegenargumente bei Davis, (1959) 4 South Dakota LR 1, 8f; Gilles, (1991) 41 Case Western LR 725, 732-736.

[1102] Nimmer, (1968) 56 Cal LR 935, 957f; Prosser, (1960) 48 Cal LR 383, 407.

[1103] Prosser, (1960) 48 Cal LR 383, 419; Schauer, (1991) 41 Case Western LR 699, 700. Siehe aber Nimmer, (1968) 56 Cal LR 935, 962-964; Zimmerman, (1989) 64 NYULR 364, 438-447.

[1104] Vgl. *Dietemann* v. *Time* (1971) 449 F (2nd) 245, 249f; Hill, (1976) 76 Columbia LR 1205, 1312; Prosser, (1960) 48 Cal LR 383, 419; Taylor, (1971) 34 MLR 288, 291f, 302.

[1105] *Cantrell* v. *Forest City Publishing* (1974) 419 US 245, 248f; 42 L Ed (2nd) 419, 424f.

[1106] Donaldson, (1988) 59 ALR (4th) 502, 515-519; Hill, (1976) 76 Columbia LR 1205, 1207, 1274f; Zimmerman, (1989) 64 NYULR 364, 388f.

[1107] *Cox Broadcasting* v. *Cohn* (1975) 420 US 469, 498-501; 43 L Ed (2nd) 328, 351-353; *Campbell* v. *Seabury Press* (1980) 614 F (2nd) 395, 397; Hill, (1976) 76 Columbia LR 1205, 1264-1268, 1312. Vgl. auch *Hustler Magazine* v. *Falwell* (1988) 485 US 46, 52-57; 99 L Ed (2nd) 41, 50-53, obwohl es sich hier um keinen Persönlichkeitsschutzanspruch im rechtstechnischen Sinne, sondern um die „beabsichtigte Zufügung emotionaler Störungen“

(Fortsetzung nächste Seite ...)

Supreme Court im Fall der unbefugten Ausstrahlung des Aktes einer „menschlichen Kanonenkugel", eines Zirkusaktes, festgestellt hat, daß beim Publizitätsschutz die *New York Times*-Regel aus den obigen Gründen sowie wegen der Tatsache, daß hier kommerzielle Interessen und nicht der Ruf des einzelnen beschützt werden, keine Anwendung findet.[1108] Ansonsten bleibt die Anwendbarkeit des First Amendment in Persönlichkeitsschutzfällen unklar.[1109]

b. Definition der „öffentlichen Person"

In *Time* kam das Gericht ohne große Schwierigkeiten zu dem Schluß, daß es sich bei der Familie Hill um öffentliche Personen handelte, was in diesem Fall die *New York Times*-Regel anwendbar machte. Nach der heutigen Rechtsprechung reicht in aller Regel allein das **bewußte** Auftreten als solches aus.[1110] Beim Schutz der Privatsphäre ist das für den Normalbürger ein angemessener Maßstab. In diesem Fall sprachen die Tatsachen eher für die Annahme, daß die Familie Hill versucht hatte, Publizität zu vermeiden. Besser wäre es, wenn anerkannt würde, daß es sich hier nicht um „öffentliche Personen", sondern um eine Angelegenheit von öffentlichem Interesse handelte. Dafür ist lediglich erforderlich, daß interessante Informationen über menschliche Tätigkeiten veröffentlicht werden, „so that individuals may cope with the exigencies of their period".[1111] Das ist unklar und weitreichend,[1112] was schon an sich schwerwiegende Mängel einer rechtswissenschaftlichen Doktrin darstellen.[1113] Die Existenz dieses Rechtfertigungsgrunds ist auch mit den oben zitierten Fest-

---

handelte, und der Kläger Falwell zweifelsohne eine Person des öffentlichen Lebens war. Vgl. zu diesem Fall Gounalakis, NJW 1995, 809, 810; Grimm, NJW 1995, 1697, 1701f; Nolte, EuGRZ 1988, 253; Wiegandt, NJW 1997, 1352, 1352.

[1108] *Zacchini* v. *Scripps-Howard Broadcasting Co.* (1977) 433 US 562, 570-579; 53 L Ed (2nd) 965, 972-978; Felcher/Rubin, (1979) 88 Yale LJ 1577, 1590f, 1603f; Bergmann, (1999) 19 Loy LA Ent LJ 479, 489f; Hill, (1976) 76 Columbia LR 1205, 1276f; Nimmer, (1968) 56 Cal LR 935, 957f.

[1109] *Anderson* v. *Fisher Broadcasting Co.* (1986) 712 P (2nd) 803, 805f; *Restatement (Second) Torts*, S. 383f, 398f; Amen, (1980) 59 Nebraska LR 808, 827; Anonym, [1976] Duke LJ 1016, 1040-1050; Calcutt, *Privacy*, S. 14; Clark, (1991) 41 Case Western LR 921, 924-928; Emerson, (1979) 14 Harv CR-CL LR 329, 334f, 337; Felcher/Rubin, (1979) 88 Yale LJ 1577, 1581; Hill, (1976) 76 Columbia LR 1205, 1278-1285; Schauer, (1991) 41 Case Western LR 699, 700f.

[1110] Siehe oben, S. 49.

[1111] *Campbell* v. *Seabury Press* (1980) 614 F (2nd) 395, 397.

[1112] Hurst/White, *Ethics and the Australian News Media*, S. 137; Malmström (Hrsg.), *Right of Privacy and Rights of the Personality*, S. 212f; Zimmerman, (1983) 68 Cornell LR 291, 300-302.

[1113] Siehe oben, Fußnote 233.

stellungen des Supreme Court in *Gertz* nicht vereinbar.[1114] Es ist demzufolge keine Basis für die Anwendung der *New York Times*-Regel auf Personen, die zu Opfern aufsehenerregender aber abscheulicher Tatsachen werden, wenn das Publikum kein berechtigtes Informationsbedürfnis hat. Mit anderen Worten: man kann Gegenstand eines „newsworthy" Ereignisses werden, ohne es zu wollen,[1115] was mit der besagten Voraussetzung des bewußten Auftretens und dem Zweck des Persönlichkeitsschutzes nicht vereinbar ist.

Extrem unbefriedigend ist daher, daß nach dem First Amendment der Schutz eines Vergewaltigungsopfers auch gegenüber den Medien[1116] entfällt, wenn sein Name in einem öffentlichen Dokument, wie gewöhnlich[1117] in der Anklageschrift, erwähnt wird, denn das soll diese Informationen öffentlich zugänglich machen. Das bedeutet, daß jede Zeitung berechtigt ist, auch ohne die Zustimmung des Opfers dessen Namen zu veröffentlichen.[1118] Das gilt auch für die Namen verurteilter Minderjähriger, selbst wenn sie allem Anschein nach den Schutz eines Landesgesetzes gegen die Veröffentlichung genießen, denn hier wiegt die Pressefreiheit angeblich schwerer als das Interesse des Staates und des einzelnen an der Rehabilitierung Jugendlicher.[1119] Diese Regel gilt auch, wenn die Informationen nicht öffentlich, sondern lediglich ohne Rechtsbruch[1120] zugänglich waren.[1121]

c. Eingeschränkter Schutz

Diese Mängel im Persönlichkeitsschutz erklären die sehr geringe Erfolgsquote von Klagen in Fällen, in denen die Medien wahrheitsgemäße[1122] Informationen

---

[1114] Siehe oben, Fußnote 250.

[1115] Für eines der vielen möglichen weiteren Beispiele siehe Pember/Teeter, (1974) 50 Washington LR 57, 71.

[1116] Zur Frage, ob das auch gilt, wenn die Veröffentlichung nicht durch die Medien erfolgt, vgl. *Cohen* v. *Cowles Media* (1991) 501 US 663, 668-670; 115 L Ed (2nd) 586, 596f.

[1117] Markesinis, [1986] PL 67, 73.

[1118] *Cox Broadcasting* v. *Cohn* (1975) 420 US 469, 489-497; 43 L Ed (2nd) 328, 346-350. Vgl. auch *Paul* v. *Davis* (1976) 424 US 693, 712f, 735 Fußnote 18; 47 L Ed (2nd) 405, 420f, 434 Fußnote 18; Bast, (1995) 31 Crim Law Bull 379; Franklin, (1963) 16 Stanford LR 107, 107f; Hill, (1976) 76 Columbia LR 1205, 1266-1268; Schiffres, (1967) 30 ALR (3rd) 203, 250-252; Taylor, (1971) 34 MLR 288, 293.

[1119] *Smith* v. *Daily Mail Publishing Co.* (1979) 443 US 97; 61 L Ed (2nd) 399. Vgl. auch zu H.I.V.-Infizierten O'Neil, [1999] 2 U Illinois LR 703, 709f.

[1120] Siehe dazu *Cohen* v. *Cowles Media* (1991) 501 US 663, 671; 115 L Ed (2nd) 586, 598. Vgl. Zimmerman, (1983) 68 Cornell LR 291, 305f.

[1121] *Florida Star* v. *B.J.F.* (1989) 491 US 524, 533-540; 105 L Ed (2nd) 443, 455-459.

[1122] Zur Erfolgsquote im Bereich „Darstellung im falschen Licht" siehe Donaldson, (1988) 59 ALR (4th) 502, 507f; Zimmerman, (1989) 64 NYULR 364, 366f.

veröffentlichen.[1123] Die Ausnahmen haben das Prinzip fast abgeschafft.[1124] Wenn alles, was veröffentlicht oder ausgestrahlt wird, von vornherein als „newsworthy" gilt,[1125] können die Medien niemals die Prinzipien des Persönlichkeitsschutzes derart übertreten, daß eine Haftung entsteht: die Medien ziehen durch ihre journalistischen Tätigkeiten die Grenzen ihrer eigenen Haftung.[1126]

In bezug auf Vergewaltigungsopfer schützt das anglo-australische Diffamierungs-[1127] und Gesetzesrecht[1128] besser als das angeblich fortgeschrittenere U.S.-amerikanische Recht der Persönlichkeit. Wie man im Regelfall[1129] zu dem Schluß kommen kann, daß das Opfer eine „öffentliche Person" geworden sei[1130] oder daß seine Identität Gegenstand des öffentlichen Interesses oder für politische Angelegenheiten von Belang ist,[1131] ist kaum verständlich.[1132] Selbst der

---

[1123] *Anderson* v. *Fisher Broadcasting Co.* (1986) 712 P (2nd) 803, 809f; *Florida Star* v. *B.J.F.* (1989) 491 US 524, 550f; 105 L Ed (2nd) 443, 466; Barron, (1979) 13 Suffolk ULR 875, 880f, 922; Markesinis, *Comparative German Law of Torts*, S. 422f; Markesinis, [1986] PL 67, 73; Pember/Teeter, (1974) 50 Washington LR 57, 69f; Zimmerman, (1983) 68 Cornell LR 291, 293. Vgl. aber für Gegenbeispiele Craig/Nolte, [1998] EHRLR 162, 164f.

[1124] Cowen, *The Private Man*, S. 27; Hadley, (1894) 3 Northwestern LR 1, 3; Hill, (1976) 76 Columbia LR 1205, 1255f; Kalven, (1966) 31 Law & Contemp Probs 326, 335f; Swanton, (1974) 48 ALJ 91, 103; Taylor, (1971) 34 MLR 288, 290f; Zimmerman, (1983) 68 Cornell LR 291, 350f.

[1125] Für Definitionsversuche siehe Barron, (1979) 13 Suffolk ULR 875, 917f; Emerson, (1979) 14 Harv CR-CL LR 329, 342f; Franklin, (1963) 16 Stanford LR 107, 112-114.

[1126] Anderson, "The Failure of American Privacy Law", in: Markesinis (Hrsg.), *Protecting Privacy*, S. 148-153; Barendt, "Privacy and the Press", S. 37; Belsey, "Privacy, Publicity and Politics", S. 85; Bloustein, (1968) 46 Texas LR 611, 622f; Brittan, (1963) 37 Tulane LR 235, 255; Eaton, (1975) 61 Virginia LR 1349, 1402f; Emerson, (1979) 14 Harv CR-CL LR 329, 342; Kalven, (1966) 31 Law & Contemp Probs 326, 336; Markesinis, *Comparative German Law of Torts*, S. 421f; McQuoid-Mason, *Privacy in South Africa*, S. 39; Nizer, (1941) 39 Michigan LR 526, 542f; Phillipson/Fenwick, (2000) 63 MLR 660, 685f; Swanton, (1974) 48 ALJ 91, 96; Wright, (1968) 46 Texas LR 630, 632; Zimmerman, (1983) 68 Cornell LR 291, 303, 353f.

[1127] Siehe oben, Fußnote 39.

[1128] Siehe z.B. Calcutt, *Privacy*, S. 38f, 97; *Crimes Act* 1900 (N.S.W.) § 77A; Markesinis, *Comparative German Law of Torts*, S. 419; Markesinis, [1986] PL 67, 72f.

[1129] Für eine mögliche Ausnahme siehe Belsey, "Privacy, Publicity and Politics", S. 87f.

[1130] Wie allem Anschein nach *Powell* und *Douglas* JJ.: (1975) 420 US 469, 498-501; 43 L Ed (2nd) 328, 351-353.

[1131] Archard, "Privacy, the Public Interest and a Prurient Public", S. 88; Franklin, (1963) 16 Stanford LR 107, 121; Markesinis, *Comparative German Law of Torts*, S. 421; Markesinis, [1986] PL 67, 70-73; Markesinis, (1990) 53 MLR 802, 806; Nimmer, (1968) 56 Cal LR 935, 966f; Prosser, (1960) 48 Cal LR 383, 396. Vgl. Bloustein, (1968) 46 Texas LR 611, 623-627.

[1132] Anderson, "The Failure of American Privacy Law", in: Markesinis (Hrsg.), *Protecting Privacy*, S. 151f; Chemerinsky, (1991) 41 Case Western LR 745, 747f. Vgl. aber Parent,

(Fortsetzung nächste Seite ...)

Straftäter ist nicht zwangsläufig eine „öffentliche Person“,[1133] und Informationen über ihn darf der Staat ohne Verstoß gegen das First Amendment verschweigen.[1134] Königin Victoria und Prinz Albert als „öffentliche Personen“ müßten sich heutzutage in den U.S.A. im Gegensatz zu England die Veröffentlichung ihrer Kupferstiche, ihrer Gemälde und ihres Katalogs gefallen lassen.[1135]

Obwohl die amerikanische Regel in bezug auf öffentliche Personen eindeutig ist,[1136] scheinen die amerikanischen Gerichte wegen des besonderen Status des First Amendment im U.S.-amerikanischen Verfassungsrecht[1137] vergessen zu haben, daß der Persönlichkeitsschutz, wie auch die Rede- und Meinungsfreiheit, nicht nur den Interessen des Individuums dient, sondern auch denen der Gesellschaft an der Freiheit ihrer Mitglieder, die ihre Persönlichkeiten uneingeschränkt entfalten können.[1138] Eine differenzierte Abwägung aller betroffenen Rechtsgüter nach deutschem Muster gibt es nicht;[1139] sie wäre aber wünschenswert, damit auch öffentliche Personen einen angemessenen Privatsphäreschutz genießen können.[1140] Es kann sogar sein, daß wegen des First Amendment und der heutigen Rechtsprechung große Teile des Schutzes, den der zivilrechtliche Persönlichkeitsschutz angeblich gewährt, vom Supreme Court als verfassungswidrig außer Kraft gesetzt werden, wenn er Gelegenheit zur Äußerung über diese Frage bekommt.[1141]

"Privacy, Morality and the Law", S. 93f. Zum deutschen Recht vgl. BVerfGE 71, 206; OLG Düsseldorf, NJW-RR 1993, 1242; OLG Hamburg, AfP 1992, 376, 377.

[1133] *Wolston* v. *Reader's Digest* (1979) 443 US 157; 61 L Ed (2nd) 450; *Restatement (Second) Torts*, S. 393, 394 Ziff. 26; Emerson, (1979) 14 Harv CR-CL LR 329, 346f, 358; Gordon, (1960) 55 NWULR 553, 590-593; Kimbrough, (1940) 138 ALR 22, 60; Markesinis, [1986] PL 67, 76f; Pember/Teeter, (1974) 50 Washington LR 57, 78-81.

[1134] *Los Angeles Police* v. *United Reporting Publishing* (1999) 145 L Ed (2nd) 451, 460, 462f.

[1135] Hofstadter, *Development in New York*, S. vii.

[1136] Gounalakis, *Privacy and the Media*, S. 14.

[1137] BVerfGE 30, 173, 226; Anonym, [1976] Duke LJ 1016, 1027; Craig/Nolte, [1998] EHRLR 162, 164f, 168; Eberle, (1997) 47 Case Western Reserve LR 797, 874f, 900; Fiß, (1986) 71 Iowa LR 1405, 1419; Giegerich, RabelsZ 63, 471, 482; Kentridge, (1996) 45 ICLQ 253, 254f, 258; Lücke, (1983) 8 Adel LR 228, 278f; Markesinis, [1986] PL 67, 80; Schauer, (1980) 1 J Med Law & Practice 3, 13; Stone, (1998) 26 Fed LR 219, 230.

[1138] Bloustein, (1968) 46 Texas LR 611, 620; Wright, (1968) 46 Texas LR 630, 634.

[1139] von Gerlach, JZ 1998, 741, 753.

[1140] Für eine eingehende Diskussion aus australischer Perspektive der Vor- und Nachteile des Abwägungsprozesses im Vergleich mit dem U.S.-amerikanischen Recht vgl. Stone, (1999) 23 MULR 668, 687-707. Vgl. auch Giegerich, RabelsZ 63, 471, 482f.

[1141] Zimmerman, (1983) 68 Cornell LR 291, 300f, 306.

IV. Deutschland

1. Einführung

In diesem Abschnitt wird die Entwicklung des allgemeinen Persönlichkeitsrechts durch die deutschen Gerichte geschildert, um ein weiteres Beispiel der richterlichen Rechtsfortbildung auf diesem Gebiet zu liefern. Es wird sich zeigen, daß bis zum Inkrafttreten des Grundgesetzes 1949 die deutschen Gerichte die Existenz eines allgemeinen Persönlichkeitsschutzes fast ausnahmslos abgelehnt haben. Wenn überhaupt, dann haben die Gerichte den Schutz der Persönlichkeit nach englischem Muster — nur durch andere Rechtsinstitute, die als Rechtsgüter anerkannt waren — gewährt.

Da die vorliegende Arbeit einen Rechtsvergleich mit der Fortbildung des australischen Common Law durch die Richter unternimmt und eine der wichtigsten Auswirkungen des Persönlichkeitsschutzes — der Ehrenschutz[1142] — schon erörtert wurde, kann auf eine umfassende Darstellung der einschlägigen Gesetze (etwa des Bundesdatenschutzgesetzes oder von §§ 12, 824 BGB)[1143] und der vom Gesetz vorgesehenen Rechtsmittel[1144] verzichtet werden. Das Richterrecht war für die Entwicklung des Persönlichkeitsschutzes im deutschen Recht so wichtig, daß dieses Verfahren nicht nur dem Zweck der Arbeit entspricht, sondern auch ausreichend Material bietet und das Recht als ganzes keineswegs verzerrt darstellt.[1145]

Einzige Ausnahme in dieser Darstellung ist das *Gesetz betreffend das Urheberrecht an Werken der bildenden Künste und der Photographie* (Kunsturhebergesetz, KUG) vom 09. Januar 1907,[1146] soweit es nach § 141 Nr. 5 des *Urheberrechtsgesetzes* vom 09. September 1965[1147] in Kraft geblieben ist,[1148]

1142 BVerfGE 90, 241, 251; BVerfGE 93, 266, 290; BVerfGE 97, 125, 147; OLG Saarbrücken, NJW-RR 1996, 1048, 1048f; von Bülow, Gerichtssaal 46, 261, 268; Stark, *Ehrenschutz*, S. 36f; Tettinger, JZ 1983, 317, 318f.

1143 Für einen interessanten Fall auf diesem Gebiet vgl. BGHSt 8, 318. Für weitere Beispiele von Gesetzen, die die Persönlichkeit schützen, vgl. etwa Ehmann, JuS 1997, 193, 199; Leinveber, GRUR 1960, 17, 18; Nipperdey, Ufita 30, 1, 1f.

1144 Zum Verhältnis zwischen Persönlichkeitsrecht und Gegendarstellungsanspruch vgl. BVerfGE 63, 131, 142f.

1145 Verzichtet wird selbstverständlich auch darauf, die „unübersehbare Fülle" (Baston-Vogt, *Sachlicher Schutzbereich*, S. 14) der Fälle vollständig darzustellen; die wichtigsten und aktuellsten Fälle werden jedoch erörtert.

1146 RGBl S. 7.

1147 BGBl I S. 1275.

1148 Siehe dazu Ehmann, JuS 1997, 193, 199; Ernst-Moll, GRUR 1996, 558, 559; Werhahn, Ufita 37, 22, 23.

das heißt: lediglich in bezug auf den Schutz von Bildnissen.[1149] Diese Ausnahme erklärt sich aus den sehr engen Verbindungen des KUG mit dem allgemeinen Persönlichkeitsrecht in mancher Hinsicht.[1150] Es ist sogar in gewissen Fällen unklar, ob das Recht des einzelnen den besonderen Persönlichkeitsrechten des KUG oder dem allgemeinen Persönlichkeitsrecht des Richterrechts entnommen wird,[1151] denn das KUG ist nur ein Ausfluß des allgemeinen Persönlichkeitsrechts.[1152] Auch die Güterabwägung nach § 23 II KUG hat mit dem Richterrecht vieles gemeinsam. Für die Lösung verschiedener[1153] rechtstechnischer Probleme des allgemeinen Persönlichkeitsrechts, etwa im Fall des Persönlichkeitsschutzes nach dem Tod, werden Vorschriften des KUG sowie des schon besprochenen Ehrenschutzes entsprechend angewendet.[1154]

Wie erwähnt ist der Ehrenschutz als besonderes, gesetzlich normiertes Persönlichkeitsrecht auch ein Teil des allgemeinen Persönlichkeitsrechts. Auch die Meinungs- und Informationsfreiheiten des Art. 5 GG dienen zum Teil der freien Meinungsbildung und dadurch auch der freien Entfaltung der Persönlichkeit.[1155] In dieser Arbeit werden zwar die Meinungs- und Pressefreiheit einerseits und der Persönlichkeitsschutz andererseits getrennt dargestellt, um die Rechtsprechung der deutschen Gerichte und der angelsächsischen Gerichte besser vergleichen zu können. Dennoch bilden die zwei Gebiete im deutschen Recht ein einheitliches Ganzes; Interessenkollisionen werden durch eine Güter- und Pflichtenabwägung gelöst, die beide Interessen berücksichtigt. Ob das auch vom U.S.-amerikanischen Recht gesagt werden kann, ist, wie gerade dargestellt, äußerst fragwürdig.

[1149] OLG Hamm, GRUR 1971, 84, 85.

[1150] BGH, GRUR 1965, 495, 497; Helle, JZ 1994, 416, 417, 419 (kritisch — übersehen wird aber, daß ein Bild durchaus zur Kritik und daher zur Meinungsbildung beitragen kann); Helle, AfP 1986, 25, 28f.

[1151] Etwa in Fällen, in denen es sich nicht um die Veröffentlichung, sondern um die Herstellung eines Bildnisses handelt. Siehe die verschiedenen Meinungen bei BGH, VersR 1995, 841, 842; OLG Hamburg, JR 1973, 69, 70; OLG Hamm, GRUR 1971, 84, 85; OLG Hamm, NJW-RR 1988, 425, 426; Amelung/Tyrell, NJW 1980, 1560, 1560; Bußmann, JR 1955, 202, 203; Groß, *Presserecht*, S. 30f; Nipperdey, Ufita 30, 1, 10; Schulz/Jürgens, JuS 1999, 664, 665; Schwerdtner, *Persönlichkeitsrecht*, S. 208f; Schwerdtner, in: Säcker, *Münchener Kommentar*, § 12 Rn. 164; Wenzel, *Recht*, S. 338.

[1152] Siehe unten, Fußnote 1287.

[1153] Aber nicht aller: Ernst-Moll, GRUR 1996, 558, 563; Hubmann, JZ 1957, 521, 528; Leinveber, GRUR 1960, 17, 23; vgl. auch Seifert, NJW 1998, 1889, 1896; Soehring, NJW 1994, 16, 17.

[1154] OLG Brandenburg, NJW 1999, 3339, 3342f; LG München, Ufita 20 (1955), 230, 233f; Bußmann, JR 1955, 202, 203; Ehmann, JuS 1997, 193, 199f; Nipperdey, Ufita 30, 1, 21; Schlechtriem, DRiZ 1975, 65, 67f; Schwerdtner, „Persönlichkeitsschutz“, S. 32f.

[1155] Siehe oben, Fußnote 584.

2. Vor Inkrafttreten des BGB

In den Jahren 1898 und 1899, kurz vor dem Inkrafttreten des BGB am 01. Januar 1900, mußte sich das Reichsgericht mit zwei Fällen beschäftigen, die Fragen des Persönlichkeitsschutzes behandelten.

a. Der Fall Wagner

Im ersten Fall war ein Buch veröffentlicht worden, in dem Briefe Richard Wagners ohne das Einverständnis seiner Erben erschienen. Die Versionen der Briefe im Buch wichen zum Teil von der Originalfassung der Briefe ab. Zu dieser Zeit hätte das englische Recht, wie oben dargestellt, bereits einen angemessenen Schutz gegen die Veröffentlichung dieser Briefe gewährt.[1156] Im deutschen Recht war es jedoch anders. Das Gericht beschränkte sich auf die Feststellung, daß „das etwaige Persönlichkeitsrecht Richard Wagner's, die Veröffentlichung der Briefe zu untersagen“,[1157] weder nach sächsischem Recht[1158] noch nach dem Preußischen Allgemeinen Landrecht[1159] auf die Erben Wagners übergehen konnte.

b. Der Fall Bismarck[1160]

Damit war allerdings nicht endgültig entschieden, daß ein Persönlichkeitsrecht nicht existierte; man beschränkte sich auf die Feststellung, daß „etwaige“ Rechte nicht mehr fortbestanden.

Im *Bismarck*-Fall wurde aber die Existenz eines Persönlichkeitsschutzes nicht ausdrücklich bestätigt, obwohl eine solche Bestätigung nahegelegen hätte, wenn es einen solchen Schutz gegeben hätte. Kurz nach dem Tod des Fürsten von Bismarck drangen zwei Fotografen in das Zimmer ein, in dem die Leiche Bismarcks lag, und fotografierten diese. Das geschah gegen den Willen seiner Kinder auf dem Gutshof des Verstorbenen.

[1156] *Kohler* hat das englische Persönlichkeitsrecht des 19. Jahrhunderts vorteilhaft mit dem deutschen verglichen: ArchBürgR 5, 77, 89; ArchBürgR 5, 161, 263f; ArchBürgR 7, 94, 107. Zur Interessenwahrnehmung durch die Presse vgl. Kohler, GA 47, 1, 113f, wobei *Kohler* sich auf allgemeine Äußerungen über Rechtsprinzipien beschränkt und die Rechtsanwendung zuungunsten der Presse, wie sie im Teil B dargestellt wurde, nicht berücksichtigt. Für eine allgemeine Diskussion dieser Fragen und eine Zusammenfassung der Lehre bis in die 60er Jahre des 19. Jahrhunderts vgl. Anonym, GA 9, 533, 540-545.

[1157] RGZ 41, 43, 50.

[1158] Dabei handelte es sich um den Sachsenspiegel!: Seifert, NJW 1999, 1889, 1889.

[1159] Siehe dazu Kaufmann, AcP 162, 421, 430-434; Müller, Ufita 2, 367, 369; Stoll, *Gutachten*, S. 56f.

[1160] Zur Geschichte dieses Falles vgl. Seifert, NJW 1999, 1889, 1889.

In dieser Tatsachenkonstellation mußte sich das Gericht auf die begangene Straftat Hausfriedensbruch berufen, um die Veröffentlichung der Fotos verbieten zu können. Kein Gesetz gewährte zu dieser Zeit einen Schutz gegen unbefugtes Fotografieren.[1161] Diesmal aber waren nicht die Partikularrechte, sondern das Strafgesetzbuch und das gemeine Recht[1162] einschlägig. Da die Tat der Beklagten als Hausfriedensbruch rechtswidrig war, stand den Klägern nach dem gemeinen Recht eine *condictio ob injustam causam* zu, nach der das Gericht anordnen konnte, daß alles, was durch den Rechtsbruch zugunsten der Beklagten zustande gekommen war, den Klägern übergeben werden sollte.[1163] Das erinnert an die Methode, auf die das englische Recht die Privatsphäre immer noch stützt: durch den Schutz anderer Interessen, die die Rechtsordnung als unmittelbar zu schützende Güter anerkennt.[1164] Auch hier war der Schutz vom Vorhandensein eines anderen Rechtsbruchs abhängig. Man muß sich daher fragen, was das Ergebnis gewesen wäre, wenn es den Beklagten irgend-

---

[1161] Ernst-Moll, GRUR 1996, 558, 558f.

[1162] Zum gemeinen Recht vgl. Coing, „Entwicklung", S. 79f; Coing, JZ 1958, 558, 558; Gareis, „Recht am menschlichen Körper", S. 72f; Kaufmann, AcP 162, 421, 424-430; Kohler, ArchBürgR 5, 161, 256f; Leuze, VersR 1961, 779, 779; Scheyhing, AcP 158, 503, 505; Stoll, *Gutachten*, S. 52f, 56; Wenzel, *Recht*, S. 123. Auffällig ist, daß bei allen Behauptungen, daß das gemeine Recht einen ausreichenden Persönlichkeitsschutz anbot, kein Fall zitiert wird, der diese Behauptung untermauern könnte. Es handelt sich wohl — wie im *Bismarck*-Fall — um einen Schutz der Persönlichkeit durch den Schutz anderer, vom gemeinen Recht anerkannter Rechtsgüter. Vgl. z.B. die Entscheidung des OLG Hamburg, zitiert bei Mainzer, *Ästimatorische Injurienklage*, S. 106 („Jedes **mit öffentlicher Strafe bedrohte** Delikt ..." — Hervorhebung des Verfassers).
Zum Schutz der Persönlichkeit nach dem Recht des alten Rom, siehe *Pavesich* v. *New England Life Insurance Co.* (1905) 50 SE 68, 71; *Henry* v. *Cherry* (1909) 73 Atl 97, 108; Bußmann, *Gutachten*, S. 8f; Bußmann, JR 1955, 202, 202; Gareis, „Recht am menschlichen Körper", S. 71f; von Gierke, *Deutsches Privatrecht*, Bd I S. 704; Gounalakis, AfP 1998, 10, 12; Gutteridge, (1931) 47 LQR 203, 204; Heldrich, „Persönlichkeitsschutz", S. 332; Hofstadter, *Development in New York*, S. 2; Kilbrandon, (1971) 2 Camb LR 35, 37; Leuze, *Entwicklung*, S. 72f; Malmström (Hrsg.), *Right of Privacy and Rights of the Personality*, S. 41; McQuoid-Mason, *Privacy in South Africa*, S. 13-28; Müller, Ufita 2, 367, 368; Rötelmann, AcP 160, 366, 367f; Scheyhing, AcP 158, 503, 505; Stoll, *Gutachten*, S. 51f; Wieruszowski, DRiZ 1927, 225, 227.

[1163] RGZ 45, 170, 173f. Siehe auch RGZ 94, 1; Kohler, GRUR 1900, 196, 197-208; Stoll, "The General Right to Personality in German Law: An Outline of its Development and Present Significance", in: Markesinis (Hrsg.), *Protecting Privacy*, S. 40f.

[1164] Markesinis, "Subtle Ways", S. 719; Stoll, "The General Right to Personality in German Law: An Outline of its Development and Present Significance", in: Markesinis (Hrsg.), *Protecting Privacy*, S. 41.

wie gelungen wäre, ohne Hausfriedensbruch, etwa von der Straße aus, die Fotos aufzunehmen.[1165]

Zwar lehnten die deutschen Gerichte in diesen Entscheidungen ein allgemeines Persönlichkeitsrecht nicht eindeutig ab. Für die Anerkennung eines allgemeinen Persönlichkeitsrechts waren die Zeichen jedoch schlecht:[1166] in keinem der zwei Fälle hatte das Gericht trotz der Meinungen *von Jhering*s, *Gareis*', *von Gierke*s, *Kohler*s und anderer Juristen[1167] einen von anderen Rechtsgütern unabhängigen Persönlichkeitsschutz bejaht, obwohl das in diesen zwei Fällen keineswegs abwegig gewesen wäre. Dem damaligen Rechtspositivismus sowie der Meinung von unter anderem *von Savigny*[1168] entsprach es, daß das Persönlichkeitsrecht, das im Gesetzestext nicht erschien, von den Gerichten nicht anerkannt wurde.[1169] Die „öffentliche Empörung“[1170] über das Verhalten der Fotografen führte in Deutschland wie um die gleiche Zeit in New York zum Erlaß eines Gesetzes zur Schließung der Lücke im Rechtsschutz: das KUG.

3. Rechtsprechung zum BGB vor der Gründung der Bundesrepublik[1171]

a. Der Fall Nietzsche

Eine eindeutige Ablehnung des Bestehens eines allgemeinen Persönlichkeitsrechts durch das Reichsgericht[1172] erfolgte erst nach dem Inkrafttreten des

---

1165 Vgl. dazu Gareis, JZ 1902, 412, 412f; Kohler, GRUR 1901, 196, 208f; Wieruszowski, DRiZ 1927, 225, 230.

1166 Viel zu optimistisch Kohler, GRUR 1900, 196, 196.

1167 Bußmann, *Gutachten*, S. 33f; Bußmann, JR 1955, 202, 202; Bußman, Ufita 37, 1, 1; von Caemmerer, „Privatrechtlicher Persönlichkeitsschutz“, S. 29; Coing, „Entwicklung“, S. 81-83; Coing, JZ 1954, 700, 700; Gareis, „Recht am menschlichen Körper“, S. 84f; von Gierke, *Deutsches Privatrecht*, Bd I S. 702-723, Bd III S. 887f; Gottwald, *Das allgemeine Persönlichkeitsrecht*, S. 5f; Gutteridge, (1931) 47 LQR 203, 204; Habermann/Weick, in: Coing u.a., *Staudinger-BGB*, vor § 1 Rn. 19f; Hubmann, *Persönlichkeitsrecht*, S. 89f; Keyßner, DJZ 1898, 486, 486; Larenz, NJW 1955, 521, 521; Leuze, *Entwicklung*, *passim*; Malmström (Hrsg.), *Right of Privacy and Rights of the Personality*, S. 29-31; McQuoid-Mason, *Privacy in South Africa*, S. 57; Müller, Ufita 2, 367, 370; Nipperdey, Ufita 30, 1, 3; Osterrieth, GRUR 1902, 343, 369-371; Rötelmann, AcP 163, 89, 89f; Scheyhing, AcP 158, 503, 521-525; Smoschewer, Ufita 3, 119, 125-127.

1168 *System des heutigen Römischen Rechts*, 1. Bd S. 334-337. Vgl. auch Coing, „Entwicklung“, S. 80f.

1169 Malmström (Hrsg.), *Right of Privacy and Rights of the Personality*, S. 29.

1170 KG, JW 1928, 363, 364. Vgl. auch BVerfGE 101, 361, 387; Ernst-Moll, GRUR 1996, 558, 558f.

1171 Sehr hilfreich zur ganzen Periode Gottwald, *Das allgemeine Persönlichkeitsrecht*, S. 14-46.

BGB. In einem Fall im Jahre 1908 handelte es sich um Wagners ehemaligen Kampfgenossen und späteren Feind Friedrich Nietzsche bzw. dessen Schwester, die die Veröffentlichung und Vervielfältigung von Briefen ihres verstorbenen Bruders durch einen Freund unterbinden wollte. Das Reichsgericht stellte fest:

> „Ein allgemeines subjektives Persönlichkeitsrecht ist dem geltenden bürgerlichen Rechte fremd. Es gibt nur besondere, gesetzlich geregelte Persönlichkeitsrechte, wie das Namensrecht, das Warenzeichenrecht, das Recht am eigenen Bilde, die persönlichkeitsrechtlichen Bestandteile des Urheberrechts."[1173]

Das Gericht wies darauf hin, daß die Verfasser des BGB ein allgemeines Persönlichkeitsrecht abgelehnt hatten.[1174] Dieser Entscheidung sind die Gerichte im Zeitalter des Rechtspositivismus[1175] durch die Ablehnung der Persönlichkeit als ein „sonstiges Recht" nach § 823 I BGB gefolgt.[1176] Im Gegensatz etwa zum französischen Recht fehlt im deutschen Recht eine Generalklausel im Deliktsrecht, die die Schaffung eines allgemeinen Persönlichkeitsrechts ermöglicht hätte.[1177]

Es gab auch im deutschen Recht, anders als in England, kein besonderes Persönlichkeitsrecht an eigenen Briefen.[1178] Im *Nietzsche*-Fall gebe es, so das Reichsgericht, keine Anhaltspunkte für den Verdacht, daß durch die Veröffentlichung der Briefe die Klägerin in einem rechtlich anerkannten persönlichkeitsbezogenen Interesse verletzt werden könnte: die Briefe waren nicht rufschädigend. Deswegen konnte das Gericht die Veröffentlichung unter diesem

---

[1172] Für die wohl früheste Ablehnung der Existenz eines allgemeinen Persönlichkeitsrechts unter dem BGB durch das Urteil des OLG Hamburg vom 20. November 1900, vgl. GRUR 1901, 210, 210.

[1173] RGZ 69, 401, 403. Siehe auch RGZ 72, 251, 255; RGZ 79, 397, 398, 400; RGZ 102, 134, 140; BVerfGE 34, 269, 271; KG, JW 1921, 901, 901; Baston-Vogt, *Sachlicher Schutzbereich*, S. 11f; von Gamm, NJW 1955, 1826, 1826; Löffler, NJW 1959, 1, 2; Siebert, NJW 1958, 1369, 1370.

[1174] Gottwald, *Das allgemeine Persönlichkeitsrecht*, S. 16f; Habermann/Weick, in: Coing u.a., *Staudinger-BGB*, vor § 1 Rn. 22f; Mugdan, *Materialien*, 2. Bd S. 1297 (Bericht der XII. Kommission des Reichstages vom 12. Juni 1896); Schwerdtner, JuS 1978, 289, 289f; Wenzel, *Recht*, S. 123.

[1175] Coing, JZ 1958, 558, 559; Deutsch, AcP 192, 161, 162.

[1176] RGZ 51, 369, 372f; RGZ 56, 271, 275; RGZ 64, 155, 156; Gutteridge, (1931) 47 LQR 203, 206f; Malmström (Hrsg.), *Right of Privacy and Rights of the Personality*, S. 37f; Schlechtriem, DRiZ 1975, 65, 65.

[1177] von Caemmerer, „Persönlichkeitsschutz", S. 27f.

[1178] Malmström (Hrsg.), *Right of Privacy and Rights of the Personality*, S. 31.

Gesichtspunkt nicht verhindern.[1179] (Sie wurde aber wegen einer Übertretung des Urheberrechts verboten, weil die Briefe das für diesen Schutz erforderliche literarische Niveau erreichten.) Bis auf die Liste der gesetzlich normierten besonderen Persönlichkeitsrechte erinnert diese Stellungnahme, die 1926 den Status einer ständigen Rechtsprechung erreicht hatte,[1180] sehr stark an das damalige und heutige anglo-australische Recht.[1181]

b. Der Fall Graf von Zeppelin

Ein weiteres Beispiel des Persönlichkeitsschutzes durch geltendes Gesetz ist der Namensschutz. 1907, im gleichen Jahrzehnt also wie die Reihe von Fällen in den U.S.A., die sich mit diesem Thema beschäftigten und den Persönlichkeitsschutz dort ins Leben riefen, wurde festgestellt, daß nach § 12 BGB dem einzelnen ein Recht zustand, den Mißbrauch seines Namens für Werbezwecke ohne seine Zustimmung zu verbieten. Es handelte sich im entscheidenden Fall um Tabakerzeugnisse, die man mit dem Namen des Grafen von Zeppelin zu zieren beabsichtigte. Der Name des einzelnen habe, so das Reichsgericht, ein so enges Verhältnis mit seiner Person, daß es ihm überlassen werden müsse, ob und inwieweit er seine Verwendung zu kommerziellen Zwecken gestatte.[1182]

c. Teilschutz auf anderen Gebieten

Auf ähnliche Weise konnte der Künstler, dessen im Privathaus aufgestelltes Freskogemälde durch die Hinzufügung von Kleidern für nackte Frauengestalten bereichert worden war, erfolgreich auf die Beseitigung dieser Änderung klagen. Es gebe kein allgemeines Persönlichkeitsrecht; das Recht des Künstlers an der Integrität seiner Werke sei jedoch vom Urheberrecht geschützt, was die Rechte des Werkeigentümers nach § 903 BGB derart einschränke, daß keine Änderungen durch ihn zulässig seien.[1183] Wer eine Frau wegen Verdachts des Ehebruchs beobachten ließ, konnte nicht wegen Verstoßes gegen das nicht vorhandene allgemeine Persönlichkeitsrecht, wohl aber wegen der rufschädigenden Behauptung eines Ehebruchs zur Rechenschaft gezogen werden.[1184] Wer schließlich einen an einen anderen gerichteten Brief öffnete, las und vervielfältigen ließ, verletzte dadurch das strafrechtlich geschütztes

---

[1179] RGZ 69, 401, 403f.

[1180] RGZ 113, 413, 414; Gutteridge, (1931) 47 LQR 203, 205.

[1181] Gutteridge, (1931) 47 LQR 203, 209.

[1182] RGZ 74, 308, 310f.

[1183] RGZ 79, 397; vgl. auch RGZ 102, 134, 140f; RGZ 123, 312, 320 (siehe dazu Bußmann, Ufita 37, 1, 4 Fußnote 14; Bußmann, JR 1955, 202, 203).

[1184] OLG Hamburg, GRUR 1901, 210, 210.

Briefgeheimnis und konnte daher auf Klage des Empfängers zur Vernichtung der Vervielfältigungen durch den Gerichtsvollzieher verurteilt werden.[1185]

Die Persönlichkeit war also im deutschen wie im heutigen englischen Recht keineswegs schutzlos. Einen allgemeinen, lückenlosen Schutz gab es dennoch noch nicht. Die Persönlichkeit wurde nicht als unabhängiges Schutzgut anerkannt.[1186]

d. Bildschutz

Der Bildschutz erwies sich in der *Rausch*-Entscheidung[1187] als bruchstückhaft, als ein Schauspieler den Anspruch erhob, die Veröffentlichung seines Bildes in der Form von Postkarten zu verbieten. In Verbindung mit einem Film ließ sich der Schauspieler fotografieren; die Fotos wurden später ohne Erwähnung des Namens des Schauspielers veröffentlicht. Daraufhin versuchte der Schauspieler, seine Einwilligung rückgängig zu machen, jedoch ohne Erfolg, da § 22 des KUG dieses Interesse nicht schützte. Das Reichsgericht stellte fest, das Bild sei nicht von einer Person als solcher, sondern von einer Rolle auf der Bühne.[1188] Überdies habe der Kläger seine Rechte am Bild vertraglich veräußert.[1189] Die allgemeingültige Regel war, daß man mangels eines Gesetzes die Verbreitung seines Bildnisses nicht verbieten konnte.[1190]

Der Kontrast des Bildschutzes mit dem 1907 im *Zeppelin*-Fall zugebilligten Namensschutz nach § 12 BGB wurde durch den *Tull Harder*-Fall noch klarer ersichtlich. Bilder dieses damals berühmten Fußballspielers wurden ohne dessen Einverständnis hergestellt und mit Zigarettenschachteln verkauft, um die Nachfrage für ein Buch zu steigern, in dem mehrere Bilder, darunter eines des Klägers, abgedruckt waren. Dem Kläger stand das KUG nicht zur Seite, da er eine Person der Zeitgeschichte war (§ 23 I Nr. 1 KUG). Die Werbung an sich stellte außerdem keinen Rechtsbruch dar. Im Gegensatz zum *Zeppelin*-Fall handele es sich ferner nach Meinung des Reichsgerichts nicht um ein unfreiwilliges Auftreten als Werbender, sondern lediglich um die Veröffentlichung einer Kostprobe eines rechtlich nicht zu beanstandenden Buches. Der Kläger erschien ferner nicht alleine in den Zigarettenschachteln, sondern mit anderen Gegenständen der Abbildung im besagten Buch. Die Schachteln waren in

[1185] RGZ 97, 1. Für weitere Beispiele vgl. RGZ 115, 416, 417; BGHZ 73, 120, 123; Coing, SJZ 1947, 641, 642; oben, Fußnote 932.
[1186] Coing, SJZ 1947, 641, 642.
[1187] RGZ 103, 319.
[1188] RGZ 103, 319, 320f.
[1189] RGZ 103, 319, 321f.
[1190] RGSt 33, 295.

keiner Weise ein unwürdiger oder anstößiger Rahmen für ein Bild des Klägers. Seine Klage wurde deshalb abgewiesen.[1191]

In einem anderen Fall konnten sich auch Reichspräsident Ebert und sein Reichsminister Noske nicht auf den Schutz des KUG berufen, als Aufnahmen von ihnen am Badestrand veröffentlicht wurden. Zwar hätte das Gericht diesen Personen der Zeitgeschichte den Schutz des KUG zugebilligt, wenn ihnen ein berechtigtes Interesse (§ 23 II KUG) zur Seite gestanden hätte. Das Gericht begnügte sich aber mit der Feststellung, daß das Foto in der Öffentlichkeit aufgenommen worden war, was die Existenz eines solchen Interesses verneinte.[1192] Von einer differenzierten Abwägung der verschiedenen rechtlichen Interessen zur Feststellung eines möglichen „berechtigten Interesses", von einem allgemeinen Persönlichkeitsrecht oder auch vom Recht eines Politikers auf eine Privatsphäre am Badestrand war keine Rede.[1193]

e. Zeichen des Wandels

aa. Großzügige Auslegung schon existierender Normen

Trotz der Ablehnung des allgemeinen Persönlichkeitsrechts durch das Reichsgericht gab es Anzeichen dafür, daß sich in der Weimarer Republik die alte Rechtsprechung allmählich zu ändern begann.

Das Reichsgericht sprach gelegentlich von dem Persönlichkeitsrecht, als ob dieses bestehe.[1194] Bei den Instanz- und Berufungsgerichten blieb es jedoch nicht nur bei Worten. Obwohl 1908 das Kammergericht in einem Fall festgestellt hatte, daß „grundsätzlich [...] alle Geschehnisse auf die Bühne gebracht werden"[1195] können, stellte es neunzehn Jahre später fest, daß dies eine Verletzung des § 12 BGB darstelle, wenn mit einem berühmten Namen, hier Manfred von Richthofen, Reklame für einen Film gemacht wurde.[1196] Das erinnert an die Entscheidungen in den U.S.A., durch die etwa in Georgia ein Persönlich-

---

[1191] RGZ 125, 80, 82-85.

[1192] AG Ahrensböck, JZ 1920, 296.

[1193] Allfeld, JZ 1920, 702; Bußmann, JR 1955, 202, 203; von Gerlach, JZ 1998, 741, 741f, 749. Vgl. aber schon die Entscheidung des KG, abgedruckt bei Osterrieth, GRUR 1902, 343, 370f. Die dort zitierte Fundstelle der Entscheidung (Unlauterer Wettbewerb 1902, 178) ist leider falsch.

[1194] RGZ 110, 393, 397; Bußmann, JR 1955, 202, 203; vgl. auch Gutteridge, (1931) 47 LQR 203, 209-211; Smoschewer, Ufita 3, 119, 121, 130-132; Wieruszowski, DRiZ 1927, 225, 230.

[1195] Rechtspr. der OLGe in Zivils. Bd 20, 257, 257.

[1196] Ufita 2 (1929), 682, 683.

keitsrecht erstmalig durch ein Verbot der kommerziellen Verwendung des Namens eingeführt wurde.

Auch wenn das Kammergericht dem Reichsgericht insoweit folgte, da es die Existenz eines allgemeinen Persönlichkeitsrechts weiterhin verneinte,[1197] wandte es zum Beispiel das KUG analog an und legte es großzügig aus,[1198] so daß das Bild einer Person (im einschlägigen Fall: des Kaisers Wilhelm II.) auf der Bühne in lebendiger und anstößiger Darstellung durch einen Schauspieler vom Schutzbereich des KUG erfaßt wurde. Dabei sei in Erwägung zu ziehen, daß Personen der Zeitgeschichte die unfreiwillige Benutzung ihrer Bildnisse im politischen Gespräch zugemutet werden müsse, solange es nichtanstößigen Inhalt hatte.[1199] Zu der Anstößigkeit der Darstellung des ehemaligen Kaisers in diesem Fall trug erheblich bei, daß ihm Zitate in den Mund gelegt wurden, die in einem völlig anderen historischen Kontext als dem dargestellten gemacht wurden und daher irreführend waren.[1200] Der Gedanke einer Güter- und Pflichtenabwägung zum Schutz auch von Personen des öffentlichen Lebens wurde durch diese Argumentation ins Feld geführt, auch wenn er nicht beim Namen genannt wurde.

Auf eine ähnliche Weise schützte das Landgericht Berlin I unter analoger Anwendung der vorhandenen Gesetze die Persönlichkeit gegen eine falsche, aber nicht diffamierende Darstellung in der Öffentlichkeit durch ein Schriftwerk.[1201]

bb. Anerkennung eines allgemeinen Persönlichkeitsrechts durch das OLG Kiel

Für die Anerkennung eines allgemeinen Persönlichkeitsrechts angesichts des sich immer mehr ausdehnenden Schutzbereichs der Persönlichkeit im geltenden Recht[1202] sowie des Schutzbedarfs der Persönlichkeit trat das Oberlandesgericht Kiel 1929 ein,[1203] ohne aber dessen Inhalt auch nur annäherungsweise darstellen oder dessen Existenz überzeugend begründen zu können. Insbesondere fehlte der Weimarer Reichsverfassung ein mit Art. 1 und 2 GG vergleichbares allgemeines Bekenntnis zur Würde der menschlichen Persönlichkeit und deren

---

1197 JW 1928, 363, 363; vgl. dazu Müller, Ufita 2, 367, 384f; Smoschewer, Ufita 3, 119, 130. Für einen weiteren *Hohenzollern*-Fall vgl. KG, JW 1928, 421.

1198 von Caemmerer, „Privatrechtlicher Persönlichkeitsschutz", S. 30; Leinveber, GRUR 1960, 17, 21.

1199 JW 1928, 363, 364f. Vgl. auch Gottwald, *Das allgemeine Persönlichkeitsrecht*, S. 37; Helle, AfP 1986, 25, 29; Osiander, *Recht am eigenen Bild*, S. 113-116.

1200 JW 1928, 363, 365f.

1201 JW 1929, 451, 452.

Entfaltung, das die Einführung eines allgemeinen Persönlichkeitsrechts nachhaltig unterstützt hätte. Die mühsame Argumentation von *Smoschewer*,[1204] der im Ergebnis erfolglos versuchte, aus den verschiedenen Grundrechten der Weimarer Reichsverfassung die Grundlage für ein allgemeines Persönlichkeitsrecht zu schaffen, macht diesen Mangel nur deutlicher.

cc. § 826 BGB

1931 wurde von *Gutteridge*[1205] festgestellt, daß der Schutz persönlichkeitsbezogener Interessen nach § 826 BGB zugenommen hatte. In mehreren Fällen habe das Reichsgericht einen Verstoß gegen die guten Sitten durch eine Persönlichkeitsverletzung anerkannt. Da einige der so angeführten Fälle nur marginal den Persönlichkeitsschutz betreffen,[1206] nennt *Larenz*[1207] mit Recht nur einen Fall, in dem der Persönlichkeitsschutz über § 826 BGB in der Tat erfolgte: den *Auskunftei*-Fall,[1208] in dem es das Reichsgericht für sitten- und deswegen nach § 826 auch rechtswidrig hielt, alte Straftaten einem Auskunftssuchenden mitzuteilen. Es kann durchaus sein, daß das Reichsgericht durch derartige kleine Schritte zur Anerkennung eines allgemeinen Persönlichkeitsrechts gekommen wäre[1209] — allerdings bei vorsätzlichen Verletzungen, die durch § 826 erfaßt werden konnten.[1210] Dafür standen aber nicht die rechtswissenschaftlichen, sondern die politischen Zeichen schlecht.[1211]

f. „Drittes Reich"

Es entsprach dem nationalsozialistischen Weltbild, daß in der deutschen Rechtsprechung nach 1933 die Diskussion über die Anerkennung eines allgemeinen Persönlichkeitsrechts versiegte. Auf den Satz „Du bist nichts, Dein Volk ist alles"[1212] wurde schon hingewiesen. Die Nationalsozialisten lehnten den Individualismus zugunsten des Gruppendenkens ab.[1213] Im deutschen Recht blieb

---

1202 Vgl. auch KG, Ufita 4 (1931), 320, 322.
1203 JW 1930, 78, 80.
1204 Ufita 3, 119, 173-175.
1205 (1931) 47 LQR 203, 209-211; vgl. aber Winfield, (1931) 47 LQR 23, 38.
1206 So bei Gottwald, *Das allgemeine Persönlichkeitsrecht*, S. 38-46.
1207 NJW 1959, 1, 2.
1208 RGZ 115, 416. Vgl. dazu Smoschewer, Ufita 3, 119, 235-237.
1209 Für weitere hoffnungsvolle Zeichen, vgl. Gottwald, *Das allgemeine Persönlichkeitsrecht*, S. 43f; Smoschewer, Ufita 3, 119, 121-125.
1210 Dabei ist es auch möglich, den Vorsatzbegriff weit auszulegen: Gottwald, *Das allgemeine Persönlichkeitsrecht*, S. 42; Reinhardt, *Persönlichkeitsrecht*, S. 20.
1211 Gottwald, *Das allgemeine Persönlichkeitsrecht*, S. 45.
1212 Siehe oben, Fußnote 715.
1213 Gottwald, *Das allgemeine Persönlichkeitsrecht*, S. 42f.

nur noch der Ehrenschutz, der dem damaligen Gruppendenken entsprechend in bezug auf Familiengruppen weit ausgelegt wurde, weil „man sich des Wertes der Familie und ihrer Bedeutung für Volk und Staat wieder voll bewußt geworden und bestrebt ist, das Interesse für Familie und Sippe in die breitesten Volksschichten zu tragen".[1214]

4. Rechtsprechungswandel unter dem Grundgesetz

a. *Schacht*-Fall:[1215] Schutz vor unbefugter öffentlicher Darstellung der Person

aa. Recht am eigenen Wort[1216]

Schon am 06. September 1949 leitete das Landgericht Mainz aus dem Persönlichkeitsschutz der Art. 1 und 2 GG sowie anderen Vorschriften ein allgemeines Erfinderrecht ab, das „dem Menschen angeboren und naturgegeben"[1217] sein sollte und auf der Würde der menschlichen Persönlichkeit beruhe. *Coing* hatte bereits vor dem Inkrafttreten des Grundgesetzes in verschiedenen Landesverfassungen sowie § 826 BGB den Keim eines Persönlichkeitsschutzes, der nach der Verachtung der Menschenwürde im „dritten Reich" dringend notwendig war, erblickt.[1218]

Die Zeichen für eine Anerkennung eines allgemeinen Persönlichkeitsrechts waren wieder gut, zumal im Gegensatz zur Wahrnehmung berechtigter Interessen nach § 193 StGB das nationalsozialistische Regime den Gedanken des Persönlichkeitsschutzes nicht mißbraucht hatte. Im Gegensatz zur Anerkennung der öffentlichen Aufgabe der Medien nach § 193 StGB kam schnell

---

[1214] KG, Ufita 15 (1942), 267, 270. Die von *Fromm* (NJW 1965, 1201, 1203) vertretene Meinung, der Fall RGZ 148, 154 sei ein Beispiel der Verletzung eines Persönlichkeitsrechts, vermag der Verfasser nicht zu teilen. Es handelte sich letzten Endes um eine Falschmeldung über die wirtschaftliche Lage einer Firma.

[1215] BGHZ 13, 334.

[1216] In dieser Arbeit werden die verschiedenen Ausprägungen des allgemeinen Persönlichkeitsrechts zum Teil getrennt behandelt. Das geschieht lediglich wegen der durch den Zweck der Arbeit bedingten historischen Darstellungsmethode; es wird kein Anspruch auf eine endgültige Systematisierung dieses Rechtsgebiets erhoben. Für solche Versuche vgl. Ehmann, JuS 1997, 193, 194f; von Gierke, *Deutsches Privatrecht*, Bd I S. 708-717; Habermann/Weick, in: Coing u.a., *Staudinger-BGB*, vor § 1 Rn. 26f; Leinveber, GRUR 1960, 17, 19-23; Nipperdey, Ufita 30, 1, 9-20; Schlechtriem, DRiZ 1975, 65, 66; Zeuner, in: Mertens u.a., *Soergel-BGB*, § 823 Rn. 75ff.

[1217] GRUR 1950, 44, 45.

[1218] Coing, SJZ 1947, 641, 643; vgl. auch Gottwald, *Das allgemeine Persönlichkeitsrecht*, S. 60-63; Hubmann, *Persönlichkeitsrecht*, S. 90-92.

der entscheidende Schritt seitens des Bundesgerichtshofs. Am 04. Juli 1952, kaum drei Jahre nach dem Inkrafttreten des Grundgesetzes, fanden die Ereignisse des *Schacht*-Falles[1219] statt. Der Brief eines Rechtsanwalts wurde in veränderter und dadurch irreführender Form in der beklagten Wochenzeitung gedruckt. Im Ergebnis erweckte die Zeitung den Eindruck, es handele sich um die persönlichen Meinungen des Rechtsanwalts im Gegensatz zu der von ihm vertretenen Rechtsposition seines Mandanten.

Der Bundesgerichtshof berief sich auf die ersten zwei Artikel des Grundgesetzes und kam dadurch zu dem später als „allgemein gebilligt"[1220] beschriebenen Schluß, daß trotz der Rechtsprechung des Reichsgerichts ein allgemeines Persönlichkeitsrecht „als ein verfassungsmäßig gewährleistetes Grundrecht angesehen werden"[1221] muß. Das wurde zutreffend als ein Wendepunkt in der Geschichte des deutschen Privatrechts beschrieben.[1222] Dieser Rechtsprechung folgten die Instanz- und Berufungsgerichte, und zwar ohne Protest — im Gegensatz zu der Position nach späteren Neuerungen auf dem Gebiet Persönlichkeitsschutz.[1223]

Zu diesem allgemeinen Persönlichkeitsrecht, so hat der Bundesgerichtshof weiter entschieden, gehört das Recht des einzelnen zu bestimmen, ob und wie seine Gedanken der Öffentlichkeit mitgeteilt werden. Durch die Veröffentlichung einer veränderten,[1224] unrichtigen[1225] oder erfundenen[1226] Form der Gedanken wird der Öffentlichkeit ein falsches Bild der Persönlichkeit vermittelt, während die ungenehmigte Veröffentlichung in der Regel ein unzulässiges Eindringen in die alleinigen Entscheidungsbefugnisse des ein-

---

[1219] BGHZ 13, 334.

[1220] BVerfGE 34, 269, 271; vgl. auch Bußmann, Ufita 37, 1, 2; von Caemmerer, *Gesammelte Schriften*, S. 142; von Caemmerer, „Privatrechtlicher Persönlichkeitsschutz", S. 31; von Gamm, NJW 1955, 1826, 1826; Hartmann, NJW 1962, 12, 12; Siegert, NJW 1957, 689, 689; Wenzel, *Recht*, S. 125.

[1221] BGHZ 13, 334, 338. Bestätigt: BGHZ 15, 249, 257f.

[1222] Bußmann, Ufita 37, 1, 1; von Caemmerer, "Privatrechtlicher Persönlichkeitsschutz", S. 31; Coing, JZ 1954, 700, 700; vgl. auch Leinveber, GRUR 1960, 17, 24.

[1223] KG, NJW 1956, 26, 26; OLG Frankfurt/M., GRUR 1958, 508, 509; OLG Hamburg, MDR 1960, 1008, 1009; OLG München, NJW 1959, 388, 388f; OLG Stuttgart, GRUR 1956, 519, 521; LG München, Ufita 20 (1955), 230, 233; LG München I, Ufita 26 (1958), 366, 369.

[1224] Vgl. auch BGHZ 31, 308, 311f, 314f; OLG Bremen, NJW-RR 1993, 726, 728.

[1225] BVerfGE 54, 208, 216-218 (für das Ergebnis dieses Rechtsstreits vgl. BGH, NJW 1982, 635). Mit Recht kritisch Forkel, JZ 1994, 637, 638, 640.

[1226] BVerfGE 54, 148, 153-158; BVerfGE 82, 43, 51f; BVerfGE 82, 236, 269; BVerfGE 97, 125, 149; BVerfG (Kammer), NJW 1989, 1789; BVerfG (Kammer), NJW 1993, 2925; BGHZ 128, 1, 7f, 10; BGH, NJW 1965, 685, 686 (siehe weiter BVerfGE 34, 269); Markesinis, (1999) 115 LQR 47, 57, 60.

zelnen in bezug auf die Verbreitung seiner Worte darstellt.[1227] (In bezug auf erfundene Interviews und Zitate wurde dies später von der Rechtsprechung im *Soraya*-Fall[1228] und im Fall *Caroline von Monaco I*[1229] bestätigt.) Bei Künstlern wird das Inverkehrbringen eines gefälschten Werkes auf ähnliche Weise als Persönlichkeitsrechtsverletzung angesehen.[1230]

Die Behauptung, eine bestimmte Person habe eine Äußerung getan, ist eine Tatsachenbehauptung und genießt deshalb nicht den unmittelbaren Schutz der Meinungsäußerungsfreiheit des Art. 5 I GG.[1231]

1957 erklärte der Bundesgerichtshof in einem weiteren Fall, in dem es sich um die Wahrung der Privatsphäre in bezug auf Gesundheitsakten handelte,[1232] daß durch den Verfassungsauftrag der Art. 1 und 2 GG der Persönlichkeitsschutz zum „sonstigen Recht" im Sinne des § 823 I BGB geworden war.[1233] Diese Vorschrift und nicht bzw. nicht nur § 826 BGB war rechtstechnisch die Grundlage für die Gewährung dieses Schutzes.[1234] Der Schutz der Persönlichkeit gilt seit den späten 50er Jahren als gefestigte Rechtsprechung.[1235]

[1227] Vgl. auch BGHZ 73, 120, 121f; BGH, NJW 1987, 2667, 2668; OLG München, AfP 1981, 297; Craig/Nolte, [1998] EHRLR 162, 173; Schmidt, NJW 1980, 2066, 2067; Soehring/Seelmann-Eggebert, NJW 2000, 2466, 2471f.

[1228] BVerfGE 34, 269, 282f. Zum Auftreten der gleichen Klägerin im italienischen Recht vgl. von Gerlach, JZ 1998, 741, 745.

[1229] BGHZ 128, 1. Vgl. auch OLG München, NJW-RR 2001, 42, 43.

[1230] BGH, NJW 1990, 1986, 1988. Siehe weiter OLG Köln, AfP 1998, 647, 648 sowie die in Fußnote 1321 erwähnten Fälle.

[1231] BVerfG (Kammer), NJW 1993, 2925, 2926.

[1232] Für einen Kommentar vgl. Neumann-Duesberg, NJW 1957, 1276; für weitere derartigen Fälle siehe BVerfGE 32, 373; BVerwGE 19, 179, 186; LSG Bremen, NJW 1958, 278, 279.

[1233] BVerfGE 68, 226, 231; OLG Brandenburg, NJW 1999, 3339, 3340; Hartmann, NJW 1962, 12, 12; Larenz, NJW 1955, 521, 521; Schwenk, NJW 1962, 1321, 1324; Schwerdtner, JuS 1978, 289, 292; Siebert, NJW 1958, 1369, 1373f. Es ist auch unter Umständen möglich, einen Anspruch aus §§ 823 II BGB, 186 StGB herzuleiten: BGHZ 95, 212, 214; OLG Brandenburg, NJW 1999, 3339, 3340; Gounalakis, *Privacy and the Media*, S. 51. Ein Unterlassungsanspruch wird aus § 1004 hergeleitet: BGHZ 128, 1, 6, 10; OLG Hamm, NJW-RR 1988, 425, 425f. Für die Rechtslage nach diesen Vorschriften vor Inkrafttreten des Grundgesetzes, vgl. Coing, SJZ 1947, 641, 641f; Gutteridge, (1931) 47 LQR 203, 206-209; Larenz, NJW 1955, 521, 522.

[1234] BVerfGE 68, 226, 231; BGHZ 13, 334, 337; BGHZ 24, 72, 76-78; BGHZ 35, 363, 365f; BGH, NJW 1978, 2151, 2152; OLG Saarbrücken, NJW-RR 1996, 1048, 1048; vgl. auch OLG Köln, NJW 1962, 48, 48; unten, Fußnote 1388.

[1235] BGHZ 27, 284, 286; BGHZ 30, 7, 11.

Das deutsche Recht erhielt damit nach dieser „very common-law and casuistic method“[1236] einen umfassenden, die Lücken in den einzelnen Schutzgesetzen ausfüllenden[1237] Persönlichkeitsschutz, der sogar den Empfang unerwünschter Werbung in relativ geringem Umfang einschließt.[1238] Daher braucht man sich im deutschen Recht nicht auf die Europäische Menschenrechtskonvention zu berufen, um die Persönlichkeit zu schützen,[1239] denn das geltende Privatrecht reicht für diese Aufgabe aus.

Das entspricht nicht nur dem Verfassungsauftrag des Art. 1 und 2 GG, sondern trägt auch der Erfahrung Deutschlands unter dem menschen- und persönlichkeitsverachtenden Hitler-Regime und den wachsenden technologischen Eingriffsmöglichkeiten Rechnung.[1240] Die Meinung ist durchaus vertretbar, daß der Persönlichkeitsschutz in der Weimarer Zeit den Anforderungen jenes Zeitalters gerecht wurde,[1241] während der größere Schutzbedarf der Nachkriegszeit in Verbindung mit den Verfassungsvorschriften und der damals jüngsten Geschichte einen weitergehenden Schutz ins Leben gerufen hat.[1242]

[1236] Markesinis, “Subtle Ways”, S. 730. Vgl. auch *Kleinwort Benson* v. *Lincoln C.C.* [1999] 2 AC 349, 378; Bingham, [1996] EHRLR 450, 460; Giegerich, RabelsZ 63, 471, 480; Lücke, (1982) 98 LQR 29, 61f.

[1237] BVerfGE 35, 269, 281; BVerfGE 79, 256, 268; BVerfGE 101, 361, 380; BGHZ 98, 94, 97; AG Berlin-Mitte, NJW 1995, 2639, 2640; Brandner, JZ 1983, 689, 689f; Ehmann, JuS 1997, 193, 200; Nipperdey, Ufita 30, 1, 7.

[1238] BVerfG, NJW 1991, 910; BGHZ 60, 296, 300; BGHZ 106, 229, 233f; BGH, ZIP 1989, 1285, 1286; BGH, NJW-RR 1990, 359, 359f; BGH, JZ 1999, 1120, 1121; BVerwGE 82, 29, 30-33 (wegen Geringfügigkeit der Belastung kein Schutz); BVerwG, NJW 1991, 2920; OLG Frankfurt/M., NJW 1992, 39, 40; OLG Karlsruhe, NJW-RR 1990, 244, 244; OLG Stuttgart, NJW 1991, 2912 (zusammenfassend); LG Bremen, NJW 1990, 456, 456f; LG Kassel, NJW 1991, 2912, 2913; von Gerlach, JZ 1998, 741, 745; Schwerdtner, „Persönlichkeitsschutz“, S. 29, 34f; Schwerdtner, in: Säcker, *Münchener Kommentar*, § 12 Rn. 234f; Stoll, “The General Right to Personality in German Law: An Outline of its Development and Present Significance”, in: Markesinis (Hrsg.), *Protecting Privacy*, S. 45. Für einen weiteren Versuch der Ausdehnung des Persönlichkeitsrechts auf den häuslichen Bereich vgl. AG Bonn, NZM 2000, 33.

[1239] Ellger, RabelsZ 63, 625, 654.

[1240] Baston-Vogt, *Sachlicher Schutzbereich*, S. 121f; Bußmann, *Gutachten*, S. 5f; Krüger-Nieland, „Urheberpersönlichkeitsrecht“, S. 215.

[1241] Das steht selbstverständlich im Widerspruch zu den Forderungen nach einem allgemeinen Persönlichkeitsrecht schon in den frühen 30er Jahren wegen gesellschaftlicher Entwicklungen: vgl. z.B. Smoschewer, Ufita 3, 119, 127-129; Wieruszowski, DRiZ 1927, 225, 230.

[1242] von Caemmerer, „Privatrechtlicher Persönlichkeitsschutz“, S. 30f.

bb. Güterabwägung

(1) Bei der Rechtswidrigkeit

Im Fall *Schacht* bedurfte es, so das Gericht, keiner Erörterung der Frage, welche anderen Interessen das Persönlichkeitsrecht einschränkten, denn hier fehlte jeglicher Anhaltspunkt für die Existenz solcher Interessen.[1243] Das erinnert stark an die gleichlautende Feststellung bzw. Ausrede des Gerichts in Georgia im Fall *Pavesich*.[1244] Jedoch betonte hier der Bundesgerichtshof, daß eine Güterabwägung erforderlich gewesen wäre, wenn ein solches Interesse vorgelegen hätte.[1245] Eine solche Abwägung geschieht bei der Prüfung der Rechtswidrigkeit, weil das Persönlichkeitsrecht von generalklauselartiger Weite ist, und die vielen möglichen Interessen, die einen Eingriff rechtfertigen könnten, eine genaue Prüfung der Rechtswidrigkeit jedes Einzelfalls erfordern.[1246] Im Laufe der Jahre hat das Recht durch Präjudizien an Konturen gewonnen, so daß es nicht mehr als zu unbestimmt kritisiert werden kann.[1247] Das ist ebenfalls ein Verfahren, das sehr an die Methoden des Common Law erinnert.

Damit schließt man, wie auch beim Abwägungsprozeß im Bereich der Meinungsfreiheit, von vornherein und schon auf tatbestandlicher Ebene die U.S.-amerikanische Doktrin der uneingeschränkten, bevorzugten Redefreiheit zugunsten eines differenzierten, die Komplexität der möglichen Tatsachenkonstellationen[1248] berücksichtigenden Wegs aus.[1249] Im deutschen

---

[1243] BGHZ 13, 334, 338-340.

[1244] Siehe oben, Abschnitt C III 1 c.

[1245] BGHZ 13, 334, 338; vgl. auch z.B. BGHZ 24, 72, 80; BGHZ 30, 7, 11f; BGHZ 33, 20, 32; BGHZ 73, 120, 124; BGH, NJW 1964, 1471, 1472; BGH, NJW 1981, 1366, 1366f; BGH, VersR 1995, 841, 843; von Gamm, NJW 1979, 513, 514; Siebert, NJW 1958, 1369, 1373.

[1246] BGHZ 50, 133, 143; BGH, NJW 1978, 2151, 2152; BGH, VersR 1991, 433, 434; BAGE 45, 111, 117f; BAG, JZ 1988, 108; BAG, NJW 1990, 2272, 2272f; KG, MDR 1980, 311; OLG Brandenburg, NJW 1996, 666, 666; OLG Frankfurt/M., NJW 1987, 1087, 1088; OLG Hamburg, NJW 1967, 2314, 2316; Ehmann, JuS 1997, 193, 195; von Gamm, NJW 1979, 513, 514; Hubmann, JZ 1957, 521, 522-524; Medicus, *Schuldrecht II*, S. 391f; Reinhardt, AcP 153, 548, 549; Schwerdtner, JuS 1978, 289, 292f; Wenzel, *Recht*, S. 125-129. Vgl. BGHZ 80, 25, 27; BGHZ 138, 311, 318.

[1247] Giegerich, RabelsZ 63, 471, 482f; Schwerdtner, JuS 1978, 289, 290f; Soergel, *Presserecht*, S. 338f.

[1248] Gounalakis/Rösler, *Ehre, Meinung und Chancengleichheit*, S. 137. Diesen Gesichtspunkt übersieht Deutsch, JZ 1979, 352, 353, wenn er den Mangel an Rechtssicherheit nach deutschem Recht rügt. Wegen der vielen möglichen Tatsachenkonstellationen könnte das deutsche Recht nur eindeutig sein, wenn es gleichzeitig ungerecht wäre. Für einen differenzierteren Lösungsvorschlag vgl. Ehmann, JuS 1997, 193, 196.

[1249] Lesenswert dazu Seitz, NJW 1999, 1940, 1940f.

Recht sind die Freiheit von Kritik und die Persönlichkeit im Prinzip gleichrangig; es gibt kein bevorzugtes Recht.[1250]

(2) Anwendungsbeispiel: Politiker

Selbstverständlich zieht man bei Bedarf auch nach dem deutschen Recht in Erwägung, daß eine Äußerung der politischen Meinungsbildung dient. Deswegen müssen sich beispielsweise Politiker stärkere Eingriffe in ihre Privatsphäre gefallen lassen als private Bürger.[1251] Dabei vergißt man jedoch weder die Interessen der Persönlichkeit eines Politikers noch die Tatsache, daß die Neugier der Öffentlichkeit von dem berechtigten Interesse an alle betreffenden Fragen zu unterscheiden ist.[1252] Auch hochrangige Politiker haben Anspruch auf eine Privatsphäre; daß man eine Person des öffentlichen Lebens ist, bedeutet nach deutschem Recht nicht, daß alle Einzelheiten des intimsten Privatlebens veröffentlicht werden dürfen,[1253] es sei denn, der fragliche Vorgang ist für die Berufseignung der Person von Belang.[1254] Es gibt also kein

---

[1250] BVerfGE 63, 131, 144; BVerfGE 81, 287, 289; BVerfGE 86, 122, 129f; BVerfGE 90, 241, 248f; BGH, NJW 1981, 1366, 1367; Barendt, (1994) 16 Syd LR 149, 159; Craig/Nolte, [1998] EHRLR 162, 173; von Gamm, NJW 1979, 513, 516; von Gerlach, JZ 1998, 741, 750; Grimm, ZRP 1994, 276, 277; Grimm, NJW 1995, 1697, 1701f, 1704; Hubmann, JZ 1957, 521, 526; Löffler, NJW 1959, 1, 1; Mackeprang, *Ehrenschutz*, S. 108; Markesinis, (1999) 115 LQR 47, 61f; Schauer, (1980) 1 J Med Law & Practice 3, 13; Schwerdtner, in: Säcker, *Münchener Kommentar*, § 12 Rn. 205; Stadler, JZ 1989, 1084, 1092.

[1251] KG, NJW 1990, 1996, 1997; OLG Hamburg, Ufita 78 (1977), 252, 257; OLG Karlsruhe, NJW 1982, 647; LG Arnsberg, NJW 1987, 1412; Jarass, NJW 1989, 857, 862.

[1252] Für Beispiele dieses Abwägungsprozesses siehe BVerfGE 27, 344, 353-355 (Grundrechte/Abwehrrecht gegen den Staat); BVerfGE 34, 269, 282-284; BGHZ 49, 288, 293f (nach dem KUG); BGHZ 50, 133, 143f; BGH, NJW 1962, 152; BGH, Ufita 37 (1962), 120, 121f (nach dem KUG); BGH, NJW 1965, 1476; BGH, NJW 1965, 2148, 2149 (nach dem KUG); BGH, NJW 1966, 2353, 2355; BGH, GRUR 1969, 301, 302f (nach dem KUG); BGH, NJW 1975, 2075, 2076 (nach dem KUG); BGH, NJW 1985, 1617, 1618 (nach dem KUG); BGH, NJW 1999, 2893, 2894f (vgl. weiter BVerfG (Kammer), NJW 2000, 2189); OLG Hamburg, NJW 1325, 1325f; OLG Stuttgart, JZ 1960, 126, 129 (nach dem KUG); Brandner, JZ 1983, 689, 691-694.

[1253] So schon Kohler, GRUR 1900, 196, 196. Vgl. KUG § 23 II; BVerfGE 101, 361, 383, 391; BGHZ 73, 120, 122, 129f; BGH, NJW 1979, 2205, 2206; OLG Stuttgart, GRUR 1956, 519, 521; von Gerlach, JZ 1998, 741, 750-752; Markesinis, *Comparative German Law of Torts*, S. 413; Malmström (Hrsg.), *Right of Privacy and Rights of the Personality*, S. 216; Seyfarth, NJW 1999, 1289, 1290; Soergel, *Presserecht*, S. 340, 343f. Vgl. auch OVG Koblenz, NJW 1986, 2659, 2660.

[1254] BGHSt 18, 182, 186; OLG Hamburg, MDR 1960, 1008, 1010; OLG München, Ufita 41 (1964), 322, 324f; Gounalakis, NJW 1995, 809, 816; Koebel, JZ 1965, 413, 414; Soergel, *Presserecht*, S. 344f.

einseitiges Recht darauf, alle Informationen über Politiker auf jede mögliche Weise herauszufinden und zu veröffentlichen.[1255]

Ferner reicht im Gegensatz zur formalistischen U.S.-amerikanischen Regel die bloße Erwähnung des Namens in irgendeinem öffentlichen Forum, etwa im Gerichtssaal, nicht aus, um aus dem einzelnen eine Person der Zeitgeschichte zu machen; vielmehr muß die Tat „wesentlich über das Tagesgeschehen" hinausgehen.[1256]

(3) Schwere des Eingriffs — Sphärentheorie

Relevant sind beim Abwägungsprozeß die Art und der Umfang des Eingriffs: es wird gelegentlich zwischen der Öffentlichkeitssphäre, der Sozialsphäre, die die Beziehung des Menschen zur Umwelt einschließt, der Privatsphäre von Haus und Familie und der unantastbaren Geheim- oder Intimsphäre,[1257] die den stärksten Schutz genießt,[1258] unterschieden.

Dieses Schema mag in gewissen Grenzen hilfreich sein, es ist dennoch von verschiedenen Gerichten mit Recht kritisiert worden. Vor allem läßt sich nur schwer bestimmen, wo die Grenzen der verschiedenen Sphären liegen.[1259] Darüber hinaus gibt es Beispiele der Einordnung eines Eingriffs in die angeblich unantastbare Intimsphäre, der jedoch die Entscheidung folgt, daß der

---

[1255] Auch dadurch unterscheidet sich das deutsche Recht erfreulicherweise vom U.S.-amerikanischen; vgl. aber Kübler, JZ 1984, 541, 545.

[1256] OLG Frankfurt/M., GRUR 1958, 508, 509; etwas weniger streng OLG Nürnberg, MDR 1963, 412, 412. Vgl. ferner OLG Stuttgart, JZ 1960, 126, 128f zum Wandel im Begriff einer „Person der Zeitgeschichte" unter dem Druck der Massendemokratie.

[1257] BGHSt 31, 296, 299f. Das OLG Hamm (GRUR 1971, 84, 85) legt den Begriff der Intimsphäre viel zu weit aus, wenn es eine kirchliche Trauung zum Intimbereich rechnet; zutreffend dagegen BGH, NJW 1970, 1848, 1848.

[1258] BVerfGE 27, 344, 351; BVerfGE 32, 373, 379; BVerfGE 34, 238, 248; BVerfGE 35, 202, 232; BVerfGE 44, 353, 372; BVerfGE 99, 185, 196f; BGHZ 73, 120, 124; BGH, NJW 1981, 1366, 1366; BGH, NJW 1987, 2667, 2667; BGH, NJW 1988, 1984, 1985; OLG Brandenburg, NJW 1999, 3339, 3342f; OLG Hamburg, MDR 1960, 1008, 1009; OLG Hamburg, NJW 1967, 2314, 2316; OLG Oldenburg, NJW 1983, 1202; Brandner, JZ 1983, 689, 690; Craig/Nolte, [1998] EHRLR 162, 174, 177; Degenhart, JuS 1992, 361, 363f; Heidrich, „Persönlichkeitsschutz", S. 327-329; Hubmann, *Persönlichkeitsrecht*, S. 268-271; Hubmann, JZ 1957, 521, 524; Malmström (Hrsg.), *Right of Privacy and Rights of the Personality*, S. 57; Markesinis, *Comparative German Law of Torts*, S. 413; McQuoid-Mason, *Privacy in South Africa*, S. 62-64; Schmidt, NJW 1980, 2066, 2066; Siegert, NJW 1957, 689, 690; Soehring, *Presserecht*, S. 338-347.

[1259] OLG Schleswig, NJW 1980, 352, 352f; Ehmann, JuS 1997, 193, 196f; Habermann/Weick, in: Coing u.a., *Staudinger-BGB*, vor § 1 Rn. 25.

Eingriff trotzdem zulässig war.[1260] Die Versuchung liegt nahe, einen Vorgang so einzuordnen, daß dadurch das erwünschte Schutzniveau erreicht wird, was mangels festgelegter Grenzen der Sphären durchaus möglich ist.

Die Sphärentheorie läßt sich lediglich als Richtlinie, nicht als absoluter Rechtssatz verwenden.[1261] Dabei ist nicht zu vergessen, daß bei Prüfung der Rechtswidrigkeit eines Eingriffs in die Privatsphäre alle Umstände, nicht nur ein Klassifizierungsschema, erwogen werden müssen. In diesem Rahmen erschöpft sich die Sphärentheorie in der „Erkenntnis, daß die Anforderungen an die Rechtfertigung eines Eingriffs in den persönlichen Bereich desto höher sind, je tiefer der Eingriff geht“.[1262] Es ist deswegen zu begrüßen, daß dieses Schema in den Gerichten weniger benutzt wird.[1263]

(4) Ergebnis

Das Endergebnis dieser Rechtswidrigkeitsprüfung von Eingriffen in die Privatsphäre beschreibt *Markesinis*:

> „First, freedom of expression will, on the whole, prevail over the right of privacy where the publication, broadcast, *etc.* aim at educating and informing the public rather than pursuing mere sensationalism or trying to satisfy the public's taste for gossip. Secondly, the chances of success of a privacy claim tend to decrease as the public profile of the plaintiff increases. But even public figures can seek protection of their privacy in appropriate circumstances.“[1264]

cc. Tonbänder und Vergleichbares

Die Grundsätze des Persönlichkeitsrechts wurden 1955 auch auf die heimliche[1265] Herstellung von Tonbandaufnahmen ausgedehnt, die ebenfalls

---

[1260] Degenhart, JuS 1992, 361, 363; Grimm, „Persönlichkeitsschutz im Verfassungsrecht“, S. 19f; Schulz/Jürgens, JuS 1999, 770, 774.

[1261] Osiander, *Recht am eigenen Bild*, S. 104f.

[1262] Ehmann, JuS 1997, 193, 197; vgl. auch Schulz/Jürgens, JuS 1999, 770, 774.

[1263] Vgl. Gounalakis, AfP 1998, 10, 13f.

[1264] Markesinis, *Comparative German Law of Torts*, S. 412. Vgl. auch Calcutt, *Privacy*, S. 16; Craig/Nolte, [1998] EHRLR 162, 175; von Gamm, NJW 1979, 513, 514, 516; Gounalakis, *Privacy and the Media*, S. 25f; Markesinis, (1999) 115 LQR 47, 62f; Malmström (Hrsg.), *Right of Privacy and Rights of the Personality*, S. 216.

[1265] Damit werden z.B. Reden in der Öffentlichkeit von diesem Schutz ausgenommen: Siegert, NJW 1957, 689, 690. Zur nichtheimlichen Herstellung eines Tonbands oder Bildes im Gerichtssaal, wo ein gewisser Aussage- bzw. Erscheinungszwang besteht, vgl. BVerfGE 91, 125, 137f; BVerfG (Kammer), NJW 1999, 1951, 1952; BGHSt 10, 202, 205; Leinveber, GRUR 1960, 17, 21 m.w.N.; Nipperdey, Ufita 30, 1, 14 m.w.N.

mangels Einverständnisses des Betroffenen eine Verletzung des Persönlichkeitsrechts darstellt. Auch auf diese Weise werden Gedanken des Individuums ohne seine Zustimmung von Dritten benutzt, was dem Recht auf die Privatsphäre widerspricht.[1266] 1958 schloß sich der Bundesgerichtshof,[1267] 1973 das Bundesverfassungsgericht[1268] dieser Entscheidung an, mit unbedeutenden Ausnahmen für Fälle, in denen die Persönlichkeit durch das Herstellen einer Aufnahme nicht betroffen wird (etwa im üblichen geschäftlichen Verkehr).[1269] Das allgemeine Prinzip gegen das Eindringen in Privates gilt auch für Tagebücher.[1270] 1960 dehnte der Bundesgerichtshof diesen Schutz auf Musiker aus, deren Aufführungen ohne ihre Zustimmung nicht aufgenommen werden dürfen.[1271]

Das heimliche Abhören eines Telefongesprächs ist nach diesen Grundsätzen eine Verletzung des Persönlichkeitsrechts des Gesprächspartners;[1272] auch hier bestehen Ausnahmen nur für solche Fälle, in denen seitens des Gesprächspartners mit dem Mithören eines Gesprächs anhand eines Lautsprechers oder Zweitanschlusses zu rechnen war.[1273] 1987 wurde bestätigt, daß dieser Schutz auch bei Videoaufnahmen besteht und daß eine unter Alkoholeinfluß erteilte Einwilligung[1274] nicht ausreicht.[1275]

[1266] KG, NJW 1956, 26, 27; siehe weiter Hubmann, JZ 1957, 521, 527; Siegert, NJW 1957, 689. Vgl. auch BGHSt 31, 296, 299f; OLG Düsseldorf, BB 1956, 481.

[1267] BGHZ 27, 284. Siehe weiter BGHSt 27, 355, 357; BGHZ 80, 25, 42f; OLG Köln, NJW 1979, 661 (trotz Zugänglichkeit der Ausschußsitzung für das Publikum).

[1268] BVerfGE 34, 238, 247f.

[1269] Siehe weiter BAGE 41, 37, 42f; Nipperdey, Ufita 30, 1, 13; Siegert, NJW 1957, 689, 690; oben, Fußnote 932.

[1270] BGHSt 19, 325, 326f. Vgl. auch BVerfGE 80, 367, 373f.

[1271] BGHZ 33, 20, 22f. Vgl. BGH, BB 1963, 831.

[1272] BVerfG, NJW 1986, 2261, 2264; BGHZ 73, 120; Craig/Nolte, [1998] EHRLR 162, 174f. Vgl. auch § 201 II StGB.

[1273] Vgl. BGH, NJW 1964, 165; BGH, JR 1982, 373; BAGE 41, 37; OLG Düsseldorf, NJW 2000, 1578; LG Frankfurt/M., NJW 1982, 1056; LAG Berlin, BB 1974, 1535; LAG Berlin, JZ 1982, 258; LAG Frankfurt/M., DB 1980, 1127 (zwei Fälle). Vgl. auch die etwas andere Tatsachenkonstellation bei BGH, NJW 1970, 1848. Zum australischen Recht vgl. Magnusson, (1999) 27 Fed LR 33, 54f. Siehe auch oben, Fußnote 932.

[1274] Zur Gültigkeitsdauer einer Einverständniserklärung siehe OLG Nürnberg, GRUR 1957, 296, 297f; OLG Oldenburg, NJW 1983, 1202, 1202; zur Reichweite vgl. Craig/Nolte, [1998] EHRLR 162, 176f; für Fallsammlungen siehe Jarass, NJW 1989, 857, 860; Schulz/Jürgens, JuS 1999, 664, 666f; zum Film- und Videorecht vgl. von Hartlieb, *Handbuch des Filmrechts*, Kap. 28; für eine Behandlung des ganzen Gebiets vgl. Dasch, *Einwilligung zum Eingriff*.

[1275] OLG Frankfurt/M., NJW 1987, 1087, 1087f.

Dabei sind die Gerichte bereit, diesen Schutz in geeigneten Fällen (vor allem, wenn es sich um den Wahrheitsbeweis im Gerichtssaal handelt,[1276] das Paradebeispiel des Handelns im öffentlichen Interesse) zugunsten eines überwiegenden öffentlichen Interesses zurücktreten zu lassen.

b. *Herrenreiter*-Fall:[1277] Schmerzensgeld und das Recht am eigenen Bild und Namen

aa. Recht am eigenen Bild und Namen

(1) Güterabwägung

Ein weiteres Gebiet, auf dem der Persönlichkeitsschutz in der Nachkriegszeit zugenommen hat, ist das Recht am eigenen Bild bzw. die Verwendung des Bildes für kommerzielle Zwecke. Wie wir schon erfahren haben, beschäftigte sich bereits das Reichsgericht mit dieser Frage, und zwar mit unterschiedlichen Ergebnissen. Nach dem Krieg wurde aber deutlich, daß der Gedanke der Güterabwägung auch hier anwendbar war und daß der Schutzbedarf der Persönlichkeit zu den berechtigten Interessen des Klägers nach § 23 II KUG gehört.

Der Bundesgerichtshof behandelte diesen Problemkreis erstmalig in der *Paul-Dahlke*-Entscheidung des Jahres 1956.[1278] Ein mit seiner Einwilligung (§ 22 I 1 KUG) angefertigtes Foto dieses Schauspielers wurde ohne dessen Einverständnis einer Herstellerfirma von Motorrollern zur Verfügung gestellt. Sie benutzte es für Werbezwecke,[1279] die von der Einwilligung des Betroffenen nicht abgedeckt waren.[1280] Das Gericht beschrieb das Recht am eigenen Bild als „seinem Wesen nach ein Persönlichkeitsrecht".[1281] Das Gericht erkannte ein Recht am eigenen Bild an, das jedermann[1282] als „natürliche Folge seines

[1276] BGH, JZ 1956, 227 (zwei Fälle, keine Güterabwägung, Persönlichkeitsschutz nicht erwähnt); BGH, JZ 1982, 199; KG, NJW 1956, 26; KG, NJW 1967, 115; KG, MDR 1980, 311; OLG Celle, NJW 1965, 1677; OLG Frankfurt/M., NJW 1967, 1047; OLG Schleswig, NJW 1980, 352, 353. Vgl. aber BGHSt 14, 358; BGH, NJW 1970, 1848, 1848f; OLG Hamm, NJW-RR 1988, 425, 426; LG Frankfurt/M., MDR 1981, 316, 316f; LG Hagen, BB 1955, 489; LG Zweibrücken, MDR 1990, 549.
[1277] BGHZ 26, 349.
[1278] BGHZ 20, 345.
[1279] Im Regelfall ist es klar, ob eine Werbung vorliegt oder nicht. Für einen Grenzfall vgl. BGH, WRP 1995, 613, 614f; Ernst-Moll, GRUR 1996, 558, 559f; Poll, ZUM 1988, 454, 456; Schulz/Jürgens, JuS 1999, 770, 775.
[1280] Vgl. BVerfGE 101, 361, 385 sowie auf Tatsachenebene BGH, NJW 1974, 1947, 1950.
[1281] BGHZ 20, 345, 347.
[1282] Zum Recht der juristischen Personen auf diesem Gebiet vgl. BGHZ 98, 94, 97f.

Persönlichkeitsrechts"[1283] zustand. Jedermann stehe es frei, darüber zu entscheiden, für welche Zwecke sein Bild genutzt wird. Dieser Schutz stehe ferner auch Personen der Zeitgeschichte (§ 23 I 1 KUG)[1284] zu und sei aus diesem Grunde ein berechtigtes Interesse im Sinne des § 23 II KUG.[1285] Um festzustellen, ob ein solches Interesse vorliegt, bedarf es der Abwägung zwischen Publikationsinteresse und Privatsphäre,[1286] denn der Schutz des KUG ist lediglich eine besondere Ausformung des Persönlichkeitsrechts.[1287]

(2) Abwägungskriterien; absolute und relative Personen der Zeitgeschichte

Bei der Abwägung ist zum Beispiel relevant, unter welchen Umständen ein Bild zustande gekommen ist. Wie der Bundesgerichtshof 1957 betonte, als ihn der *Spätheimkehrer*-Fall erreichte, in dem ein Bild zwecks Berichterstattung von einer Zeitschrift heimlich aufgenommen worden war:

> „Auch Personen der Zeitgeschichte brauchen es grundsätzlich nicht zu dulden, daß von ihnen innerhalb ihrer privaten Sphäre — wozu im Regelfall auch ihr Geschäftsbetrieb zu rechnen ist — ohne ihr Wissen und gegen ihren Willen Bildaufnahmen zum Zwecke der Veröffentlichung angefertigt werden."[1288]

Relevant ist auch, ob der Kläger eine „absolute" oder nur eine „relative" Person der Zeitgeschichte ist.[1289] Diese Kategorien wurden in einem Aufsatz von

---

[1283] BGHZ 20, 345, 351. Vgl. auch BGHZ 131, 332, 336.

[1284] Zu den anderen Ausnahmetatbeständen der §§ 23 I, 24 KUG, vgl. Schulz/Jürgens, JuS 1999, 770, 772f m.w.N.

[1285] Zum für diese Arbeit irrelevanten Streit über die dogmatische Einordnung dieser Vorschrift vgl. Hahn, NJW 1997, 1348, 1348; Helle, AfP 1986, 25, 28f; Neumann-Duesberg, JZ 1960, 114, 117f. Vgl. auch Schulz/Jürgens, JuS 1999, 664, 666.

[1286] BVerfGE 101, 361, 393; BGH, NJW 1979, 2203, 2204. Für einen interessanten Fall vgl. OLG München, NJW-RR 1990, 1364, 1366.

[1287] BVerfGE 35, 202, 224; BGHZ 131, 332, 336; BGHZ 143, 214, 218; BGH, NJW 1985, 1617, 1618; BGH, VersR 1993, 66, 66f; BGH, WRP 1995, 613, 614; BGH, VersR 1995, 841, 842; OLG Karlsruhe, NJW-RR 1999, 1700, 1700; OLG Koblenz, NJW 1997, 1375, 1375; LG Berlin, NJW 1996, 1142, 1142; LG Berlin, NJW 1997, 1373, 1374; Bergmann, (1999) 19 Loyola LA Ent LJ 479, 503 Fußnote 224; Ehmann, JuS 1997, 193, 199; Osiander, *Recht am eigenen Bild*, S. 105-122 (eingehend); Steffen, in: Löffler, *Presserecht*, S. 416. Zum Status des Urheberpersönlichkeitsrechts vgl. Krüger-Nieland, „Urheberpersönlichkeitsrecht", S. 218-224.

[1288] BGHZ 24, 200, 208; vgl. auch BGHZ 131, 332, 338; BGH, NJW 1966, 2353, 2354f; Gareis, zitiert in: von Gerlach, JZ 1998, 741, 741; Gounalakis, *Privacy and the Media*, S. 13. Für einen Fall mit einem anderen Ergebnis vgl. BGHZ 26, 52, 67f.

[1289] BGH, NJW 1966, 2535; KG, JW 1928, 421, 421; OLG München, Ufita 41 (1964), 322, 323; LG Köln, AfP 1992, 166, 167 m.w.N.

Neumann-Duesberg etabliert[1290] und sind von der Rechtsprechung trotz Mangels an gesetzlicher Basis[1291] übernommen worden. Relative Personen der Zeitgeschichte sind danach solche, die nur in bezug auf ein bestimmtes Geschehen von Interesse für die Öffentlichkeit sind, während sich absolute Personen der Zeitgeschichte aufgrund hervorragender Leistungen oder besonderer gesellschaftlicher Stellung von ihren Mitmenschen abheben und dadurch prinzipiell in allen Lebensbereichen von öffentlichem Interesse sind.[1292] „Das notwendige Informationsbedürfnis der Öffentlichkeit ergibt sich ohne Bezug zu einem Ereignis aus ihrer besonderen Stellung",[1293] jedoch sind auch absolute Personen der Zeitgeschichte[1294] nicht völlig schutzlos. Neben der Tatsache, daß das Gesetz von „Bildnisse[n] aus dem Bereich der Zeitgeschichte", nicht von „Bildnissen von Personen der Zeitgeschichte" spricht, muß hier wie auf anderen Gebieten eine Güter- und Pflichtenabwägung stattfinden, um festzustellen, ob durch die Veröffentlichung eines Bildes berechtigte Interessen des Abgebildeten verletzt werden (§ 23 II KUG).[1295] Bildnisse des nicht zur Zeitgeschichte gehörenden Privatlebens berühmter Personen werden durch diese Abwägung von der Verbreitung ausgenommen bzw. von dem Ausnahmetatbestand des § 23 I 1 nicht eingeschlossen.[1296]

(3) Abwägungsbeispiel: unfreiwillige Werbung

Die Frage, ob die *Tull Harder*-Entscheidung auch nach dem *Schacht*-Fall gültiges Recht darstelle, wurde vom Gericht im *Paul-Dahlke*-Fall ausdrücklich offengelassen, denn die Tatsachen jenes Falls seien von denen des vorliegenden Falls zu unterscheiden: im früheren Fall lag kein Auftreten als Werbender vor.[1297] Der Bundesgerichtshof entschied 1959, daß das allgemeine Persönlichkeitsrecht durch die Erwähnung des Namens einer bekannten Person in der Werbung verletzt werde, und zwar auch dann, wenn keine Behauptung vorlag, daß die fragliche Person die werbende Firma oder deren Produkte unterstütze

[1290] JZ 1960, 114 (mit vielen Beispielen).
[1291] BVerfGE 101, 361, 392.
[1292] BGHZ 131, 332, 336f m.w.N.; OLG Hamburg, NJW 1996, 1151, 1152.
[1293] Schulz/Jürgens, JuS 1999, 770, 771.
[1294] Diese Redewendung erscheint jetzt auch in § 32 III b) StUG. Vgl. OLG Hamburg, NJW 1999, 3343, 3344.
[1295] OLG Braunschweig, NJW 2001, 160, 160; Forkel, JZ 1997, 43, 44. Vgl. auch Schulz/Jürgens, JuS 1989, 770, 771.
[1296] BGH, Ufita 37 (1962), 110, 114; OLG München, Ufita 41 (1964), 322, 323; LG Berlin, NJW 1996, 1142, 1143; Bußmann, JR 1955, 202, 203; Prinz, NJW 1995, 817, 821; fragwürdig deswegen der Unterschied zwischen absoluten und relativen Personen der Zeitgeschichte bei Schulz/Jürgens, JuS 1999, 770, 771.
[1297] BGHZ 20, 345, 351.

(„wenn [ich] auch nicht so berühmt war wie" die Klägerin).[1298] Wie im Bildschutzrecht gilt das auch, „wenn mit dem Namensgebrauch eine Minderung von Ruf und Ansehen des Berechtigten nicht verbunden ist",[1299] es handelt sich mit anderen Worten nicht lediglich um Diffamierung unter einem anderen Namen.[1300]

Auch wenn heutzutage ein Spitzensportler zweifellos eine Person der Zeitgeschichte[1301] ist,[1302] muß nach ständiger Rechtsprechung[1303] immer noch die Güterabwägung gemäß bzw. in entsprechender Anwendung des § 23 II[1304] KUG stattfinden, um beispielsweise festzustellen, ob die Veröffentlichung eines Fotos vornehmlich gewerblichen Interessen des Veröffentlichenden oder dem Informationsbedarf des Publikums dient.[1305]

Ähnliches gilt für das Bild eines Musikers,[1306] eines Schauspielers[1307] oder eines Fußballspielers,[1308] das ohne Anpreisung des Produkts in Werbeprospekten erscheint, sowie für die Bilder eines Brautpaares bei ihrer Hochzeit.[1309] 1968 sprach der Bundesgerichtshof bei der Güterabwägung von dem Recht der

---

[1298] BGHZ 30, 7, 10-14.

[1299] BGHZ 81, 75, 79f.

[1300] Vgl. auch BVerfGE 97, 125, 154f; OLG Hamburg, NJW-RR 1999, 1701, 1702; Bergmann, (1999) 19 Loyola LA Ent LJ 479, 520f; Schwerdtner, JuS 1978, 289, 290.

[1301] Dieser Begriff wird weit ausgelegt und schließt nicht nur das politische, sondern auch das soziale, wirtschaftliche und kulturelle Leben ein: OLG Frankfurt/M., NJW 2000, 594, 594; OLG Hamburg, NJW 1996, 1151, 1152; LG Köln, AfP 1994, 166, 167f.

[1302] BGHZ 49, 288, 292f; OLG Frankfurt/M., NJW 2000, 594, 594; OLG Stuttgart, JZ 1960, 126, 128; LG Köln, AfP 1994, 166, 168 m.w.N.

[1303] Ernst-Moll, GRUR 1996, 558, 560.

[1304] Vgl. aber OLG Frankfurt/M., NJW 2000, 594, 594; OLG Hamburg, NJW 1996, 1151, 1152.

[1305] Siehe oben, Fußnote 1252 sowie BVerfG (Kammer), NJW 1999, 2358, 2359; BVerfG (Kammer), NJW 2000, 1026, 1026; BGHZ 131, 332, 337; BGHZ 143, 214, 229; BGH, WRP 1985, 613, 614; BGH, VersR 1993, 66, 67; BGH, NJW 1997, 1152, 1153; OLG Frankfurt/M., AfP 1988, 62, 62f; OLG Frankfurt/M., NJW 2000, 594, 594; OLG Hamburg, NJW 1996, 1151, 1152f; OLG München, ZUM 1985, 448, 451; OLG München, ZUM 1985, 452; LG Berlin, NJW 1996, 1142, 1143; LG Düsseldorf, WRP 1980, 46, 47f; Bußmann, GRUR 1962, 107, 108; von Gerlach, JZ 1998, 741, 750; Hahn, NJW 1997, 1348, 1349 (wobei übersehen wird, daß die Presse nicht nur eigene kommerzielle, sondern auch öffentliche Interessen wahrnimmt, wenn sie ein Bild veröffentlicht, an dem ein öffentliches Informationsinteresse besteht); Leinveber, GRUR 1960, 17, 19f; Poll, ZUM 1988, 454, 455f; Schulz/Jürgens, JuS 1999, 770, 771, 775; Soehring/Seelmann-Eggebert, NJW 2000, 2466, 2473.

[1306] So etwa BGH, NJW 1997, 1152.

[1307] BGH, NJW 1961, 558. Zum Doppelgänger von Marlene Dietrich vgl. BGH, AfP 2000, 355.

[1308] BGH, NJW 1979, 2205, 2206.

[1309] OLG Hamm, GRUR 1971, 84, 85f.

Fußballspieler auf die Teilhabe an dem Erlös ihrer für Sammelalben bestimmten Bilder,[1310] ohne aber ausdrücklich auf den *Tull Harder*-Fall Bezug zu nehmen. Auch wenn berühmte Fußballspieler immer noch angeblich Informationen vermittelnde im Gegensatz zu „rein“ werbenden Kalendern zieren dürfen, weil sie hier „nicht als Ware oder zur Werbung mißbraucht fühlen“[1311] sollen, ist es trotzdem eindeutig, daß der *Tull Harder*-Fall nach dem neu entwickelten Recht der Persönlichkeit nicht das gleiche Ergebnis haben würde.[1312]

(4) Die Presse

Auch die Presse darf nicht ohne weiteres das Bild einer Person veröffentlichen. Hier wie in anderen Fällen bedarf es — wenn die Einwilligung des Betroffenen nicht vorliegt[1313] — der sorgfältigen Güterabwägung, bevor Bilder veröffentlicht werden dürfen. Relevant ist nicht nur das Informationsinteresse des Publikums, sondern auch das des Individuums am Schutz seines Privatlebens.[1314] Dadurch unterscheidet sich, wie schon erwähnt, das deutsche Recht vom einseitigen, unbefriedigenden U.S.-amerikanischen Recht.

Desweiteren können die Medien keine Person der Zeitgeschichte ins Leben rufen, indem sie einen Bericht über eine Privatperson veröffentlichen.[1315] Die Grenzen des Zulässigen werden folglich nicht bloß durch das Verhalten der Medien gezogen. Im Gegensatz zum U.S.-amerikanischen Recht sind im deutschen Recht nach der „wohl herrschenden Meinung“[1316] Verbrechensopfer im Gegensatz zu Tätern keine Personen der Zeitgeschichte, wodurch sich auch das deutsche Recht zu seinem Vorteil vom U.S.-amerikanischen Recht unterscheidet.

[1310] BGHZ 49, 288, 294; vgl. auch BGH, NJW 1971, 698, 699 („für Waren oder gewerbliche Leistungen“); OLG München, ZUM 1985, 452, 455; LG Düsseldorf, WRP 1980, 46, 47f.

[1311] BGH, NJW 1979, 2203, 2204. Zum Unterschied zwischen Ware und Werbung vgl. Fromm, NJW 1966, 254, 255; vgl. auch OLG München, ZUM 1985, 448, 452. Mit Recht kritisch Poll, ZUM 1988, 454, 457. Für ein eindeutigeres Beispiel der nichtkommerziellen Verwendung eines Namens vgl. BGH, NJW 1959, 525 (Denkmal mit Namen eines vermißten Soldaten).

[1312] Vgl. vor allem BGH, NJW-RR 1987, 231, 231.

[1313] BVerfGE 101, 361, 385.

[1314] BVerfGE 34, 269, 282; OLG Stuttgart, NJW 1959, 643.

[1315] BGH, NJW 1996, 985, 986; OLG München, AfP 1992, 78, 80f; LG Berlin, NJW 1997, 1373, 1374; von Gerlach, JZ 1998, 741, 751.

[1316] Schulz/Jürgens, JuS 1999, 770, 772 m.w.N.

Durch Interessenabwägung wird ferner auch sichergestellt, daß das KUG weder die Pressefreiheit noch den verfassungsrechtlich gebotenen Kern des Persönlichkeitsschutzes verletzt.[1317]

bb. Das Recht im Kontext

Der Schutz des allgemeinen Persönlichkeitsrechts ist umfassender als der des KUG. Dem KUG zufolge wird zum Beispiel verlangt, daß ein Bild als Bildnis des Klägers erkennbar sein muß.[1318] Das ist jedoch keine Voraussetzung im allgemeinen Persönlichkeitsrecht.[1319] Das allgemeine Persönlichkeitsrecht schließt außerdem nicht nur Fotos, sondern auch die Darstellung der Person im Fernsehen[1320] und zweifellos auch im Internet ein.

Im *Mephisto*-Fall[1321] stellte der Bundesgerichtshof klar, daß der Persönlichkeitsschutz den Tod des einzelnen überdauert.[1322] Das sei für die uneingeschränkte Entfaltung der Persönlichkeit während des Lebens erforderlich. Dem schloß sich auch das Bundesverfassungsgericht mit der Einschränkung an, lediglich die Menschenwürde sei nach Art. 1 I GG über den Tod hinaus gewährleistet, nicht die freie Entfaltung der Persönlichkeit nach Art. 2 I GG.[1323]

[1317] BVerfGE 35, 202, 224f; Osiander, *Recht am eigenen Bild*, S. 105; Schulz/Jürgens, JuS 1999, 664, 665.

[1318] Vgl. z.B. LG Berlin, NJW 1996, 1142, 1142; LG Berlin, NJW 1997, 1373, 1374; Bergmann, (1999) 19 Loyola LA Ent LJ 479, 504f; Bußmann, JZ 1955, 202, 203; Schulz/Jürgens, JuS 1999, 664, 665.

[1319] BGH, NJW 1974, 1947, 1948f; vgl. auch BGH, NJW 1979, 2205, 2205.

[1320] OLG Karlsruhe, NJW-RR 1999, 1700, 1701.

[1321] BGHZ 50, 133, 135-141; für ähnliche Fälle vgl. BGHZ 132, 14; OLG Hamburg, NJW 1984, 1130; Bußmann, JR 1955, 202, 204.

[1322] Vgl. weiter § 22 Satz 3 & 4 KUG; BVerfG (Kammer), NJW 1993, 1462, 1463; BGHZ 143, 214, 220-228; BGH, GRUR 1974, 797, 798; BGH, NJW 1990, 1986, 1987; OLG Bremen, NJW-RR 1993, 726, 727f; OLG Bremen, AfP 1994, 145, 146; OLG Köln, AfP 1998, 647; OLG München, NJW 1992, 1323, 1324; Bergmann, (1999) 19 Loyola LA Ent LJ 479, 514-516; Ernst-Moll, GRUR 1996, 558; von Gamm, NJW 1955, 1826, 1826f; Giegerich, RabelsZ 63, 471, 499; Hubmann, JZ 1957, 521, 528; Keyßner, DJZ 1898, 486, 486; Habermann/Weick, in: Coing u.a., *Staudinger-BGB*, vor § 1 Rn. 29; Nipperdey, Ufita 30, 1, 20-22; Schwerdtner, „Persönlichkeitsschutz", S. 31f; Seifert, NJW 1999, 1889, 1893-1897; Soehring, NJW 1994, 16, 16f; Soehring, NJW 1997, 360, 362; Soehring/Seelmann-Eggebert, NJW 2000, 2466, 2467f sowie auf Tatsachenebene BGH, GRUR 1974, 797, 798; BGH, NJW 1980, 1790; Schwerdtner, JuS 1978, 289, 292 (kritisch).

[1323] BVerfGE 30, 173, 187f, 194, 196, 214f; OLG Bremen, AfP 1994, 145, 147; von Gamm, NJW 1979, 513, 516f; Jarass, NJW 1989, 857, 860.

cc. Schmerzensgeld

Der nächste große Schritt kam im *Herrenreiter*-Fall. Der Kläger hätte nie seine Zustimmung dafür erteilt, daß man ihn „für das — auch sexuelle — Kräftigungsmittel der Beklagten werben, man könnte fast sagen: reiten ließ".[1324] Unter diesen Umständen, unter denen man in England nach dem *Tolley*-Fall eine Diffamierungsklage hätte erheben können[1325] und die schon durch das KUG erfaßt waren,[1326] weigerte sich das Gericht, und zwar in bewußtem Gegensatz zu früheren Fällen, den Schaden für die unbefugte Ausnutzung der Persönlichkeit des Herrenreiters für kommerzielle Zwecke nach der Höhe eines für solche Ausnutzung angemessenen Entgelts zu bemessen.[1327] Tatsächlich sei dem Kläger kein Vermögensschaden entstanden, denn der Herrenreiter hätte seine Zustimmung für die Verwendung seines Bildes in der geschehenen Weise nie erteilt. Das Geld, das er durch die Erteilung seines Einverständnisses bekommen hätte, habe er also durch die unbefugte Verwendung seines Bildes nicht verloren.[1328]

Dennoch sei die Veröffentlichung des Bildes eines anderen ohne dessen Einwilligung eine Übertretung seiner Persönlichkeitsrechte, die einer geistigen Freiheitsberaubung gleichkomme. Damit befand sich der Bundesgerichtshof in Übereinstimmung mit der Analyse des Supreme Court von Georgia im Fall *Pavesich*,[1329] ohne es allerdings zu wissen. § 847 BGB, so der Bundesgerichtshof, sei wegen der geistigen Freiheitsberaubung analog anwendbar mit dem Ergebnis, daß der Verletzte auch wegen Schadens, der nicht Vermögens-

---

1324 BGHZ 26, 349, 353; vgl. auch Larenz, NJW 1958, 827, 827f.

1325 Vgl. Rötelmann, NJW 1962, 736, 736; Rötelmann, AcP 163, 89, 91.

1326 Vgl. OLG Freiburg, GRUR 1953, 404, 404.

1327 Dennoch kann dem Kläger nach den Grundsätzen der ungerechtfertigten Bereicherung die Lizenzgebühr, die für die Verwendung einer Abbildung hätte bezahlt werden müssen, immer noch nach § 812 BGB zustehen, wenn er darlegt, daß er eine solche Gebühr verlangt hätte. Hier ist kein Verschulden des Beklagten erforderlich: BGH, VersR 1996, 1142, 1142f; Brandner, JZ 1983, 689, 696; von Caemmerer, „Privatrechtlicher Persönlichkeitsschutz", S. 38; Ehmann, JuS 1997, 193, 202; Gounalakis, AfP 1998, 10, 18f; Soergel, *Presserecht*, S. 577f; vgl. Ladeur, ZUM 2000, 879, 886, Prinz, NJW 1996, 953, 956. Kritisch Schwerdtner, JuS 1978, 289, 293-295.

1328 „Inzwischen hat [der BGH ...] erkannt, daß die Eingriffskondifikation [*sic*] keine Vermögensverminderung beim Betroffenen verlangt, sondern lediglich einen grundlosen Vermögenszuwachs beim Eingreifer durch die Ausnutzung eines kostenlosen Werbeträgers": Steffen, NJW 1997, 10, 13, der im gleichen Absatz den Schluß des BGH im Herrenreiter-Fall trotzdem verteidigt. Vgl. auch Stoll, *Gutachten*, S. 16f.

1329 Malmström (Hrsg.), *Right of Privacy and Rights of the Personality*, S. 80. Siehe oben, Fußnote 1038.

schaden sei, eine Geldentschädigung verlangen könne. Die Summe von 10.000 DM sei eine angemessene Entschädigung.[1330]

Durch diese Entscheidung wurde das sogenannte[1331] Schmerzensgeld für die Verletzung der persönlichkeitsbezogenen Rechte als Teil des deutschen Rechts anerkannt. Damit schuf das Gericht ein Mittel, das für den Bereich des Persönlichkeitsschutzes besonders notwendig war, da eine Übertretung der Persönlichkeitsrechte statt anderer, etwa wirtschaftlicher Interessen oft das Vorhandensein eines Vermögensschadens ausschließt. Außerdem können keine anderen herkömmlichen Rechtsmittel (etwa Gegendarstellung oder Widerruf) das Eindringen in die Privatsphäre wirksam rückgängig machen. In bezug auf wahre Behauptungen sind derartige Rechtsmittel ohnehin nicht verfügbar. Folglich steht dem Kläger nach dem *Herrenreiter*-Fall nur dann ein Anspruch auf Schmerzensgeld zu, wenn andere Rechtsmittel keinen ausreichenden Schutz bieten würden (Grundsatz der Subsidiarität).[1332] Das gilt auch dann, wenn der Beklagte in erster Linie das KUG verletzt hat, denn dieses Gesetz ist, wie schon erwähnt, lediglich eine besondere Ausformung des allgemeinen Persönlichkeitsrechts.[1333]

Dieses Ergebnis wurde in dem den Tatsachen nach sehr ähnlichen *Ginseng*-Fall[1334] und für die unbefugte Bildveröffentlichung[1335] bestätigt, wenn auch ohne die „Krücke"[1336] der vielkritisierten[1337] analogen bzw. erweiterten[1338] An-

---

[1330] BGHZ 26, 349, 353-359. Vgl. auch BGHZ 30, 7, 16-18; BGH, Ufita 37 (1962), 110, 116; Hartmann, NJW 1962, 12, 12f.

[1331] Fromm, NJW 1965, 1201, 1202; Münzel, NJW 1960, 2025, 2025.

[1332] BGHZ 35, 363, 369; BGHZ 39, 124, 133; BGHZ 128, 1, 21f (unter Umständen stehen dem Kläger mehrere Ansprüche zu, darunter auch ein Anspruch auf Schmerzensgeld); BGH, NJW 1970, 1077; BGH, NJW 1971, 698, 699; BGH, GRUR 1971, 529, 530; BGH, NJW 1996, 985, 985; BGH, NJW 1997, 1148, 1150 (mehrere Ansprüche); BAG, NJW 1979, 2532; OLG Hamburg, Ufita 78 (1977), 252, 255f; OLG Hamburg, NJW-RR 1996, 90, 92; OLG Hamburg, AfP 1992, 376, 376; OLG Karlsruhe, VersR 1989, 65, 67; OLG Saarbrücken, NJW 1997, 1376, 1378; LG Berlin, NJW 1997, 1373, 1375; Gounalakis, *Privacy and the Media*, S. 55f; Helle, DRiZ 1963, 334, 337; Helle, NJW 1963, 1402, 1404; Schlechtriem, JZ 1985, 362, 363; Schwerdtner, JuS 1978, 289, 299; Soergel, *Presserecht*, S. 571-574; Stark, *Ehrenschutz*, S. 172f; Steffen, in: Löffler, *Presserecht*, S. 417f.

[1333] BGH, GRUR 1965, 495, 497.

[1334] BGHZ 35, 363.

[1335] BGH, NJW 1965, 1374, 1375.

[1336] Werner, JR 1959, 382, 382.

[1337] Die Analogie immer noch verteidigend Larenz/Canaris, *Methodenlehre*, S. 249f; Schwerdtner, JuS 1987, 289, 292; Schwerdtner, „Persönlichkeitsschutz", S. 31f.

[1338] Ehlers, *Geldersatz*, S. 25-27.

wendung des § 847 anhand einer angeblichen geistigen Freiheitsberaubung.[1339] (Deswegen ist zu diesem Zeitpunkt das Wort „Schmerzensgeld" nicht mehr völlig angemessen;[1340] der allgemeinen Praxis entsprechend wird es hier mangels besserer Alternativen weiter verwendet.)[1341] Zwar sei, so das Gericht im *Ginseng*-Fall, nach § 253 BGB die Geldentschädigung für ideelle Schäden nur in den ausdrücklich vom Gesetz bestimmten Fällen zulässig. Diese Vorschrift wurde jedoch vor der Anerkennung der Persönlichkeit als Rechtsgut durch das Grundgesetz erlassen und habe ihr zu weichen.[1342] Ohne den Anspruch auf Schmerzensgeld wäre überdies der Persönlichkeitsschutz „lückenhaft und unzureichend"[1343] und der Schutz deswegen oft illusorisch.

dd. Voraussetzung einer schwerwiegenden Verletzung; Güterabwägung

Gleichzeitig wurde betont, daß der Eingriff in die Privatsphäre entweder subjektiv nach der Schwere der Schuld des Beklagten oder[1344] objektiv[1345]

[1339] BVerfG (Kammer), NJW 2000, 2187, 2187; BGHZ 143, 214, 218; OLG Koblenz, NJW-RR 2000, 1356, 1356; OLG München, VersR 1963, 1086, 1087; Bötticher, AcP 158, 385, 401; Bußmann, Ufita 37, 1, 17; Ehlers, *Geldersatz*, S. 27-29; Giesen, NJW 1971, 801, 801; Gounalakis, AfP 1998, 10, 13; Hartmann, NJW 1962, 12, 14; Hartmann, NJW 1964, 793, 793f, 798; Hubmann, JZ 1962, 121, 122; Kuner, BB 1962, 1393, 1393; Larenz, NJW 1958, 827, 829; Leinveber, GRUR 1960, 17, 24; Löffler, AfP 1962, 209, 210; Löffler, NJW 1962, 225, 225f; Malmström (Hrsg.), *Right of Privacy and Rights of the Personality*, S. 40; Münzel, NJW 1960, 2025, 2027f; Nörr, AcP 158, 1, 5, 12f; Rötelmann, NJW 1964, 1458, 1458; Schlechtriem, DRiZ 1975, 65, 69; Schultz, MDR 1962, 956, 956; Schwerdtner, in: Säcker, *Münchener Kommentar*, § 12 Rn. 288; Stoll, *Gutachten*, S. 18f; Ulmer, GRUR 1963, 493, 494; Wenzel, *Recht*, S. 754f; vgl. aber Fromm, NJW 1965, 1201, 1203 für eine Verteidigung der Analogie.

[1340] BGHZ 128, 1, 15; BGH, NJW 1996, 984, 985; BGH, NJW 1996, 985, 986; KG, NJW-RR 1999, 1703, 1703; Gounalakis, AfP 1998, 10, 11; Schwerdtner, „Persönlichkeitsschutz", S. 41; Seitz, NJW 1996, 2848, 2848; Steffen, in: Löffler, *Presserecht*, S. 415.

[1341] Vgl. Schwerdtner, JuS 1978, 289, 295; Soehring, NJW 1997, 360, 372.

[1342] Vgl. dazu Larenz, NJW 1958, 827, 828; Löffler, NJW 1962, 225, 226f.

[1343] BGHZ 35, 363, 367.

[1344] Kritisch zu diesem „oder" Hartmann, NJW 1962, 12, 15. Es besteht Unsicherheit darüber, ob „oder" oder aber „und" in diesem Rechtssatz die richtige Konjunktion ist: LG Berlin, NJW 1997, 1373, 1374; Bötticher, MDR 1963, 353, 355; Bußmann, GRUR 1969, 303, 303; Grunsky, in: Heinrichs, *Münchener Kommentar*, § 253 Rn. 5; Schiemann, in: Coing u.a., *Staudinger-BGB*, § 253 Rn. 6; Schlechtriem, DRiZ 1975, 65, 69; Schwerdtner, JuS 1978, 289, 295f. Das „oder" wird hier beibehalten, auch wenn es gelegentlich in der Rechtsprechung durch ein „und" ersetzt wird. Im Rahmen des generalklauselartigen Persönlichkeitsrechts kann dieser Streitfrage zu viel Bedeutung zugemessen werden, zumal **alle** Umstände bei der Entscheidung in Erwägung gezogen werden müssen und ein Fall daher durchaus möglich ist, in dem nach nur einem Kriterium die Verletzung (extrem) schwerwiegend ist und Schmerzensgeld erfolgreich verlangt werden kann. Wohl aus diesen Gründen hat sich die „und"/„oder" Frage nie geklärt — heutige Entscheidungen tragen dazu

(Fortsetzung nächste Seite ...)

schwer sein muß, wenn das Schmerzensgeld gewährt werden soll. Für „unbedeutende Beeinträchtigungen"[1346] gebe es keinen Anspruch auf Schadensersatz für ideelle Schäden.[1347] Damit will das Gericht keine Vorsätzlichkeitsvoraussetzung einführen. Auch bei einer fahrlässigen Verletzung kann ein Eingriff schwerwiegend sein.[1348] Diese Voraussetzung gewährleistet aber, „daß die Sorgfaltsanforderungen an eine verantwortungsvoll arbeitende Presse nicht überspannt werden und daß nicht für jede Ungenauigkeit oder objektiv unrichtige Information gehaftet werden muß".[1349] Dadurch wird dem Verfassungsgebot der Wahrung der Pressefreiheit (Art. 5 I 2 GG) gebührend Rechnung getragen.

Relevant sind weiter die Art und das Gewicht des Eingriffs, die Schuld des Beklagten, das vorherige Verhalten des Klägers (ob er zum Beispiel versucht hat, Publizität zu vermeiden oder sich vielmehr in der Öffentlichkeit dauernd

---

nichts bei. Häufig ist zu lesen, daß die Verletzung schwer sein muß, „insbesondere" nach einer Liste von Kriterien, zu denen objektive und subjektive Momente gehören (vgl. z.B. BGHZ 128, 1, 12), was zwischen „und" und „oder" schwebt. Die Frage ist mit anderen Worten von geringer praktischer Relevanz: Stark, *Ehrenschutz*, S. 171f.

[1345] Siehe weiter dazu BGHZ 95, 212, 215. Vgl. schon Reinhardt, *Persönlichkeitsrecht*, S. 21.

[1346] BGHZ 35, 363, 369.

[1347] Vgl. auch BVerfGE 34, 269, 274f; BGHZ 95, 212, 214f; BGH, Ufita 37 (1962), 110, 118; BGH, Ufita 37 (1962), 120, 122; BGH, VersR 1964, 292, 293; BGH, NJW 1965, 685, 686; BGH, NJW 1965, 1374, 1375f; BGH, NJW 1969, 1110, 1111; BGH, VersR 1970, 670, 671f; BGH, NJW 1971, 698, 699-701; BGH, NJW 1971, 885, 886; BGH, VersR 1974, 758, 759; BGH, GRUR, 1974, 797, 800; BGH, NJW 1985, 1617, 1619; KG, NJW 1990, 1996, 1996; OLG Düsseldorf, NJW 1980, 599, 600f; OLG Frankfurt/M., NJW 1966, 254, 256f; OLG Hamburg, NJW 1962, 2062, 2063; OLG Hamburg, AfP 1971, 41; OLG Karlsruhe, VersR 1989, 65, 65f; OLG Köln, NJW 1987, 2682, 2684; OLG Köln, NJW 1989, 720, 721; OLG Oldenburg, NJW 1983, 1202, 1203; OLG Stuttgart, NJW 1982, 652, 653; OLG Stuttgart, NJW 1983, 1203, 1204; OLG Stuttgart, NJW 1983, 1204, 1204f; LG Berlin, NJW 1996, 1142, 1143f; Hartmann, NJW 1962, 12, 13, 15.

[1348] BGH, NJW 1963, 904, 905; BGH, NJW 1971, 698, 701; OLG Hamm, NJW-RR 1997, 1044, 1044; OLG Koblenz, NJW 1997, 1375, 1376; Fromm, NJW 1965, 1201, 1205; Soergel, *Presserecht*, S. 571.

[1349] BVerfGE 34, 269, 286.

präsentiert hat)[1350] sowie der Zweck des Eingriffs: sollte er dem öffentlichen Informationsbedürfnis oder der Neugier dienen?[1351]

Die Güterabwägung im Fall *Caroline von Monaco IV*[1352] ist insofern aufschlußreich. Trotz der Stimmen, die eine neue Ära der Rechtsunsicherheit infolge dieser Entscheidung vorhersagen,[1353] scheint die Grenze zwischen erlaubter und unerlaubter Anfertigung von Fotos nach dieser Entscheidung deutlich zu sein. Die Prinzessin konnte den Schutz der Gerichte gegen die Veröffentlichung von Fotos beanspruchen, die in einem Restaurant aufgenommen worden waren. Dort wollte die Klägerin mit ihrem Freund allein sein; das war aus den Umständen des Falles auch für den Reporter deutlich erkennbar, was der Begleittext des Fotos bewies; im Restaurant durfte sich die Klägerin entsprechend verhalten, ohne auf die Reaktion der Öffentlichkeit Rücksicht nehmen zu müssen. Dieses Recht steht auch Personen der Zeitgeschichte zu.[1354] Außerdem hatten die Fotos keinen sehr großen Informationswert für die Öffentlichkeit, sondern dienten eher der Neugier der Öffentlichkeit über das Privatleben.[1355]

Fotos, die in öffentlichen Bereichen, etwa auf der Straße, aufgenommen wurden, durften dagegen nach der Entscheidung des Gerichts veröffentlicht werden, weil hier kein erhebliches Eindringen in den privaten Bereich stattgefunden hatte.[1356]

Auch wenn die Ausdehnung des Schutzes auf den nicht ausschließlich privaten Bereich eines Restaurants, das diesseits der eigenen Haustür liegt, auf Kosten der Rechtssicherheit geschieht,[1357] dient auch hier das Recht zweifellos dem angestrebten Ziel des Schutzes des Privatlebens und dadurch der Menschen-

---

[1350] BGHZ 128, 1, 12f; BGHZ 132, 14, 27; BGH, NJW 1996, 985, 986; OLG Koblenz, NJW-RR 2000, 1356, 1357f; OLG Hamburg, AfP 1992, 376, 376; OLG Hamm, NJW-RR 2000, 1147, 1148; LG Köln, AfP 1994, 166, 168f; von Gerlach, JZ 1998, 741, 751; Heldrich, „Persönlichkeitsschutz“, S. 330; Hubmann, JZ 1957, 521, 527; Nolte, EuGRZ 1988, 253, 258f; Steffen, in: Löffler, *Presserecht*, S. 417. Für einen Fall des Gegenschlags vgl. BGH, GRUR 1971, 529, 531.

[1351] Hager, AcP 196, 169, 196.

[1352] BVerfGE 101, 383; BGHZ 131, 332. Für einen kurzen Kommentar aus England, der die Entscheidungsgründe des BGH billigt und ihre Übernahme durch die englischen Gerichte vorschlägt, vgl. Phillipson/Fenwick, (2000) 63 MLR 660, 675f. Vgl. auch Soehring/Seelmann-Eggebert, NJW 2000, 2466, 2472f.

[1353] Ernst-Moll, GRUR 1996, 558, 559; von Gerlach, JZ 1998, 741, 747; Heldrich, „Persönlichkeitsschutz“, S. 328.

[1354] BGHZ 131, 332, 339f.

[1355] BGHZ 131, 332, 342f.

[1356] BGHZ 131, 332, 343-345. Für einen weitergehenden Schutz Forkel, JZ 1997, 43, 44f.

[1357] Gounalakis, AfP 1998, 10, 13f.

würde, auf deren Beachtung auch berühmte Personen ein Recht haben. Die Rechtsunsicherheit ist überdies nicht erheblich. Obwohl die Rechtsunsicherheit zuvor in der Diskussion des Diffamierungsrechts bemängelt wurde, muß ein Rechtssystem, das nicht nur klare, sondern auch gerechte Ergebnisse finden will, ein wenig Flexibilität und dadurch Unsicherheit in Kauf nehmen.[1358] Die mit dem Abwägungsprozeß verbundene Unsicherheit übersteigt die Grenze des Erträglichen nicht, weil die Erwägungen und Richtlinien der Gerichte feststehen und nur die Anwendung fallbezogen ist.[1359] In diesem Sinne kann man kaum von Rechtsunsicherheit sprechen, es handelt sich eher um ein erträgliches Maß der in jedem Rechtsbereich unvermeidbaren Ergebnisunsicherheit. Sogar die Entscheidung des Bundesgerichtshofs in *Caroline von Monaco IV* war nach der vorher geltenden Rechtsprechung durchaus vorhersehbar.[1360]

Der Fall zeigt außerdem, daß keine zu hohen Anforderungen an die Medien gestellt werden, wenn es zu beweisen gilt, daß ein Bericht der öffentlichen Information dient. Nicht nur ernste politische Informationen, sondern auch Berichte über öffentliche Personen im weitesten Sinne dürfen unter Umständen veröffentlicht werden. Auch wenn bei der Abwägung erwogen wird, daß „ernste" Berichte den Informationsinteressen der Öffentlichkeit unzweifelhaft dienen, ist der Anwendungsbereich, wie die Pressefreiheit des Art. 5 I 2 GG, nicht auf die seriöse Presse beschränkt.[1361] Daher durften die Bilder der Klägerin in der Öffentlichkeit veröffentlicht werden.

1358 Vgl. Gounalakis/Rösler, *Ehre, Meinung und Chancengleichheit*, S. 137; Helle, JZ 1994, 416, 417.

1359 BVerfGE 101, 361, 384; Grimm, NJW 1995, 1697, 1704; Grimm, ZRP 1994, 276, 279; Hubmann, JZ 1957, 521, 523; Larenz/Canaris, *Methodenlehre*, S. 231f. Vgl. auch Prinz, NJW 1995, 817, 821; Soehring, *Presserecht*, S. 288f; Wenzel, *Recht*, S. 128. Es mag jedoch sein, daß nicht das Zivilrecht, sondern das anwendbare Verfassungsrecht der weiteren Klärung bedarf: Ladeur, ZUM 2000, 879, 884.

1360 Soehring, NJW 1997, 360, 365.

1361 BVerfGE 35, 202, 222f m.w.N.; BVerfGE 66, 116, 134; BVerfGE 101, 361, 389f, 392; BVerfG (Kammer), NJW 1999, 2880, 2880; BGH, VersR 1991, 433, 435; BGH, NJW 1999, 2893, 2894 (vgl. weiter BVerfG (Kammer), NJW 2000, 2189); OLG Nürnberg, MDR 1963, 412, 412f; Arndt, NJW 1967, 1845, 1845f; Bettermann, NJW 1981, 1065, 1068f; Bullinger, in: Löffler, *Presserecht*, S. 177; Craig/Nolte, [1998] EHRLR 162, 176; Fromm, NJW 1965, 1201, 1205; von Gamm, NJW 1979, 513, 515; Gounalakis, AfP 1998, 10, 24; Heldrich, „Persönlichkeitsschutz", S. 324-326 (hier wird aber übersehen, daß Neugier und Sensationslust zwar nicht illegitim, aber in der demokratischen Gesellschaft weniger nützlich und daher weniger schützenswert sind als „ernste" Informationen); Ossenbühl, JZ 1995, 633, 636; Rehbinder, NJW 1963, 1387, 1387.

ee. Auswirkungen

Die Einführung des allgemeinen Persönlichkeitsrechts führte zu einer Überprüfung der *Rausch*-Entscheidung[1362] des Reichsgerichts. Sie galt nunmehr lediglich für Schauspieler, die wegen einer „‚Maske‘ nicht mehr ‚eigenpersönlich‘ in Erscheinung“[1363] treten.

Das Persönlichkeitsrecht erstreckt sich auch auf das Bild der eigenen Wohnung. Im *Bismarck*-Fall war es erforderlich, bei einem Eindringen in die Wohnung zwecks Anfertigung eines Fotos den Straftatbestand des Hausfriedensbruchs heranzuziehen, um die Veröffentlichung des Fotos zivilrechtlich verbieten zu können. Dieser Privatbereich wird nunmehr durch das allgemeine Persönlichkeitsrecht unmittelbar geschützt.[1364] Auch der Schutz des Postgeheimnisses vor anderen Staatsbürgern ist unabhängig vom strafrechtlichen Schutz und wird unmittelbar aus dem allgemeinen Persönlichkeitsrecht abgeleitet.[1365] Ebenfalls begeht eine Verletzung des allgemeinen Persönlichkeitsrechts, wer anhand einer Videokamera das unternimmt, was die Nachbarn des Zahnarztes von Balham mit Spiegeln versucht hatten: die ständige Beobachtung des Nachbarhauses.[1366] Ähnliches gilt für das ständige Stören des Hausfriedens durch Anrufe,[1367] Fotografieren, Filmen usw.[1368] Demonstrationen vor der Haustür führender Politiker sind gleichfalls ein unzulässiger Eingriff in ihre Privatsphäre.[1369]

[1362] Siehe oben, Fußnote 1188.
[1363] BGH, NJW 1961, 558, 558; vgl. auch BGH, NJW 1979, 2205, 2205f.
[1364] OLG Hamm, NJW-RR 1988, 425, 426; LG Düsseldorf, NJW 1959, 629. Vgl. auch OLG München, AfP 1992, 78, 80. Das OLG Celle (MDR 1980, 311) kommt zum anderen Schluß, ohne sich aber mit den Grundsätzen des Persönlichkeitsrechts überzeugend auseinanderzusetzen. Die in diesem Absatz erwähnte Rechtsprechung zeigt, daß es sich beim OLG Celle um eine Mindermeinung handelt. Richtig ist, daß hier entscheidend ist, ob ein Eindringen in die Privatsphäre stattgefunden hat: OLG Braunschweig, NJW 1999, 3339, 3340.
[1365] BGH, VersR 1990, 531, 532.
[1366] BGH, VersR 1995, 841, 842f; OLG Köln, NJW 1989, 720; LG Berlin, NJW 1988, 346; LG Braunschweig, NJW 1998, 2457; LG Zweibrücken, MDR 1990, 549. Vgl. auch BetrVG § 87 I 6; BAG, JZ 1988, 108; BAG, NJW 2000, 1211, 1214; OLG Schleswig, NJW 1980, 352; von Gerlach, JZ 1998, 741, 747. Für eine Ausnahme vgl. AG Köln, NJW-RR 1995, 1226.
[1367] Vgl. dazu Schwerdtner, in: Säcker, *Münchener Kommentar*, § 12 Rn. 236.
[1368] BGH, NJW 1985, 809; BGH, JZ 1999, 1120, 1121 m.w.N.; OLG Köln, NJW 1989, 720, 721. Vgl. auch BGH, ZIP 1989, 1285, 1286; BGH, NJW-RR 1990, 359, 359f.
[1369] OVG Koblenz, NJW 1986, 2659, 2660. Vgl. auch BVerfG (Kammer), NJW 1987, 3245 (Mahnwache am Haus der Schwester von Erich Honecker).

Dagegen besteht kein Schutz gegen die Erwähnung einer Adresse oder das Zeigen eines Bildes der Außenwände eines Hauses in einem Film, der dort geschehene, aufsehenerregende Ereignisse behandelt. Hier mangelt es an dem erforderlichen Eindringen in die Privatsphäre, da keine Namen von lebendigen Personen genannt werden.[1370] Daran wird es auch in der Regel in Berichten über Vorgänge in der Wirtschaftswelt mangeln, da diese nicht in einer Geheimsphäre stattfinden.[1371]

5. Die Kontroverse über die Grenzen richterlicher Rechtsfortbildung

a. Die Kritik

Vor allem wegen der klaren Abwendung von der früheren Rechtsprechung[1372] sowie des Verstoßes gegen das Enumerationsprinzip (§ 253 BGB) war die Entscheidung des Bundesgerichtshofes, für Verletzungen des Persönlichkeitsrechts Schmerzensgeld zuzusprechen, kontrovers. Sie wurde von einigen Gerichten[1373] und Rechtswissenschaftlern[1374] abgelehnt, nicht in erster Linie[1375] wegen ihrer Zweckmäßigkeit oder des Fehlens eines entsprechenden Schutzbedarfs,[1376] sondern wegen der Tatsache, daß dieses Rechtsmittel *contra legem*[1377] eingeführt wurde. Damit seien die Richter zu weit gegangen und

---

[1370] BGH, NJW 1960, 1614, 1614; vgl. BGH, NJW 1962, 1004; Weitnauer, NJW 1961, 107.
[1371] BGHZ 36, 77, 80.
[1372] RGZ 142, 116, 121; RG, GRUR 1934, 627, 628; BGHZ 20, 61, 70f; BGHZ 20, 345, 352f; KG, Ufita 4 (1931), 320, 328; LG München I, Ufita 26 (1958), 366, 373; Bötticher, AcP 158, 385, 401; Bußmann, Ufita 37, 1, 6; Nörr, AcP 158, 1, 1.
[1373] BGH, VersR 1964, 292, 293 Ziff. I; OLG Frankfurt/M., NJW 1962, 2062; OLG Karlsruhe (ZS Freiburg), NJW 1962, 2062; OLG München, VersR 1963, 1086, 1087; vgl. auch OLG Frankfurt/M., NJW 1966, 254, 256; OLG SchlH, JZ 1963, 573, 575f; Fromm, NJW 1966, 254, 255.
[1374] Bußmann, Ufita 37, 1, 13f (zusammenfassend); Giesen, NJW 1971, 801; Hartmann, NJW 1962, 12, 13-16; Larenz, NJW 1965, 1, 8; Osiander, *Recht am eigenen Bild*, S. 98-105 (zusammenfassend); Stein, NJW 1964, 1745, 1749.
[1375] Vgl. aber Ehlers, *Geldersatz*, S. 33; Hartmann, NJW 1964, 793, 796f; Kuner, BB 1962, 1393, 1393; Löffler, AfP 1962, 209, 211; Siebert, NJW 1958, 1369, 1371, 1373.
[1376] Vgl. dazu den 45. DJT, NJW 1964, 2098, 2098; Beschluß des 45. DJT, in: *Verhandlungen des 45. DJT*, Bd II S. C127; Bußmann, Ufita 37, 1, 2f, 14-16; Kaufmann, AcP 162, 421, 438; Koebel, JZ 1960, 573, 573; Larenz, in: *Verhandlungen des 42. DJT*, Bd II S. D32-D35; Larenz/Canaris, *Methodenlehre*, S. 247-249; Schultz, MDR 1962, 956, 956.
[1377] Siehe zu diesem Begriff Diederichsen, *Flucht des Gesetzgebers*, S. 41f; Krey, JZ 1978, 361, 361f m.w.N.; Larenz/Canaris, *Methodenlehre*, S. 232f, 244; Schneider, *Richterrecht*, S. 19-23.

hätten die Grenzen richterlicher Rechtsfortbildung weit überschritten.[1378] Es wurde sogar mit einer Strafanzeige wegen Rechtsbeugung gedroht.[1379]

Nachdem der Vergleich mit der Freiheitsberaubung nicht mehr vom Gericht angeführt wurde, konzentrierte sich die Kritik auf die neue Begründung: das Gericht berief sich, wie oben erwähnt, auf den Bedarf an Schmerzensgeld auf diesem Gebiet und die Verdrängung des § 253 auf besagtem Gebiet durch Art. 1 und 2 GG. Wenn die im Gesetz vorgesehenen Rechtsinstitute nicht ausreichend seien, müsse man sich, so die Kritik, an den Gesetzgeber wenden, in dessen Kompetenz es ausschließlich liege, Abhilfe bzw. neue Rechtsinstitute zu schaffen,[1380] aber der bis heute schweigt.[1381] Der Verzicht auf Schadensersatz im BGB bei fast allen Fällen des immateriellen Schadens stelle keine Gesetzeslücke im Sinne eines ausfüllungsbedürftigen Versehens des Gesetzgebers dar, sondern eine durch § 253 vorgesehene absichtliche Entscheidung, Schmerzensgeld in bestimmten Fällen nicht zuzulassen.[1382] Der Gesetzgeber wollte die Ehre nicht zum Gegenstand finanzieller Entschädigung degradieren, was mit den Ehrgefühlen der damaligen Zeit unvereinbar gewesen wäre.[1383] Darüber hinaus hielt man das richterliche Ermessen in Fällen des immateriellen Schadensersatzes für unvereinbar mit dem Richteramt.[1384] Nun wurde diese

---

[1378] BVerfGE 34, 269, 276; Giesen, NJW 1971, 801, 802; Hartmann, NJW 1964, 793, 795-797; Münzel, NJW 1960, 2025, 2028.

[1379] Schwerdtner, „Persönlichkeitsschutz", S. 31; Stark, *Ehrenschutz*, S. 170 Fußnote 91.

[1380] OLG Karlsruhe, BB 1962, 1392, 1392; Beschluß des 45. DJT, in: *Verhandlungen des 45. DJT*, Bd II S. C127; Bötticher, MDR 1963, 353, 353; Giesen, NJW 1971, 801, 802; Hartmann, NJW 1962, 12, 14; Kaufmann, AcP 162, 421, 423; Larenz, NJW 1958, 827, 828; Löffler, AfP 1962, 209, 211; Löffler, NJW 1962, 225, 225; Schultz, MDR 1962, 956, 957; Ulmer, GRUR 1963, 493, 494.

[1381] Siehe unten, Fußnote 1492.

[1382] Hartmann, NJW 1962, 12, 14; Hartmann, NJW 1964, 793, 794, 798; Kaufmann, AcP 162, 421, 435; Kuner, BB 1962, 1393, 1393; Larenz, NJW 1955, 521, 523; Larenz, NJW 1958, 827, 828; Löffler, NJW 1962, 225, 226f; Münzel, NJW 1960, 2025, 2027 (KUG); Rötelmann, NJW 1962, 736, 737; vgl. auch Krey, JZ 1978, 361, 365f. A.A. OLG Hamburg, MDR 1960, 1008, 1010; Coing, JZ 1958, 558, 560.

[1383] Bußmann, Ufita 37, 1, 3f; eingehend Kaufmann, AcP 162, 421, 424-436; Mugdan, *Materialien*, 2. Bd S. 1297 (Bericht der XII. Kommission des Reichstages vom 12. Juni 1896); vgl. auch Gounalakis, AfP 1998, 10, 16; Hartmann, AcP 37, 309, 363-365; Stoll, *Gutachten*, S. 57, 59. Zur Geschichte dieser Auffassung vgl. von Bar, NJW 1980, 1724, 1724. Kritisch schon Kohler, ArchBürgR 5, 161, 257-259; vgl. auch Schiemann, in: Coing u.a., *Staudinger-BGB*, § 253 Rn. 2; Schwerdtner, „Persönlichkeitsrecht", S. 39; Schwerdtner, JuS 1978, 289, 295.

[1384] Bußmann, Ufita 37, 1, 3, 15f; Coing, JZ 1958, 558, 559; Gottwald, *Das allgemeine Persönlichkeitsrecht*, S. 215; Löffler, AfP 1962, 209, 211; Mugdan, *Materialien*, 2. Bd S. 12 (Motive); Schlechtriem, DRiZ 1975, 65, 65; Schultz, MDR 1962, 956, 957; Stoll, *Gutachten*, S. 59-61 m.w.N. Mit Recht kritisch, aber lediglich zu diesem Moment, Hartmann, AcP 37,

(Fortsetzung nächste Seite ...)

Schranke jedoch durch Richterrecht beseitigt. Die neue Rechtsprechung könne dadurch zu einer uferlosen Ausdehnung der Haftung für immaterielle Schäden führen.[1385] Die Persönlichkeit sei aber ein so wichtiges Gut, daß eine Entschädigung in Geld niemals den Schaden ausgleichen könne,[1386] was mit dem ursprünglichen Rechtsgedanken des § 253 durchaus im Einklang steht.

Das Grundgesetz mag zwar die Persönlichkeit unter Schutz stellen, es verordne dennoch nicht, daß Schmerzensgeld gegen den ausdrücklichen Willen des Gesetzgebers zugesprochen werden müßte.[1387] Dem Grundgesetz dürfe sowieso kein solcher unmittelbarer Einfluß auf das Privatrecht zugeschrieben werden, denn das entspräche nicht seiner Funktion in der Rechtsordnung.[1388]

Wenn der Richter Schadensersatz auf einem neuen, im Gesetz nicht vorgesehenen Gebiet eigenmächtig gewähre, begehe er dadurch einen Verstoß gegen die Unterwerfung der Richter unter das Gesetz (Art. 97 I GG) und das Prinzip der Gewaltenteilung, gegen verfassungsrechtliche Prinzipien also, die nicht minder wichtig seien als die freie Entfaltung der Persönlichkeit.[1389] Überdies fehle es an einer Gesetzesgrundlage für die Beschränkung des Schmerzensgeldanspruchs auf schwere Verletzungen.[1390] Schließlich diene der Schritt des Bundesgerichthofes nicht der Rechtssicherheit.[1391]

Dabei gab es auch Stimmen in der Literatur, die sich der Rechtsprechung des Bundesgerichtshofes anschlossen.[1392] Auch das Oberlandesgericht Hamburg folgte der Auffassung des Bundesgerichtshofes.[1393]

309, 362-365. Kritisch auch schon Kohler, ArchBürgR 5, 161, 263; Nörr, AcP 158, 1, 2f, 14; Schiemann, in: Coing u.a., *Staudinger-BGB*, § 253 Rn. 2. Ein Beispiel der Gefahr des freien richterlichen Ermessens aus den 90er Jahren des 19. Jahrhunderts liefert das OLG Hamburg, bei Mainzer, *Ästimatorische Injurienklage*, S. 106.

[1385] Bötticher, MDR 1953, 353, 360.

[1386] OLG München, VersR 1963, 1086, 1087.

[1387] Hartmann, NJW 1962, 12, 15; Hartmann, NJW 1964, 793, 794f, 797; Löffler, NJW 1962, 225, 227.

[1388] Kuner, BB 1962, 1393, 1393; Larenz, NJW 1955, 521, 524.

[1389] Hartmann, NJW 1964, 793, 797; Löffler, AfP 1962, 209, 210; Löffler, NJW 1962, 225, 227f. Kritisch dazu Bötticher, MDR 1963, 353, 360.

[1390] Bötticher, MDR 1963, 353, 356; Löffler, NJW 1962, 225, 226; Hartmann, NJW 1964, 793, 796, 798f.

[1391] Bötticher, AcP 158, 385, 401f; Larenz, NJW 1958, 827, 829.

[1392] Bußmann, Ufita 37, 1, 11-13 (zusammenfassend), 18-21 (zustimmend); von Caemmerer, „Privatrechtlicher Persönlichkeitsschutz“, S. 37f; Ehlers, *Geldersatz*, S. 156-161; Fromm, NJW 1965, 1201; Hartmann, NJW 1964, 793, 795; Helle, NJW 1963, 1402, 1404; Herzog, in: Maunz/Dürig, *GG*, Art. 5 Rn. 152; Rötelmann, NJW 1964, 1458; Schlechtriem, DRiZ 1975, 65, 69; Stoll, *Gutachten*, S. 50f, 125. Vgl. schon Hubmann, JZ 1957, 521, 528.

b. Die Antwort der ordentlichen Gerichte

Im *Fernsehansagerin*-Urteil[1394] beschäftigte sich der Bundesgerichtshof mit dieser Kritik. Er lehnte die Kritik mit der Begründung ab, daß dies nicht das erste Beispiel[1395] der Rechtsentwicklung „neben dem Wortlaut des Gesetzes und entgegen den Vorstellungen des Gesetzgebers von 1900" sei.[1396] Aufgrund der Technologie und des Verhaltens der heutigen Medien sei seit 1900 ein größerer Bedarf am Schutz der Persönlichkeit entstanden, dem ein Festhalten am Gesetzeswortlaut nicht gerecht werden könne.[1397] Schließlich sei seit 1900 das Grundgesetz in Kraft getreten, das den Schutz der Persönlichkeit und deren Entfaltung zum Verfassungsgebot gemacht habe. An diese Entscheidung des Verfassunggebers seien die Richter gebunden. Ohne die Möglichkeit der Zubilligung von Schmerzensgeld wäre der Persönlichkeitsschutz derart eingeschränkt, daß in vielen Fällen dem Verfassungsgebot nicht gefolgt würde. Die Beschränkung des Schmerzensgelds auf schwerwiegende Fälle gewährleiste, daß die Pressefreiheit nicht in einem verfassungsrechtlich zu beanstandenden Maße eingeschränkt werde.[1398]

In den frühen 60er Jahren schloß sich der Bundesfinanzhof der Rechtsprechung des Bundesgerichtshofes zum Schmerzensgeld an.[1399] 1971 wurde sie vom Bundesgerichtshof als gefestigt beschrieben.[1400]

c. Die Antwort des Bundesverfassungsgerichts

Die Rechtsprechung der ordentlichen Gerichte wurde erst 1973 vom Bundesverfassungsgericht im *Soraya*-Urteil[1401] als verfassungsgemäß gebilligt.

1393 MDR 1960, 1008, 1010; NJW 1962, 2062; NJW 1967, 2314, 2315. Siehe auch Bußmann, GRUR 1962, 107, 107.

1394 BGHZ 39, 124; siehe auch BGH, NJW 1965, 2395, 2396.

1395 Für weitere Beispiele vgl. Diederichsen, *Flucht des Gesetzgebers*, S. 42f; Säcker, ZRP 1971, 145, 146.

1396 BGHZ 39, 124, 131.

1397 Vgl. dazu auch BVerfGE 34, 269, 271; BVerfGE 65, 1, 41f; OLG Köln, NJW 1979, 661, 661.

1398 BGHZ 39, 124, 130-133; vgl. auch BVerfGE 97, 125, 149; BGH, NJW 1963, 904, 905; BGH, NJW 1967, 816, 816.

1399 BFHE 78, 32. Vgl. zum Bundesarbeitsgericht BVerfGE 34, 269, 275; BAGE 20, 96, 102; BAGE 41, 37, 40f; BAG, NJW 1979, 2532; BAG, JZ 1982, 108; Schwerdtner, „Persönlichkeitsschutz", S. 29; Schwerdtner, in: Säcker, *Münchener Kommentar*, § 12 Rn. 285. Zur Auslegung einer Tarifordnung unter dem neuen Recht vgl. OLG München, Ufita 38 (1962), 186, 188f.

1400 BGH, NJW 1971, 698, 699; vgl. auch BGH, NJW 1971, 885, 886; von Caemmerer, „Privatrechtlicher Persönlichkeitsschutz", S. 37 (schon 1966 „absolut gefestigt").

Ohne die Möglichkeit, Schmerzensgeld zu gewähren, gäbe es beträchtliche Lücken im Schutz der Persönlichkeit durch die Rechtsordnung.[1402] Außerdem sei der Richter nach dem Grundgesetz (Art. 20 III) nicht lediglich an das (geschriebene) Gesetz, sondern auch an das Recht gebunden. Damit werde die Abkehr vom Rechtspositivismus vollzogen.[1403] Wenn er frei von Willkür verfahre, dürfe der Richter das Recht durch Ausfüllung der geschriebenen Gesetze fortbilden. Die schöpferische Rechtsfortbildung sei in gewissen Grenzen erlaubt, teilweise sogar von Gerichten erwartet. Es stelle sich also nur die Frage nach den Grenzen dieser Befugnis im vorhandenen Fall. Da dem Anspruch auf Schmerzensgeld eine unerläßliche Funktion im Persönlichkeitsschutzrecht zukomme, weil andere Rechtsmittel keinen ausreichenden Schutz bieten könnten, sei die Entscheidung des Bundesgerichthofs verfassungsrechtlich nicht zu beanstanden.[1404]

Nach dieser Entscheidung wurden (trotz ihrer Banalität und des Mangels an einer überzeugenden Auseinandersetzung mit dem *contra-legem*-Problem)[1405] die Stimmen in der Literatur gegen die *Herrenreiter*-Entscheidung „zu Makulatur".[1406] Der Schmerzensgeldanspruch in Fällen der Persönlichkeitsrechtsverletzung ist „heute allgemein anerkannt";[1407] er hat den Status des richterlichen Gewohnheitsrechts;[1408] eine Gesetzesänderung wäre notwendig, um ihn abzuschaffen.[1409]

[1401] BVerfGE 34, 269. Vgl. auch schon BVerfGE 8, 210, 220f sowie die Verweise bei Giegerich, RabelsZ 63, 471, 480f.

[1402] BVerfGE 34, 269, 281f.

[1403] Diederichsen, *Flucht des Gesetzgebers*, S. 60; Larenz, NJW 1965, 1, 2; Stein, NJW 1964, 1745, 1747f.

[1404] BVerfGE 34, 269, 286-293. Vgl. auch BVerfGE 13, 153, 164; BVerfGE 18, 224, 237f; BGHZ 3, 308, 315f; Stein, NJW 1964, 1745, 1748.

[1405] Krey, ZStW 101, 838, 862; vgl. auch Larenz/Canaris, *Methodenlehre*, S. 250; Schwerdtner, JuS 1978, 289, 291; Seitz, NJW 1996, 2848, 2849.

[1406] Schwerdtner, JuS 1978, 289, 295; vgl. auch Stark, *Ehrenschutz*, S. 170; Wenzel, *Recht*, S. 758.

[1407] Ehmann, JuS 1997, 193, 202; vgl. auch Krüger-Nieland, „Urheberpersönlichkeitsrecht", S. 217.

[1408] So schon Ulmer, GRUR 1963, 493, 494. Vgl. auch Baston-Vogt, *Sachlicher Schutzbereich*, S. 13 m.w.N.; Larenz/Canaris, *Methodenlehre*, S. 258f; Osiander, *Recht am eigenen Bild*, S. 103; Soergel, *Presserecht*, S. 564; Wenzel, *Recht*, S. 755f.

[1409] Mertens, in: Siebert, *BGB-Soergel*, § 253 Rn. 7.

6. Schutz gegen die Bekanntgabe von Tatsachen

a. Zwei frühe Fälle

Wie auch in den U.S.A. etablierte sich in Deutschland ein allgemeiner Schutz gegen die Veröffentlichung privater Tatsachen zeitlich erst nach dem Schutz gegen die kommerzielle Ausbeutung der Persönlichkeit. Ein frühes Beispiel des Veröffentlichungsschutzes ist der *Gretna-Green*-Fall,[1410] in dem der Bundesgerichtshof die sensationelle Veröffentlichung einer Familienangelegenheit unter Nennung der Namen der Beteiligten[1411] verbot. Im *Prinzessin Friedrich Wilhelm von Preußen*-Fall verbot das Oberlandesgericht Hamburg die Veröffentlichung von Informationen über die Scheidung des Prinzen und seiner Gattin. Bei dem Ehepaar handele es sich um keine Personen der Zeitgeschichte, ihr Privatleben sei deswegen kein Gegenstand des berechtigten öffentlichen Interesses im Gegensatz zum Unterhaltungsbedürfnis der Zeitungsleser. Deswegen habe das Recht des Ehepaars auf die Wahrung seiner Privatsphäre Vorrang vor der Pressefreiheit. Auch wenn Gerichtsurteile öffentlich verkündet werden, rechtfertige dies nicht ihre Veröffentlichung in der Presse.[1412]

Man vergleiche diesen Schutz der Persönlichkeit mit dem Schutz, der einem vergleichbaren Ehepaar in den U.S.A., das zweifellos als „öffentliche Personen" gelten würde, bekommen hätte.[1413] Das deutsche Urteil unterscheidet sich dadurch, daß die öffentliche Verkündung des Urteils kein automatisches Recht auf seine Veröffentlichung in den Medien begründete, was für Vergewaltigungsopfer in den U.S.A. ein großer Trost wäre. Es zeigen sich nochmals die Vorteile des deutschen Abwägungsprozesses, nach dem keinem Interesse eine übergeordnete Stelle eingeräumt wird. Vielmehr werden beide Interessen, das der Medien und das des Individuums, berücksichtigt und das nach den Tatsachen des Einzelfalles stärkere Interesse bevorzugt.

b. *Lebach*-Fall[1414]

Die Unterschiede zwischen Deutschland und den U.S.A. beim Schutz von Straftätern vor der Veröffentlichung ihrer Straftaten nach dem Ende des berechtigten Informationsbedürfnisses der Öffentlichkeit lassen sich vor allem durch die *Lebach*-Entscheidung darstellen, obwohl dies nicht das erste Mal

---

[1410] BGH, JZ 1965, 411; vgl. aber BGH, VersR 1974, 758, 759f.

[1411] Vgl. zur Namensnennung BVerfGE 97, 391; OLG Stuttgart, NJW 1972, 2320, 2321.

[1412] OLG Hamburg, NJW 1970, 1325, 1325f.

[1413] Siehe auch Grimm, NJW 1995, 1697, 1702.

[1414] BVerfGE 35, 202.

war, daß ein deutsches Gericht die Privatsphäre eines Straftäters unter Schutz gestellt hatte.[1415] Im *Lebach*-Fall handelte es sich aber um eine Tatsachenkonstellation, die viel Aufsehen erregt hatte: eine Gruppe junger Männer hatte 1969 vier Soldaten bei einem Überfall getötet, um Waffen zu erbeuten und dadurch ihren Plan eines freien Lebens außerhalb der bürgerlichen Gesellschaft zu realisieren. Im Frühjahr 1972, etwa drei Jahre nach der Tat, beabsichtigte das Zweite Deutsche Fernsehen, einen Film über diese Geschehnisse auszustrahlen, in dem die Namen der Täter und Einzelheiten über ihre Charaktere, darunter auch ihre sexuelle Neigungen, erwähnt wurden.[1416] Zu dieser Zeit war einer der Täter jedoch immer noch in Strafhaft. Es ist schwer vorstellbar, daß nach U.S.-amerikanischem Recht der Täter nicht als „öffentliche Person" gegolten hätte.[1417]

Das Bundesverfassungsgericht stellte fest, daß ein Eindringen in die Privatsphäre des Täters vorlag. Deswegen sei eine Güterabwägung erforderlich, um zu bestimmen, ob hier der Pressefreiheit oder dem Persönlichkeitsschutz Vorrang einzuräumen sei.[1418] Trotz der Bedeutung der Medien für die demokratische Gesellschaft kam das Bundesverfassungsgericht nach eingehender Prüfung zu dem Schluß, daß das Interesse der Gesellschaft an der Wiedereingliederung des Täters überwiegend war und daher den Vorrang genoß. Dazu trugen erheblich die Meinungen Sachverständiger sowie die Gefahr der Berichterstattung im Fernsehen bei. Die Verbreitung der Geschichte des Täters und der Details aus seinem Privatbereich hätte seine Wiedereingliederung in die Gesellschaft zu sehr erschweren können.[1419]

[1415] Siehe RGZ 115, 416, 417f; BGH, NJW 1964, 1148; BGH, NJW 1965, 2148, 2149; BGH, NJW 1966, 2353, 2353; vgl. auch BVerfGE 71, 206, 217, 219; BVerfGE 91, 125, 137f; BVerfG (Kammer), NJW, 1993, 1463; OLG Düsseldorf, NJW-RR 1993, 1242; OLG Frankfurt/M., GRUR 1958, 508, 509; OLG Hamburg, AfP 1971, 41; OLG Köln, NJW 1987, 2682; OLG Stuttgart, JZ 1960, 126, 129f; Bußmann, JR 1955, 202, 204f; Kohlhaas, NJW 1963, 477, 478; Kübler, JZ 1984, 541, 547.
[1416] Damit — sowie auch wegen des Zeitabstands nach der Tat — unterscheidet sich der hier besprochene *Lebach*-Fall von der späteren Entscheidung des BVerfG (Kammer), NJW 2000, 1859.
[1417] Gounalakis, *Privacy and the Media*, S. 60.
[1418] Für ein weiteres Beispiel der Güterabwägung bei der Veröffentlichung wahrer aber privater Tatsachen vgl. BGH, VersR 1991, 433, 434f. Vgl. weiter BVerfGE 71, 206, 220.
[1419] BVerfGE 35, 202, 219-244; vgl. auch BVerfGE 54, 208, 216; BVerfGE 91, 125, 135; BGH, NJW 1985, 1617, 1619; OLG Köln, NJW 1987, 2682; *Melvin* v. *Reid* (1931) 297 P 91, 93; Hubmann, JZ 1957, 521, 527; Kommers, (1980) 53 Southern Cal LR 657, 690-692; Lampe, NJW 1973, 217; Schmidt, NJW 1980, 2066, 2067; Soehring, NJW 1997, 16, 19.

c. *Wallraff*-Fall[1420]

Der Bundesgerichtshof kam zu einem ähnlichen Schluß zugunsten der Geheimhaltung wahrer Tatsachen, als der Journalist Günter Wallraff vorhatte, Geschehnisse in der Privatwohnung des Redakteurs der „Bild-Zeitung" zu veröffentlichen, die Wallraff, unter einem falschen Namen bei der Zeitung arbeitend, erlebt hatte. Obwohl, so der Bundesgerichtshof, die fraglichen Vorkommnisse nicht der unantastbaren Intimsphäre zuzuordnen seien, stehe dem Redakteur nach den Grundsätzen des allgemeinen Persönlichkeitsrechts ein Recht auf die Geheimhaltung in seiner Wohnung geschehener Ereignisse zu. Für die freie Entfaltung der Persönlichkeit sei notwendig, daß er ohne sein Einverständnis nicht der Gefahr ausgesetzt werde, daß sich ein Mensch in seine Wohnung einschleiche, der vorhabe, Geschehnisse zu veröffentlichen. Es gebe keine Anhaltspunkte für ein gegenteiliges Aufklärungsinteresse des Publikums. Den Geschehnissen im Büro der Zeitung gebühre dagegen kein solcher Schutz, da es hier in Anbetracht des Interesses der Öffentlichkeit an Mißständen in der Presse gerade wegen der Bedeutung der Presse für die Öffentlichkeit an einem hinreichend anstößigen Eindringen in die Privatsphäre mangele.[1421]

Dem Bundesverfassungsgericht ging auch dieser Schutz vor der Veröffentlichung wahrer Tatsachen nicht weit genug. Ihm zufolge hätte der Bundesgerichtshof dem illegalen Vorgehen Wallraffs bei der Entdeckung relativ geringfügiger Mißstände in der Presse größeres Gewicht beimessen müssen. Es wurden zum Beispiel keine strafbaren Handlungen von Wallraff entdeckt. Angesichts dieser Tatsache und der Wichtigkeit der Vertraulichkeit der Redaktionsarbeit konnte festgestellt werden, daß die Entscheidung, die Schilderung einer Redaktionskonferenz bei der „Bild-Zeitung" zuzulassen, eine Verletzung der Grundrechte enthielt.[1422]

Die Vertraulichkeit der Redaktionsarbeit ist zwar eine Auswirkung des Art. 5 I 2,[1423] nicht jedoch der Art. 1 und 2 GG. Trotzdem handelt es sich um Abwehrrechte gegen andere Mitbürger, die Geheimnisse vor der Veröffentlichung schützen, nicht gegen den Staat.[1424] Diesen Schutz kann man daher als eine Art Privatsphäreschutz der Presse nach der Sondervorschrift des Art. 5 I 2 betrachten. Der Schutz gewährleistet das Recht der Presse auf Vertraulichkeit

---

[1420] BVerfGE 66, 116; BGHZ 80, 25.
[1421] BGHZ 80, 25, 32-43; BGH, NJW 1981, 1366, 1367-1369; für eine kritische Anmerkung siehe Bettermann, NJW 1981, 1065. Vgl. auch BGHZ 138, 311, 321.
[1422] BVerfGE 66, 116, 131-143.
[1423] BVerfGE 66, 116, 133.
[1424] Ossenbühl, JZ 1995, 633, 635.

in ihren Tätigkeitsbereichen, das dem einzelnen durch das allgemeine Persönlichkeitsrecht gewährt wird.

d. Das Recht auf informationelle Selbstbestimmung

Der Schutz gegen die Bekanntgabe wahrer aber für den Betroffenen unangenehmer Tatsachen wurde 1991 vom Bundesverfassungsgericht als Ausfluß des Rechts auf informationelle Selbstbestimmung anerkannt. Dieses Recht war vorher[1425] vom Bundesverfassungsgericht[1426] lediglich im Zusammenhang mit Eingriffen von staatlicher Seite angewandt worden. Es gilt aber jetzt auch, so das Gericht, im Privatrecht, und zwar als Teil des allgemeinen Persönlichkeitsrechts. Demzufolge brauche etwa ein entmündigter Mieter dem Vermieter seinen Status nicht mitzuteilen, es sei denn, der Vermieter kann ein hinreichend wichtiges entgegengesetztes Interesse geltend machen. Es geschieht also auch auf diesem Gebiet die übliche Güterabwägung, um festzustellen, ob das Informations- oder das Geheimhaltungsinteresse und damit die Freiheit der Selbstdarstellung in der Öffentlichkeit[1427] überwiegt.[1428]

Auch die Veröffentlichung einer Liste der Inoffiziellen Mitarbeiter des Staatssicherheitsdienstes der ehemaligen DDR kann ein Verstoß gegen das Recht auf informationelle Selbstbestimmung sein, das unter Staatsbürgern gilt und nicht nur ein Abwehrrecht gegen den Staat ist[1429] — allerdings dann, wenn der Betroffene keine herausragende Position in der Gesellschaft, etwa als Ministerpräsident eines deutschen Landes, innehat.[1430] Ähnliches gilt für die Pflicht, etwaige Tätigkeiten beim ehemaligen Staatssicherheitsdienst dem Arbeitgeber mitzuteilen[1431] sowie auch für die Veröffentlichung des Einkommens eines

---

[1425] Siehe oben, Fußnote 735.

[1426] Vgl. aber schon BGH, NJW 1984, 1886; BAG, NJW 1990, 2272, 2272.

[1427] Für einen interessanten Beitrag, nach dem diese Freiheit als Rechtsgut anzuerkennen ist, vgl. Amelung/Tyrell, NJW 1980, 1560. Vgl. auch Brandner, JZ 1983, 689, 690; Degenhart, JuS 1992, 361, 362; Ehmann, JuS 1997, 193, 195f.

[1428] BVerfGE 84, 192, 194-197. Vgl. auch OLG Brandenburg, NJW 1999, 3339, 3342; OLG Hamburg, AfP 1992, 376, 377; OLG Karlsruhe, NJW-RR 1999, 1700, 1700f; Gounalakis, AfP 1998, 10, 13f.

[1429] BGH, VersR 1994, 1116, 1117f; vgl. aber BVerfG (Kammer), NJW 2000, 2413. Vgl. auch BVerfG (Kammer), NJW 1999, 3326; LG Berlin, NJW 1997, 1373, 1374.

[1430] BGHZ 139, 95, 107 (siehe weiter BGH, NJW 1999, 2561); OLG Hamburg, NJW 1999, 3343, 3344; Soehring, *Presserecht*, S. 346f; Soehring, NJW 1997, 360, 366. Vgl. auch LG Zweibrücken, NVwZ 1998, 879.

[1431] BVerfGE 96, 171, 181. Hier waren zwar alle drei Arbeitgeber Teile des öffentlichen Dienstes, es besteht aber kein Anhaltspunkt für die Annahme, daß das hier erwähnte Recht nur gegen den Staat geltend gemacht werden könnte.

Fußballspielers[1432] und der Privatanschrift einer dem Publikum bekannten Schauspielerin.[1433]

Umgekehrt darf im Rahmen der üblichen Güterabwägung jeder sein Lebensschicksal in der Öffentlichkeit darstellen, auch unter Nennung des eigenen Namens, wenn das andere identifiziert und für diese unangenehm sein könnte. Das gehört auch zum Selbstbestimmungsrecht des einzelnen.[1434] Etwaige Diffamierungen anderer, insbesondere durch die Verbreitung unwahrer Tatsachenbehauptungen, sind selbstverständlich bei der Abwägung zu berücksichtigen.

7. Drittwirkung

Das allgemeine Persönlichkeitsrecht im Privatrecht wurde bereits vor dem *Lüth*-Urteil[1435] anerkannt. Daraus erklärt sich, daß die Gerichte eine über die Grundsätze jener Entscheidung hinausgehende unmittelbare Drittwirkung der Art. 1 und 2 GG als Basis des allgemeinen Persönlichkeitsrechts angenommen haben.[1436]

Diese Verfassungsvorschriften dienten folglich nicht nur der Schöpfung eines völlig neuen zivilrechtlichen Delikts,[1437] sondern auch der Zubilligung von Schmerzensgeld durch die Beseitigung des Enumerationsprinzips (§ 253 BGB).[1438] Wie in den U.S.A.[1439] mußte man sich seinerzeit fragen (auch wenn die Frage mit Recht verneint wurde), ob eine Beseitigung dieser privatrecht-

---

[1432] AG Berlin-Mitte, NJW 1995, 2639, 2640.

[1433] LG Hamburg, AfP 1996, 185, 186. Vgl. auch OLG München, NJW-RR 1990, 1364, 1364-1366.

[1434] BVerfGE 97, 391, 399-408.

[1435] BVerfGE 7, 198.

[1436] Vgl. etwa BGHSt 10, 202, 205; BGHSt 14, 358, 359, 364; BGHZ 13, 334, 338; OLG München, NJW 1959, 388, 389; LG München, Ufita 20 (1955), 230, 233; Bußmann, Ufita 37, 1, 5; Canaris, AcP 184, 201, 203, 208; Grimm, „Persönlichkeitsschutz und Verfassungsrecht", S. 21f. Vgl. auch Coing, SJZ 1947, 642, 643.

[1437] Baston-Vogt, *Sachlicher Schutzbereich*, S. 16.

[1438] BGH, Ufita 37 (1962), 110, 116f; Bußmann, GRUR 1962, 107, 108; Bußmann, Ufita 37, 1, 17; Hubmann, JZ 1957, 521, 528; Hubmann, JZ 1962, 121, 122; Kaufmann, AcP 162, 421, 422, 437; Larenz/Canaris, *Methodenlehre*, S. 249; Nörr, AcP 158, 1, 3; Schultz, MDR 1962, 956, 956f; Schwerdtner, „Persönlichkeitsschutz", S. 30f; Schwerdtner, JuS 1978, 289, 291; Stoll, *Gutachten*, S. 49f.

[1439] Siehe oben, Fußnote 1048.

lichen Neuerungen sogar einer Verfassungsänderung bedürfte, was die Systemwidrigkeit dieser Entwicklung am deutlichsten darstellt.[1440]

Auch nach dem *Lüth*-Urteil schloß sich der Bundesgerichtshof nicht unmittelbar der Drittwirkungslehre des Bundesverfassungsgerichts an.[1441] Es wurde zum Beispiel weiterhin betont, daß Art. 1 und 2 GG „jedermann im privaten Rechtsverkehr"[1442] binden. Der Bundesgerichtshof erkannte zwar die Wechselwirkungslehre über das Verhältnis zwischen Grundrechten und einfachen Gesetzen an[1443] — das Güterabwägungsverfahren hat vieles mit ihr gemeinsam[1444] — er anerkannte aber nicht die Doktrin der lediglich mittelbaren Ausstrahlungswirkung der Grundrechte über die Generalklauseln als Ersatz für die von *Nipperdey* befürwortete unmittelbare Drittwirkung[1445] der Grundrechte auch im Privatrecht.[1446] *Nipperdey* hat in der Tat die These aufgestellt, daß § 253 BGB durch das Grundgesetz aufgehoben worden sei.[1447]

Das Bundesverfassungsgericht beschäftigte sich 1998 mit dieser Frage. Im *Soraya*-Beschluß hatte es sich auf die Wiederholung der *Lüth*-Formel beschränkt, ohne zu prüfen, ob ihr tatsächlich Folge geleistet wurde.[1448] Zu Fragen der Drittwirkung wiederholte das Gericht 1998 seine ständige Rechtsprechung und betonte, daß dem allgemeinen Persönlichkeitsrecht „direkte Wirkung nur gegenüber dem Staat"[1449] zukomme. Gerichte müßten bei der Anwendung aller privatrechtlichen Normen die Bestimmungen des Grundgesetzes beachten. Das Gericht teilt jedoch nicht mit, welche einfachrechtlichen Normen angewandt werden, wenn das allgemeine Persönlichkeits-

---

[1440] OLG München, VersR 1963, 1086, 1087. Vgl. auch Ehmann, JuS 1997, 193, 197; Grunsky, in: Heinrichs, *Münchener Kommentar*, § 253 Rn. 6; Larenz/Canaris, *Methodenlehre*, S. 250; Schwerdtner, in: Säcker, *Münchener Kommentar*, § 12 Rn. 156, 286; Schwerdtner, „Persönlichkeitsschutz", S. 30.

[1441] Siehe z.B. BGHSt 31, 296, 298; Hubmann, *Persönlichkeitsrecht*, S. 111.

[1442] BGHSt 19, 325, 326. Vgl. auch BAGE 47, 37, 41; OLG Köln, NJW 1979, 661, 661.

[1443] Stark, *Ehrenschutz*, S. 39; vgl. aber Coing, JZ 1958, 558, 560.

[1444] Habermann/Weick, in: Coing u.a., *Staudinger-BGB*, vor § 1 Rn. 27.

[1445] Baston-Vogt, *Sachlicher Schutzbereich*, S. 17-19 m.w.N.

[1446] Etwas linientreuer aber BGH, VersR 1990, 531, 532. Vgl. auch Brandner, JZ 1983, 689, 689.

[1447] Nipperdey, Ufita 30, 1, 5f, 24; Nipperdey, in: *Verhandlungen des 42. DJT*, Bd II S. D19. Vgl. Anonym, NJW 1957, 1509, 1510; Bötticher, AcP 158, 385, 400; Bußmann, Ufita 37, 1, 11; von Caemmerer, „Privatrechtlicher Persönlichkeitsschutz", S. 31; Coing, JZ 1954, 700, 700; Leinveber, GRUR 1960, 17, 24; Malmström (Hrsg.), *Right of Privacy and Rights of the Personality*, S. 39.

[1448] BVerfGE 34, 269, 280; Schwerdtner, „Persönlichkeitsschutz", S. 31; Schwerdtner, JuS 1978, 289, 291.

[1449] BVerfGE 99, 185, 194f.

recht statt der Normen des besonderen Persönlichkeitsrechts (etwa § 12 BGB) im privatrechtlichen Streit zum Erfolg des Klägers führt. Damit bleibt diese Spannung in der deutschen Rechtsprechung weiterhin ungelöst.[1450]

Gleichzeitig stellte das Bundesverfassungsgericht im Fall vom Jahre 1998 klar, daß, wiederum unter Vorbehalt der Güterabwägung, dem einzelnen die nicht vorhandene Mitgliedschaft in einer Gruppe, besonders einer weltanschaulichen Gruppe, nicht zugeschrieben werden darf, weil dadurch ein falsches Bild der Öffentlichkeit gezeigt wird.[1451]

Larenz[1452] trat für die Anerkennung des allgemeinen Persönlichkeitsrechts durch § 826 BGB ein, die der Drittwirkungsdoktrin des *Lüth*-Urteils besser entsprochen hätte. Das hätte bedeutet, daß die Auslegung der Worte „gegen die guten Sitten" im § 826 unter Berücksichtigung der in Art. 1 und 2 GG erkennbaren Verfassungswerte stattgefunden hätte. Damit wäre allerdings der Verstoß gegen § 253 nicht beseitigt; die mittelbare Drittwirkung der Verfassungswerte über eine Generalklausel wäre aber damit sichergestellt. Diesen Weg haben aber die Gerichte nicht gewählt, vielleicht wegen des von § 826 verlangten Vorsatzbeweises.[1453]

Der Hinweis auf § 823 I BGB[1454] genügt aber aus zwei Gründen nicht, um diese Frage zu beantworten. Erstens wird dadurch die praktische Abschaffung des § 253 BGB auf diesem Gebiet nicht erklärt; § 253 ist keine ausfüllungsbedürftige Klausel, die mit dem Inhalt der Grundwerte der Verfassung ausgefüllt werden könnte, sondern eine Vorschrift, die eine Ausfüllung geradezu verbietet.

[1450] Ladeur, ZUM 2000, 879, 887. Für einen Lösungsansatz, der an die vielkritisierte (vgl. z.B. *Kruger* v. *Commonwealth* (1997) 190 CLR 1, 147f; *du Plessis* v. *de Klerk* [1996] 3 S Af 850, 872) U.S.-amerikanische „state action"-Doktrin (*Shelley* v. *Kraemer* (1947) 334 US 1; 92 L Ed 1161) erinnert, vgl. Baston-Vogt, *Sachlicher Schutzbereich*, S. 21-29 m.w.N.; vgl. damit schon BVerfGE 7, 198, 207. Dieser Ansatz vermag auch nicht zu erklären, weswegen ein völlig neues zivilrechtliches Delikt im Privatrechtsverkehr aus Art. 1 und 2 GG gilt, denn der Einfluß der Verfassungsbestimmungen auf das Privatrecht ist auch nach diesem Ansatz zu schwach, um die Schöpfung einer neuen Rechtskategorie zu rechtfertigen.

[1451] BVerfGE 99, 185, 194-196. Vgl. auch BVerfG (Kammer), NJW 1999, 1951, 1952; BVerfG (Kammer), NJW 1999, 2358, 2359; OLG Köln, AfP 1998, 647, 648. Ähnliche Fälle erscheinen auch in Fußnote 1321.

[1452] NJW 1958, 827, 828. Vgl. auch Coing, SJZ 1947, 641, 643; Ehmann, JuS 1997, 193, 200; Gottwald, *Das allgemeine Persönlichkeitsrecht*, S. 38-40; Reinhardt, *Persönlichkeitsrecht*, S. 18f; Wieruszowski, DRiZ 1927, 225, 227, 230.

[1453] Vgl. aber oben, Fußnote 1210.

[1454] Brandner, JZ 1983, 689, 689f; Craig/Nolte, [1998] EHRLR 162, 172f; Degenhart, JuS 1992, 361, 362.

Zweitens wird nicht klargestellt, wie das Gericht zu dem Schluß gelangt, daß die Persönlichkeitsrechte überhaupt zu den „sonstigen Rechten" im Sinne des § 823 I gehören,[1455] es sei denn, die für den Persönlichkeitsschutz erforderlichen Rechte werden unmittelbar aus der Verfassung abgeleitet. In dem Fall stellt sich die Frage, ob nicht aus allen Verfassungsrechten Rechte und Pflichten des Zivilrechts abgeleitet werden können.

Im Gegensatz zu § 193 StGB ist aber bei § 823 I BGB nicht von Interessen die Rede, sondern von Rechten.[1456] Ein Zirkelschluß liegt also vor, wenn behauptet wird, Rechte im Sinne des § 823 I seien auch Verfassungsrechte, denn die Geltung dieser Rechte im Zivilrecht ist gerade die Frage, um die es im *Lüth*-Urteil ging. Wenn die Grundrechte lediglich eine mittelbare Drittwirkung im Zivilrecht haben und dort nicht als unmittelbar geltende Rechte im vollen Sinne zu betrachten sind, dann sind sie auch keine Rechte im Sinne des § 823 I. Den Begriff der sonstigen Rechte kann man natürlich auch unter Ausschluß der Verfassungsrechte auslegen. Das scheint sogar geboten, wenn solche Rechte im Zivilrecht nicht unmittelbar gelten, sondern nur eine objektive, in der ganzen Rechtsordnung geltende Wertordnung darstellen.

8. Sinn und Zweck des „Schmerzensgelds"

Im Jahre 1994 vollzog sich eine weitere Rechtsprechungsänderung auf dem hier behandelten Gebiet, die dritte nach Inkrafttreten des Grundgesetzes. Es handelte sich dabei um den Zweck und dadurch die Höhe des trotz § 253 BGB zugebilligten Schmerzensgelds.

Vor 1994 hatte sich auch bei Persönlichkeitsverletzungen der Zweck des Schmerzensgelds an den in den übrigen Fällen von Schmerzensgeld geltenden Grundsätzen[1457] orientiert: das Schmerzensgeld diente dem Ausgleich des Schadens und der Genugtuung des Opfers. Auch wenn die Einführung des Schmerzensgelds bei Persönlichkeitsverletzungen dadurch gerechtfertigt war, daß sonst kein ausreichender Schutz der Persönlichkeit bestehe,[1458] sollte bei der Bemessung der Schadensersatzsumme nicht nur der Bedarf an einem Gegengewicht zum Verletzungsvorgang,[1459] sondern auch der Genugtuungsgedanke „in den Vordergrund gestellt"[1460] werden.[1461] Überdies durfte der

[1455] Vgl. auch Larenz/Canaris, *Methodenlehre*, S. 248f.
[1456] Vgl. schon Gareis, „Recht am menschlichen Körper", S. 85; vgl. auch Larenz, in: *Verhandlungen des 42. DJT*, Bd II S. D34f.
[1457] BGHZ (GS) 18, 149; BGH, Ufita 37 (1962), 110, 119; von Bar, NJW 1980, 1724, 1725.
[1458] BGHZ 95, 212, 215; BGH, NJW 1985, 1617, 1619.
[1459] BGH, NJW 1979, 1041, 1041f; OLG Köln, NJW 1989, 720, 721.
[1460] BGH, NJW 1965, 1374, 1376; vgl. auch Hartmann, NJW 1962, 12, 15.

Schadensersatz nicht „die Grundlage für übersteigerte Geldforderungen" strafrechtlicher Art bilden,[1462] die die Ausgleichsfunktion des Schmerzensgelds verkennen und gegebenenfalls eine verfassungswidrige Einschränkung der Pressefreiheit darstellen könnten.[1463] Auf diese Weise konnten die deutschen Gerichte sicherstellen, daß Schadensersatzansprüche in angemessenen Grenzen blieben,[1464] was in den U.S.A. nicht immer der Fall ist.

Anlaß für die Änderung der Rechtsprechung war Caroline von Monaco. Der Auffassung des Bundesgerichtshofs zufolge sei durch die „rücksichtslose[...] Zwangskommerzialisierung ihrer Persönlichkeit"[1465] durch gewisse Organe der Presse die Klägerin Caroline von Monaco derart empörend verletzt, daß ein „echter Hemmungseffekt"[1466] durch die Höhe des zugebilligten Schmerzensgelds angemessen sei. Die Abschreckung durch Schmerzensgeld — so hat das Landgericht Berlin den erwünschten Effekt beschrieben[1467] — könne die Pressefreiheit nicht unverhältnismäßig einschränken, weil solches rücksichtsloses, absichtliches Verhalten niemals dadurch gedeckt werden könne. Im Ergebnis werden Presseorgane bestraft, um andere Organe von ähnlichen Verhaltensweisen abzuschrecken. Ein „chilling effect" soll nicht vermieden, sondern herbeigeführt werden.

Für den angelsächsischen Juristen ist der Gedanke der zum Teil der Abschreckung dienenden „punitive damages" in eklatanten Fällen keineswegs fremd.[1468] Dieser Fall wurde jedoch nicht nach dem Common Law, sondern

---

[1461] Für weitere Erwägungen siehe Fromm, NJW 1965, 1201, 1205f; Prinz, NJW 1996, 953, 954-956; Soergel, *Presserecht*, S. 566-574; Steffen, in: Löffler, *Presserecht*, S. 416f; vgl. auch Gounalakis, AfP 1998, 10, 12f.
[1462] BGH, NJW 1965, 1374, 1376.
[1463] BVerfGE 34, 269, 285; BVerfGE 54, 129, 135f; vgl. auch OLG Düsseldorf, NJW 1980, 599, 601; Schwerdtner, in: Säcker, *Münchener Kommentar*, § 12 Rn. 206.
[1464] Calcutt, *Privacy*, S. 16; Gounalakis, *Privacy and the Media*, S. 57-59.
[1465] BGHZ 128, 1, 16; bestätigt: BGH, NJW 1996, 984, 985; BGH, NJW 1996, 985, 986; BGH, NJW 1997, 1148, 1150. Dem BGH folgend: OLG Brandenburg, NJW 1999, 3339, 3343; OLG Hamburg, NJW-RR 1996, 90, 92; OLG Koblenz, NJW 1997, 1375, 1376; LG Berlin, NJW 1997, 1373, 1375; LG Hamm, NJW-RR 1997, 1044, 1045; AG Berlin-Mitte, NJW 1995, 2639, 2640. Der Vergleich mit OLG Hamburg, Ufita 78 (1977), 252 ist lohnend. Vgl. auch BVerfGE 97, 125, 152, 155; OLG Hamburg, NJW 1996, 2870; OLG Hamburg, NJW-RR 1999, 1701, 1703.
[1466] BGHZ 128, 1, 16.
[1467] NJW 1997, 1373, 1375.
[1468] Bergmann, (1999) 19 Loy LA Ent LJ 479, 500; Deutsch, AcP 192, 161, 165; Gounalakis, AfP 1998, 10, 14f, 17f; Gounalakis/Rösler, *Ehre, Meinung und Chancengleichheit*, S. 91, 94, 97; Rosengarten, NJW 1996, 1935, 1937f; Seitz, NJW 1996, 2848, 2849; Stadler, JZ 1989, 1084, 1092f.

nach deutschem Recht entschieden. Nach deutschem Recht stehen seit der Einführung der Strafprozeßordnung im Jahre 1877[1469] „Sanktionen, die der Bestrafung und Abschreckung"[1470] dienen, alleine dem Staat zu; „punitive damages" sind in Deutschland nicht einmal vollstreckbar, wenn ein U.S.-Gericht auf sie erkennt.[1471]

Der Bundesgerichtshof berief sich in der fraglichen Entscheidung[1472] zwar auf einen Fall,[1473] in dem von der Prävention durch Schadensersatz bei Persönlichkeitsverletzungen die Rede war. Dennoch ist aus den dortigen Urteilsgründen ersichtlich, daß es sich dort nicht um die Höhe des Anspruches handelte, sondern darum, ob die Verletzung schwer genug war, um überhaupt einen Schadensersatzanspruch zu rechtfertigen.[1474] Die Berücksichtigung der Prävention bei der Entscheidung über die Höhe des zuzubilligenden Anspruches, auch als nur eines der Kriterien, geht über die Genugtuungsfunktion[1475] hinaus,[1476] denn bei der Genugtuung werden nur die Bedürfnisse des Opfers, nicht die der ganzen Gesellschaft wie bei der Prävention, erwogen. Es handelt sich also um eine echte, wenn auch keine revolutionäre,[1477] Rechtsprechungsänderung.[1478]

[1469] Stoll, *Gutachten*, S. 53f.

[1470] BGHZ 118, 312, 344. Vgl. dazu BVerfGE 91, 335, 344.

[1471] EGBGB Art. 40 III; BGHZ 118, 312, 334-345; Hay, (1999) 47 Am Jo Comp Law 633, 640f.

[1472] BGHZ 128, 1, 15.

[1473] BGH, NJW 1985, 1617, 1619; vgl. auch von Bar, NJW 1980, 1724, 1727.

[1474] Ähnliches gilt in bezug auf die von *Rosengarten* (NJW 1996, 1935, 1935f) angeführten Beispiele. Dem von ihm auf S. 1935 bei Fußnote 9 zitierten Auszug aus der Entscheidung BGHZ 35, 363 folgt die Feststellung des Gerichts, daß ein **Ausgleich des Schadens** als zulässig betrachtet werden kann. Von Bestrafung oder Prävention ist dort keine Rede. Die von *Stiefel/Stürner* (VersR 1987, 829, 841 Fußnote 163) angeführte Literatur belegt nicht, daß vor 1994 die Höhe des Schmerzensgelds von dem Präventions- im Gegensatz zum Genugtuungsgedanke beeinflußt wurde.

[1475] Schon diese Funktion wurde als strafrechtlich beanstandet: Bötticher, MDR 1963, 353, 357-359; Deutsch, AcP 192, 161, 165; Kaufmann, AcP 162, 421, 438; Schiemann, in: Coing u.a., *Staudinger-BGB*, § 253 Rn. 4; Schultz, MDR 1962, 956, 957; Schwerdtner, JuS 1978, 289, 296-298; eingehend, die Kritik ablehnend Kern, AcP 191, 247, 262-272; vgl. auch Ehlers, *Geldersatz*, S. 181-199; Prinz, NJW 1996, 953, 954; Schwerdtner, „Persönlichkeitsschutz", S. 38f.

[1476] Vgl. insbesondere BGHZ 118, 312, 339f.

[1477] Körner, NJW 2000, 241, 244; Soehring, NJW 1997, 360, 372. Vgl. schon Bußmann, GRUR 1962, 107, 108.

[1478] Vgl. auch Gounalakis, AfP 1998, 10, 14f; Gounalakis/Rösler, *Ehre, Meinung und Chancengleichheit*, S. 91-94; Prinz, NJW 1996, 953, 955; Schwerdtner, „Persönlichkeitsschutz", S. 40.

Auch diese Rechtsprechungsänderung ist nicht ohne Kritik hingenommen worden.[1479] Schon vor der fraglichen Änderung, aber noch mehr danach war die Höhe der zugebilligten Ansprüche[1480] im Vergleich mit den für Körperverletzungen gängigen Summen beanstandet worden.[1481] Dieser Vorwurf wurde und wird oft mit dem Vorwurf einer Klassenjustiz verbunden — die Voraussetzung der schweren Schuld für die Zubilligung des Schmerzensgelds soll zur Begünstigung der „Besserverdienenden" geführt haben, weil nur diese imstande sind, eine schwere Schuld, etwa durch weitgehende Veröffentlichung ihrer Angelegenheiten in der Presse, zu beweisen. Die Gerichte ignorieren die Auswirkungen von Persönlichkeitsverletzungen auf den kleinen Mann.[1482]

Außerdem habe der Zivilrichter mit dem Gedanken der Bestrafung die Aufgabe des Strafrichters usurpiert.[1483] Es wurde mit anderen Worten beanstandet, daß durch die Einführung der Abschreckung als Kriterium für die Anspruchshöhe ein unzulässiges, systemwidriges strafrechtliches Moment in das Zivilrecht eingeführt worden ist.[1484] Das Schmerzensgeld, dem die öffentliche Funktion der Prävention nunmehr zukommt, bereichert das Opfer, ohne daß dies durch eine entsprechende Verletzung von ähnlich großem Gewicht gerechtfertigt werden könne.[1485] Das wird besonders dann deutlich, wenn verlangt wird, daß eine Wiederholungsgefahr die Höhe des zugebilligten Anspruchs erhöhen müsse, auch wenn nicht der Kläger, sondern andere zu Opfern der Wiederholungstaten werden könnten.[1486]

[1479] Zustimmend dagegen Forkel, JZ 1997, 43, 45; Prinz, NJW 1995, 817, 820; weitergehend Prinz, NJW 1996, 953, 956f; Stark, *Ehrenschutz*, S. 175f; Steffen, ZRP 1994, 196, 197.

[1480] Siehe dazu im allgemeinen Seitz, NJW 1996, 2848, 2848; Soehring, NJW 1997, 360, 373; Soergel, *Presserecht*, S. 575f; Steffen, NJW 1997, 10, 12; Steffen, in: Löffler, *Presserecht*, S. 419.

[1481] Eine Kammer des BVerfG hat jedoch jüngst entschieden, daß unter diesem Gesichtspunkt kein Verstoß mit dem Gleichheitsgrundsatz vorliegt: NJW 2000, 2187. Vgl. dennoch Gottschalk, NJW 1999, 3764, 3764f; Gounalakis, AfP 1999, 10, 16f; Gounalakis/Rösler, *Ehre, Meinung und Chancengleichheit*, S. 143; Seitz, NJW 1996, 2848, 2849. Vgl. weiter von Bar, NJW 1980, 1724, 1727; Foerste, NJW 1999, 2951, 2951; Schlechtriem, JZ 1995, 362, 363; Schwerdtner, JuS 1978, 289, 294; Steffen, NJW 1997, 10, 12.

[1482] von Bar, NJW 1980, 1724; Ehmann, JuS 1997, 193, 203; Gounalakis, AfP 1998, 10, 16. Vgl. auch Schwerdtner, JuS 1978, 289, 291 (Verirrungen der Rechtsprechung), 294; Schwerdtner, „Persönlichkeitsschutz", S. 43f.

[1483] Bußmann, Ufita 37, 1, 4 (zur Geschichte des § 253 BGB); Gounalakis, AfP 1998, 10, 11f, 14; Seitz, NJW 1996, 2848, 2848; Soehring, NJW 1997, 360, 372f.

[1484] Gounalakis, AfP 1998, 10, 14-16; Gounalakis/Rösler, *Ehre, Meinung und Chancengleichheit*, S. 93-98.

[1485] Gounalakis, AfP 1998, 10, 17; Heldrich, „Persönlichkeitsschutz", S. 324.

[1486] Prinz, NJW 1996, 953, 955, 957.

Für die erfolgte Rechtsprechungsänderung bestehe kein Bedarf, da die vielen nach deutschem Recht vorhandenen Rechtsmittel ein differenziertes Verfahren zuließen: wenn sie nicht bereits für jeden möglichen Fall ausreichten, sei einer Rechtsentwicklung und -fortbildung auf diesem Gebiet gegenüber Schmerzensgeld der Vorzug zu geben.[1487] Man müsse sich fragen, ob die Neuerungen des Bundesgerichtshofs mit dem Grundrecht der Pressefreiheit und dem Verhältnismäßigkeitsgrundsatz vereinbar sind.[1488] Allerdings ist bis heute kein Beispiel des Untergangs eines Presseorgans wegen der Rechtsprechung zur Höhe des Schmerzensgeldanspruchs bekannt geworden;[1489] seit 1994 ist die durchschnittliche Höhe des zugebilligten Schmerzensgelds keineswegs erheblich gestiegen,[1490] und die größeren Medienkonzerne verfügen über Kapital in Milliardenhöhe.[1491] Man kann hierbei nur hoffen, daß auch in Zukunft das erhöhte „Präventions-Schmerzensgeld" nur bei der unzweifelhaften Feststellung einer eklatanten und vorsätzlichen Verletzung des Persönlichkeitsrechts zugebilligt wird und daß dadurch kein „chilling effect" in Fällen herbeigeführt wird, in denen mangels vorsätzlicher Rechtsverletzung er nicht nur zwecklos, sondern auch für die Freiheit der Presse gefährlich sein könnte.

9. Fazit und Stellungnahme

Obwohl sämtliche Versuche, das deutsche Recht der Persönlichkeit zu kodifizieren, gescheitert sind,[1492] haben die Gerichte einen weitreichenden allgemeinen Persönlichkeitsschutz als Richterrecht eingeführt. Trotz Kritik

---

[1487] Gounalakis, AfP 1998, 10, 18-24; Gounalakis/Rösler, *Ehre, Meinung und Chancengleichheit*, S. 89.

[1488] Gounalakis, AfP 1998, 10, 24; Heldrich, „Persönlichkeitsschutz", S. 324; Schwerdtner, in: Säcker, *Münchener Kommentar*, § 12 Rn. 206; Seitz, NJW 1996, 2848, 2849. Vgl. auch Schwerdtner, „Persönlichkeitsschutz", S. 39f (zwei Fälle vor 1994); BVerfGE 91, 335, 344 (Frage noch offen).

[1489] Schwerdtner, „Persönlichkeitsschutz", S. 41f; Stark, *Ehrenschutz*, S. 170f.

[1490] Soehring, NJW 1997, 360, 363; Steffen, NJW 1993, 10, 13f. Das könnte sich ändern, wenn der von Soehring/Seelmann-Eggebert (NJW 2000, 2466, 2479) identifizierte Trend zunimmt.

[1491] Seitz, NJW 1996, 2848, 2848; Seitz, NJW 1997, 3216, 3216.

[1492] Siehe dazu Anonym, NJW 1957, 1509, 1510; Beschluß des 45. DJT, in: *Verhandlungen des 45. DJT*, S. C127; Beschluß des 58. DJT, in: *Verhandlungen des 58. DJT*, S. K218; Brandner, JZ 1983, 689, 689; Bußmann, Ufita 37, 1, 21; Bußmann, GRUR, 1969, 303, 304; von Caemmerer, „Privatrechtlicher Persönlichkeitsschutz", S. 33; Diederichsen, *Flucht des Gesetzgebers*, S. 56-62; Erdsiek, Ufita 29, 1; Erdsiek, NJW 1966, 1385, 1385; Koebel, JZ 1959, 513; Krüger-Nieland, „Urheberpersönlichkeitsrecht", S. 217f; Leinveber, GRUR 1960, 17, 24f; Löffler, NJW 1959, 1; Löffler, NJW 1962, 225, 225; Malmström (Hrsg.), *Right of Privacy and Rights of the Personality*, S. 174, 226-234 (Abdruck des Gesetzentwurfes vom Jahre 1959); Neumann-Duesberg, NJW 1960, 749; Stürner, *Gutachten A*, S. A61f; Weitnauer, NJW 1959, 313; Weitnauer, NJW 1960, 1142; Wenzel, *Recht*, S. 756f.

haben sie daraus eine gefestigte Rechtsprechung entwickelt, die, wie das Common Law auf anderen Gebieten, gerade wegen des Mangels an gesetzlicher Grundlage flexibel geblieben und den Herausforderungen der Zukunft gewachsen ist.[1493]

Für diesen Schritt waren wie in den U.S.A. Verfassungsvorschriften verantwortlich. Erst nach dem Inkrafttreten einer Verfassung, die die Menschenwürde an die Spitze ihrer Wertordnung stellt, fühlten sich die Gerichte imstande, zum Teil *contra legem* die Persönlichkeit als schützenswertes Rechtsgut anzuerkennen. In der Weimarer Republik haben die Verfassungsvorschriften mangels dieses obersten Wertes nur wenige, zu denen das Reichsgericht nicht zählte, von der Zulässigkeit der Anerkennung eines allgemeinen Persönlichkeitsrechts überzeugen können.

Dabei hat man durch ein differenziertes Güterabwägungsverfahren die Einseitigkeit des U.S.-amerikanischen Rechts öffentlichen Personen gegenüber vermieden und dadurch sichergestellt, daß auch beispielsweise Politiker einen unantastbaren Privatbereich genießen.

Trotz alledem ist es für einen angelsächsischen Beobachter erstaunlich, welches Maß an „Gesetzesuntreue“ erforderlich und, so das Bundesverfassungsgericht, auch zulässig war, um diese Entwicklung zu erreichen. Abgesehen von den oben geäußerten Bedenken in bezug auf die Drittwirkungslehre kann man zwar ohne allzu große Schwierigkeit verstehen, daß nach dem Zweiten Weltkrieg und unter dem Grundgesetz die Anerkennung eines allgemeinen Persönlichkeitsrechts zulässig wurde, zumal das gleiche Ergebnis durch mühsame Analogieschlüsse aus schon gesetzlich normierten Rechten hätte erreicht werden können.

Hätte aber der Verfasser dieser Arbeit etwa 1960 zu dem klaren Rechtsbruch, der mit der Überwindung der Hürde des § 253 BGB verbunden war, Stellung nehmen müssen, so hätte er diese Entwicklung abgelehnt. In vielen Fällen ist zugegebenermaßen Schmerzensgeld das einzig ersichtliche Mittel bei einer Persönlichkeitsverletzung. Man kann zum Beispiel der Veröffentlichung einer wahren Tatsache, die für den Betroffenen unangenehm ist und zu dessen Privatsphäre gehört, nicht wirksam durch Unterlassungs-, Widerrufs- oder Gegendarstellungsansprüche begegnen. Trotzdem kann den Verfassungsvorschriften, wie oben dargelegt, kein Auftrag entnommen werden, Schadensersatz für Übertretungen des allgemeinen Persönlichkeitsrechts zuzubilligen. Auch wenn das Gesetz insofern mangelhaft sein mag, ist es doch der letzte

[1493] Schwerdtner, “Persönlichkeitsschutz”, S. 29; Schwerdtner, JuS 1978, 289, 299.

Ausdruck des Willens des Gesetzgebers, der Beachtung und Respekt durch die Gerichte verdient. Die Richter sind nicht berufen, an die Stelle des demokratisch gewählten Gesetzgebers zu treten und Änderungen vorzunehmen, die ihnen wünschenswert erscheinen. Von einer Situation wie bei der Bewältigung des schwersten Unrechts der N.S.-Zeit, in der das Gesetz dem Recht zu weichen hatte (vgl. den heutigen Art. 20 III GG), kann keine Rede sein. Aus der Perspektive eines Common Lawyers scheint die große Mühe der Kodifikation und die damit verbundenen Nachteile für die Rechtsordnung verlorenzugehen, wenn sich die Gerichte für befugt halten, die gesetzlichen Vorschriften nicht nur auszulegen, sondern sie auch praktisch außer Kraft zu setzen.

Nach dem *Soraya*-Beschluß des Bundesverfassungsgerichts, der sich zugegebenermaßen auf Gemeinplätze beschränkt und mit den einschlägigen Fragen nicht auseinandergesetzt hat, ist aber jeder Widerstand gegen diese Entwicklungen zwecklos geworden. Das gilt aber nicht für die Erweiterung der Funktionen des Schmerzensgeldes auf Prävention. Der Verfasser lehnt auch diese Entwicklung nicht deswegen ab, weil er sie unbedingt für verfehlt hält oder kein entsprechendes Erfordernis danach besteht, sondern weil nur der Gesetzgeber eine demokratisch legitimierte Antwort auf die mit einer solchen Entwicklung verbundenen Fragen, Schwierigkeiten und Gefahren geben kann. Man denke in dieser Hinsicht an die Gefahren der neuen Rechtsprechung für die Pressefreiheit oder für das Prinzip der Gleichheit vor dem Gesetz und den damit verbundenen Vorwurf der Klassenjustiz. Wenn die Prävention als weiterer Zweck des Schadensersatzanspruches anerkannt werden sollte, dann muß das durch ein entsprechendes Gesetz geschehen. Sonst haben die Gerichte lediglich die usurpierte Befugnis, Schadensersatz entgegen § 253 zu gewähren, unzulässigerweise ausgedehnt.

D. ZU DEN GRENZEN RICHTERLICHER RECHTSFORTBILDUNG

I. Zur Aufgabe

1. Ergebnis der Rechtsvergleichung

a. Kommunikationsfreiheit

Das Ergebnis dieser Untersuchung über die Fortbildung des deutschen und australischen Rechts bezüglich der Kommunikationsfreiheit ist, daß bei allen Unterschieden in Einzelfragen die Entwicklung in der Rechtsprechung der beiden Länder zwar nicht gleichzeitig, aber im Ergebnis parallel verlaufen ist. In beiden Ländern gab es — in Deutschland bis in die 50er Jahre, in Australien bis zur *Theophanous*-Entscheidung des Jahres 1994 — eine restriktive Auslegung der Ausnahmen von der Haftung im Diffamierungsrecht bei der Diskussion politischer Angelegenheiten. In Australien beschränkte sich die restriktive Auslegung auf den Tatsachenbereich, da nach englischem Muster Meinungsäußerungen ein großzügigerer Spielraum unter der Rubrik des „fair comment" eingeräumt wurde. In bezug auf Tatsachenbehauptungen verlangte man dagegen, daß der Sich-Äußernde entweder seine Äußerungen als völlig wahr rechtfertigte oder aber im gleichen Wahlkreis wie der Betroffene wohnte und sich ohne „malice" geäußert hatte.

Auch in Deutschland — jedoch nicht nur in bezug auf Tatsachen — existierte nach der Rechtsprechung des Reichsgerichts und der frühen Rechtsprechung des Bundesgerichtshofs das Erfordernis, daß die fragliche Angelegenheit den Sich-Äußernden nahe angehen mußte, wollte er sich auf § 193 StGB berufen. Wie im anglo-australischen Recht schloß das die Anwendung des § 193 StGB bei Äußerungen in der Presse fast völlig aus. Unter dem Einfluß des Grundgesetzes wurde diese Rechtsprechung geändert bzw. politische und andere öffentliche Angelegenheiten als jeden Bürger des demokratischen Staates nahe angehend anerkannt. Das kommt auch den Medien zugute. In Australien hat man 1994 den Rechtfertigungsgrund des „qualified privilege" bei der Diskussion von politischen Fragen speziell für die Medien ausgedehnt. Die Begründung dieser Rechtsprechungsänderung war nicht in jeder Hinsicht überzeugend; das Recht mußte also nochmals im *Lange*-Urteil überprüft und geändert werden, ohne daß es dabei zu einer Rückkehr zur Rechtslage vor 1994 gekommen ist.

Die Beschränkung der Ausdehnung des australischen Rechts auf politische Angelegenheiten erklärt sich daraus, daß die australische verfassungsrechtliche Kommunikationsfreiheit nur bei solchen Angelegenheiten einschlägig ist, weil sie nur den politischen Prozeß und nicht wie in Deutschland die öffentliche

Meinungsbildung in allen die Öffentlichkeit berührenden Sachen schützen soll. Die australische Freiheit wird aus einer verfassungsrechtlichen Implikation abgeleitet, die lediglich die politische Willensbildung unter Schutz stellt, um die demokratische Staatsform zu gewährleisten; in Deutschland gewährt die Verfassung ausdrücklich einen weitergehenden Schutz.

In Australien hat man glücklicherweise den größten Fehler des U.S.-amerikanischen Rechts vermieden und diese Ausdehnung mit Sorgfaltsanforderungen in Form von „reasonableness“ verknüpft. Auch in Deutschland sind die Sorgfaltsanforderungen an die Medien wegen der großen Breitenwirkung der Medien höher als beim privaten Bürger.

b. Persönlichkeitsschutz

Beim Persönlichkeitsschutz sieht es anders aus. Eine Ähnlichkeit in der Rechtsfortbildung durch die Gerichte von Deutschland und Australien gibt es im Gegensatz zur Meinungsfreiheit nicht.

In Deutschland wie in Australien wurde ursprünglich die Persönlichkeit nur geschützt, wenn der Kläger ein anderes, rechtlich anerkanntes Interesse geltend machen oder sich auf ein besonderes, gesetzlich normiertes Persönlichkeitsrecht wie etwa § 12 BGB oder Teil IX des australischen Bundesgesetzes *Copyright Act* 1968 berufen konnte. Weder das Bürgerliche Gesetzbuch noch das Common Law kannte die Persönlichkeit als Rechtsgut, das umfassend geschützt wurde.

In Deutschland wurde diese Rechtslage nach der Ausrufung der Weimarer Republik zunehmend in Frage gestellt und nach dem Zweiten Weltkrieg endgültig durch Richterspruch geändert. In mehreren Entscheidungen von außergewöhnlicher Weite, Kühnheit und Gesetzesuntreue hat der Bundesgerichtshof nicht nur ein allgemeines Persönlichkeitsrecht anerkannt, das die Lücken der besonderen Schutzgesetze ausfüllt, sondern auch die Vorschrift des § 253 BGB auf diesem Gebiet außer Kraft gesetzt und die Prävention als legitimes Ziel des Schadensersatzes anerkannt.

Obwohl nicht nur diese Art von „punitive damages“, sondern auch die Art und Weise der Rechtsfortbildung in Deutschland sehr an die Methoden des Common Law erinnert, sind bis auf relativ unbedeutende Abweichungen in Detailfragen (wie etwa bei „passing off“) die australischen Gerichte der englischen Tradition treu geblieben und nicht dem deutschen Beispiel gefolgt. Folglich gibt es in Australien kein allgemeines Persönlichkeitsrecht und kein Recht auf den Schutz der Privatsphäre. Auch dem U.S.-amerikanischen Beispiel, das in Australien viel besser bekannt ist als das deutsche, sind die

Australier nicht gefolgt. Es ist außerdem unwahrscheinlich, daß sich diese Rechtslage in absehbarer Zukunft ändert. Eine Änderung in England ist zwar keineswegs sicher, aber doch wegen des *Human Rights Act* 1998 viel wahrscheinlicher als eine Änderung in Australien.

2. Beschränkung auf richterliche Rechtsfortbildung in Australien

Im folgenden Teil der Arbeit werden die Gründe dieses auffälligen Unterschieds zwischen der Fortbildung des Rechts durch die australischen Gerichte auf dem Gebiet des Diffamierungsrechts und die Starrheit des Rechts im Persönlichkeitsschutzbereich untersucht.

Dieser Aufgabe entspricht es, daß es sich in diesem Teil nicht in erster Linie um die Grenzen der richterlichen Rechtsfortbildung in anderen Ländern handelt. Entwicklungen in anderen Ländern, etwa in Deutschland, sind in diesem Teil der Arbeit vor allem deshalb relevant, weil sie Fragen zum Mangel ähnlicher Entwicklungen in Australien aufwerfen. Mit anderen Worten: es sei hier vor allem untersucht, warum in Australien eine Entwicklung im Persönlichkeitsrecht, die den deutschen Entwicklungen entspräche, nicht geschehen ist. In Verbindung damit sei gefragt, weswegen diese Entwicklungen in Deutschland eintraten.[1494] Auch die rechtspolitische Frage, weshalb der Gesetzgeber weder in Australien noch in Deutschland ein allgemeines Persönlichkeitsrecht gesetzlich normiert hat, ist nicht Thema dieser rechtsvergleichenden Arbeit.

3. Empirische, nicht normative Untersuchung

Gelegentlich werden Aufsätze und Bücher geschrieben, in denen versucht wird, Richtern vorzuschreiben, wann und wie sie das Recht fortbilden dürfen.[1495] Man muß aber diese wichtige Aufgabe von dem Ziel dieses Teils unterscheiden. In diesem Teil wird, wie eingangs erwähnt, nicht nach den normativen Grenzen der richterlichen Rechtsfortbildung gefragt. Stattdessen sei gefragt, wann sich in der Praxis Richter für aufgerufen gehalten haben, das Recht bewußt zu ändern. Die Frage lautet daher: „Wann ändern Richter in der Praxis das Recht?", nicht: „Wann dürfen Richter das Recht ändern?". Anhand von zwei Beispielen der richterlichen Praxis in Australien — Meinungsfreiheit und Persönlichkeitsschutz — sei gefragt, weswegen im ersten Fall eine Änderung geschehen ist, im zweiten aber nicht.

[1494] Vgl. zu den Unterschieden zwischen der Tradition der common-law-Gerichte und der der kontinentaleuropäischen Gerichte Cappelletti, (1981) 8 Monash LR 15, 58-64.
[1495] Siehe z.B. oben, Fußnote 2.

II. Präjudizienkraft

Ein Grund für den Unterschied zwischen Deutschland und Australien liegt zweifellos in dem Fehlen einer umfassenden Doktrin von *stare decisis* in Deutschland.[1496] Es ist sehr selten, daß ein deutsches Gericht rechtlich gezwungen wird, den Rechtssätzen eines anderen Gerichts Folge zu leisten. Natürlich sind die deutschen Gerichte auch bemüht, unnötige Berufungs- oder Revisionsentscheidungen durch überflüssige Abweichungen von der gefestigten Rechtsprechung der höheren Gerichte zu vermeiden. Dennoch gibt es im deutschen Recht — abgesehen von der Bindungswirkung der Entscheidungen des Bundesverfassungsgerichts nach § 31 I BVerfGG[1497] und der besonderen Stellung des Großen Senats des Bundesgerichtshofs (§ 138 I 3 GVG) sowie des Revisionsgerichts nach Vorschriften wie §§ 565 ZPO, 358 I StPO in einzelnen, von ihnen entschiedenen Rechtsstreiten — keine Bindungswirkung, wie sie in dem angelsächsischen Rechtskreis bekannt ist.[1498]

Einige Auswirkungen dieses Prinzips wurden bereits angesprochen. Sowohl in bezug auf die Meinungsfreiheit[1499] als auch auf den Persönlichkeitsschutz[1500] gab es schon vor der jeweiligen Rechtsprechungsänderung durch den Bundesgerichtshof Beispiele von Fällen, in denen die Instanz- bzw. Berufungsgerichte von der Rechtsprechung des Reichsgerichts abgewichen sind. Solche Fälle sind im angelsächsischen Rechtskreis nahezu, wenn nicht völlig,[1501] undenkbar. Im deutschen Recht sind sie jedoch möglich. Diese Möglichkeit der Abweichung hat sowohl Nachteile (etwa Rechtsunsicherheit) als auch Vorteile (Flexibilität).

In bezug auf das hier behandelte Thema wurden die oben geschilderten Meinungen der Instanz- und Berufungsgerichte zweifellos bei der Entscheidung des Bundesgerichtshofs für eine Fortbildung des Rechts beachtet. (Proteste der Instanz- und Berufungsgerichte **nach** einer solchen Entscheidung, wie etwa nach der Entscheidung, § 253 BGB im Persönlichkeitsschutz abzuschaffen,[1502]

[1496] Dazu aus australischer Perspektive *Emmett* J. vom Federal Court in *Apand* v. *Kettle Chip* (1999) 88 FCR 568, 599f.

[1497] Zur Reichweite der Bindung anderer Gerichte durch diese Vorschrift vgl. z.B. Maunz/ Zippelius, *Deutsches Staatsrecht*, S. 370.

[1498] Foster, *German Law*, S. 55f; Goodhart, (1934) 50 LQR 40; Lücke, (1982) 98 LQR 29, 70 m.w.N.

[1499] Siehe oben, S. 98, 102.

[1500] Siehe oben, S. 204.

[1501] Für eine amüsante Ausnahme vgl. Williams, *Learning the Law*, S. 88f.

[1502] Siehe oben, Fußnote 1373.

verdienen dagegen weniger Beachtung, da das Gericht in solchen Fällen schon Farbe bekannt hat und einen Fehler nicht eingestehen will.)

Im Rahmen des anglo-australischen Fallrechtssystems könnten jedoch die australischen Oberlandes- und Landgerichte von der Entscheidung des High Court gegen ein allgemeines Persönlichkeitsrecht im *Victoria Park*-Fall vom Jahre 1937 auch nicht abweichen, wenn sie die Entscheidung für völlig falsch halten. Sie können allenfalls versuchen, einen entscheidungsrelevanten, möglichst überzeugenden Unterschied in der Tatsachenkonstellation zu finden.[1503] An die Rechtssätze des High Court sind sie aber gebunden. Das schließt die Entwicklung eines allgemeinen Persönlichkeitsschutzes auf Oberlandesgerichtsebene völlig aus.

In den U.S.A. war die Entwicklung anders. Der Unterschied erklärt sich aus drei Gründen. Erstens gibt es in den U.S.A. kein oberstes Gericht, das das Common Law für alle Bundesländer der U.S.A. festsetzen könnte. Jedes Bundesland hat ein eigenes Common Law, der Supreme Court muß sich auf verfassungsrechtliche und bundesrechtliche Fragen beschränken.[1504] Es gibt also im Gegensatz zu Australien viele oberste Gerichte, die man von den Vorteilen des allgemeinen Persönlichkeitsrechts zu überzeugen versuchen konnte. Zweitens ist oft und zutreffend darauf hingewiesen worden, daß die *stare decisis*-Doktrin in den U.S.A. nicht so ernst genommen wird wie im anglo-australischen Recht.[1505] Auch wenn kein absoluter Gegensatz zwischen den U.S.A. und Australien in dieser Hinsicht besteht[1506] — denn auch in Australien ist nicht nur Rechtssicherheit, sondern auch Flexibilität im Fallrechtssystem erwünscht —, ist der Unterschied trotzdem deutlich.

Drittens wurde der Artikel von *Warren* und *Brandeis* von den U.S.-amerikanischen Gerichten am Anfang des 20. Jahrhunderts als Hinweis auf ein wegen technologischer Neuerungen und gesellschaftlichen Wandels neu entstandenes Rechtsgebiet verstanden, während sich die australischen Gerichte schon 1937 mit gegensätzlichen englischen Präjudizien konfrontiert sahen,

---

1503 Wie etwa in *Mirror Newspapers* v. *Queensland Newspapers* [1982] Qd R 305.

1504 Siehe oben, Fußnote 442.

1505 *Ballina Shire Council* v. *Ringland* (1994) 33 NSWLR 680, 733; Brittan, (1963) 37 Tulane LR 235, 243f; Burns, "Privacy and the Common Law", S. 23; Cappelletti, (1981) 8 Monash LR 15, 62f; Devlin, (1976) 39 MLR 1, 6; Dworkin, (1967) 2 U Tas LR 418, 431; Jaffe, *English and American Judges*, S. 63; Pratt, [1975] PL 161, 162; Skala, (1977) 10 U Qld LJ 127, 138-140; Yang, (1966) 15 ICLQ 175, 188.

1506 Kirby, (1992) 15 UNSWLJ 462.

denen damals die australischen Gerichte gehorsam zu folgen pflegten und die sich weigerten, das Gebiet als neu zu betrachten.[1507]

> „When a Court finds itself with a problem upon which it has no guideline it arrives at a point where judicial discretion is exceedingly valuable. The choice is to create something where nothing existed or to determine that nothing exists because nothing has existed. The English Courts and the American Courts have taken different paths over the issue of privacy.“[1508]

Wie schon im *Lange*-Urteil gezeigt wurde, kann der australische High Court die eigenen Entscheidungen revidieren. „However, such a course is not lightly undertaken“,[1509] wie fünf Richter des High Court 1989 feststellten. Insbesondere gab es bei *Theophanous* einen besonderen Grund, der die Entscheidung vor dem High Court seiner Bindungswirkung als Präjudiz nahezu völlig beraubte: die Tatsache, daß die Entscheidung nur durch den Kompromiß von *Deane* J. entgegen seiner eigenen Überzeugung mit der Meinung der drei anderen Richter überhaupt zustandegekommen ist.[1510] Kein solcher Mangel besteht in bezug auf die Entscheidung des High Court in *Victoria Park*, die zudem vom High Court 1984 bestätigt wurde.[1511] Es ist für eine Partei im Rechtsstreit ein großes und kostspieliges Risiko, vor Gericht zu gehen, um die Beseitigung einer allem Anschein nach gefestigten Rechtsprechung herbeizuführen. Das schreckt davon ab und bedeutet, daß die Richter keine Gelegenheit bekommen, das Recht zu revidieren, auch wenn sie diesem Wunsch entsprechen würden.[1512] Der Kraft der Präjudizien im anglo-australischen System im allgemeinen sowie der Präjudizienkraft von *Victoria Park* im besonderen sind zweifellos die Starrheit und die Sicherheit des australischen Rechts im Persönlichkeitsbereich zu verdanken.

Das aber kann keine vollständige Erklärung sein. Die Phase der Revolution im australischen Verfassungsrecht zwischen 1992 und 1997 war mit bisherigen Annahmen über die Auslegung der australischen Verfassung unvereinbar.[1513]

[1507] Siehe oben, Fußnote 755.

[1508] Skala, (1977) 10 U Qld LR 127, 139. Vgl. auch *Ballina Shire Council* v. *Ringland* (1994) 33 NSWLR 680, 710.

[1509] *John* v. *Federal Commissioner of Taxation* (1989) 166 CLR 417, 438. Siehe zuletzt *Esso Australia Resources* v. *Federal Commissioner of Taxation* (1999) 168 ALR 123, 137f, 151, 162. Vgl. auch Jackson, (1994) 11 Aust Bar Rev 197, 207f.

[1510] Siehe oben, S. 75.

[1511] Siehe oben, S. 136.

[1512] Kirby, *Judicial Activism*, S. 8; McHugh, (1999) 73 ALJ 37, 43; vgl. aber Lindell, (1998) 5 Agenda 83, 93.

[1513] *Miller* v. *T.C.N. Channel 9* (1986) 151 CLR 556, 579; *Ballina Shire Council* v. *Ringland* (1994) 33 NSWLR 680, 696.

Die Entscheidung der vier Richter in *Theophanous* stellte zum Beispiel einen Bruch mit dem englischen Erbe, wie es einige Male vom High Court bestätigt worden war, dar.[1514] Der High Court kann jederzeit von den eigenen Entscheidungen abweichen, zum Beispiel wenn „the earlier decisions did not rest upon a principle carefully worked out in a significant succession of cases [or] had achieved no useful result but on the contrary had led to considerable inconvenience“,[1515] obwohl selbstverständlich auch in solchen Fällen kein Abweichungszwang besteht.

Ein High-Court-Richter, der von *Victoria Park* abweichen wollte, könnte beispielsweise die Ansicht vertreten, daß lediglich zwei Fälle aus 1937 und 1984 keine „significant succession of cases“ darstellen oder aber daß der Mangel an einem Persönlichkeitsschutz im australischen Recht „considerable inconvenience“ hervorgerufen habe. Diese Meinungen mögen zwar nicht überzeugend sein, sie sind dennoch bei vorhandenem Willen durchaus vertretbar. Die Präjudizienkraft kann also lediglich **eine** unter vielen Erklärungen für den Mangel an der Entwicklung eines Persönlichkeitsrechts im australischen Recht sein.

[1514] Siehe oben, Fußnote 317.

[1515] *John* v. *Federal Commissioner of Taxation* (1989) 166 CLR 417, 438.

III. Reichweite und Komplexität der Änderung

Es liegt auf der Hand, daß die Einführung eines neuen zivilrechtlichen Delikts zum Schutz der Privatsphäre eine große Aufgabe wäre. Man müßte viele Fragen beantworten, zum Beispiel, wie in den U.S.A., über die Reichweite der Ausnahmen für Personen oder Angelegenheiten von öffentlichem Interesse, über die zur Verfügung stehenden Rechtsmittel bei Verletzungen des neuen Rechts, über die Grenzen der Privatsphäre, die geschützt wird, ob der Vorsatz- oder Fahrlässigkeitsmaßstab gilt, und vieles andere mehr. Ein zivilrechtliches Delikt zum Schutz der Privatsphäre wäre im Common Law so neu, daß sich die schon vorhandenen Rechtsinstitute nicht unbedingt analog anwenden ließen.

Es wurde schon oben[1516] in einem anderen Zusammenhang darauf hingewiesen, daß eine Änderung des Rechts durch die Richter desto „gesetzgeberischer" und mit dem üblichen Verständnis des Richteramts unvereinbarer erscheint, je mehr neue Regeln mit der Änderung eingeführt werden müssen. Das erklärt sich daraus, daß es in aller Regel der Gesetzgeber ist, der mit einem Mal viele neue Regeln einführt, während Richter normalerweise Recht dadurch schöpfen, daß sie kleine Änderungen oder Entwicklungen auf einem beschränkten Gebiet vornehmen.[1517]

Dafür gibt es auch gute Gründe. Gerichten stehen im Regelfall nur wenige Informationen über die Auswirkungen einer Rechtsprechungsänderung zur Verfügung. Wenn eine Änderung weitreichende Folgen hätte, würde es auch die Rechte vieler anderer Bürger berühren, denen die Gerichte dann auch Rechnung zu tragen hätten. Dadurch könnten die Gerichte in kontroverse Fragen verstrickt werden, die sie außerdem ohne den Untersuchungs- und Forschungsapparat, der den anderen zwei Gewalten zusteht, lösen müßten. Ihre Entscheidungen werden auch auf schon geschehene Tatsachen angewandt und sind folglich in diesem Sinne rückwirkend. Sie sind außerdem nicht unmittelbar demokratisch legitimiert.[1518] Die Gerichte beschränken sich also in

---

[1516] Siehe oben, S. 26.

[1517] *Malone* v. *Metropolitan Police Commissioner* [1979] Ch 344, 372f; *Kleinwort Benson* v. *Lincoln C.C.* [1999] 2 AC 349, 378; Dawson, (1996) 3 TJR 1, 6f; Kirby, *Judicial Activism*, S. 9.

[1518] *International News Service* v. *Associated Press* (1918) 248 US 215, 264-267; 63 L Ed 211, 231-233; *D.P.P.* v. *Withers* [1975] AC 842, 863, 872; *Malone* v. *Metropolitan Police Commissioner* [1979] Ch 344, 373; *State Government Insurance Commission* v. *Trigwell* (1979) 142 CLR 617, 633; *Ballina Shire Council* v. *Ringland* (1994) 33 NSWLR 680, 704, 731-733; *Northern Sandblasting* v. *Harris* (1997) 188 CLR 313, 386, 400-403; *Heil* v. *Rankin* [2000] 2 WLR 1173, 1190-1193; Cappelletti, (1981) 8 Monash LR 15, 48-58; Dawson, (1996) 3 TJR 1, 6; Devlin, (1976) 39 MLR 1, 11f; Doyle, "Implications", S. 86f;

(Fortsetzung nächste Seite ...)

aller Regel auf kleinere Änderungen, die keine unerwarteten Nebenwirkungen haben sollen und für die Gesellschaft nicht so wichtig sind, daß eine demokratisch legitimierte Entscheidung erforderlich ist. Die Schaffung eines völlig neuen zivilrechtlichen Delikts, einer neuen „cause of action", gehört also seit den Anfangsjahren des Common Law im Mittelalter nicht zu den üblichen richterlichen Aufgaben.[1519] „The Courts could never have created the Welfare State".[1520]

Der Bedarf an vielen neuen Regeln sowie an einem völlig neuen zivilrechtlichen Delikt trägt zweifellos zu der Entscheidung der australischen Richter bei, kein Persönlichkeitsrecht im australischen Recht anzuerkennen.[1521] Im Vergleich damit waren die Änderungen in *Theophanous* bzw. *Lange* viel weniger weitreichend. In beiden Fällen gab es kein neues zivilrechtliches Delikt, sondern nur Änderungen im Rechtfertigungsbereich. Zwar wurde im ersten Fall ein neuer, verfassungsrechtlicher Rechtfertigungsgrund eingeführt, er wurde aber zum Gegenstand von vielfacher Kritik und in *Lange* wieder abgeschafft, so daß nunmehr nur die Ausdehnung des schon bestehenden Rechtfertigungsgrunds des „qualified privilege" als Ergebnis der Rechtsprechungsänderungen der 90er Jahre auf diesem Gebiet Bestand hat. Außerdem konnte das Gericht bei der Ausgestaltung des Sorgfaltsmaßstabes von „reasonableness" an ein schon existierendes Gesetz des Bundeslandes New South Wales anknüpfen. Im Endergebnis hat man die Reichweite eines Rechtfertigungsgrundes daher nur mäßig vergrößert.

Es trifft zwar zu, daß die drei Änderungen in bezug auf das allgemeine Persönlichkeitsrecht im deutschen Recht weiterreichend sind als die bloße Ausdehnung eines Rechtfertigungsgrundes. Auch hier darf man jedoch nicht vergessen, daß sämtliche Änderungen über einen Zeitraum von vierzig Jahren

---

Lane, (1981) 55 ALJ 737, 738-741; Lücke, (1982) 98 LQR 29, 83-87; Lücke, (1983) 8 Adel LR 228, 228-231; Mason, (1996) 3 JCULR 1, 7-10; McHugh, (1988) 62 ALJ 116, 120, 125; McHugh, (1999) 73 ALJ 37, 48; Sackville, (1997) 20 UNSWLJ 145, 158f; Söllner, ZG 1995, 1, 10-12;Yeo, (1999) 8 JJA 203, 211f. Vgl. auch zur Rückwirkung richterlicher Rechtsprechungsänderungen *Ha* v. *New South Wales* (1997) 189 CLR 465, 503f, 515; *Torrens Aloha* v. *Citibank* (1997) 72 FCR 581; *Kleinwort Benson* v. *Lincoln C.C.* [1999] 2 AC 349; Atkinson, (1981) 7 U Tas LR 33, 51f; Devlin, (1976) 39 MLR 1, 10f; Diplock, "The Courts as Legislators", S. 271, 277, 280-282; Lücke, (1982) 98 LQR 29, 44f sowie die Diskussion des deutschen Rechts bei Taylor, *Zur Zulässigkeit*, Abschnitt C IV 2 m.w.N.

1519 Doyle, (1998) 57:1 Aust J Public Admin 89, 93; McHugh, (1999) 73 ALJ 37, 47; Pollock, *Expansion*, S. 49. Für eine der seltenen Ausnahmen vgl. Dworkin, (1967) 2 U Tas LR 418, 431f.

1520 Diplock, "The Courts as Legislators", S. 279.

1521 *Malone* v. *Metropolitan Police Commissioner* [1979] Ch 344, 373; *Kaye* v. *Robertson* [1991] FSR 62, 70; Lloyd, (1961) 14 Current Leg Probs 39, 45.

zustandegekommen sind. Beim allgemeinen Persönlichkeitsrecht konnte man sich außerdem auf die Regeln des besonderen Persönlichkeitsrechts berufen und sich des schon vorhandenen Rechtsmittelreichtums des deutschen Rechts bedienen, um die notwendigen Detailfragen beantworten zu können, zumal das allgemeine Persönlichkeitsrecht lediglich Lücken im besonderen Persönlichkeitsrecht ausfüllt. Es handelte sich nicht um etwas völlig Neues im Zivilrecht. Auch der Gedanke der Güter- und Pflichtenabwägung war keineswegs neu, sondern bereits im deutschen Recht vorhanden, zum Beispiel in § 193 StGB. Mit diesem Gedanken gelingt es den Gerichten, viele Probleme des Persönlichkeitsschutzes, vor allem das angemessene Verhältnis zwischen Pressefreiheit und Persönlichkeitsschutz, auf eine differenzierte Weise zu lösen.

Auch wenn die Abschaffung des § 253 BGB einen großen Verstoß gegen das geltende Recht darstellte, mußten die deutschen Gerichte dabei keinen großen Überbau von Regeln schaffen. Es galten fortan die üblichen Regeln, die bei den gesetzlich vorgesehenen Fällen des Schadensersatzes gelten. Auch die Anerkennung der Prävention als Zweck des Schadensersatzes war kein revolutionärer Schritt auf diesem Gebiet,[1522] sondern bloß die Fortsetzung eines schon bestehenden Trends. Anders wäre es, wenn im anglo-australischen Recht die Gerichte ein völlig neues zivilrechtliches Delikt schaffen würden.

[1522] Siehe oben, Fußnote 1477.

IV. Einfluß der Lehre

Die deutsche und anglo-australische Rechtsgeschichte sind grundsätzlich verschieden. Während das anglo-australische Common Law in erster Linie von den Gerichten entwickelt wurde und an den englischen Universitäten erst 1753 von *Blackstone* unterrichtet wurde,[1523] zu einer Zeit also, als es schon mehrere Jahrhunderte alt war,[1524] spielten die Rechtswissenschaftler bekanntlich eine viel größere Rolle bei der Entwicklung des deutschen gemeinen Rechts und des Bürgerlichen Gesetzbuches.[1525] Bis zur Mitte des 20. Jahrhunderts war es in England die Ausnahme, daß ein englischer Richter Rechtswissenschaften an einer Hochschule studiert hatte.[1526] Die Situation in Australien war nie so extrem, dennoch ist die Trennung zwischen Universität und Praxis viel deutlicher als in Deutschland: nie in der australischen Geschichte ist ein Universitätsprofessor zum Richter des High Court ernannt worden.[1527] Auch heutzutage ist einer der sieben Richter des australischen High Court, *McHugh* J., Rechtsanwalt und Richter geworden, ohne Rechtswissenschaften studiert zu haben.

Dieser Geschichte entspricht es, daß die Lehre eine viel größere Funktion bei der Rechtsfortbildung im deutschen Rechtssystem hatte als im anglo-australischen.[1528] Das hat sich vor allem in den Jahrzehnten nach dem Zweiten Weltkrieg allmählich geändert.[1529] Es ist nicht mehr außergewöhnlich, daß sich in Gerichtsurteilen anglo-australische Richter mit den Erkenntnissen der Rechtswissenschaftler auseinandersetzen. Dennoch war vor diesem Wandel der Einfluß der Gelehrten auf das Common Law deutlich geringer als der Einfluß der deutschen Hochschullehrer auf das deutsche Recht.

[1523] Walker, *Oxford Companion*, S. 136. Vgl. auch Goodhart, (1934) 50 LQR 40, 49f; Pollock, *Expansion*, S. 57-59.

[1524] Pollock, *Expansion*, S. 25-29.

[1525] Vgl. auch Lücke, (1982) 98 LQR 29, 56; Reid, (1972) 12 JSPTL (N.S.) 22, 28.

[1526] Baker, *English Legal History*, Kap. 10; Brittan, (1963) 37 Tulane LR 235, 245; Diplock, "The Courts as Legislators", S. 265; Pollock, *Expansion*, S. 8; Skala, (1977) 10 U Qld LJ 127, 144.

[1527] Auch die Zahl der ehemaligen Professoren bei den Instanz- und Berufungsgerichten der Länder und des Bundes ist sehr gering, etwa zehn in ganz Australien: McPherson, (1999) 21:7 Bulletin of the Law Society of South Australia 8, 8. Es gibt ungefähr 285 Richter an solchen Gerichten in Australien: Doyle, (1998) 57:1 Aust J Public Admin 89, 89. Vgl. auch Reid, (1972) 12 JSPTL (N.S.) 22, 23: Lord *Reid*, Lord of Appeal in Ordinary am House of Lords, sagt, „I have known personally one or two academic lawyers who would be welcome members of any appeal Court. But I would not venture to prophesy when that will be done".

[1528] Yang, (1966) 15 ICLQ 175, 188. Vgl. auch Reid, (1972) 12 JSPTL (N.S.) 22, 22.

[1529] *Kleinwort Benson* v. *Lincoln C.C.* [1999] 2 AC 349, 372f, 378; *Arthur Hall* v. *Simons* [2000] 3 WLR 543, 550, 560.

Bevor dieser Wandel eintrat, beschränkte sich die anglo-australische Lehre folglich in erster Linie auf die Systematisierung und das Kommentieren des vorhandenen Rechts.[1530] Da die Wissenschaft nicht als Rechtsquelle angesehen wurde, wagte man in der Regel nicht, sich beispielsweise für die Einführung eines völlig neuen zivilrechtlichen Delikts einzusetzen, denn das hätte den üblichen wissenschaftlichen Rahmen überschritten und den Einfluß der Wissenschaft auf die Praxis bei weitem überschätzt. Als die anglo-australischen Gerichte die Entscheidung treffen mußten, ob sie wegen technologischer Fortschritte einen Persönlichkeitsschutz anerkennen würden oder nicht, gab es keine befürwortenden Stimmen in den Rechtswissenschaften; etwaige Stimmen hätten die Gerichte vermutlich ohnehin nicht beachtet, wenn sie mit ihren Präjudizien nicht vereinbar waren.

Aus diesen Entscheidungen wurden Präjudizien wie *Victoria Park*, an die die Gerichte trotz Wandels in der Lehre und in der Auffassung ihrer Funktionen immer noch gebunden sind. Es ist aufschlußreich, daß in *Victoria Park* die abweichenden Richter *Rich* und *Evatt* JJ. — letzterer hatte interessanterweise den für einen anglo-australischen Richter äußerst seltenen Doktortitel — die wissenschaftliche Literatur öfter zitierten als die Richter der Mehrheit. Aber auch bei den Richtern der Minderheit beschränkte sich das Zitieren auf Gemeinplätze und Definitionen. Außerdem konnte man keinen anglo-australischen Gelehrten zitieren, der die Einführung eines allgemeinen Persönlichkeitsrechts befürwortet hatte, lediglich Professor *Winfield*,[1531] der die Ausdehnung des zivilrechtlichen Delikts „nuisance" in Fällen wie *Victoria Park* befürwortete.[1532]

Im Vergleich mit England und Australien gab es in Deutschland eine viel längere Tradition der Rechtsfortbildung anhand akademischer Erkenntnisse. Obwohl sich viele deutsche Gelehrte zunächst ohne Erfolg für die Anerkennung des allgemeinen Persönlichkeitsrechts einsetzten, hatten sich seit dem 19. Jahrhundert namhafte Wissenschaftler für diese Anerkennung ausgesprochen.[1533] Das bedeutete nicht nur, daß diese Frage auf der Tagesordnung blieb. Es war auch möglich, das allgemeine Persönlichkeitsrecht bei dessen Einführung durch die Erwähnung dieser Namen zu rechtfertigen sowie das neue Recht anhand ihrer wissenschaftlichen Erkenntnisse zu gestalten. Das alles blieb den anglo-australischen Gerichten verwehrt.

[1530] Jaffe, *English and American Judges*, S. 108.
[1531] (1931) 47 LQR 23.
[1532] (1937) 58 CLR 479, 500, 504, 520f.
[1533] Siehe oben, Fußnote 1167.

Auch in den U.S.A. ist der Einfluß der Wissenschaft größer als im anglo-australischen Recht. Darauf haben Kommentatoren nicht nur in Verbindung mit dem Erfolg des Artikels von *Warren* und *Brandeis* hingewiesen.[1534]

Es trifft zu, daß der Verkündung der *Theophanous*-Entscheidung keine große Kampagne unter den australischen Gelehrten für die Auflockerung des Tatbestandes des „qualified privilege" vorausging. Trotzdem haben *Mason* C.J., *Toohey* und *Gaudron* JJ. in ihren Urteilsgründen die Definitionen der freien Rede von zwei amerikanischen Kommentatoren, *Barendt* und *Meiklejohn*, zitiert.[1535] Außerdem war die Kritik in der Lehre zweifellos ein Grund für die Revidierung dieser Entscheidung und die Abschaffung des verfassungsrechtlichen Rechtfertigungsgrundes im Fall *Lange*.

Trotzdem wird hier nicht die einfache These vertreten, daß eine Änderung in der Rechtsprechung regelmäßig bzw. nur dann zustandekommen kann, wenn die Rechtswissenschaftler sich dafür einsetzen. Das ist nur einer unter vielen Faktoren, die von Belang sind. Die unterschiedliche Rolle der Lehre im anglo-australischen Recht der 30er Jahre im Vergleich mit Deutschland und dem anglo-australischen Recht von heute hat dazu beigetragen, daß *Victoria Park* so und nicht anders entschieden wurde, auch wenn andere Ursachen dafür zweifelsohne bestehen.

[1534] Brittan, (1963) 37 Tulane LR 235, 244-246; Jaffe, *English and American Judges*, S. 105f; Skala, (1977) 10 U Qld LJ 127, 143f.

[1535] (1994) 182 CLR 104, 124; siehe oben, Fußnote 399.

V. Mängel des herkömmlichen Rechts

Es ist offensichtlich, daß die richterliche Einschätzung der Schwere der Mängel des vorhandenen Rechts die Entscheidung für oder gegen die richterliche Rechtsfortbildung zur Behebung der Mängel beeinflussen muß.[1536] Die atemberaubende Entwicklung des anglo-australischen Verwaltungsrechts seit dem Zweiten Weltkrieg erklärt sich zum großen Teil daraus, daß das in der ersten Hälfte des 20. Jahrhunderts entwickelte Recht extrem unbefriedigend war; auch konnte man sich im Verwaltungsrecht auf ältere Präjudizien berufen.[1537]

In bezug auf das Recht der Privatsphäre konnte 1931 festgestellt werden, daß das Recht auf eine Privatsphäre nur in den U.S.A. unbedingt erforderlich sei, „because questionable methods of advertisement are commoner in that country than elsewhere".[1538] Inzwischen haben sich fragwürdige Methoden in der Werbung auch in Deutschland und Australien durchgesetzt; man denke an den *Herrenreiter*-Fall oder an die oben erwähnten „passing off"-Fälle, von anstößigen Verletzungen der Privatsphäre außerhalb der Werbung ganz zu schweigen. Ob dies nach U.S.-amerikanischem Beispiel geschehen ist oder nicht, kann hier offen bleiben. Ob die Lage in Australien so schlimm ist wie in den U.S.A., läßt sich nicht präzise bestimmen. Die australischen High-Court-Richter haben allerdings keine herausragenden diesbezüglichen Mängel im australischen Recht festgestellt.

Es wurde oben[1539] darauf hingewiesen, daß — trotz Mangels an Begründung dieser Meinung außer durch Anekdoten und schlichte Behauptungen — diejenigen Richter, die sich in *Theophanous* für eine Rechtsprechungsänderung im Diffamierungsrecht einsetzten, den „chilling effect" des altüberlieferten englischen Diffamierungsrechts so hoch einschätzten, daß es mit den Grundsätzen des australischen demokratischen Systems als nicht vereinbar angesehen wurde. Nach solchen richterlichen Äußerungen im High Court zum Fehlen eines Persönlichkeitsschutzes im australischen Privatrecht sucht man vergeblich; und der High Court ist, wie oben dargestellt, das einzige australische Gericht, das eine Rechtsprechungsänderung herbeiführen könnte.

Ob ein unausgesprochener Konsens im Gericht zum Bedarf an einem Privatsphäreschutz im australischen Gericht besteht, ist äußerst zweifelhaft.

[1536] Näheres bei McHugh, (1999) 73 ALJ 37, 40-42, 48.
[1537] Lester, [1993] PL 269, 278f.
[1538] Winfield, (1931) 47 LQR 23, 38.
[1539] S. 78.

Das Gericht hat sich dazu bisher nicht unzweideutig geäußert. Als es aber 1984 den Ansatz von *Victoria Park* bestätigte,[1540] war von Mängeln im Schutz der Privatsphäre keine Rede. 1995 sprachen *Brennan* C.J., *Deane*, *Dawson* und *Toohey* JJ. sogar von „the common law's protection of privacy",[1541] was den Schluß zuläßt, daß sie einen solchen Schutz durch das Common Law für schon vorhanden, vielleicht auch für ausreichend halten. Das trifft aber nur dann zu, wenn man den mittelbaren Schutz der Privatsphäre als einen vorhandenen und ausreichenden Schutz betrachtet. Von den Mängeln dieses Schutzes war jedenfalls wiederum keine Rede. Wenn die Richter keine großen Mängel sehen, werden sie weiter auf eine Rechtsprechungsänderung verzichten können.[1542]

[1540] Siehe oben, S. 136.

[1541] Siehe oben, Fußnote 733.

[1542] Pratt, [1975] PL 161, 162.

VI. Rolle des Gesetzgebers

Im anglo-australischen Gesetzesrecht hat man eine Tradition der Generalklauseln, wie man sie im deutschen Bürgerlichen Gesetzbuch findet, nur in verhältnismäßig wenigen Fällen aufgebaut. Der Gesetzgeber drückt sich normalerweise sehr präzise aus und erwartet von den Gerichten, daß sie seinen Worten genau folgen und in der Regel keine analogen Anwendungen der Gesetze praktizieren.[1543] Außerdem gibt es weite Teile des Common Law, die vom Gesetzgeber überhaupt nicht kodifiziert worden sind.

Diese Unterschiede zwischen Deutschland und Australien haben zwei Folgen. Zum einen gibt es keine Klausel im australischen Recht, die § 823 I BGB („ein sonstiges Recht") entspricht, erst recht also keine deliktische Generalklausel wie beispielsweise im französischen Recht, auf der man einen Schutz der Persönlichkeit aufbauen könnte.[1544] Zum anderen werden die australischen Gesetze, die das Deliktsrecht betreffen, eng ausgelegt. Der berühmte Analogieschluß der deutschen Gerichte über die „Freiheitsberaubung im Geistigen"[1545] wäre in Australien und England kaum denkbar.

Aus den australischen Gesetzen wird also kein allgemeines Recht auf eine Privatsphäre hergeleitet, wie dies in Deutschland geschehen ist. In *Theophanous* und *Lange* dagegen handelte es sich um die Reichweite eines Rechtfertigungsgrunds, der seine Wurzeln nicht nur in Gesetzen, sondern auch in dem ungeschriebenen Common Law hatte. Deswegen konnten die Gerichte mit dem bisher geltenden Recht etwas lockerer verfahren.

[1543] Devlin, (1976) 39 MLR 1, 9; Goodhart, (1934) 50 LQR 40, 62f; Gounalakis, *Privacy and the Media*, S. 33; Jaffe, *English and American Judges*, S. 22; Lücke, (1983) 8 Adel LR 228, 241f; Street, (1982) 9 Syd LR 535, 539.

[1544] Goodhart, (1934) 50 LQR 40, 50f.

[1545] Siehe oben, S. 220.

VII. Einfluß verfassungsrechtlicher Prinzipien

Sehr auffällig ist, daß in jedem Fall der richterlichen Rechtsprechungsänderung verfassungsrechtliche Prinzipien angeführt wurden. Bei der Anerkennung des allgemeinen Persönlichkeitsrechts in Deutschland wurden Art. 1 und 2 GG in einer besonders starken Form der unmittelbaren Drittwirkung herangezogen. Unter früheren Verfassungen, denen ähnliche Werte fehlten, gelang die Einführung des allgemeinen Persönlichkeitsrechts dagegen nicht. Das Oberlandesgericht Kiel konnte seine gegensätzliche Meinung nicht überzeugend begründen.

Auch in bezug auf die Ausdehnung des Schutzbereichs des § 193 StGB war Art. 5 I GG bei der Entscheidung maßgeblich.[1546] In früheren Verfassungsepochen hatte die verfassungsrechtliche Lage für eine entsprechende Änderung der Rechtsprechung nicht ausgereicht, auch nicht unter der Weimarer Reichsverfassung, zumindest in der kurzen Zeit ihrer faktischen Geltung, denn Ansätze der Änderung und Rechtsprechungsänderungen durch die unteren Gerichte, aber nicht durch das Reichsgericht, wurden deutlich.

In ähnlicher Weise wurde bei der Ausdehnung des „qualified privilege" im australischen Recht die implizierte verfassungsrechtliche Kommunikationsfreiheit sehr stark betont. Es ist kein Zufall, daß die Reichweite des „qualified privilege" erst nach der Entwicklung der implizierten Kommunikationsfreiheit ausgedehnt wurde.

Auch in bezug auf das U.S.-amerikanische Recht wurden weitreichende Änderungen im Diffamierungsrecht durch das First Amendment gerechtfertigt. Zugegebenermaßen muß der amerikanische Supreme Court auf eine Vorschrift des Bundes- oder Verfassungsrechts hinweisen können, um überhaupt eingreifen zu dürfen.[1547] Daß in den U.S.A. diese Hervorhebung des Verfassungsrechts bei Änderungen des Privatrechts aber keine Besonderheit des Supreme Court ist, zeigt die Einführung des Rechts der Privatsphäre in das U.S.-amerikanische Recht in Georgia, Kalifornien und Missouri,[1548] bei der verfassungsrechtliche Erwägungen auch maßgeblich waren.

[1546] Für weitere Beispiele der richterlichen Rechtsfortbildung anhand verfassungsrechtlicher Vorschriften, vgl. Redeker, NJW 1972, 409, 412.

[1547] Siehe oben, Fußnote 442.

[1548] Siehe oben, Abschnitt C III 1 c; Pratt, [1975] PL 161, 162.

In Australien gibt es zwar — im Gegensatz zu England — eine geschriebene Verfassung,[1549] aber kein Recht auf freie Entfaltung der Persönlichkeit oder auf die Privatsphäre in der Bundes- oder in den Landesverfassungen.[1550] Daraus erklärt sich zum größten Teil, daß im australischen Recht keine Rechtsprechungsänderung zur Einführung eines unmittelbaren Persönlichkeitsschutzes im Zivilrecht geschehen ist — im Gegensatz zu den Änderungen sowohl in Deutschland als auch im australischen Diffamierungsrecht.[1551]

Das bedeutet natürlich nicht, daß eine Änderung immer nur dann geschieht, wenn entsprechende Vorschriften des Verfassungsrechts vorhanden sind. Wie am Beispiel des englischen Rechts gezeigt wurde, ist es durchaus möglich, daß auch nach der Einführung des Grundrechtskatalogs des *Human Rights Act* 1998 im Oktober 2000 keine Änderungen des dortigen Privatrechts erfolgen. Eine Änderung nach australischem oder U.S.-amerikanischem Muster im Diffamierungsrecht hat das House of Lords schon ausgeschlossen, obwohl eine evolutionäre Entwicklung in diese oder eine ähnliche Richtung nicht mehr unmöglich ist.

Dennoch spielt in Australien, den U.S.A. und Deutschland das Verfassungsrecht eine wesentliche Rolle bei der Rechtsprechungsänderung auch im Privatrecht. Man könnte vom Verfassungsrecht als „Motor“ oder „Katalysator“ des Privatrechts sprechen.

Und das ist letzten Endes nicht überraschend. Denn das Verfassungsrecht enthält in Form von Grundrechten (oder, im Falle Australiens, von implizierten Freiheiten) einige der größten und wichtigsten Prinzipien der Rechtsordnung überhaupt, die die Grenzen des staatlichen Handelns ziehen und den Mindestanspruch des Bürgers gegenüber dem Staat festlegen. Die Grundrechte sind also für den Fortbestand der ganzen freiheitlichen und demokratischen Rechtsordnung, also auch des Privatrechts, von entscheidender Bedeutung. Sie enthalten die Grundwerte der ganzen Rechtsordnung. Die bedeutendsten Prinzipien findet man dort. Das Verfassungsrecht ist auch dem vom Gesetzgeber erlassenen oder dem Richter angewandten Privatrecht hierarchisch übergeordnet. Im deutschen Recht wird diese Tatsache durch Art. 20 III

[1549] Vgl. zum Unterschied zwischen England und den U.S.A. auf dieser Ebene Horrigan, (1995) 6 PLR 284, 291; Jaffe, *English and American Judges*, S. 19.

[1550] Siehe oben, Fußnote 740; Richardson, (1994) 19 MULR 673, 679; Skala, (1977) 10 U Qld LR 127, 143.

[1551] Vgl. Gounalakis/Rösler, *Ehre, Meinung und Chancengleichheit*, S. 103-106; Lester, [1993] PL 269, 277-286; Markesinis, "Subtle Ways", S. 725; Markesinis, [1986] PL 67, 69f.

GG,[1552] im australischen Recht durch die 5. Einführungsklausel[1553] des Einführungsgesetzes zur Verfassung hervorgehoben.

Unter diesen Umständen ist es selbstverständlich, daß bei der Frage, ob das Privatrecht geändert wird, Verfassungsvorschriften eine wesentliche Rolle spielen — sei es durch unmittelbare oder mittelbare Drittwirkung oder als grundlegende Werte des ganzen Rechtssystems mit der Kraft objektiv geltender Rechtssätze. Mit der Feststellung des Fehlens einer Verfassungsvorschrift zum Schutz der Persönlichkeit in einer Rechtsordnung ist der Mangel an einem entsprechenden Prinzip im Privatrecht weitgehend erklärt. Das gilt sowohl für das heutige Australien als auch für Deutschland zur Kaiserzeit und in der Weimarer Republik.

1552 Canaris, *Grundrechte und Privatrecht*, S. 15.

1553 „This Act [...] shall be binding on the Courts, judges and people of every State and of every part of the Commonwealth [des australischen Bundes], notwithstanding anything in the laws of any State [...].“

E. SCHLUSSBEMERKUNGEN

Die Untersuchung der Grenzen der richterlichen Rechtsfortbildung in Australien hat ergeben, daß kein einzelner Grund dafür verantwortlich ist, daß in Australien eine Rechtsprechungsänderung auf dem Gebiet Diffamierungsrecht aber nicht im Persönlichkeitsschutzrecht erfolgt ist.

Vielmehr erklären mehrere Gründe die Situation: die unterschiedliche Stärke der Präjudizien auf beiden Gebieten, die Reichweite und Komplexität einer Änderung des Privatrechts zur Einführung eines Persönlichkeitsschutzes und die australische Auffassung von der Rolle des Gesetzgebers und der Erforderlichkeit der Änderungen.

Vor allem konnte festgestellt werden, daß bei Änderungen des Privatrechts die verfassungsrechtliche Lage oft mit dem Vorhandensein einer Änderung korreliert. Umgekehrt kennt das australische Recht keinen Schutz der Persönlichkeit, weil kein verfassungsrechtlicher Grundsatz einen solchen Schutz erforderlich macht. Das Verfassungsrecht kann als „Motor" des Privatrechts beschrieben werden, was sich daraus erklärt, daß das Verfassungsrecht die fundamentalen Prinzipien der Rechtsordnung zum Inhalt hat und überdies die höchste Stelle in der hierarchischen Ordnung des Rechtssystems genießt.

Wenn dies zutrifft, wird ein umfassendes, unmittelbares Recht auf Schutz der Privatsphäre in Australien erst dann eingeführt, wenn der Gesetzgeber es verabschiedet oder aber — was noch unwahrscheinlicher ist — ein entsprechendes Verfassungsprinzip in die Verfassung aufgenommen wird. Bis dahin wird das australische Recht aus deutscher Perspektive einseitig aussehen, da es ein Privileg für Tatsachenbehauptungen im politischen Bereich, aber keinen unmittelbaren Privatsphärenschutz enthält.

FSC
www.fsc.org
MIX
Papier | Fördert gute Waldnutzung
FSC® C083411

Kolibri 360 GmbH
Ferdinand-Jühlke-Straße 7
99095 Erfurt, Deutschland
produktsicherheit@kolibri360.de

Druck:
CPI Druckdienstleistungen GmbH
im Auftrag der
Kolibri 360 GmbH
Ferdinand-Jühlke-Str. 7
99095 Erfurt